國家社科基金重大項目（10&ZD104）

上海師範大學古籍整理研究所編
項目首席專家、主編　戴建國
主編　朱易安　傅璇琮　周常林

# 全宋筆記

第十编

四

国家出版基金项目
NATIONAL PUBLICATION FOUNDATION

大象出版社

# 目録

西山讀書記（四）

真德秀 撰

⊙真德秀撰

# 西山讀書記（四）

劉光勝　整理

# 目録

# 乙下之六

僖二十三年，晉公子重耳之及於難也，晉人伐諸蒲城。杜氏曰：「事在五年。」重耳奔狄，從者狐偃、趙衰、顛頡、魏武子、魏犨。司空季子。胥臣臼季也。时狐毛、賈佗皆從，而獨奉此五人，賢而有大功。《正義》曰：「胥，氏。臣，名。食采臼邑，字季而爲司空之官，故名氏互見。」按：下文鄭叔詹曰「有三士足以上人而從之」，則謂狐、趙、賈佗也。又《國語》宋公子固曰：「晉公子好善不厭，父事狐偃，師事趙衰，而長事賈它，三人者，實左右之。」賈它，狐偃子也。

二十四年春王正月，秦伯納之，及河，子犯以璧授公子，曰：「臣負羈絏從君巡於天下，臣之罪甚多矣。臣猶知之，而況君乎？請由此亡。」公子曰：「所不與舅氏同心者，有如白水！」投其璧于河。杜氏曰：「子犯，重耳舅也，言與舅氏同心之明，如此白水，猶《詩》言『謂予不信，有如皦日』。」按：此蓋有要君之意，古者君臣之交，安有是邪？此介之推所以譏其貪天之功爲己有也。又《晉語》：「既殺奚齊、卓子，里克、丕鄭使告重耳於翟，曰：『子盍入乎？吾請爲子鉥。音述。』重耳告舅犯，舅犯曰：『不可。夫堅樹在始，始不固本，終必槁落。夫長國者，唯知哀樂喜怒之節，是以導民。不哀喪而求國，難；因亂以入，殆。以喪得國，則必樂喪。因亂以入，則必喜亂。是哀樂喜怒之節易也，何以導民？』公子出見使者曰：『子惠顧亡臣重耳，父生不得供備洒掃之臣，死又不敢莅喪以重其罪，且辱大夫，敢辭。』」又《檀弓》：「晉獻公之喪，秦穆公使人弔公子重耳，曰：『寡人聞之：亡國恒於斯，得國恒於斯。雖吾子儼然在憂服之中，喪亦不可久也，時亦不可失也。孺子其圖之。』以告舅犯，舅犯曰：『孺子其辭焉。喪人無寶，仁親以爲寶。父死之謂何？又因以爲利，而天下其孰能説之？』公子重耳對客曰：『君惠弔亡臣重耳，身喪父死，不得與於哭泣之哀，以爲君憂。父死之謂何？或敢有它志，以辱君義？』稽顙而不拜，哭而起，起而不私。子顯以致命於穆公，穆公曰：『仁夫，公子重耳！夫稽顙而不拜，則未爲後也，故不成拜；哭而起，則愛父也；起而不私，則遠利也。』」愚謂子犯之爲重耳謀者，惟此二節爲盡善，使終率是道以相其君，雖王者之佐，何以加焉！

二十五年，秦伯師于河上，將納王。狐偃言於晉侯曰：「求諸侯莫如勤王。諸侯信之，且大義也。繼文之業而信宣於諸侯，今爲可矣。」杜氏曰：「晉文侯仇爲平王侯伯，匡輔周室。」愚按：勤王大義，臣子之所當爲也。今日求諸侯莫如勤王，則是借此以爲求諸侯之資耳，義何在乎？桓、文尊周之心，大抵如此。晉侯辭秦師而下。三月甲辰，次于陽樊，右師圍温，大叔在温故。左師逆王。夏四月丁巳，王入于王城，取大叔于温，殺之于隰城。戊午，晉侯朝王。王享醴，命之宥。既行享禮而設醴酒，又加之以幣帛以助歡。宥，助也。請隧，弗許。闕地通道曰隧，王之葬禮也。諸侯皆縣棺而下。曰：「王章也。未有代德而有二王，亦叔父之所惡也。」與之陽樊、温、原、欑茅之田。陽樊不服，圍之。倉葛呼曰：陽樊人。「德以柔中國，刑以威四夷，宜吾不敢服也。此誰非王之親姻，其俘之也？」乃出其民。冬，晉侯圍原，命三日之糧。原不降，命去之。諜出，曰：「原將降矣。」軍吏曰：「請待之。」公曰：「信，國之寶也，民之所庇也。得原失信，何以庇之？所亡滋多。」退一舍而原降，遷原伯貫于冀。周守原大夫。晉侯問原守於寺人勃鞮。對曰：「昔趙衰以壺飧從徑，餒而弗食。」言其廉且仁，且不忘君也。徑，猶行也。故使處原。

元城劉氏曰：「原者何也？天子之邑也。天子之邑，文公何爲而伐之？蓋以兵逼而取之也。且晉既定王室之難而請隧，非真欲請之也，示欲逼周取天下，若楚子之問鼎也。故周人窺見其意而辭之，以謂晉文未有代周之德也，而乃有二王，不得已而與之田，名曰與之，其實逼天子而奪之。何以知其然耶？其圍陽樊，人呼曰『此誰非王之姻親，其俘之也』，且陽樊之民，往往皆天子之親，而晉欲俘之。嗚呼，其不臣也已！故既圍陽樊，又復圍原，以此可見天子之邑不欲屬晉，而晉以兵威逼取之。且王室都洛，而原乃今武原也，晉以兵圍之，其逼王室甚矣。且王室之難有時也，而王畿之地有時而盡，今晉文公之有功，宜如文侯仇受賞于平王之禮，而乃以兵伐取其地，此周之所以愈弱也。」呂氏曰：「晉文公此處與齊威甚異，當時子犯之徒只是謀臣，不如管仲尚識道理。」

二十七年冬，楚子及諸侯圍宋，宋公孫固如晉告急。杜氏曰：「公孫固，宋莊公孫。」先軫曰：「報施救患，取威定霸，於是乎在矣。」先軫，下軍之佐原軫也。報宋贈馬之施。狐偃曰：「楚始得曹，而新昏於衛，若伐曹、衛，楚必救之，則齊、宋免矣。」前年楚使申叔侯戍穀以偪齊。於是乎蒐于被廬，晉常以春蒐禮改政令，敬其始也。被廬，晉地。作三軍，閔元年，晉獻公作二軍，今復大國之禮。謀元帥。中軍帥。趙衰曰：「郤縠可。臣亟聞其言矣，説禮、樂而敦《詩》、《書》。呂氏曰：「古之教人，只是此四者。《王制》『順先王之《詩》、《書》、禮、樂以造士』，『子所雅言，《詩》、《書》、執禮』，又『興於《詩》，立於禮，成於樂』，亦是以此四者教人。」《詩》、《書》，義之府也。禮、樂，德之則也。德、義，利之本也。《正義》曰：「元，長也，謂將帥之長。軍行則重者居中，故晉以中軍爲尊，而上軍次之。其二軍則上軍爲尊，故閔元年晉侯作二軍，公將上軍。」呂氏曰：「《詩》、《書》是義理之所聚，禮樂，德之則，如《周禮》以五禮防民之僞，六樂防民之情，此所謂防即是則也。」《夏書》曰：「賦納以言，明試以功，車服以庸。《尚書·虞夏書》也。賦納以言，觀其志也。明試以功，考其事也。車服以庸，報其勞也。賦，猶取也。庸，功也。君其試之。」乃使郤穀將中軍，郤溱佐之。使狐偃將上軍，讓於狐毛而佐之。狐毛，偃之兄。命趙衰爲卿，讓於欒枝、先軫。欒枝，貞子也，欒賓之孫。使欒枝將下軍，先軫佐之。荀林父御戎，魏犨爲右。荀林父，中行桓子。晉侯始入而教其民，二年，欲用之。二十四年入。子犯曰：「民未知義，未安其居。」無義則苟生。於是乎出定襄王，二十五年定襄王，以示事君之義。入務利民，民懷生矣，將用之。子犯曰：「民未知信，未宣其用。」宣，明也，未明於見用之信。《正義》曰：「利民之事，非止一塗。《晉語》説文公爲政云『棄責薄斂，施舍分災，救乏振滯，匡困資無，輕關易道，通商寬農，務穡勸分，省用足財，利器明德，以厚民性』，皆是利民之事。『民懷生』者，謂有懷義之心，不復苟且。劉炫云：『生既厚，民皆懷戀居處。』」於是乎伐原，以示之信。伐原在二十五年。民易資者不求豐焉，不詐以求多。明徵其辭，重言信。公曰：「可矣乎？」子犯曰：「民未知禮，未生其共。」於是乎大蒐以示之禮，蒐，順少長，明貴賤。作執秩以正其官。執秩，主爵秩之官。民聽不惑，而後用之。出穀戍，釋宋圍，楚子使申叔去穀，子玉去宋。一戰而霸，文之教也。謂明年戰城濮。呂氏曰：「以王霸言之，王者不計功謀利，霸則計功利矣。王者不求近功，霸則求速效矣。以霸者論之，則桓之計利，比文差少，而文之求近效，則甚於桓。蓋管仲不於歲月間見效，惟修吾政事，整吾甲兵，本彊則精神折衝，所謂倔强不服之國，自然入吾規模中，此所以爲管仲。昔晉文則不然，如侵曹伐衛，敗楚朝王，只年歲間便欲就爲之，聲績赫然，震蕩時人耳目，此可見管仲、咎犯規模之深淺，以是知晉文不如齊桓霸。要見得管仲規摹，當時桓公之霸，蓋將以尊中國，攘夷狄也。楚之憑陵中國，非一日矣，如伐鄭、伐蔡，桓公皆不之問，置之度外，幾一二十年。仲之意，豈不以吾驟加兵於楚，萬一不勝，則霸威屈矣，故遵養時晦，至於力强威盛，然後一舉臨之，則楚無不服。晉文則不然，桓公以兵加楚，而楚不敢抗，文公退舍避子玉，而子玉犯之，雖力角而僅勝之，然傷威損重，亦已多矣。文之規模，豈能及桓哉？其服晉也，規模尤大於服楚。晉獻之滅耿、滅魏、伐東山，而桓皆不問，仲之意，豈不以晉之於齊猶家也，楚之於齊猶鄰也，以至强之晉，吾驟臨之以兵，萬一不勝，爲晉所敗，則吾家人猶不能勝之，何以服其鄰？故一切置之不問，逮夫諸侯盡服，夷狄皆從，葵丘之會，晉侯不召自至。桓、文霸業遲速不同，故其力有厚薄，威有輕重。論至於此，非惟王道不可要近功，雖霸者亦不可以欲速。」愚按：義、信、禮，爲國之本，不可一日離。古之王者，動必由之，非有所爲而爲之也；今子犯之爲文公謀，必曰示之義，示之信，示之禮，則皆有爲而爲之矣。王、霸粹駁之異，其不以此哉？

二十八年夏四月己巳，晉侯、齊師、宋師、秦師及楚人戰于城濮【一】，楚師敗績。五月癸丑，公會晉侯、齊侯、宋公、蔡侯、鄭伯、衛子、莒子盟于踐土。杜氏曰：「鄭地。」冬，公會晉侯、齊侯、宋公、蔡侯、鄭伯、陳子、莒子、邾子、秦人于温，天王狩于河陽。晉地。《傳》：子玉使宛春告於晉師曰：「請復衛侯而封曹，臣亦釋宋之圍。」子犯曰：「子玉無禮哉！君取一，臣取二，不可失也。」先軫曰：「子與之。定人之謂禮，楚一言而定三國，我一言而亡之。我則無禮，何以戰乎？不許楚言，是棄宋也。救而棄之，謂諸侯何？楚有三施，我有三怨，怨讎已多，將何以戰？不如私許復曹、衛以攜之，執宛春以怒楚，既戰而後圖之。」按：此一節，子犯失之，先軫爲得。公說，乃拘宛春於衛，且私許復曹、衛。曹、衛告絕於楚。子玉怒，從晉師。晉師退，軍吏曰：「以臣辟君，辱也。且楚師老矣，何故退？」子犯曰：「師直爲壯，曲爲老，豈在久乎？微楚之惠不及此，重耳過楚，楚有贈送之惠。退三舍辟

【一】秦師　「秦」原作「晉」，據《春秋左傳注疏》卷十六改。

之，所以報也。一舍，三十里。初，楚子云：「若反国，何以報我？」故以退三舍爲報。背惠食言，以亢其讎，亢，猶當也。讎，謂楚也。我曲楚直，其衆素飽，不可謂老。我退而楚還，我將何求？若其不還，君退臣犯，曲在彼矣。」退三舍，按：此一節，子犯得之。楚衆欲止，子玉不可。呂氏曰：「楚衆見晉文退辟，其心已服，皆不欲戰；欲戰者，惟子玉而已。此所以取敗。」楚師敗績。全文見《丙記》。是會也，晉侯召王，以諸侯見，且使王狩。仲尼曰：「以臣召君，不可以訓。」故書曰：「天王狩于河陽。」言非其地也。按：此則文公、子犯之罪著矣。管仲相桓公，安有是哉！又三十年，晉侯、秦伯圍鄭，以其無禮於晉，且貳於楚也。晉軍函陵，秦軍氾南。鄭伯使燭之武見秦伯，秦伯説，與鄭人盟，使杞子、逢孫、楊孫戍之，乃還。子犯請擊之，公曰：「不可。微夫人之力不及此。因人之力而敝之，不仁。失其所與，不知。以亂易整，不武。吾其還也。」亦去之。按此一節，子犯失之，文公爲得，益見子犯不如夷吾。

三十一年秋，晉蒐于清原，作五軍以禦狄。杜氏曰：「二十八年，晉作三行，今罷之，更爲上下新軍。」趙衰爲卿。二十七年，命趙衰爲卿，讓於欒枝。今始從原大夫爲新軍帥。《晉語》：「公使趙衰爲卿，辭曰：『欒枝貞慎，先軫有謀，胥臣多聞，皆可以爲輔，臣弗若也。』乃使欒枝將下軍，先軫佐之。後又使爲卿，辭曰：『夫三德者，偃之出也。以德紀民，其章大矣，不可廢也。』使狐偃爲卿，辭曰：『毛之知，賢於臣，其齒又長。毛也不在位，不敢聞命。』使狐毛將上軍，狐偃佐之。狐毛卒，使趙衰代之，辭曰：『城濮之役，先且居之佐軍也善，且臣之倫，箕鄭、胥嬰、先都在。』乃使先且居將上軍。公曰：『趙衰三讓。其所讓，皆社稷之衛也。廢讓，是廢德也。』以衰之故，蒐于清原，作五軍。使趙衰將新上軍，箕鄭佐之。胥嬰將新下軍，先都佐之。子犯卒，蒲城伯請佐，公曰：『趙衰三讓不失義。』乃使趙衰佐上軍。」韋昭曰：「衰讓欒枝在城濮戰前。三德，示義、示信、示禮也。狐毛，偃之兄。先且居，先軫之子。蒲城伯，先且居也。箕鄭、胥嬰、先都皆晉大夫。三讓謂三使爲卿，進欒枝等八人。」眉山蘇氏曰：「文公師趙衰之謀，故在外十九年，所居必顯，歸而即位，遂霸諸侯。此人臣所有，固未足以賢之。若夫舉賢授能，務取疏遠，首進郤穀，次及欒枝，次及先軫，最後又從亡之人狐偃。親至重，功至高，推之至後，至於其身，又退託不才，而自居其卑，使君道廣大，不附其私，羣臣依附，百姓親信，內外安之，終稱賢主，趙衰之功居多焉。」呂氏曰：「晉文出亡，至歸而成霸業，皆狐偃、趙衰爲之謀主。文公自僖之二十四年入國，至二十七年，始命狐偃將上軍，偃遜於狐毛而佐之。命趙衰爲卿，又遜於欒枝、先軫。若以後世論之，二人乃腹心宗臣，與社稷同休戚。初不論職位之高下，又見得古者體國之臣，但欲成國事，未嘗自謀其身。如漢高帝之興，張良實在三傑之列，及太子之立，使叔孫通爲太傅，良爲少傅。自常人處此，必有不平之心，而良不然。蓋國之宗臣，不計官職高下，專欲推賢遜能，使利害相謀，是非相參而已矣。桓、文霸業，論文公遠不及桓，獨有一事差勝。蓋管仲以一身任事，不能爲齊求人才，而晉專務收人才，推其原皆出於狐、趙，由二人者，首倡推賢遜能之風於上，一國所以皆有此風。至景公時，范宣子遜，其下皆遜，其波流之及，若是其遠，故晉之霸業所以久長，而齊之霸業所以不永也。」愚按：襄九年，楚子囊曰：「當今吾不能與晉爭，晉君類能而使之，其卿讓於善，其大夫不失守，其士競於教。韓厥老矣，知罃稟焉以爲政。范匄少於中行偃而上之，使佐中軍。韓起少於欒黶，而欒黶、士魴上之，使佐上軍。魏絳多功，以趙武爲賢而爲之佐。君明臣忠，上讓下競。當是時也，晉不可敵，事之而後可。」又十三年，晉侯蒐于綿上以治兵，使士匄將中軍，辭曰：「伯游長，請從伯游。」荀偃將中軍，士匄佐之。使韓起將上軍，辭以趙武。又使欒黶，辭曰：「臣不如韓起，韓起願上趙武，君其聽之。」使趙武將上軍，韓起佐之。欒黶將下軍，魏絳佐之。新軍無帥，晉侯難其人，使其什吏率其卒乘官屬，以從於下軍，禮也。晉國之民是以大和，諸侯遂睦。君子曰：「讓，禮之主也。范宣子讓，其下皆讓。欒黶爲汰，弗敢違也。晉國以平，數世賴之，刑善也夫！」二事皆悼公時，悼公之霸，上繼文公，蓋由羣臣相與推遜之故。楚雖盛彊，莫敢與爭。然羣臣之所以相遜者，蓋聞狐、趙之風而興起者也。然則狐、趙之有功於晉，豈不遠哉！

文二年春，秦孟明視帥師伐晉，以報殽之役。晉侯禦之，先且居將中軍，趙衰佐之。及秦師，戰于彭衙，秦師敗績。秦伯猶用孟明。孟明增修國政，重施於民。趙成子言於諸大夫曰：趙衰。「秦師又至，將必辟之，懼而增德，不可當也。《詩》曰：『無念爾祖，聿修厥德。』孟明念之矣，念德不怠，其可敵乎？」愚按：但知以兵力爲强，而未有以念德不怠爲不可敵者，衰之言及此，則其謀國者可知矣。

三年，秦伯伐晉，晉人不出。此趙衰之謀。

五年，晉趙成子卒。

酆舒問賈季曰：「趙衰、趙盾孰賢？」賈季曰：「趙衰，冬日之日也。趙盾，夏日之日也。」盾，衰子。杜氏曰：「冬日可愛，夏日可畏。」愚按：狐偃、趙衰，晉文之以父師事之者也。從亡十有九年，其所以輔翼扶持者，不遺餘力矣。然聖賢脩身治國之道，二子蓋未嘗講也，故其始霸也，請王者之隧，圍天子之邑，勤天王之狩。使二子常從事於格心之學，素以禮義迪其君，詎至於是哉！以行事考之，惟用人一節，頗得古人推賢遜能之意。自餘，則皆孔門之所羞言者也。然自二人而觀，則子餘之言論風旨又非咎犯可及，學者其詳之。

宣二年，晉靈公不君，厚斂以彫牆，從臺上彈人，而觀其辟丸也。宰夫胹熊蹯不熟，殺之，寘諸畚，使婦人載以過朝。趙盾、士季見其手，問其故而患之。將諫，士季曰：「諫而不入，則莫之繼也。會請先，不入則子繼之。」三進，及溜，而後視之。杜氏曰：「三進三伏，公不省而又前也。公知欲諫，故佯不視。」曰：「吾知所過矣，將改之。」稽首而對曰：「人誰無過，過而能改，善莫大焉。《詩》曰：『靡不有初，鮮克有終。』《詩·大雅》也。夫如是，則能補過者鮮矣。君能有終，則社稷之固也，豈唯羣臣賴之？又曰：『衮職有闕，惟仲山甫補之。』能補過也。《詩·大雅》也。衮，君之上服。闕，過也。君能補過，衮不廢矣。」常服衮也。猶不改。按：僖二十八年，晉文公城濮之戰，舟之僑先歸，士會攝右。杜氏曰：「士會，隨武子，士蔿之孫。」是時已見於《傳》矣。其後晉襄公卒，使先蔑、士會逆公子雍于秦。趙孟背先蔑立靈公，士會奔秦。又其後六卿相見於諸浮，郤成子曰「隨會能賤而有恥，柔而不犯」，請復之，士會遂歸于晉。今皆略之，但自宣二年諫靈公始，蓋此編專取其謀謨事業，非欲載其履歷始終也。後放此。十二年，邲之戰，士季曰：「會聞用師，觀釁而動。」見《丙記》。

十六年春，晉士會帥師滅赤狄甲氏及留吁、鐸辰。三月，獻狄俘。獻于主也。晉侯請于王。戊申，以黻冕命士會將中軍，且爲太傅。代林父將中軍，且加以太傅之官。黻冕，命卿之服。太傅，孤卿。於是晉國之盜逃奔于秦。羊舌職曰：「吾聞之，禹稱善人，不善人遠。此之謂也夫。《詩》曰：『戰戰兢兢，如臨深淵，如履薄冰。』善人在上也。善人在上，則國無幸民。諺曰：『民之多幸，國之不幸也。』是無善人之謂也。」冬，晉侯使士會平王室，定王享之，原襄公相禮。原襄公，周大夫。相，佐也。殽烝。烝，升也。升殽於俎。武子私問其故。享當體薦而殽烝，故怪問之。武，士會謚。季，其字。王聞之，召武子曰：「季氏，而弗聞乎？王享有體薦，享則半解其體而薦之，所以示其儉。宴有折俎。體解節折升之於俎，物皆可食，所以示慈惠也。公當享，卿當宴，王室之禮也。」公，謂諸侯。武子歸而講求典禮，以脩晉國之灋。《傳》言典禮之廢久。

十七年，范武子將老，杜氏曰：「老，致仕。初受隨，故曰隨武子，後更受范，復爲范武子。」召文子曰：「燮乎！吾聞之，喜怒以類者鮮，文子，士會之子。燮，其名。易者實多。易，遷怒也。《詩》曰：『君子如怒，亂庶遄沮。君子如祉，亂庶遄已。』《詩·小雅》也。遄，速也。沮，止也。祉，福也。君子之喜怒，以已亂也。弗已者，必益之。郤子其或者欲已亂於齊乎？不然，余懼其益之也。余將老，使郤子逞其志，庶有豸乎？豸，解也。欲使郤子從政，快志以止亂。爾從二三子，唯敬。」二三子，晉諸大夫。乃請老。郤獻子爲政。

成二年，晉師歸，范文子後入。武子曰：「無爲吾望爾也乎？」對曰：「師有功，國人喜以逆之，先入必屬耳目焉，是代帥受名也，故不敢。」武子曰：「吾知免矣。」知其不益己禍。

襄二十一年，楚子木問於趙孟曰：杜氏曰：「文子。」「范武子之德何如？」對曰：「夫子之家事治，言於晉國無隱情。其祝、史陳信於鬼神，無愧辭。」子木歸，以語王。王曰：「尚矣哉！能歆神人，宜其光輔五君以爲盟主也。」杜氏曰：「五君謂文、襄、靈、成、景。」

《禮記》：趙文子與叔譽觀乎九原。鄭氏曰：「叔譽，叔向也。」文子曰：「死者如可作也，吾誰與歸？」作，起也。叔譽曰：「其陽處父乎？」文子曰：「行并植於晉國，不没其身，其知不足稱也。」并，猶專也，謂剛而專己，爲狐射姑所殺。没，終也。植，或爲特。「其舅犯乎？」文子曰：「見利不顧其君，其仁不足稱也。謂久與文公辟難，至將反國，無安君之心，及河授璧，請亡，要君以利己。我則隨武子乎！利其君，不忘其身；謀其身，不遺其友。」晉人謂文子知人。愚按：士會謀謨事業，初無赫赫可紀，而其爲政也，盜奔於秦，時人稱之，敵國服之。後世思之，果何以得此哉？味「夫子家事治」之一言，可以知其概矣。聖賢之學不傳，士大夫用力當世者，知治人而已，回顧其家不治者多矣，家不治而能推之以及國者，蓋未之聞，此士會之所以見稱於時也。至其訓飭文子之辭，曰：「爾從二三子，惟敬。」敬之一言，是又脩身正家之本。《春秋》名卿其能識此者甚寡，而武子知之，可不謂賢矣乎！愚故著此，使士大夫之有志當世者，必自其身與家始，而欲脩身與家者，又必自敬始。

成八年，晉士燮來聘，言伐郯也，以其事吴故。公賂之，請緩師。文子不可，文子，士燮。曰：「君命不貳，失信不立。禮無加貨，事無二成。君後諸侯，是寡君不得事君也。欲與魯絕。燮將復之。」季孫懼，使宣伯帥師會伐郯。按：文子却魯之賂，其辭嚴而正，可以觀其爲人矣。

九年，晉侯觀于軍府，見鍾儀，問之曰：「南冠而縶者，誰也？」杜氏曰：「南冠，楚冠。縶，拘執。」有司對曰：「鄭人所獻楚囚也。」使稅之，鄭獻鍾儀在七年。稅，解也。召而弔之。再拜稽首，問其族，對曰：「泠人也。」泠人，樂官。公曰：「能樂乎？」對曰：「先父之職官也，敢有二事？」使與之琴，操南音。楚聲。公曰：「君王何如？」對曰：「非小人之所得知也。」固問之，對曰：「其爲太子也，師、保奉之，以朝于嬰齊而夕于側也。嬰齊，令尹子重。側，司馬子反。言其尊卿敬老。不知其它。」公語范文子。文子曰：「楚囚，君子也。言稱先職，不背本也。樂操土風，不忘舊也。稱太子，抑無私也。舍其近事，而遠稱少小，以示性所自然。名其二卿，尊君也。尊晉君。不背本，仁也。不忘舊，信也。無私，忠也。尊君，敏也。仁以接事，信以守之，忠以成之，敏以行之，事雖大，必濟。君盍歸之，使合晉、楚之成？」公從之，重爲之禮，使歸求成。九年，楚子使公子辰如晉，報鍾儀之使，請修好結成。十二年，宋華元克合晉、楚之成。　愚按：范文子因鍾儀之言而知其爲君子，請使合晉之成，可謂能聽言、能用人矣。不背本，以其存心近厚，故謂之仁。仁以接事，謂酬應事物以近厚爲主也。

十一年，秦、晉爲成，將會于令狐。晉侯先至焉，秦伯不肯涉河，次于王城，使史顆盟晉侯于河東。史顆，秦大夫。晉郤犨盟秦伯于河西。范文子曰：「是盟也何益？齊盟，所以質信也。齊，一心。質，成也。會所，信之始也。始之不從，其可質乎？」秦伯歸而背晉成。爲十三年伐秦傳。　按：此可見文子明於料敵國之情。

十二年，宋華元克合晉、楚之成。夏五月，晉士燮會楚公子罷、許偃。二子，楚大夫。癸亥，盟于宋西門之外。晉郤至如楚聘，且涖盟。楚子享之，子反相，爲地室而縣焉。郤至將登，金奏作於下，驚而走出。子反曰：「日云莫矣【二】，寡君須矣，吾子其入也。」賓曰：「君不忘先君之好，施及下臣，貺之以大禮，重之以備樂。如天之福，兩君相見，何以代此？下臣不敢。」子反曰：「如天之福，兩君相見，無亦唯是一矢以相加遺，焉用樂？」賓曰：「若讓之以一矢，禍之大者，其何福之爲？今吾子之言，亂之道也，不可以爲法。」歸以語范文子，文子曰：「無禮必食言，吾死無日矣夫！」如前章。

十六年，晉侯將伐鄭，范文子曰：「若逞吾願，諸侯皆叛，晉可以逞。杜氏曰：「逞，快也。」晉厲公無道，三郤驕，故欲使諸侯叛，冀其懼而思德。」若唯鄭叛，晉國之憂，可立俟也。」欒武子曰：「不

【二】日云莫矣　「云」原作「六」，據《春秋左傳注疏》卷二十七改。

可以當吾世而失諸侯，必伐鄭。」乃興師。五月，晉師濟河。聞楚師將至，范文子欲反，曰：「我僞逃楚，可以紓憂。夫合諸侯，非吾所能也，以遺能者。我若羣臣輯睦以事君，多矣。」武子曰：「不可。」六月，晉、楚遇於鄢陵。范文子不欲戰，郤至曰：「韓之戰，惠公不振旅。衆散敗也，在僖十五年。箕之役，先軫不反命。死於狄也。在僖二十三年。邲之師，荀伯不復從。荀林父奔走，不復故道。在宣十二年。皆晉之耻也。子亦見先君之事矣，見先君成敗之事。今我辟楚，又益耻也。」文子曰：「吾先君之亟戰也，有故。亟，數也。秦、狄、齊、楚皆彊，不盡力，子孫將弱。今三彊服矣，齊、秦、狄。敵，楚而已。唯聖人能內外無患，自非聖人，外寧必有內憂，盍釋楚以爲外懼乎？」按：此即孟子所謂「無敵國外患者，國常亡」之意乎！甲午晦，楚晨壓晉軍而陳。軍吏患之。范匄趨進，曰：「塞井夷竈，陳於軍中，而疏行首。晉、楚唯天所授，何患焉！」文子執戈逐之，曰：「國之存亡，天也。童子何知焉？」按：范武子之老也，文子退朝而莫，武子曰：「何莫也？」對曰：「有秦客廋辭於朝，大夫莫之對也，吾知三焉。」武子曰：「大夫非不能也，讓父兄也。爾童子而三掩衆於朝，吾不在晉國，亡無日矣。」擊之杖，折其委笄。武子以此戒文子，而文子又以此儆宣子，再世家傳，率用是道，其能保功名也，宜哉！其戰事見《丙記》。晉入楚軍，三日穀。食楚粟三日也。范文子立於戎馬之前，曰：「君幼，諸臣不佞，佞，才也。何以及此？君其戒之。戒勿驕。《周書》曰：『惟命不于常。』有德之謂。」《周書·康誥》。言勝無常命，惟德是與。按：文子此言，猶有三代君臣間箴形之意，入春秋以來所罕聞也。

十七年，晉范文子反自鄢陵，前年鄢陵戰還。使其祝宗祈死，祝宗，主祭祀祈禱者。曰：「君驕侈而克敵，是天益其疾也。難將作矣。愛我者唯祝我，使我速死，無及於難，范氏之福也。」六月戊辰，士燮卒。《傳》言厲公無道，故賢臣憂懼，因禱自裁。按：十七年，晉厲公侈，多外嬖。反自鄢陵，欲盡去羣大夫而立其左右。胥童以胥克之廢也，怨郤氏，而嬖於厲公。郤錡奪夷陽五田，五亦嬖於厲公。郤犨與長魚矯爭田，執而梏之，與其父母妻子同一轅。既，矯亦嬖於厲公。欒書怨郤至，以其不從己而敗楚師也，欲廢之。使楚公子茷告公曰：「此戰也，郤至實召寡君，以東師之未至也，與軍帥之不具也，曰：『此必敗，吾因奉孫周以事君。』」公告欒書，書曰：「其有焉。君盍嘗使諸周而察之？」郤至聘于周，欒書使孫周見之。公使覘之，信。遂怨郤至。厲公田，與婦人先殺而飲酒，後使大夫殺。郤至奉豕，寺人孟張奪之，郤至射而殺之。公曰：「季子欺余。」厲公將作難，胥童曰：「必先三郤，族大多怨。去大族不偪，敵多怨有庸。」公曰：「然。」殺三郤，皆尸諸朝。胥童以甲劫欒書、中行偃於朝。矯曰：「不殺二子，憂必及君。」公曰：「一朝而尸三卿，余不忍益也。」對曰：「人將忍君。」遂出奔狄。公使胥童爲卿。欒書、中行偃執公。閏月乙卯晦，欒書、中行偃殺胥童。十八年春，王正月庚申，弑厲公，葬之於翼東門之外，以車一乘。蓋士燮之言，至是無弗驗者。謀國之忠，知幾之智，於是乎不可及矣。先儒有言，賢者之知國，猶良醫之知疾，信哉！又按：成六年，楚子重伐鄭。晉欒書救鄭，與楚師遇於繞角，楚師還。晉師遂侵蔡。楚公子申、公子成，以申息之師救蔡。趙同、趙括欲戰，請於武子。武子將許之，知莊子、范文子、韓獻子諫曰：「不可。吾來救鄭，楚師去我，吾遂至於此，是遷戮也。戮而不已，又怒楚師，戰必不克，雖克不令。成師以出，而敗楚之二縣，何榮之有焉？若不能敗，爲辱已甚，不如還也。」乃遂還。於是軍帥之欲戰者衆，或謂欒武子曰：「聖人與衆同欲，是以濟事。子盍從衆？子爲大政，將酌於民者也。子之佐十一人，其不欲戰者，三人而已。欲戰者可謂衆矣。《周書》曰：『三人占，從二人。』衆故也。」武子曰：「善鈞從衆，夫善，衆之主也。三卿爲主，可謂衆矣，從之，不亦可乎？」八年，晉欒書侵蔡，遂侵楚，獲申驪。楚師之還也，晉侵沈，獲沈子揖，初從知、范、韓也。君子曰：「從善如流，宜哉！」杜氏曰：「繞角之役，欒書從知、范、韓之言，不與楚戰。自是常從其謀，師出有功，故《傳》善之。」書爲元帥，能屈己以從其佐，且不以衆爲衆，而以善爲衆，可謂得聽言之要矣。至鄢陵之役，乃曰「不可當吾世而失諸侯【三】」，不知戰勝而主益驕，上下相殘，卒稔大禍。悼公以後，臣權益張，六卿分晉，實兆於此。而書亦自陷弑逆之惡，再世而覆其宗，繇貪功務勝之一念，實有以致之。使常如前日惟賢者之言是聽，寧有是哉？

成六年，晉人謀去故絳。杜氏曰：「晉復命新出爲絳，故謂此故絳。」諸大夫皆曰：「必居郇、瑕氏之地，郇、瑕，古國名。沃饒而近盬，盬，鹽也。猗氏縣鹽池是。國利君樂，不可失也。」韓獻子將新中軍，且爲僕大夫。兼大僕。公揖而入，獻子從公立於寢庭，路寢之庭。謂獻子曰：「何如？」問諸大夫言是非。對曰：「不可。郇、瑕氏土薄水淺，土薄地下。其惡易覯。惡，疾疢。覯，成也。易覯則民愁，民愁則墊隘，墊隘，羸困也。於是乎有沈溺重膇之疾。沈溺，濕疾。重膇，足腫。不如新田，今平陽絳邑縣是。土厚水深，居之不疾，高燥故。有汾、澮以流其惡。汾水出太原，經絳北，西南入河。澮水出平陽絳縣南，西入汾。惡，垢穢。且民從教，無災患。十世之利也。夫山、澤、林、盬，國之寶也。國饒則民驕佚。財易致，則民驕侈。近寶，公室乃貧，不可謂樂。」近寶則民不務本。公説，從之。夏四月丁丑，晉遷于新田。

八年，晉趙莊姬爲趙嬰之亡故，譖之于晉侯，趙嬰亡在五年。曰：「原、屏將爲亂。」欒、郤爲徵。欒氏、郤氏亦徵其爲亂。六月，晉討趙同、趙括。武從姬氏畜于公宮。趙武，莊姬之子。莊姬，晉成公女。畜，養也。以其田與祁奚。韓厥言於晉侯景公。曰：「成季之勳，宣孟之忠，成季，趙

【三】當吾世而失諸侯　「世」原作「出」，據《春秋左傳注疏》卷二十八改。

衰。宣孟，趙盾。而無後，爲善者其懼矣。三代之令王，皆數百年保天之禄。夫豈無辟王？賴前哲以免也。言三代亦有邪辟之君，但賴其先人以免禍耳。《周書》曰：『不敢侮鰥寡，所以明德也。』」《周書·康誥》。言文王不侮鰥寡，而德益明，欲晉侯之法文王。乃立武，而反其田焉。《正義》曰：「《史記》又稱有屠岸賈者，有寵於靈公，此時爲司寇，追論趙盾弒君之事，誅趙氏，殺趙朔、趙同、趙括而滅其族。按二年《傳》『欒書將下軍』，則於時朔已死矣。同、括爲莊姬所譖，此年見殺，趙朔不得與同、括俱死也。於時晉君明，諸臣彊，無容有屠岸賈輒厠其間，得如此專恣。又説云公孫杵臼取他兒代武死，程嬰匿武於山中，居十五年。因晉侯有疾，韓厥乃請立武爲趙氏後，與《左傳》皆違。馬遷妄説，不可從也。」按：韓厥亦晉名卿，然其事可書者少，惟定國遷大議也，繼絶世大美也，故録焉。後凡有一二事可紀者，皆放此。

襄三年，晉侯之弟揚干亂行於曲梁，杜氏曰：「行，陳次。」魏絳戮其僕。僕，御也。晉侯怒，悼公。謂羊舌赤曰：「合諸侯，以爲榮也。揚干爲戮，何辱如之？必殺魏絳，無失也。」對曰：「絳無貳志，事君不辟難，有罪不逃刑，其將來辭，何辱命焉？」言終，魏絳至，授僕人書，僕人，晉侯御僕。將伏劍。士魴、張老止之。公讀其書曰：「日君乏使，使臣斯司馬。斯，此也。臣聞師衆以順爲武，軍事有死無犯爲敬。守官行法，雖死不敢有違。君合諸侯，臣敢不敬？君師不武，執事不敬，罪莫大焉。臣懼其死，以及揚干，無所逃罪，懼自犯不武不敬之罪。不能致訓，至於用鉞。用鉞斬揚干之僕。臣之罪重，敢有不從以怒君心？言不敢不從戮。請歸死於司寇。」致尸於司寇，使戮之。公跣而出，曰：「寡人之言，親愛也。吾子之討，軍禮也。寡人有弟，弗能教訓，使干大命，寡人之過也。子無重寡人之過，聽絳死爲重過。敢以爲請。」請使無死。晉侯以魏絳爲能以刑佐民矣。反役，與之禮食，使佐新軍。羣臣於會，今欲顯絳，故特爲設禮食。

四年，無終子嘉父使孟樂如晉，杜氏曰：「無終，山戎國名。孟樂，其使臣。」因魏莊子納虎豹之皮，以請和諸戎。欲戎與晉和。莊子，魏絳。晉侯曰：「戎狄無親而貪，不如伐之。」魏絳曰：「諸侯新服，陳新來和，將觀於我，我德則睦，否則攜貳。勞師於戎，而楚伐陳，必弗能救，是棄陳也，諸華必叛。諸華，中國。戎，禽獸也。獲戎失華，無乃不可乎？《夏訓》有之曰：『有窮后羿。』」夏訓，《夏書》。有窮，國名。后，君也。羿，有窮君之號。公曰：「后羿何如？」對曰：「昔有夏之方衰也，后羿自鉏遷于窮石，因夏民以代夏政。禹孫大康，淫放失國，夏人立其弟仲康【四】。仲康亦微弱，仲康卒，子相立，羿遂代相，號曰「有窮」。鉏，羿本國名。恃其射也，羿善射。不脩民事，而淫于原獸。淫放原野。棄武羅、伯困、熊髡、尨圉，四子皆羿之賢臣。而用寒浞。寒浞，伯明氏之讒子弟也。伯明，其君名。伯明后寒棄之，夷羿收之，夷，氏。信而使之，以爲己相。浞行媚于內，內，宮人。而施賂于外，愚弄其民，而虞羿于田，樂之以游田。樹之詐慝，以取其國家，樹，立也。外內咸服。信浞詐。羿猶不悛，悛，改也。將歸自田，羿獵還。家衆殺而亨之，以食其子。食羿子。其子不忍食諸，死于窮門。殺之於國門。靡奔有鬲氏。靡，夏遺臣。浞因羿室，生澆及豷，恃其讒慝詐僞，而不德于民。使澆用師，滅斟灌及斟尋氏。二國，夏同姓諸侯。仲康之子后相所依。處澆于過，處豷于戈。過、戈，皆國名。靡自有鬲氏，收二國之燼，燼，遺民。以滅浞而立少康。少康，

【四】夏人立其弟　「立」原作「亡」，據《春秋左傳注疏》卷二十九改。

夏后相之子。少康滅澆于過，后杼滅豷于戈。后杼，少康子。有窮由是遂亡，失人故也。浞因羿室，故不改有窮之號。昔周辛甲之爲大史也，命百官官箴王闕，辛甲，周武王大史。闕，過也。使百官各爲箴辭戒王過。於《虞人之箴》，曰：『芒芒禹迹，畫爲九州，芒芒，遠貌。畫，分也。經啓九道。啓，開九州之道。民有寢廟，獸有茂草，各有攸處，德用不擾。人神各有所歸，故德不亂。在帝夷羿，冒于原獸，冒，貪也。忘其國恤，而思其麀牡。言但念獵。武不可重，重，猶數也。用不恢于夏家。羿以好武【五】，雖有夏家，而不能恢大之。獸臣司原，敢告僕夫。』獸臣，虞人。告僕夫，不敢斥尊。《虞箴》如是，可不懲乎？」於是晉侯好田，故魏絳及之。及后羿事。公曰：「然則莫如和戎乎？」對曰：「和戎有五利焉：戎狄荐居，貴貨易土，荐，聚也。易猶輕也。土可賈焉，一也。邊鄙不聳，民狎其野，穡人成功，二也。聳，懼。狎，習也。戎狄事晉，四鄰振動，諸侯威懷，三也。以德綏戎，師徒不勤，甲兵不頓，四也。頓，壞也。鑒于后羿，而用德度，以后羿爲鑒戒。遠至邇安，五也。君其圖之！」公說，使魏絳盟諸戎，脩民事，田以時。《傳》言晉侯能用善謀。

九年，晉侯歸，按：歸謂伐鄭而歸。謀所以息民。魏絳請施舍，施恩惠，舍勞役。輸積聚以貸。輸，盡也。自公以下，苟有積者，盡出之。國無滯積，散在民。亦無困人。不匱乏。公無禁利，與民共。亦無貪民。禮讓行。祈以幣更，不用牲。賓以特牲。務崇省。器用不作，因仍舊。車服從給。足給事也。行之期年，國乃有節。三駕而楚不能與爭。三駕，三興師，謂十年師於牛首，十一年師於向，其秋觀兵於鄭東門。自是鄭遂服。

【五】羿以好武　「羿」原作「弄」，據《春秋左傳注疏》卷二十九改。

十一年十二月，會于蕭魚，赦鄭囚，禮而歸之。納斥候。禁侵掠。鄭人賂晉侯以師悝、師觸、師蠲。杜氏曰：「悝、觸、蠲，皆樂師名。」廣車、廣，古曠反。軘車軘，徒温反。淳十五乘，甲兵備。廣車、軘車，皆兵車名。淳，耦也。《正義》曰：「皆是兵車，而列爲之名，蓋其形制殊、周處異也。」凡兵車百乘。他兵車及廣、軘共百乘。歌鐘二肆，肆，列也。縣鐘十六爲一肆。二肆，三十二枚。及其鎛、磬，鎛、磬，皆樂器。女樂二八。晉侯以樂之半賜魏絳，曰：「子教寡人和諸戎狄，以正諸華。在四年。八年之中，九合諸侯，如樂之和，無所不諧。諧，亦和也。請與子樂之。」共此樂。按：蕭魚之盟，乃悼公最盛之際，故此言頗有矜意。辭曰：「夫和戎狄，國之福也。八年之中，九合諸侯，諸侯無慝，君之靈也，二三子之勞也。臣何力之有焉？抑臣願君安其樂而思其終也。《詩》曰：『樂旨君子【六】，殿天子之邦。』《詩·小雅》也。謂諸侯有樂美之德，可以鎮撫天子之邦。殿，鎮也。樂旨君子，福禄攸同。攸，所也。便蕃左右，亦是帥從。』便蕃，數也。言遠人相帥來服從，便蕃然在左右。《正義》曰：「《詩·小雅·采菽》之篇也。」夫樂以安德，和其心也。義以處之，處位以義。禮以行之，行教令。信以守之，守所行。仁以厲之，厲風俗。而後可以殿邦國，同福禄，來遠人，所謂樂也。言五德皆備乃爲樂，非但金石。《書》曰：『居安思危。』逸《書》。思則有備，有備無患。敢以此規。」規正公。按魏絳此言，猶有三代君臣箴規之意，管仲相桓公所不逮也。其冬秦伐晉，晉師敗績，易秦故也。魏絳之言可謂驗矣。公曰：「子之教，敢不承命？抑微子，寡人無以待戎，待，遇接納。不能濟河。渡河南服鄭。夫賞，國之典也，藏在盟府，司盟之府，有賞功之制。不可廢也。子其受之！」魏絳

【六】詩曰樂旨君子　「旨」，《春秋左傳注疏》卷三十一作「只」。

於是乎始有金石之樂，禮也。禮，大夫有功則賜樂。《正義》曰：「以魏絳蒙賜，始有金石之樂，知未賜不得有也。有功乃賜之，正禮也。唯言魏絳有金石之樂，不言女樂。女樂，房中私宴之樂，或不以賜之。」按：魏絳終於下軍之佐，雖未嘗專執國政，而其言論於正君謀國，皆有所補，故取之。

襄二十五年，趙文子爲政，杜氏曰：「趙武代范匄。」令薄諸侯之幣而重其禮。以重禮待諸侯。穆叔見之。謂穆叔曰：「自今以往，兵其少弭矣。弭，止也。齊崔、慶新得政，將求善於諸侯。武也知楚令尹。令尹屈建。若敬行其禮，道之以文辭，以靖諸侯，兵可以弭。」爲二十七年晉、楚盟于宋傳。按：文子襄十三年已將上軍，今特自爲政以後始，時平公之十年也。

二十六年，齊人城郟之歲，在二十四年。其夏，齊烏餘以廩丘奔晉。烏餘，齊大夫。廩丘，今東郡廩丘縣故城是。襲衛羊角，取之。今廩丘縣所治羊角城是。遂襲我高魚。高魚城在廩丘縣東北。又取邑于宋。於是范宣子卒，宣子，范匄。諸侯弗能治也。及趙文子爲政，乃卒治之。文子言於晉平公曰：「晉爲盟主，諸侯或相侵也，則討而使歸其地。今烏餘之邑，皆討類也，言於比類，宜見討。而貪之，是無以爲盟主也。請歸之。」公曰：「諾。孰可使也？」對曰：「胥梁帶能無用師。」晉侯使往。胥梁帶，晉大夫。能無用師，言有權謀。《正義》曰：「烏餘以二十四年奔晉。二十五年范宣子卒，趙文子代之爲政，至明年始討烏餘，故云『乃卒治之』。《傳》先言治之，下乃述其治之事也。」

二十七年春，胥梁帶使諸喪邑者，具車徒以受地，必周。諸喪邑，謂齊、魯、宋也。周，密也。必密來，勿以受地爲名。使烏餘具車徒以受封，烏餘以地來，故詐許封之。烏餘以其衆出，出受封也。使諸侯僞效烏餘之封者，效，致也。使齊、魯、宋僞若致邑封烏餘者。而遂執之，盡獲之。皆獲其徒衆。皆取其邑而歸諸侯，諸侯是以睦於晉。《傳》言趙文子賢，故平公雖失政，而諸侯猶睦。宋向戌善於趙文子，又善於令尹子木，欲弭諸侯之兵以爲名。杜氏曰：「欲獲息民之名。」如晉，告趙孟。趙孟謀於諸大夫，韓宣子曰：「兵，民之殘也，財用之蠹也，蠹，害物之蟲。小國之大菑也。將或弭之，雖曰不可，必將許之。言雖知兵不得久弭，今不可不許。弗許，楚將許之，以召諸侯，則我失爲盟主矣。」晉人許之。如楚，亦許之。如齊，齊人難之。陳文子曰：「晉、楚許之，我焉得已？且人曰弭兵，而我弗許，則固攜吾民矣！將焉用之？」齊人許之。告於秦，秦亦許之。皆告於小國，爲會於宋。五月甲辰，晉趙武至於宋。丙午，鄭良霄至。六月丁未朔，宋人享趙文子，叔向爲介。司馬置折俎，禮也。折俎，體解節折，升之於俎，合卿享宴之禮，故曰「禮也」。仲尼使舉是禮也，以爲多文辭。宋向戌自美弭兵之意，敬逆趙武。趙武、叔向因享宴之會，展賓主之辭，故仲尼以爲多文辭。戊申，叔孫豹、齊慶封、陳須無、衛石惡至。甲寅，晉荀盈從趙武至。丙辰，邾悼公至。壬戌，楚公子黑肱先至，成言於晉。丁卯，宋向戌如陳，從子木成言於楚。戊辰，滕成公至。子木謂向戌：「請晉、楚之從，交相見也。」庚午，向戌復於趙孟。趙孟曰：「晉、楚、齊、秦，匹也。晉之不能於齊，猶楚之不能於秦也。不能服而使之。楚君若能使秦君辱於敝邑，寡君敢不固請於齊？」請齊使朝楚。壬申，左師復言於子木。子木使馹謁諸王。馹，傳也。謁，告也。王曰：「釋齊、秦，他國請相見也。」秋七月戊寅，左師至。是夜也，趙孟及子皙盟，以齊言。子皙，公子黑肱，素要齊其辭，至盟時，不得復訟爭。庚辰，子木至自陳。陳孔奐、蔡公孫歸生至。二國大夫與子木俱至。曹、許之大夫皆至。以藩爲軍，示不相忌。晉、楚各處其偏，晉處北，楚處南。伯夙謂趙孟伯夙，荀盈。曰：「楚氛甚惡，懼難。」氛，氣也。言楚有襲晉之氣。趙孟曰：「吾左還入於宋，若我何？」營在宋北，東頭爲上，故晉營在東。有急可左迴入宋東門。辛巳，將盟於宋西門之外。楚人衷甲。甲在衣中，欲因會擊晉。伯州犂曰：「合諸侯之師，以爲不信，無乃不可乎？夫諸侯望信於楚，是以來服。若不信，是棄其所以服諸侯也。」固請釋甲。子木曰：「晉、楚無信久矣，事利而已。苟得志焉，焉用有信？」大宰退，大宰，伯州犂。告人曰：「令尹將死矣，不及三年。求逞志而棄信，志將逞乎？志以發言，言以出信，信以立志，參以定之。志、言、信，三者具而後身安存。信亡，何以及三？」爲明年子木死起本。趙孟患楚衷甲，以告叔向。叔向曰：「何害也？匹夫一爲不信，猶不可，單斃其死。單，盡也。斃，踣也。若合諸侯之卿，以爲不信，必不捷矣。食言者不病，不病者，單斃於死。非子之患也。楚食言當死。晉不食言，故無患。夫以信召人，而以僭濟之，濟，成也。必莫之與也，安能害我？且吾因宋以守病，爲楚所病，則欲入宋城。則夫能致死。與宋致死，雖倍楚可也。宋爲地主，致死助我，則力可倍楚。子何懼焉？又不及是。曰弭兵以召諸侯，而稱兵以害我，稱，舉也。吾庸多矣，非所患也。」晉獨取信，故其功多。季武子使謂叔孫以公命，曰：「視邾、滕。」既而齊人請邾，宋人請滕，皆不與盟。叔孫曰：「邾、滕，人之私也。我，列國也，何故視之？宋、衛，吾匹也。」

乃盟。故不書其族，言違命也。晉、楚爭先。爭先歃血。晉人曰：「晉固爲諸侯盟主，未有先晉者也。」楚人曰：「子言晉、楚匹也，若晉常先，是楚弱也。且晉、楚狎主諸侯之盟也久矣，狎，更也。豈專在晉？」叔向謂趙孟曰：「諸侯歸晉之德只，只，辭。非歸其尸盟也。尸，主也。子務德，無爭先。且諸侯盟，小國固必有尸盟者。小國主辦具。楚爲晉細，不亦可乎？」乃先楚人。書先晉，晉有信也。蓋孔子追正之。壬午，宋公兼享晉、楚之大夫，趙孟爲客。客，一坐所尊，故季孫飲大夫酒，臧紇爲客。子木與之言，弗能對。使叔向侍言焉，子木亦不能對也。子木語王曰：「宜晉之伯也，有叔向以佐其卿，楚無以當之，不可與爭。」按：向戌之來告弭兵也，趙文子與諸大夫謀，既以韓宣子之言從其請，及楚人爭盟，又用叔向之言以先之，始終唯人謀是聽，而不以己私與其間，可謂得《明夷》莅衆之道矣。方子木與之言，弗能對也，幾若可羞，然己雖訥，而有能言之士以佐之，使敵國之卿心服焉，亦何異言之出於己乎？先儒論霍光，惟其無材，故能用衆人之材。愚於趙武亦云，彼矜能逞辨，自謂人莫己若者，方之蔑矣。

三十年三月癸未【七】，晉悼夫人食輿人之城杞者。杜氏曰：「輿，衆也。城杞在往年。」絳縣人或年長矣，無子，而往與於食。有與疑年，使之年。使言其年。曰：「臣小人也，不知紀年。臣生之歲，正月甲子朔，四百有四十五甲子矣。其季於今，三之一也。」所稱正月，謂夏正月也。三分六甲之一，得甲子甲戌，盡癸未。吏走問諸朝。皆不知，故問之。師曠曰：「魯叔仲惠伯會郤成子于承匡之歲也。在文十一年。是歲也，狄伐魯。叔孫莊叔於是乎敗狄于鹹，獲長狄僑如及虺

【七】三月　楊伯峻《春秋左傳注》據阮元校作「二月」。

也，豹也，而皆以名其子。七十三年矣。」叔孫僑如、叔孫豹，皆取長狄名。史趙曰：「亥有二首六身，史趙，晉大史。亥字二畫在上，併三六爲身，如筭之六。下二如身，是其日數也。」下亥上二畫，竪置身旁。士文伯曰：「然則二萬六千六百有六旬也。」文伯，士弱之子。趙孟問其縣大夫，則其屬也。屬趙武。召之，而謝過焉，曰：「武不才，任君之大事，以晉國之多虞，不能由吾子，由，用也。使吾子辱在泥塗久矣，武之罪也。敢謝不才！」遂仕之，使助爲政。辭以老。與之田，使爲君復陶，復陶，主衣服之官。以爲絳縣師，縣師，掌地域，辨其夫家人民。而廢其輿尉。以役孤老故。於是魯使者在晉，歸以語諸大夫。季武子曰：「晉未可媮也。媮，薄也。有趙孟以爲大夫，有伯瑕以爲佐，伯瑕，士文伯。有史趙、師曠而咨度焉，有叔向、女齊以師保其君。其朝多君子，其庸可媮乎？勉事之而後可。」《傳》言晉所以不失諸侯。愚按：是時衆賢畢用，而文子猶恐恐焉以失一士爲憂，觀其謝絳縣老人之言，真古大臣用心，後此數千年未有及之者。太史公曰：「使晏子而在，予雖爲之執鞭，所訢慕焉。」愚於趙武亦云。

爲宋災故，諸侯之大夫會，以謀歸宋財。冬十月，叔孫豹會晉趙武、齊公孫蠆、宋向戌、衛北宫佗、鄭罕虎及小邾之大夫，會于澶淵。既而無歸於宋，故不書其人。君子曰：「信其不可不慎乎！澶淵之會，卿不書，不信也夫。諸侯之上卿，會而不信，寵名皆棄，不信之不可也如是。」穆叔至自會，澶淵會還。見孟孝伯，語之曰：「趙孟將死矣。其語偷，不似民主。偷，苟且。且年未盈五十，而諄諄焉如八九十者，弗能久矣。」按：宋災謂是年五月，宋大災也，絳縣老人之事，在今年正月，澶淵之會相去幾何，而精明媮惰若二人焉，敵國敬嫚亦隨以異。

然則當大任者，其可無持志養氣之功哉？

昭元年，叔孫豹會晉趙武、楚公子圍、齊國弱、宋向戌、衛齊惡、陳公子招、蔡公孫歸生、鄭罕虎、許人、曹人于虢。《傳》：遂會於虢，杜氏曰：「虢，鄭地。」尋宋之盟也。宋盟在襄二十七年。祁午謂趙文子曰：「宋之盟，楚人得志於晉。得志，謂先歃。今令尹之不信，諸侯之所聞也。令尹，謂王子圍。子弗戒，懼又如宋。恐楚復得志。子木之信，稱於諸侯，猶詐晉而駕焉，駕猶陵也。詐爲衷甲。況不信之尤者乎？尤，甚也。楚重得志於晉，晉之恥也。子相晉國，以爲盟主，於今七年矣。襄二十五年始爲政。再合諸侯，襄二十五年會夷儀，二十六年會澶淵。三合大夫，襄二十七年會于宋，三十年會澶淵及今會虢也。服齊、狄，寧東夏，襄二十八年齊侯、白狄朝晉。平秦亂，襄二十六年秦、晉爲成。城淳于，襄二十九年城杞之淳于，杞遷都。師徒不頓，國家不罷，民無謗讟，讟，誹也。諸侯無怨，天無大災，子之力也。有令名矣，而終之以恥，午也是懼。吾子其不可以不戒！」文子曰：「武受賜矣。受午言。然宋之盟，子木有禍人之心，武有仁人之心，是楚所以駕於晉也。今武猶是心也，楚又行僭，譬如農夫，是穮是蓘，穮，耘也。壅苗爲蓘。雖有饑饉，必有豐年。言耕鉏不以水旱息，必獲豐年之收。且吾聞之：『能信不爲人下。』吾未能也。自恐未能信也。《詩》曰：『不僭不賊，鮮不爲則。』信也。《詩·大雅》。僭，不信。賊，害人也。能爲人則者，不爲人下矣。吾不能是難，楚不爲患。」楚令尹圍請用牲，讀舊書，加于牲上而已。舊書，宋之盟書。楚恐晉先歃，故欲從舊書。加于牲上，不歃血，經所以不書盟。晉人許之。季武子伐莒，取鄆。兵未加莒而鄆服，故書「取」而不言伐。莒人告於會。楚告於晉曰：「尋盟未退，尋弭丘之盟。而魯伐莒，瀆齊盟。瀆，慢也。請戮其使。」時叔孫豹在會，欲戮之。樂桓子相趙文子，桓子，樂羊鮒。相，佐也。欲求貨於叔孫而爲之請，使請帶焉。難指求貨，故以帶爲辭。弗與。梁其踁曰：「貨以藩身，子何愛焉？」踁，叔孫家臣。叔孫曰：「諸侯之會，衛社稷也。我以貨免，魯必受師。言不戮其使，必伐其國。是禍之也，何衛之爲？人之有牆，以蔽惡也。喻己爲國衛，如牆爲人蔽。牆之隙壞，誰之咎也？咎在牆。衛而惡之，吾又甚焉。罪甚牆。雖怨季孫，魯國何罪？怨季孫之伐莒。叔出季處，有自來矣，吾又誰怨？季孫守國，叔孫出使，所從來久。今遇此戮，無所怨也。然鮒也賄，弗與不已。」召使者，裂裳帛而與之，曰：「帶其褊矣。」言帶褊盡，故裂裳，示不相逆。趙孟聞之，曰：「臨患不忘國，忠也；謂言魯國何罪。思難不越官，信也；謂言叔出季處。圖國忘死，貞也；謂不以貨免。謀主三者，義也。有是四者，又可戮乎？」并義而四。乃請諸楚曰：「魯雖有罪，其執事不辟難，畏威而敬命矣。子若免之，以勸左右可也。」楚人許之，乃免叔孫。按：此一節有得有失：文子知叔孫之賢，請於楚而免之，樂羊鮒雖不得貨，而不能沮，此其所以得也；身爲正卿，置好貨之人於左右而不能遠，此其所以失也。天王使劉定公勞趙孟於潁，館於雒汭。王，周景王。定公，劉夏。劉子曰：「美哉禹功，見河、雒而思禹功。明德遠矣。微禹，吾其魚乎？吾與子弁冕端委，以治民臨諸侯，禹之力也。弁冕，冠也。端委，禮衣。言今得其服冠冕有國家者，皆由禹之力。子盍亦遠續禹功，而大庇民乎？」勸趙孟使纂禹功。對曰：「老夫罪戾是懼，焉能恤遠？吾儕偷食，朝不謀夕，何其長也！」言欲苟免目前，不能念長久。劉子歸以語王曰：「諺所謂『老將知而耄及之』者，八十曰耄。耄，亂也。其趙孟之謂乎？爲晉正卿，以主諸侯，而儕於隸人。朝不謀夕，言其自比於賤人，而無恤民之心。棄神人矣。民爲神主，不恤民，故神人皆去。神怒民叛，何以能久？趙孟不復年矣【八】。言將死，不復見明年。神怒，不歆其祀。民叛，不即其事。祀事不從，又何以年？」爲此冬趙孟卒起本。又秦后子奔晉，趙子曰：「秦君何如？」對曰：「無道。」趙孟曰：「亡乎？」對曰：「何爲？一世無道，國未艾也。國於天地，有與立焉。不數世淫，弗能斃也。」趙孟曰：「天乎？」對曰：「有焉。」趙並曰：「其幾何？」對曰：「鍼聞之：國無道而年穀和熟，天贊之也，鮮不五稔。」趙孟視蔭曰：「朝不及夕，誰能待五？」后子出而告人曰：「趙孟將死矣。主民，翫歲而愒日，其能幾何？」愚謂文子之賢，出於天資，而未嘗輔之學，故志不能帥氣。年未及耄，而偷惰形焉，其視畢公弼四世而克勤卜物，衛武過九十而以禮自防，何相去之遠邪！此無它，有理義以養其心，則雖老而神明不衰。苟惟不然，則昏於豢養，敗於戕賊，未老而已然矣。有志之士，可不戒諸？

昭元年，晉侯求醫於秦，秦伯使醫和視之，曰：「疾不可爲也。是謂近女室，疾如蠱。杜氏曰：「蠱，惑疾。」非鬼非食，惑以喪志。惑女色而失志。《正義》曰：「女在房室，故以室言之。『是謂近女室』，由近女室，爲此病也。又言『疾如蠱』，言此疾似蠱疾也。蠱者，心志惑亂之疾，若今昏狂失性，其疾名蠱。公惑於女色，失其常性，如彼惑蠱之疾也。蠱是惑疾，公心既惑，即是蠱疾。而云『如蠱』者，蠱是失志之病，志之所失，不獨爲女。宣八年《傳》『胥克有蠱疾』者，直是病而失性，不由近女爲之。此公淫而失志，未全爲蠱，故曰『如蠱』。『非鬼』云云者，言病有鬼爲之者，有食爲之者，此病非鬼非食，淫於女色，情性惑亂，以喪失志意也。」良臣將死，天命不佑。」良臣不匡救君過，故將死而不爲天所佑。公曰：「女不可近乎？」對曰：「節之。先王之樂，

【八】趙孟　原作「趙子」，據《春秋左傳注疏》卷四十一改。

所以節百事也，故有五節，五降之節。遲速本末以相及，中聲以降【九】，不容彈矣。此謂先王之樂得中聲，聲成五降而息也。降，罷退。《正義》曰：「女之爲節，不可得説，故以樂譬之。先王之爲此樂也，所以限節百種之事，故爲樂有五聲之節，爲聲有遲有速，從本至末，緩急相及，使得中和之聲。其曲既了，以此罷退，五聲既成中和，罷退之後，謂爲曲已了，不容更復彈作，以爲煩手淫聲，鄭、衛之曲也。」於是乎有煩手淫聲，慆堙心耳，乃忘平和，君子弗聽也。五降而不息，則雜聲並奏，所謂鄭、衛之聲。《正義》曰：「五降不息，則非復正聲。手煩不已，則雜聲並奏，記、傳所謂鄭、衛之聲，謂此也。《樂記》云『鄭音好濫淫志，衛音促速煩志』，是言鄭、衛之聲，是煩手雜聲也。」物亦如之，言百事皆如樂，不可失節。至於煩，乃舍也已，無以生疾。煩不舍，則生疾。君子之近琴瑟，以儀節也，非以慆心也。爲心之節儀，使動不過度。天有六氣，謂陰、陽、風、雨、晦、明也。降生五味，謂金味辛、木味酸、水味鹹、火味苦、土味甘，皆由陰陽風雨而生。發爲五色，辛色白，酸色青，鹹色黑，苦色赤，甘色黃。發，見也。徵爲五聲，白聲商，青聲角，黑聲羽，赤聲徵，黃聲宮。徵，驗也。淫生六疾，淫，過也。滋味聲色所以養人，然過則生害。《正義》曰：「氣皆由天，故言天有六氣也【一〇】。五味在地，故云降生五味也。五味是五行之味，六氣共生五行，故杜解五味皆由陰陽風雨而生，是言六氣共生之，非言一氣生一行也。味則嘗而可知，未有形，色可視，發見而爲五色也。色既不同，其聲亦異，徵驗而爲五聲也。此味、聲、色，皆本諸上天，所以養人，用之太過，則生六淫之疾。」又曰：「物皆有本，本自天來，故言五者皆出陰、陽、風、雨而生，是陰、陽、風、雨合雜共生五味。」六氣陰、陽、風、雨、晦、明也，分爲四時，序爲五節，六氣之化，分而序之，則成四時，得五行之節。過則爲菑：陰淫寒疾，寒過則爲冷。陽淫熱疾，熱過則喘渴。風淫末疾，末，四支也。風爲緩急。雨淫腹疾，雨濕之氣爲洩注。晦淫惑疾，晦，夜也。爲宴寢過節則心惑乱。明淫心疾。明，晝也。思慮煩

【九】中聲以降　此句，《春秋左傳注疏》卷四十一作「中聲以降五降之後」。

【一〇】故言天有六氣　「天」原脱，據《春秋左傳注疏》卷四十一補。

多，心勞生疾。《正義》曰：「上云『淫生六疾』，摠謂氣、味、聲、色。此云『過則爲菑』，獨謂六氣過耳，過即淫也，故歷言六氣之淫各生疾也。此六者，陰、陽、風、雨，有多時，有少時，晦明則天有常度，無多少時也。今言淫，謂人受用此氣有過度也。陰過則冷，陽過則熱，風多則四支緩急，雨多則腹腸洩注。此四者，雖各以其氣與人爲病，若其能自防護，受之不多，則無此病也。其晦明亦是天氣，不以病人，但人用晦明過度，則亦爲病。晦是夜也，夜當安身，女以宣氣，近女過度，則心惑亂也。明，日之晝也，晝以營務，營務當用心思，慮煩多則心勞敝也。陰、陽、風、雨，當受之有節，晦、明當用之有限，無節、無限則爲菑害也。」女，陽物而晦時，淫則生内熱惑蠱之疾。女常隨男，故言陽物。家道在夜，故曰晦時。《正義》曰：「以女陽物，故内熱。以晦時，故惑蠱也。《晉語》云：『文子問醫和曰：君其幾何？對曰：若諸侯服，不過三年。不服，不過十年。過是，晉之殃也。』孔晁曰：『人雖有命，荒淫者必損壽。無外患則并心於内，故三年死。諸侯不服，思外患而損内欲，故十年。』」今君不節不時，能無及此乎？」出告趙孟。趙孟曰：「誰當良臣？」對曰：「主是謂矣。主相晉國，於今八年，晉國無亂，諸侯無闕，可謂良矣。和聞之：國之大臣，榮其寵禄，任其大節，有菑禍興而無改焉，改，改行以救菑。必受其咎。今君至於淫以生疾，將不能圖恤社稷，禍孰大焉？主不能禦，吾是以云也。」云主將死。趙孟曰：「良醫也。」厚其禮而歸之。呂氏曰：「此一節見得先王典禮銷磨未盡，雖工技之微亦知之。大抵國之大臣，在乎養君之德，保君之體，三代之佐，莫不知此。至後世則無知者，如霍光固可以託六尺之孤，其後昭帝夭終，則光所以保養者可知。李德裕能誅藩鎮之强梁者，而武宗惑於神仙方藥而不能救，則亦不能保養之罪也。盡此道者，莫如周公佐成王，所謂養德保身者，公專任其事，《無逸》之作，教之以先王之壽考，戒之以無逸豫，遂使成王終其天命，而死生之際屹然不亂。後之爲大臣者，必如周公而後可。」愚謂：忠臣之心，常欲君身之彊固，君德之清明，故動以聲色遊畋爲藥石之戒。古之人有行之者，周公是也。姦臣之心則不然，君身彊固，則必不倦於政機而威權在己；君德清明，則必不謬於邪正而用舍合宜：此正人君子之所深願，而憸夫壬人之所甚不便者也。故必蠱之以逸欲，導之以奢淫，然後其君恣肆昏荒，而惟己之聽。後之人有行之者，趙高、仇士良是也。二人刀鋸之餘，何足深罪？而春秋名卿，如管仲、趙武者，亦安視其君有六嬖、四姬之惑，而不能救焉。彼其人非姦慝也，其志非蠱媚也，迺至於是者，由不知古人保傅之職，而以彊兵制敵爲功故也。有志愛君者，其可不以周公爲法，以管仲、趙武爲戒哉！四姬事見《左氏》上文，子産曰：「僑聞之：君子有四時，朝以聽政，晝以訪問，夕以脩令，夜以安身。於是乎節宣其氣，勿使有所壅閉湫底，以露其體。兹心不爽，而昏亂百度。今無乃壹之，則生疾矣。僑又聞之：内官不及同姓，男女辨姓，禮之大司也。今君内實有四姬焉，其無乃是也乎？若由是二者，弗可爲也已。四姬有省猶可，無則必生疾也。」叔向曰：「善哉，肸未之聞也。」且未之聞，則亦無怪趙武之不能知也，故併附于此。　十二月，趙孟卒。杜氏曰：「終劉定公、秦后子之言。」

初，州縣，欒豹之邑也。杜氏曰：「州縣，今屬河内郡。豹，欒盈族。」及欒氏亡，范宣子、趙文子、韓宣子皆欲之。文子曰：「温，吾縣也。」州本屬温。温，趙氏邑。二宣子曰：「自郤稱以別，三傳矣。郤稱，晉大夫，始受州。自是州與温別，至今傳三家。晉之别縣，不唯州，誰獲治之？」言縣邑既別甚多，無有得追而治取者。文子病之，乃舍之。二子曰：「吾不可以正議而自與也。」皆舍之。及文子爲政，趙獲曰：文子之子。「可以取州矣。」文子曰：「退。二子之言，義也。違義，禍也。余不能治余縣，又焉用州？其以徼禍也。君子曰：『弗知實難。』知而弗從，禍莫大焉。有言州必死！」按：文子於此，可謂能以義勝欲矣。其事紀於昭三年，故附此。

《禮記》：文子其中退然如不勝衣，鄭氏曰：「中，身也。退然，和柔貌。」其言吶吶然如不出諸口【一一】，所舉於晉國，管庫之士七十有餘家。謂府史以下，官長所置者，舉之於君，以爲大夫、士也。生不交利，廉也。死不屬其子焉。」《史記》文子之子景叔不爲卿大夫，是文子不以屬其君也。按：文子起於羈孤，是時晉多賢者，其始冠也，見欒武子，武子曰：「昔吾逮事莊主，華則榮矣，實之不知，請務實乎。」莊者，文子父朔之謚也。見范文子，文子曰：「夫賢者，寵至而益戒，不足者爲寵驕。」見韓獻子，獻子曰：「戒之，此謂成人，成人在始與善。始與善，善進善，不善蔑由至矣；始與不善，不善進不善，善蔑由至矣。」見張老而語之，張老曰：「從欒伯之言，可以滋；范叔之敬，可以大；韓子之戒，可以成。物備矣，志在子。」又文子爲室美，斲其椽而礱之，張老以貴而忘義，富而忘禮責之。文子歸，令勿礱也，匠人請皆斲之。文子曰：「止，爲後世之見之也。其斲者，仁者之爲也；其礱者，不仁之爲也。」蓋其生長於衆賢之間，耳濡目染，少成若性，故其爲政也，於謀國用人之事，皆有可稱，而身亦寡過。惜其未嘗用力於聖賢之學，故於平公之德，無能有所增益，醫和之譏盡矣。吁，可惜哉！

襄十六年春，平公即位。杜氏曰：「平公，悼公子彪。」羊舌肸爲傅，肸，叔向也。《晉語》司馬侯對悼公曰【一二】：「羊舌肸習於《春秋》。」乃召叔向使傅太子彪。韋昭曰：「春秋，紀人事之善惡而月以天時，謂之春秋，周史之法也。時孔子未作《春秋》。」

十八年，晉人聞有楚師，師曠曰：「不害。吾驟歌北風，又歌南風。南風不競，杜氏曰：「歌者，吹律以詠八風。南風音微，故曰『不競』。師曠唯歌南北風者，聽晉、楚之强弱。」多死聲，楚必無功。」董叔曰：「天道多在西北。歲在豕韋，月又建亥，故曰「多在西北」。南師不時，必無功。」不時，謂觸歲月。叔向曰：「在其君之德也。」言天時、地利不如人和。

【一一】出諸口　「諸」《禮記・檀弓下》作「其」。

【一二】晉語司馬侯對悼公　「晉」原作「魯」，「悼」原作「博」，均誤。據《國語》卷十三《晉語七》改。

二十一年秋，欒盈出奔楚。按，欒盈之奔，蓋范宣子以譏逐之。宣子殺箕遺、黃淵、嘉父、司空靖、邴豫、董叔、邴師、申書、羊舌虎、叔羆，十子，皆晉大夫，欒盈之黨也。羊舌虎，叔向弟。因伯華、叔向、籍偃。籍偃，上軍司馬。人謂叔向曰：「子離於罪，其爲不知乎？」譏其受囚而不能去。叔向曰：「與其死亡若何？言雖囚，何若於死亡。《詩》曰：『優哉游哉，聊以卒歲。』知也。」《詩·小雅》。言君子優游於衰世，所以辟害，卒其壽，是亦知也。樂王鮒見叔向曰【一三】：「吾爲子請。」叔向弗應。出，不拜。樂王鮒，晉大夫樂桓子。其人皆咎叔向。叔向曰：「必祁大夫。」祁大夫，祁奚也。室老聞之曰：「樂王鮒言於君，無不行。其言皆得行。求救吾子，吾子不許。謂不應，出不拜。祁大夫所不能也，不能動君。而曰必由之，何也？」叔向曰：「樂王鮒從君者也，何能行？祁大夫外舉不棄讎，內舉不失親，其獨遺我乎？《詩》曰：『有覺德行，四國順之。』《詩·大雅》。言德行直，則天下順之。夫子，覺者也。」覺，較然正直。晉侯問叔向之罪於樂王鮒，對曰：「不棄其親，其有焉。」言叔向篤親親，必與叔虎同謀。按：小人之譖君子，必因其善而誣之，大抵皆此類也。於是祁奚老矣，老，去公族大夫。聞之，乘馹而見宣子，曰：「《詩》曰：『惠我無疆，子孫保之。』《詩·周頌》也。言文、武有惠訓之德，加於百姓，故子孫保賴之。《書》曰：『聖有謩勳，明徵定保。』夫謀而鮮過、惠訓不倦者，叔向有焉，按：叔向襄十六年始見於《傳》，晉逐欒氏以前，未見大議論。今祁奚稱其惠訓不倦，則前乎此之所論建者多矣，惜《傳》之軼也。社稷之固也。猶將十世宥之，以勸能者，今壹不免其身，壹以弟故。以棄社稷，不亦惑乎？鯀殛而禹興。伊尹放大甲而相之，卒無怨

【一三】樂王鮒　「王」原作「羊」，據《春秋左傳注疏》卷三十四改。下同。

色。管、蔡爲戮，周公右王。若之何其以虎也棄社稷？子爲善，誰敢不勉？多殺何爲？」宣子説，與之乘，以言諸公而免之。共載入見公。不見叔向而歸。言爲國，非私叔向也。叔向亦不告免焉而朝。不告謝之，明不爲己。會於商任，錮欒氏也。禁錮欒盈，使諸侯不得受。齊侯、衛侯不敬。叔向曰：「二君者必不免。會朝，禮之經也。禮，政之輿也。政須禮而行。政，身之守也。政存則身安。怠禮失政，失政不立，是以亂也。」爲二十五年齊弒光，二十六年衛弒剽傳。

二十六年春，秦伯之弟鍼如晉脩成。杜氏曰：「脩會夷儀歲之成。」叔向命召行人子員。欲使答秦命。行人子朱曰：「朱也當御。」御，進也。言次當行。三云，叔向不應。子朱怒曰：「班爵同，同爲大夫。何以黜朱於朝？」黜，退也。撫劍從之。從叔向也。叔向曰：「秦、晉不和久矣。今日之事，幸而集，集，成。晉國賴之。不集，三軍暴骨。子員道二國之言無私，子常易之。姦以事君者，吾所能御也。」拂衣從之。拂衣，褰裳也。人救之。平公曰：「晉其庶乎！庶，幾於治。吾臣之所爭者大。」師曠曰：「公室懼卑，臣不心競而力爭，謂二子不心競爲忠，而撫劍、拂衣。不務德而爭善，爭謂所行爲善。私欲已侈，能無卑乎？」私欲侈則公義廢。按：叔向舍朱而命員，爲國事也。當於子朱自言當御之時，以理諭之，則朱亦何辭？而三云不應，所以激朱之怒也。叔向之擇才，子朱之守職，皆公也。師曠以爲私，何哉？蓋事雖出於公，而少有意於其間即私矣。

二十九年，吳公子札適晉，説趙文子、韓宣子、魏獻子，曰：「晉國其萃於三族乎？」杜氏曰：「言晉國之政將集於三家。」説叔向，將行，謂叔向曰：「吾子勉之！君侈而多良，大夫皆富，政將在家。富必厚施，故政在家。吾子好直，必思自免於難。」《正義》曰：「謂多以惡人爲良而善之。」

昭二年，叔弓聘于晉，報宣子也。杜氏曰：「此春韓宣子來聘。」晉侯使郊勞。《聘禮》：賓至近郊，君使卿勞之。辭曰：「寡君使弓來繼舊好，固曰：『女無敢爲賓！』徹命於執事，敝邑弘矣。徹，達也。敢辱郊使？請辭。」辭郊勞。致館，辭曰：「寡君命下臣來繼舊好，好合使成，臣之禄也。得通君命，則於己爲榮禄。敢辱大館？」敢，不敢。叔向曰：「子叔子知禮哉！吾聞之曰：『忠信，禮之器也；卑讓，禮之宗也。』宗，猶主也。辭不忘國，忠信也。謂稱舊好。先國後己，卑讓也。始稱敝邑之弘，先國也。次稱臣之禄，後己也。《詩》曰：『敬慎威儀，以近有德。』夫子近德矣。」《詩・大雅》。

五年，晉韓宣子如楚送女，叔向爲介。鄭子皮、子大叔勞諸索氏。大叔謂叔向曰：「楚王汰侈已甚，子其戒之。」叔向曰：「汰侈已甚，身之災也，焉能及人？若奉吾幣帛，慎吾威儀，守之以信，行之以禮，敬始而思終，終無不復。事皆可復行。從而不失儀，從，順也。敬而不失威，道之以訓辭，奉之以舊法，考之以先王，以先王之禮成其好。度之以二國，度晉、楚之勢而行之。雖汰侈，若我何？」下文云：楚子朝其大夫曰：「晉，吾仇敵也【一四】，苟得志焉，無恤其他。今其來者，上卿、上大夫也。若吾以韓起爲閽，羊舌肸爲司宮，足以辱晉，吾亦得志矣，可乎？」薳啓彊曰：「可。苟有其備，何故不可？恥匹夫不可以無備，況恥國乎？」云云。」王曰：「不穀之過也，大夫無辱。」厚爲韓子禮。王欲敖叔向以其所不知，而不能，亦厚其禮。按：叔向答子大叔之語，最爲精密，宜深味之。

【一四】仇敵　原作「仇讎」，據《春秋左傳注疏》卷四十三改。

六年，韓宣子之適楚也，楚人弗逆。公子弃疾及晉竟，晉侯將亦弗逆。叔向曰：「楚辟我衷，杜氏曰：「辟，邪也。衷，正也。」若何效辟？《詩》曰：『爾之教矣，民胥效矣。』《詩·小雅》。言上教下效。從我而已，焉用效人之辟？《書》曰：『聖作則。』逸《書》。則，法也。無寧以善人爲則，無寧，寧也。而則人之辟乎？匹夫爲善，民猶則之，況國君乎？」晉侯説，乃逆之。《傳》言叔向知禮。按：王文正公旦不治密院吏倒用印事，類此。

九年，周甘人與晉閻嘉爭閻田。杜氏曰：「甘人，甘大夫襄也。閻嘉，晉閻縣大夫。」晉梁丙、張趯率陰戎伐潁。陰戎，陸渾之戎。潁，周邑。王使詹桓伯辭於晉，辭，責讓之。桓伯，周大夫。曰：「我自夏以后稷，魏、駘、芮、岐、畢，吾西土也。在夏世以后稷功，受此五國爲西土之長。及武王克商，蒲姑、商奄，吾東土也。巴、濮、楚、鄧，吾南土也。肅慎、燕、亳，吾北土也。肅慎，北夷。吾何邇封之有？邇，近也。文、武、成、康之建母弟，以蕃屏周，亦其廢隊是爲，爲後世廢隊，兄弟之國當救濟之。豈如弁髦而因以敝之？童子垂髦始冠，必三加冠，成禮而棄其始冠，故言「弁髦因以敝之」。弁，亦冠也。先王居檮杌于四裔，以禦螭魅，故允姓之姦，居于瓜州。允姓，陰戎之祖，與三苗俱放三危者。瓜州，今敦煌。伯父惠公歸自秦，而誘以來，僖十五年，晉惠公自秦歸。二十二年，秦、晉遷陸渾之戎於伊川。使偪我諸姬，入我郊甸，則戎焉取之？邑外爲郊，郊外爲甸。言戎取周郊甸之地。戎有中國，誰之咎也？咎在晉。后稷封殖天下，今戎制之，不亦難乎？后稷脩封疆，殖五穀，今戎得之，唯以畜牧。伯父圖之。我在伯父，猶衣服之有冠冕，木水之有本原，民人之有謀主也。民人謀主，宗族之師長。伯父若裂冠毀冕，拔本塞原，專棄謀主，雖戎狄，其何有余一人？」伯父猶然，則雖戎狄，無所可責。晉率陰戎伐周邑，故云然。叔向謂宣子曰：「文之伯也，豈能改物？言文公雖霸者，能改正朔，易服色。翼戴天子而加之以共。翼，佐也。自文以來，世有衰德而暴蔑宗周，宗周，天子。以宣示其侈，諸侯之貳，不亦宜乎？且王辭直，子其圖之。」宣子説。王有姻喪，外親之喪。使趙成如周弔，且致閻田與襚，襚，送死衣。反潁俘。王亦使賓滑執甘大夫襄以説於晉，晉人禮而歸之。賓滑，周大夫。呂氏曰：「自晉文以來，暴蔑王室，然未有敢伐天子之邑。今平公乃令梁丙、張趯伐潁，則是伐天子之邑矣，宜王之辭甚峻也。當時賴有叔向深言其非，遂致閻田而反潁俘，不至終失事天子之禮。然叔向曰『且王之辭直』，此語亦未安，天子、諸侯豈較曲直之地邪？」

十一年三月丙申，楚子伏甲而饗蔡侯於申，醉而執之。夏四月丁巳，殺之，刑其士七十人。公子棄疾帥師圍蔡。杜氏曰：「《傳》言楚子無道。」韓宣子問於叔向曰：「楚其克乎？」對曰：「克哉！蔡侯獲罪於其君，謂殺父而立。而不能其民，不能施德。天將假手於楚以斃之，借楚手以討蔡。何故不克？然肸聞之：不信以幸，不可再也。楚王奉孫吳以討於陳，曰：『將定而國。』陳人聽命，而遂縣之。事在八年。今又誘蔡而殺其君，以圍其國，雖幸而克，必受其咎，弗能久矣。桀克有緡，以喪其國；紂克東夷，而隕其身。紂爲黎之蒐，東夷叛之。桀爲仍之會，有緡叛之，故伐而克之。楚小位下，而亟暴於二王，能無咎乎？天之假助不善，非祚之也，厚其凶惡，而降之罰也。且譬之如天，其有五材而將用之，力盡而敝之，是以無拯，不可没振。」金木水火土五者爲物，用久則必有敝盡，盡則棄捐，故言無拯。拯，猶救助也。不可没振，猶没不可復振。單子會韓宣子于戚，單子，單成公。視下言徐。叔向曰：「單子其將死乎！朝有著定，著定，朝内列位常處，謂之表著。會有表，野會，設表以爲位。衣有襘，帶有結。襘，領會。結，帶結也。會朝之言，必聞于表著之位，所以昭事序也。視不過結襘之中，所以道容貌也。言以命之，容貌以明之，失則有闕。今單子爲王官伯，而命事於會，視不登帶，言不過步，貌不道容，而言不昭矣。不道不共，不昭不從，貌正曰共，言順曰從。無守氣矣！」爲此年冬單子卒起本。

九月，葬齊歸，五月夫人歸氏薨，昭公母也。公不慼。晉士之送葬者，歸以語史趙。史趙曰【一五】：「必爲魯郊。」言昭公必出在郊野，不能有國。侍者曰：「何故？」曰：「歸，姓也。不思親，祖不歸也。」姓，生也。言不思親則不爲祖考所歸祐。叔向曰：「魯公室其卑乎！君有大喪，國不廢蒐。謂蒐比蒲【一六】。有三年之喪，而無一日之慼。國不恤喪，不忌君也。忌，畏也。君無慼容，不顧親也。國不忌君，君不顧親，能無卑乎？殆將失國【一七】。」爲二十五年公孫於齊傳。

十三年，子干歸。《經》：是年四月，楚公子比自晉歸于楚，弑其君虔于乾谿。楚公子棄疾殺公子比。《傳》：楚公子比、公子黑肱、公子棄疾入楚，比爲王，黑肱爲令尹，棄疾爲司馬。比，子干也。韓宣子問於叔向曰：「子干其濟乎？」對曰：「難。」宣子曰：「同惡相求，如市賈焉，何難？」宣子謂棄疾親恃子干，共同好惡，故言如市賈同利以相求。對曰：「無與同好，誰與同惡？言棄疾本不與子干同好，則亦不得同惡。取國有五難：有寵而無人，一也；寵須賢人而固。有人而無主，二也；雖有賢人，當

【一五】史趙曰　「史趙」原脱，據《春秋左傳注疏》卷四十五補。

【一六】謂蒐比蒲　「比」字原缺，據《春秋左傳注疏》卷四十五補。案：比蒲，魯國地名。

【一七】殆將失國　「將」原作「其」，據《春秋左傳注疏》卷四十五改。

須内主爲應。有主而無謀，三也；謀，策謀也。有謀而無民，四也；民，衆。有民而無德，五也。四者既備，當以德成。子干在晉十三年矣，晉、楚之從，不聞達者，可謂無人。晉、楚之士從子干游，皆非達人。族盡親叛，可謂無主。無親族在楚。無釁而動，可謂無謀。召子干時，楚未有大釁。爲羈終世，可謂無民。終身羈客在晉，是無民。亡無愛徵，可謂無德。楚人無愛念之者。王虐而不忌，靈王暴虐，無所畏忌，將自亡。楚君子干涉五難以弑舊君，誰能濟之？言是借君子干以弑靈王，終無能成。有楚國者，其棄疾乎！君陳、蔡，城外屬焉。城，方城也。時穿封戌既死，棄疾并領陳事。苛慝不作，盗賊伏隱，私欲不違，不以私欲違民事。民無怨心，先神命之，先神，謂羣望。國民信之，芈姓有亂，必季實立，楚之常也。獲神，一也。當璧拜。上文云：「初共王無冢適，有寵子五人，無適立焉。乃大有事于羣望，徧以璧見曰『當璧而拜者，神所立也。』既乃埋璧於大室之庭，使五人齊而入拜，平王弱，再拜，皆厭紐【一八】，子干、子皙皆遠之。」棄疾，平王也。有民，二也。民信之。令德，三也。無苛慝。寵貴，四也。貴妃子。居常，五也。棄疾，季。有五利以去五難，誰能害之？子干之官，則右尹也。數其貴寵，則庶子也。以神所命，則又遠之。其貴亡矣，位不尊。其寵棄矣，父既没故。民無懷焉，非令德。國無與焉，無内主。將何以立？」宣子曰：「齊桓、晉文，不亦是乎？」皆庶賤。對曰：「齊桓，衛姬之子也，有寵於僖。衛姬，齊僖公妾。有鮑叔牙、賓須無、隰朋以爲輔佐，有莒、衛以爲外主，齊桓出奔莒、衛，有舅氏之助。有國、高以爲内主。國氏、高氏，齊上卿。從善如流，言其疾也。下善齊肅，齊，嚴也。肅，敬也。不藏賄，清也。不從欲，儉也。施舍不倦，施舍，猶言布恩德。求善不

【一八】厭紐　「紐」原作「細」，誤，據《春秋左傳注疏》卷四十六改。

厭，是以有國，不亦宜乎！我先君文公，狐季姬之子也，有寵於獻，好學而不貳。言篤志。生十七年，有士五人。狐偃、趙衰、顛頡、魏武子、司空季子五士從出。有先大夫子餘、子犯以爲腹心。子餘，趙衰。子犯，狐偃。有魏犨、賈佗以爲股肱，魏犨，魏武子也。稱五人而説四士，賈佗又不在本數，蓋叔向所賢。有齊、宋、秦、楚以爲外主，齊妻以女，宋贈以馬，楚王享之，秦伯納之。有欒、郤、狐、先以爲内主。謂欒枝、郤穀、狐突、先軫也。亡十九年，守志彌篤。惠、懷棄民，惠公、懷公，不恤民也。民從而與之。獻無異親，民無異望，獻公之子九人，唯文公在。天方相晉，將何以代文？此二君者，異於子干。共有寵子，國有奥主。謂棄疾也。無施於民，無援於外，去晉而不送，歸楚而不逆，何以冀國？」《傳》言子干所以蒙弑君之名，棄疾所以得國。晉成虒祁，在八年。按：是年春，石言于晉魏榆。晉侯問於師曠曰：「石何故言？」對曰：「石不能言，或馮焉。不然，民聽濫也。抑臣又聞之曰：『作事不時，怨讟動於民，則有非言之物而言。』今宫室崇侈，民力凋盡，怨讟並興，莫保其性。石言，不亦宜乎？」於是晉侯方築虒祁之宫。叔向曰：「子野之言，君子哉！」諸侯朝而歸者，皆有貳心。賤其奢也。爲取郠故，取郠在十年。按：十年七月，季平子伐莒取郠。晉將以諸侯來討。叔向曰：「諸侯不可以不示威。」知晉德薄，欲以威服之。按：以力勝人而不以德，此春秋霸國之所同也。叔向之賢，亦爲此議，何其不知本之甚哉！乃並徵會，告于吴。秋，晉侯會吴子于良。下邳有良成縣。水道不可，吴子辭，乃還。辭不會。七月丙寅，治兵于邾南，甲車四千乘，三十萬人。羊舌鮒攝司馬，鮒，叔向弟也。攝，兼官。遂合諸侯于平丘。次于衛地，叔鮒求貨於衛，淫芻蕘者。欲使衛患之而致貨。衛人使屠伯饋叔向羹，與一篋錦，屠伯，衛大夫。曰：「諸侯事晉，未敢攜貳，況衛在君之宇下，屋宇之下，喻近也。而敢有異志？芻蕘者異於他日，敢請之。」請，止之。叔向受羹反錦，受羹示不逆其意，且非貨。曰：「晉有羊舌鮒者，瀆貨無厭，瀆，數也。亦將及矣，將及禍。爲此役也。役，事也。《正義》曰：「言叔鮒爲此也。」子若以君命賜之，其已。」客從之。未退而禁之。禁芻蕘者。晉人將尋盟，齊人不可。晉侯使叔向告劉獻公，獻公，王卿士劉子。曰：「抑齊人不盟，若之何？」對曰：「盟以厎信。厎，致也。君苟有信，諸侯不貳，何患焉？告之以文辭，董之以武師，雖齊不許，君庸多矣。董，督也。庸，功也。討之有辭，故功多也。天子之老，請帥王賦，元戎十乘，以先啟行。天子大夫稱老。元戎，戎車在前者。啟，開也。行，道也。遲速唯君。」欲佐晉討齊。叔向告于齊曰：「諸侯求盟，已在此矣。今君弗利，寡君以爲請。」對曰：「諸侯討貳，則有尋盟。若皆用命，何盟之尋？」託用命以拒晉。叔向曰：「國家之敗，有事而無業，事則不經。業，貢賦之業。有業而無禮，經則不序。須禮而有次序。有禮而無威，序則不共。禮須威嚴而後共。有威而不昭，共則不明。威須昭告神明而後信義著。不明棄共，百事不終，所由傾覆也。信義不明則棄威，不威棄禮，無禮無經，無經無業，故百事不成。是故明王之制，使諸侯歲聘以志業，志，識也。歲聘以脩其職業。間朝以講禮，三年而一朝，正班爵之義，率長幼之序。再朝而會以示威，六年而一會，以訓上下之則，制財用之節。再會而盟以顯昭明。十二年而一盟，所以昭信義也。凡八聘四朝再會，王一巡守，盟于方嶽之下。志業於好，聘也。講禮於等，朝也。示威於衆，會也。昭明於神，盟也。自古以來，未之或失也。存亡之道，恒由是興。晉禮主盟，依先王先公舊禮主諸侯盟。懼有不治，奉承齊犧，齊盟之犧牲。而布諸君，求終事也。終，竟也。君曰：『余必廢之，何齊之有？』唯君圖之，寡君聞命矣。」齊人懼，對曰：「小國言之，大國制之，敢不聽從？既聞命矣，敬共以往，遲速唯君。」叔向曰：「諸侯有間矣，間，隙也。不可以不示衆。」八月辛未，治兵，習戰。建而不旆。建立旌旗，不曳其旆。旆，游也。壬申，復旆之。諸侯畏之。軍將戰則旆，故曳旆以恐之。邾人、莒人愬于晉曰：「魯朝夕伐我，幾亡矣。自昭公即位，邾、魯同好，又不朝夕伐莒，無故怨愬，晉人信之，所謂讒慝弘多。我之不共，魯故之以。」不共晉貢，以魯故也。晉侯不見公，使叔向來辭曰：「諸侯將以甲戌盟，寡君知不得事君矣，請君無勤。」託謙辭以絶魯。子服惠伯對曰：「君信蠻夷之訴，蠻夷謂邾、莒。以絶兄弟之國，棄周公之後，亦唯君。寡君聞命矣。」叔向曰：「寡君有甲車四千乘在，雖以無道行之，必可畏也。況其率道，其何敵之有？牛雖瘠，僨於豚上，其畏不死？僨，仆也。南蒯、子仲之憂，其庸可棄乎？棄，猶忘也。若奉晉之衆，用諸侯之師，因邾、莒、杞、鄫之怒，四國近魯，數以小事相忿。鄫已滅，其民猶在，故并以恐魯。以討魯罪，間其二憂，因南蒯、子仲二憂爲間隙。何求而弗克？」魯人懼，聽命。不敢與盟。甲戌，同盟于平丘，齊服也。《經》所以稱「同」。

十有四年，晉邢侯與雍子爭鄐田，杜氏曰：「邢侯，楚申公巫臣之子也。雍子，亦故楚人。」久而無成。士景伯如楚，士景伯，晉理官。叔魚攝理。攝，代景伯。韓宣子命斷舊獄，罪在雍子。雍子納其女於叔魚，叔魚蔽罪邢侯。蔽，斷也。邢侯怒，殺叔魚與雍子於朝。宣子問其罪於叔向。叔向曰：「三人同罪，施生戮死可也。施，行罪也。雍子自知其罪，而賂以買直，鮒也鬻獄，邢侯專殺，其罪一也。己惡而掠美爲昏，掠，取也。昏，亂也。貪以敗官爲墨，墨，不潔之稱。殺人不忌爲賊。忌，畏也。《夏書》曰：『昏、墨、賊，殺。』逸《書》。三者皆死刑。皋陶之刑也。請從之。」乃施邢侯，而尸雍子與叔魚於市。仲尼曰：「叔向，古之遺直也。言叔向之直，有古人遺風。治國制刑，不隱於親；謂國之大問，己所答當也。至於他事，則宜有隱。三數叔魚之惡，不爲末減。末，薄也。減，輕也。皆以正言之。曰義也夫，可謂直矣。於義未安，直則有之。平丘之會，數其賄也，謂言瀆貨無厭。以寬衛國，晉不爲暴。歸魯季孫，稱其詐也，謂言鮒也能。按：季平子事在上文。以寬魯國，晉不爲虐。邢侯之獄，言其貪也，以正刑書，晉不爲頗。三言而除三惡，加三利，三惡：暴、虐、頗也。三惡除，則三利加。殺親益榮，榮名益己。猶義也夫！」三罪唯答宣子問不可以不正，其餘則以直傷義，故重疑之。《正義》曰：「杜讀此文言『猶義也夫』，言不是義也，故言『以直傷義』，謂叔向非是義也。劉炫云『直則是義』而規杜氏，今知不然者。義者，於事合宜，所爲得理；直者，唯無阿曲，未能圓通。故《書》云『直而温』，若直而無温，則非德非義，是義之與直，二者不同。故上傳云『義也夫』，此傳云『猶義也夫』，於『義』之下並云『夫』。『夫』是疑怪之辭，故杜以爲非義，裁可謂之直矣。故仲尼云『叔向，古之遺直』，不云『遺義』，是直與義別。劉以直、義爲一而規杜氏，非也。」按：孔子之言，初無貶意。「夫」固疑辭，然《論語》所謂「惟我與爾有是夫」、「逝者如斯夫」之類，雖疑而實斷也。曰「義也夫」，謂其詞意有抑揚輕重，則尚庶幾焉；若謂真指其非義，則恐未然也。直則有傷義者，如證父攘羊是也，若鮒之惡，國人所共疾久矣，執政者問焉而不以直對，其得爲義乎？直雖未能盡義，然非義則不可以言直。孔子既稱其直，則必非指其非義矣，以是推之，則劉未全失，而杜非全得也。

十五年十二月，晉荀躒如周葬穆后，籍談爲介。既葬除喪，以文伯宴，樽以魯壺。杜氏曰：「文伯，荀躒也。魯壺，魯所獻壺樽。」王曰：「伯氏，諸侯皆有以鎮撫王室，晉獨無有，何也？」感魯壺而言也。鎮撫王室，謂貢獻之物。文伯揖籍談，文伯無辭，揖籍談使對。對曰：「諸侯之封也，皆受明器於王室，謂明德之分器。以鎮撫其社稷，故能薦彝器於王，薦，獻也。彝，常也，謂可常寶之器，若魯壺之屬。晉居深山，戎狄之與鄰，而遠於王室。王靈不及，拜戎不暇，言王寵靈不見及，故數爲戎所加陵。其何以獻器？」王曰：「叔氏，而忘諸乎？叔，籍談字。叔父唐叔，成王之母弟也，其反無分乎？密須之鼓，與其大路，文所以大蒐也。密須，姞姓國也。闕鞏之甲，武所以克商也。闕鞏，國所出鎧。唐叔受之，以處參虛，匡有戎狄。參虛，實沈之次，晉之分野。其後襄之二路，周襄王所賜晉文公大路、戎路。鏚鉞秬鬯，鏚，斧也。鉞，金鉞。秬，黑黍。鬯，香酒。彤弓虎賁，文公受之，以有南陽之田，事在僖二十八年。撫征東夏，非分而何？女，司典之後也，何故忘之？」籍談不能對。賓出，王曰：「籍父其無後乎！數典而忘其祖。」忘祖業。籍談歸，以告叔向。叔向曰：「王其不終乎！吾聞之：所樂必卒焉。今王樂憂，若卒以憂，不可謂終。王一歲而有三年之喪二焉，天子絶期，唯服三年。故后雖期，通謂之三年喪。於是乎以喪賓宴，又求彝器，樂憂甚矣，且非禮也。彝器之來，嘉功之由，非由喪也。三年之喪，雖貴遂服，禮也。天子諸侯除喪當在卒哭，今王既葬而除，故譏其不遂。王雖弗遂，宴樂以早，亦非禮也。言今雖不能遂服，猶當靜嘿，而便宴樂，又失禮也。禮，王之大經也。一動而失二禮，無大經矣。失二禮，謂既不遂服，又

【一九】忘經而多言　「忘」原作「志」，據《春秋左傳注疏》卷四十七改。

【二〇】君必殺之　「君」原無，據《國語》卷十四《晉語》八補。

【二一】直能端辨之　「辨」原作「辯」，據《國語》卷十四改。

【二二】其宗　原作「其家」，據《國語》卷十四改。

設宴樂。言以考典，典以志經，忘經而多言舉典【一九】，將焉用之？」爲二十二年王室亂傳。按：《左氏》載叔向言論止於此，其與晏子、趙文子、子産相關者，則互見焉。又《晉語》：平公射鷃，不死，使豎襄搏之，失。公怒，將殺之。叔向聞之，夕，曰：「君必殺之【二〇】。昔吾先君唐叔射兕於徒林，殪，以爲大甲，以封于晉。今君嗣吾先君，射鷃不死，搏之不得，是揚吾君之恥也。必速殺之，毋令遠聞。」君忸怩，乃趣赦之。韋昭曰：「殺之益聞，詭辭以諫。」是也。又范宣子與龢大夫爭田，久而無成。宣子欲攻之，問於伯華，不言。問孫林父、祁奚、籍偃，皆不言。問於叔魚，叔魚曰：「吾爲子殺之。」叔向聞之，告宣子曰：「聞子與龢未寧，遍問於人夫，又無決，盍訪之訾祏？訾祏實直而博，直能端辨之【二一】，博能上下比之，且吾子之家老也。吾聞國家有大事，必順於典刑，而咨於耇老，而後行之。」宣子問於訾祏，訾祏以正對，宣子説，乃益龢田而與之和。觀此一節，見叔向之善啟悟人也。蓋宣子志在得田，使它人諫之，未必聽，惟訾祏正直而寬博，正直則能辨事理之實，寬博則能協上下之情，且宣子之所素信也。及訾祏對，不深攻宣子之失，但歷叙子輿、武子、文子之世德而受地於君者，使宣子自悟而舍其田，其可謂善啓悟人矣。又，叔向見韓宣子，宣子憂貧。叔向賀之，宣子曰：「吾有卿之名，而無其實，無以從二三子，吾是以憂，子賀我，何故？」對曰：「昔欒武子無一卒之田，其宮不備其宗器，宣其德行，順其憲則，使越于諸侯，諸侯親之，戎狄懷之，以正晉國，行刑不疚，以免於難。及桓子驕泰奢侈，貪欲無藝，略則行志，假貸居賄，宜及於難，而賴武之德，以没其身。及懷子改桓之行，而脩武之德，可以免於難，而離桓之罪，以亡于楚。夫郤昭子，其富半公室，其家半三軍，恃其富寵，以泰于國，其身尸於朝，其宗滅於絳【二二】。不然，夫八郤，五大夫三卿，其寵大矣，一朝而滅，莫之哀也。唯無德也。今吾子有欒武子之貧，吾以爲能其德矣，是以賀。若不憂德之不建，而患貨之不足，將弔不暇，何賀之有？」宣子拜稽首焉，曰：「起也將亡，賴子存之，非起也敢專承之，其自桓叔以下嘉吾子之賜。」桓叔者，韓氏之祖也。觀叔向之言，真所謂直、諒、多聞者，由今讀之，猶使人興起，況在當時者乎！故雖爲上大夫以終其身，而國有大議，率賴其言以決，其有益於晉多矣！然宮室崇侈，民力凋盡，己不能言而師曠言之；近女無節，惑以喪志，己不能言而醫和言之。詳其平日，於政事之失，裨益者多；而於君德之闕，正救者寡。其於聖賢大學之道，亦未可謂之有得也。至於謀娶弗善，卒生不令之子以滅其家，尤足以驗其學之未至，故備論焉。

昭二十有八年秋，晉韓宣子卒，魏獻子爲政，杜氏曰：「獻子，魏舒。」分祁氏之田以爲七縣，七縣，鄔、祁、平陵、梗陽、塗水、馬首、盂也。分羊舌氏之田以爲三縣。銅鞮、平陽、楊氏。司馬彌牟爲鄔大夫，太原鄔縣【一三】。賈辛爲祁大夫，太原祁縣。司馬烏爲平陵大夫，魏戊爲梗陽大夫，戊，魏舒庶子。梗陽，在太原晉陽縣南。知徐吾爲塗水大夫，徐吾，知盈孫。塗水，太原榆次縣。韓固爲馬首大夫，固，韓起孫。孟丙爲盂大夫，太原盂縣。樂霄爲銅鞮大夫，上黨銅鞮縣。趙朝爲平陽大夫，朝，趙勝曾孫。平陽，平陽縣。僚安爲楊氏大夫。平陽，楊氏縣。謂賈辛、司馬烏爲有力於王室，二十二年，辛、烏帥師納敬王。故舉之。謂知徐吾、趙朝、韓固、魏戊，餘子之不失職、能守業者也。卿之庶子爲餘子。其四人者，皆受縣而後見於魏子，以賢舉也。四人，司馬彌牟、孟丙、樂霄、僚安也。受縣而後見，言采衆而舉，不以私也。魏子謂成鱄：鱄，晉大夫。「吾與戊也縣，人其以我爲黨乎？」對曰：「何也？戊之爲人也，遠不忘君，遠，疏遠也。近不偪同，不偪同位。居利思義，不苟得。在約思純，无濫心。有守心而無淫行，雖與之縣，不亦可乎？昔武王克商，光有天下，光，大也。其兄弟之國者十有五人，姬姓之國者四十人，皆舉親也。夫舉無他，唯善所在，親疏一也。」賈辛將適其縣，見於魏子。魏子曰：「辛來！昔叔向適鄭，鬷蔑惡，惡，醜貌。欲觀叔

【一三】太原　「太」原作「大」，據《春秋左傳注疏》卷五十二改。下同。

向，從使之收器者從，随也。随使人應斂俎豆者。而往，立於堂下，一言而善。叔向將飲酒，聞之，曰：『必鬷明也。』素聞其賢，故聞其言而知之。下，執其手以上，曰：『昔賈大夫惡，賈國之大夫。惡亦醜也。娶妻而美，三年不言不笑，御以如皋，爲妻御之皋澤。射雉，獲之，其妻始笑而言。賈大夫曰：才之不可以已。我不能射，女遂不言不笑夫！今子少不颺，顔貌不揚顯。子若無言，吾幾失子矣。言之不可以已也如是。』遂如故知。今女有力於王室，吾是以舉女。因賈卒有功而後舉之，言人不可無能。行乎！敬之哉，毋墮乃力！」墮，損也。仲尼聞魏子之舉也，以爲義，曰：「近不失親，謂舉魏戊。遠不失舉，以賢舉。可謂義矣。」又聞其命賈辛也，以爲忠：先賞王室之功，故爲忠。「《詩》曰：『永言配命，自求多福。』忠也。《詩·大雅》。永，長也。言能長配天命，致多福者，唯忠。魏子之舉也義，其命也忠，其長有後於晉國乎！」《正義》曰：「遠不忘君，職雖疏遠而心在公室，常忠敬也。近不偪同，言親近有寵，不偪迫同位，常謙恭也。居利思義，臨財不苟得，思義可取乃取之也。在約思純，处貧匱而思純，固無叨濫之心也。有守善之心，而無淫邪之行，雖則親子而與之縣，不亦可乎？」

冬，梗陽人有獄，魏戊不能斷，以獄上。上魏子。其大宗賂以女樂，訟者之大宗。魏子將受之，魏戊謂閻没、女寬二人，魏子之屬大夫。曰：「主以不賄聞於諸侯，若受梗陽人賄，莫甚焉。吾子必諫！」皆許諾。退朝，待於庭。魏子朝君退而待於魏子之庭。饋入，召之。召二大夫食。比置，三歎。既食，使坐。更命之令坐。魏子曰：「吾聞諸伯叔，諺曰：『唯食忘憂。』吾子置食之間三歎，何也？」同辭而對曰：「或賜二小人酒，不夕食。或，他人也。言飢甚。饋之始至，恐其不足，是以歎。中置，自咎曰：『豈將軍食之，而有不足？』是以再歎。魏子，中軍帥，故謂之將軍。及饋之畢，願以小人之腹爲君子之心，屬厭而已。」屬，足也。言小人之腹飽，猶知厭足。君子之心亦宜然。獻子辭梗陽人。《傳》言魏氏所以興。《正義》曰：「晉倳卿爲軍將，謂之將中軍，將上軍。及六国以來，遂以將軍爲官名，蓋其元起於此。」按：魏舒見於《傳》已久，今特取其用人聽言二事，以爲後法，餘弗録云。入春秋以來，其以賄敗国者多矣，舒能以二大夫之諷諫而謝梗陽之賂，雖未足爲賢者之盛節，其在濁世亦可稱之數歟！　以上晉之名卿。

# 乙下之七

襄八年夏四月庚寅，鄭子國、子耳侵蔡，獲蔡司馬公子燮。鄭人皆喜，唯子產不順，杜氏曰：「子產，子國子。不順衆而喜。」曰：「小國無文德而有武功，禍莫大焉。楚人來討，能勿從乎？從之，晉師必至。晉、楚伐鄭，自今鄭國不四五年弗得寧矣。」子國怒之，曰：「爾何知！國有大命，而有正卿。童子言焉，將爲戮矣。」大命，起師行軍之命。按：是年鄭伯獻捷于晉，其冬楚伐鄭，討侵蔡也。乃及楚平，使行人告于晉。明年，晉帥諸侯軍于城下，鄭人恐，乃行成。楚復伐鄭。又明年，晉會十一國之師，觀兵於鄭東門之外。三駕而楚不能與爭。然後納斥堠，禁侵掠，盟于蕭魚。蓋五年而鄭始得寧，卒如子產之说。

十年：初，子駟與尉止有爭，將禦諸侯之師而黜其車。杜氏曰：「禦牛首師也。黜，減損。」尉止獲，又與之爭。獲，囚俘。子駟抑尉止曰：「爾車非禮也。」言女車猶多過制。遂弗使獻。不使獻所獲。初，子駟爲田洫，司氏、堵氏、侯氏、子師氏皆喪田焉，洫，田畔溝也。子駟爲田洫以正封疆，而侵四族田。故五族聚羣不逞之人，因公子之徒以作亂。八年，子駟所殺公子熙等之黨。於是子駟當國，攝君事也。子國爲司馬，子耳爲司空，子孔爲司徒。冬十月戊辰，尉止、司臣、侯晉、堵女父、子師僕帥賊以入，晨攻執政于西宮之朝，公宮。殺子駟、子國、子耳，劫鄭伯以如北宮。

子孔知之，故不死。子孔，公子嘉也。知難不告，利得其處也。子西聞盜，不儆而出，子西，公孫夏，子駟子。尸而追盜，先臨尸而逐賊。盜入於北宫，乃歸授甲。臣妾多逃，器用多喪。子産聞盜，子國子。爲門者，置守門。庀羣司，具衆官。閉府庫，慎閉藏，完守備，成列而後出，兵車十七乘，千二百七十五人。尸而攻盜於北宫，子蟜帥國人助之，殺尉止、子師僕，盜衆盡死。侯晉奔晉，堵女父、司臣、尉翩、司齊奔宋。尉翩，尉止子。司齊，司臣子。子孔當國，代子駟。爲載書，以位序，聽政辟。自羣卿諸司，各守其職位，以受執政之法，不得與朝政。《正義》曰：「於時鄭伯幼弱，政在諸卿，國事相與議之，不得一人獨決。子孔性好專權，自以身既當國，望其一聽於己。新經禍亂，與大夫設盟，爲盟載之書曰：『自羣卿諸司以下，皆以位之次序，一聽執政之法。悉皆稟受成旨，不得干預朝政。』令其權柄在己也。大夫、諸司、門子不順，子産謂之『專欲難成』，謂此也。」大夫、諸司、門子弗順，將誅之。子孔欲誅不順者。子産止之，請爲之焚書。既止子孔，又勸令燒除載書。子孔不可，曰：「爲書以定國，衆怒而焚之，是衆爲政也，國不亦難乎？」難以至治。子産曰：「衆怒難犯，專欲難成，合二難以安國，危之道也。不如焚書以安衆，子得所欲，欲，爲政也。衆亦得安，不亦可乎？專欲無成，犯衆興禍，子必從之。」乃焚書於倉門之外，衆而後定。不於朝内燒，欲使遠近見所燒。

十八年，鄭子孔欲去諸大夫，杜氏曰：「欲專權。」將叛晉而起楚師以去之。使告子庚，子庚弗許。子庚，楚令尹公子午。楚子聞之，使楊豚尹宜告子庚。云云。子庚帥師治兵於汾。襄城縣東北有汾丘城。於是子蟜、伯有、子張從鄭伯伐齊。子張，公孫黑肱。子孔、子展、子西守。二子知子孔之謀，二子，子展、子西。完守入保。完城郭，内保守。子孔不敢會楚師。楚師伐鄭，子庚門于純門，信于城下而還。信，再宿也。甚雨及之，楚師多凍，役徒幾盡。

十九年，鄭子孔之爲政也專，杜氏曰：「專權。」國人患之，乃討西宮之難，十年，尉止等作難西宮，子孔知而不言。與純門之師。前年，子孔召楚師至純門。子孔當罪，以其甲及子革、子良氏之甲守。以自守也。甲辰，子展、子西率國人伐之，殺子孔而分其室。鄭人使子展當國，子西聽政，立子產爲卿。簡公猶幼，故大夫當國。

二十二年夏，晉人徵朝于鄭。杜氏曰：「召鄭使朝。」鄭人使少正公孫僑對，少正，鄭卿官也。公孫僑，子產。曰：「在晉先君悼公九年，我寡君於是即位。魯襄八年。即位八月，即位之年八月。而我先大夫子駟從寡君以朝于執事，執事不禮於寡君。言朝執事，謙不敢斥晉侯。寡君懼，因是行也。我二年六月朝于楚，因朝晉不見禮，生朝楚心。晉是以有戲之役。在九年。楚人猶競，而申禮於敝邑。敝邑欲從執事，而懼爲大尤，曰：晉其謂我不共有禮，是以不敢攜貳於楚。我四年三月，先大夫子蟜又從寡君以觀釁於楚，實朝，言觀釁，飾辭也。言欲往視楚，知可去否。晉於是乎有蕭魚之役。在十一年。謂我敝邑，邇在晉國，譬諸草木，吾臭味也，晉、鄭同姓故。而何敢差池？差池，不齊一。楚亦不競，寡君盡其土實，土地所有。重之以宗器，宗廟禮樂之器，鍾磬之屬。以受齊盟。齊，同也。遂帥羣臣隨于執事，以會歲終。朝正。貳於楚者，子侯、石盂，歸而討之。石盂，石臭。溴梁之明年，溴梁在十六年。子蟜老矣，公孫夏從寡君以朝于君，見於嘗酎，酒之新熟，重者爲酎。嘗新飲酒爲嘗酎。與執燔焉。助祭。間二年，聞君將靖東夏，謂二十年澶淵盟。四月又朝以聽事期。先澶淵二月往朝，以聽會期。不朝之間，無歲不聘，無役不從。以大國政令之無常，國家罷病，不虞荐至，荐，仍也。無日不惕【一】，豈敢忘職？惕，懼也。大國若安定之，其朝夕在庭，何辱命焉？言自將往，不須來召。若不恤其患，而以爲口實，口實，但有其言而已。其無乃不堪任命，而翦爲仇讎，翦，削也。謂見剥削不堪命，則成仇讎。敝邑是懼，其敢忘君命！委諸執事，執事實重圖之【二】。」《傳》言子產有辭，所以免大國之討。

二十九年，吳公子札聘於鄭，見子產，如舊相識，與之縞帶，子產獻紵衣焉。杜氏曰：「大帶也。吳地貴縞，鄭地貴紵，故各獻己所貴，示損己而不爲彼貨利。」謂子產曰：「鄭之執政侈【三】，難將至矣。政必及子。子爲政，慎之以禮。不然，鄭國將敗。」侈，謂伯有。鄭伯有使公孫黑如楚，杜氏曰：「黑，子晳。」辭曰：「楚、鄭方惡，而使余往，是殺余也。」伯有曰：「世行也。」言女世爲行人。子晳曰：「可則往，難則已，何世之有？」伯有將强使之。子晳怒，將伐伯有氏，大夫和之。十二月己巳，鄭大夫盟於伯有氏。裨諶曰：「是盟也，其與幾何？言不能久也。裨諶，鄭大夫。《詩》曰：『君子屢盟，亂是用長。』今是長亂之道也。禍未歇也，必三年而後能紓。」紓，解也。然明曰：「政將焉往？」裨諶曰：「善之代不善，天命也，其焉辟子產？言政必歸子產。舉不踰等，則位班也。子產位班次應知政。擇善而舉，則世隆也。世所高也。天又除之，奪伯有魄。喪其精神，爲子產驅除。子西即世，將焉辟之？天禍鄭久矣，其必使子產息之，

【一】無日不惕　「惕」原作「易」，據《春秋左傳注疏》卷三十五改。

【二】執事實重圖之　「實」原脱，據《春秋左傳注疏》卷三十五補。

【三】執政　「政」原空缺，據《春秋左傳注疏》卷三十九補。

乃猶可以戾。戾，定也。不然，將亡矣。」

三十年，子產相鄭伯以如晉，叔向問鄭國之政焉。對曰：「吾得見與否，在此歲也。駟、良方爭，未知所成。駟氏，子晳也。良氏，伯有也。若有所成，吾得見，乃可知也。」叔向曰：「不既和矣乎？」對曰：「伯有侈而愎，愎，狠也。子晳好在人上，莫能相下也。雖其和也，猶相積惡也，惡至無日矣！」爲此年秋良霄出奔傳。六月，鄭子產如陳涖盟。歸，復命。告大夫曰：「陳，亡國也，不可與也。杜氏曰：「不可與結好。」聚禾粟，繕城郭，恃此二者，而不撫其民。其君弱植，公子侈，太子卑，大夫敖，政多門，政不由一人。以介於大國，介，間也。能無亡乎？不過十年矣。」为昭八年楚滅陈傳。鄭伯有耆酒，爲窟室，杜氏曰：「窟室，地室。」而夜飲酒，擊鍾焉，朝至未已。朝者曰：「公焉在？」家臣，故謂伯有爲公。其人曰：「吾公在壑谷。」壑谷，窟室。皆自朝布路而罷。布路，分散。既而朝，伯有朝鄭君。則又將使子晳如楚，歸而飲酒。庚子，子晳以駟氏之甲伐而焚之。伯有奔雍梁，雍梁，鄭地。醒而後知之，遂奔許。大夫聚謀，子皮曰：「《仲虺之志》仲虺，湯左相。云：『亂者取之，亡者侮之。』推亡固存，國之利也。罕、駟、豐同生，罕，子皮。駟，子晳。豐，公孫段也。三家本同母兄弟。伯有汰侈，故不免。」三家同出，而伯有孤特，又汰侈，所以亡。人謂子產就直助彊。時謂子晳直，三家彊。子產曰：「豈爲我徒？徒，黨也。言不以駟、良为黨。國之禍難，誰知所敝？或主彊直，難乃不生。言能彊能直，則可弭難。今三家未能，則伯有方爭。姑成吾所。」欲以無所附著爲所。辛丑，子產斂伯有氏之死者而殯之，不及謀而遂行。

不與於國謀。印段從之，義子產。子皮止之。衆曰：「人不我順，何止焉？」子皮曰：「夫子禮於死者，況生者乎？」遂自止之。壬寅，子產入。癸卯，子石入。子石，印段。皆受盟于子晳氏。乙巳，鄭伯及其大夫盟于大宮，大宮，祖廟。盟國人于師之梁之外。師之梁，鄭城門。伯有聞鄭人之盟己也，怒。聞子皮之甲不與攻己也，喜，曰：「子皮與我矣。」癸丑，晨，自墓門之瀆入，墓門，鄭城門。因馬師頡介于襄庫，以伐舊北門。馬師頡，子羽孫。駟帶率國人以伐之。駟帶，子西之子，子晳之宗主。皆召子產。駟氏、伯有俱召。子產曰：「兄弟而及此，吾從天所與。」兄弟恩等，故無所偏助。伯有死於羊肆，羊肆，市列。子產襚之，枕之股而哭之，斂而殯諸伯有之臣在市側者。既而葬諸斗城。斗城，鄭地名。子駟氏欲攻子產，子皮怒之曰：「禮，國之幹也。殺有禮，禍莫大焉。」乃止。斂葬伯有爲有禮。鄭子皮授子產政，伯有死，子皮知政，以子產賢，故讓之。辭曰：「國小而偪，偪近大國。族大寵多，不可爲也。」爲猶治也。子皮曰：「虎帥以聽，誰敢犯子？子善相之。國無小，言在治政。小能事大，國乃寬。」爲大所恤故也。子產爲政，有事伯石，賂與之邑。伯石，公孫段。有事，欲使之。子太叔曰：「國皆其國也，奚獨賂焉？」言鄭人夫共憂鄭國事，何爲獨賂之？子產曰：「無欲實難。言人不能無欲。皆得其欲，以從其事，而要其成。非我有成，其在人乎？言成猶在我，非在他。何愛於邑，邑將焉往？」言猶在國。子太叔曰：「若四國何？」恐爲四隣所笑。子產曰：「非相違也，而相從也。言賂以邑，欲爲和順。四國何尤焉？《鄭書》有之，鄭國安書。曰：『安定国家，必大焉先。』先和大族而後國家安。姑先安大，以待其所歸。」要其成也。既伯石懼而歸邑，卒與之。卒，終也。伯有既死，使大史命伯石爲卿，辭。大史退，則請命焉。請大史更命己。復命之，又辭。如是三，乃受策入拜。子產是以惡其爲人也，惡其虛飾。使次己位。畏其作亂，故寵之。子產使都鄙有章，國都及邊鄙車服尊卑，各有分部。上下有服，公卿大夫服不相踰。田有封洫，封，疆也。洫，溝也。廬井有伍。廬，舍也。九夫爲井。使五家相保。大人之忠儉者，謂卿大夫。從而與之；泰侈者，因而斃之。因其有罪而斃踣之。豐卷將祭，請田焉。弗許，田，獵也。曰：「唯君用鮮，鮮，野獸。衆給而已。」衆臣祭以芻豢爲足。子張怒，子張，豐卷。退而徵役，召兵，欲攻子產。子產奔晉。子皮止之，而逐豐卷。豐卷奔晉，子產請其田里，請於公不入役。三年而復之，反其田里及其入焉。田里所收入。從政一年，輿人誦之曰：「取我衣冠而褚之，褚，畜也。奢侈者畏法，故畜藏。取我田疇而伍之。孰殺子產，吾其與之！」並畔爲疇。及三年，又誦之曰：「我有子弟，子產誨之。我有田疇，子產殖之。殖，生也。子產而死，誰其嗣之？」嗣，續也。《傳》言鄭所以興。

三十有一年，子產相鄭伯以如晉。晉侯以我喪故，未之見也。子產使盡壞其館之垣，而納車馬焉。士文伯讓之，曰：「敝邑以政刑之不脩，寇盜充斥，杜氏曰：「充，滿。斥，見。言其多。」無若諸侯之屬辱在寡君者何？是以令吏人完客所館，館，舍也。高其閈閎，閎，門也。厚其牆垣，以無憂客使。無令客使憂寇盜。今吾子壞之，雖從者能戒，其若異客何？以敝邑之爲盟主，繕完葺牆，葺，覆也。以待賓客，若皆毀之，其何以共命？寡君使匄請命。」請問毀垣之命。對曰：「以敝邑褊小，介於大國，介，間也。誅求無時，誅，責也。是以不敢寧居，悉索敝賦，以來會時事，隨時來朝會。逢執事之不閒，而未得見，又不獲聞命，未知見時，不敢輸幣，亦不敢暴露。其輸之，則君之府實也，非薦陳之，不敢輸也。薦陳，猶獻見也。其暴露之，則恐燥濕之不時而朽蠹，以重敝邑之罪。僑聞文公之爲盟主也，僑，子産名。文公，晉重耳。宫室卑庳，無觀臺榭，以崇大諸侯之館。館如公寢，庫廐繕脩，司空以時平易道路，易，治也。圬人以時塓館宫室。圬人，塗者。塓，塗也。諸侯賓至，甸設庭燎，庭燎，設火於庭。僕人巡宫。巡宫，行夜。車馬有所，有所處。賓從有代，代，客役。巾車脂轄，巾車，主車之官。隸人牧圉，各瞻其事。瞻視客所當得。百宫之屬，各展其物。展，陳也。謂羣官各陳其物以待賓。公不留賓，而亦無廢事。賓得速去，則事不廢。憂樂同之，事則巡之。巡，行也。教其不知，而恤其不足。賓至如歸，無寧菑患？言見遇如此，寧當復有菑患邪？無寧，寧也。不畏寇盜，而亦不患燥濕。今銅鞮之宫數里，銅鞮，晉離宫。而諸侯舍於隸人，舍如隸人舍。門不容車，而不可踰越。門庭之内迫迮，又有牆垣之限。盜賊公行，而夭癘不戒。癘，猶災也。言水潦無時。賓見無時，命不可知。若又勿壞，是無所藏幣以重罪也。敢請執事，將何所命之？問晉命己所止之宜。雖君之有魯喪，亦敝邑之憂也。言鄭與魯亦有同姓之憂。若獲薦幣，薦，進也。脩垣而行，行，去也。君之惠也。敢憚勤勞？」文伯復命。反命於晉君。趙文子曰：「信。信如子産言。我實不德，而以隸人之垣以贏諸侯，贏，受也。是吾罪也。」使士文伯謝不敏焉。晉侯見鄭伯，有加禮，禮加敬。厚其宴好而歸之。乃築諸侯之館。叔向曰：「辭之不可以已也如是夫！子產有辭，諸侯賴之，若之何其釋辭也？《詩》曰：『辭之輯矣，民之協矣。辭之繹矣，民之莫矣。』《詩·大雅》。言辭輯睦則民協同，辭說繹則民安定。莫，猶定也。其知之矣。」謂詩人知辭之有益。十二月，北宮文子相衛襄公以如楚，文子，北宮佗。襄公，獻公子。宋之盟故也。晉、楚之從，交相見也。過鄭，印段迋勞于棐林，如聘禮而以勞辭。用聘禮而用郊勞之辭。文子入聘。報印段。子羽爲行人，馮簡子與子大叔逆客。逆文子。事畢而出，言於衛侯曰：「鄭有禮，其數世之福也。其無大國之討乎！《詩》云：『誰能執熱，逝不以濯。』《詩·大雅》。濯，以水濯手。禮之於政，如熱之有濯也。濯以救熱，何患之有？」此以上，文子辭。子產之從政也，擇能而使之。馮簡子能斷大事，子大叔美秀而文，其貌美，其才秀。公孫揮能知四國之爲，知諸侯所欲爲。而辨於其大夫之族姓【四】、班位、貴賤、能否，而又善爲辭令。裨諶能謀，謀於野則獲，得所謀也。謀於邑則否。此才性之敝。鄭國將有諸侯之事，子產乃問四國之爲於子羽，且使多爲辭令，與裨諶乘以適野，使謀可否；而告馮簡子，使斷之。事成，乃授子大叔使行之，以應封賓客，是以鮮有敗事。北宮文子所謂有禮也。《傳》跡子產行事，以明北宮文子之言。鄭人游于鄉校，鄉之學校。以論執政。論其得失。然明謂子產曰：「毀鄉校，如何？」患人於中謗議國政。子產曰：「何爲？夫人朝夕退而游焉，以議執政之善否。其所善者，吾則行之；其所惡者，吾則改之：是吾師也，若之何毀之？我聞忠善以損怨，不聞作威以防怨。欲毀鄉校即作威。豈不遽止？然猶防川，遽，畏

【四】其大夫　「其」原無，據《春秋左傳注疏》卷四十補。

懼也。大決所犯，傷人必多，吾不克救也。不如小決使道，道，通也。不如吾聞而藥之也。」以爲己藥石。然明曰：「蔑也今而後知吾子之信可事也。小人實不才，若果行此，其鄭國實賴之，豈惟二三臣？」仲尼聞是語也，曰：「以是觀之，人謂子産不仁，吾不信也。」仲尼以二十二年生，於是十歲，長而後聞之。韓退之頌曰：「我思古人，伊鄭之僑。以禮相國，人未知其教。遊於鄉校，衆口囂囂。或謂子産，毁鄉校則止。曰何患焉，可以成美。善者吾行，不善吾避。維善維否，我於此視。川不可防，言不可弭。下塞上聾，邦其傾矣。既鄉校不毁，而鄭國以理。」

子皮欲使尹何爲邑，爲邑大夫。子産曰：「少，未知可否。」尹何年少。子皮曰：「愿，吾愛之，不吾叛也。愿，謹善也。使夫往而學焉，夫亦愈知治矣。」夫，謂尹何。子産曰：「不可。人之愛人，求利之也。今吾子愛人則以政，以政與之。猶未能操刀而使割也，其傷實多。多自傷。子之愛人，傷之而已，其誰敢求愛於子？子於鄭國，棟也。棟折榱崩，僑將厭焉，敢不盡言？子有美錦，不使人學製焉。製，裁也。大官大邑，身之所庇也，而使學者製焉。其爲美錦，不亦多乎？言官邑之重多於美錦。僑聞學而後入政，未聞以政學者也。若果行此，必有所害。譬如田獵，射御貫，則能獲禽。貫，習也。若未嘗登車射御，則敗績厭覆是懼，何暇思獲？」子皮曰：「善哉！虎不敏。吾聞君子務知大者、遠者，小人務知小者、近者。我，小人也。衣服附在吾身，我知而愼之；大官大邑，所以庇身也，我遠而慢之。慢，易也。微子之言，吾不知也。他日我曰：『子爲鄭國，我爲吾家，以庇焉，其可也。』今而後知不足。自知謀慮不足謀其家。自今請雖吾家，聽子而行。」子産曰：「人心之不同，如其面焉。吾豈敢謂子面如吾面乎？抑心所謂危，亦以告也。」子皮以爲忠，故委政焉。子産是以能爲鄭國。傳言子産之治，乃子皮之力。按：子産論尹何爲邑，一事耳，而反復曉譬，至于三、四。操刀一也，棟折二也，製錦三也，射御四也，善啓告人者，不當如是乎？宜子皮之樂聽也。

昭元年春，楚公子圍聘于鄭，且娶於公孫段氏，伍舉爲介。杜氏曰：「伍舉，椒舉。介，副也。」將入館，就客舍。鄭人惡之。知楚懷詐。使行人子羽與之言，乃館於外。舍城外。既聘，將以衆逆。以兵入逆婦。子産患之，使子羽辭曰：「以敝邑褊小，不足以容從者，請墠聽命。」欲於城外除地爲墠，行昏禮。令尹命大宰伯州犁對曰：「君辱貺寡大夫圍，謂圍將使豐氏撫有而室。豐氏，公孫段。圍布几筵，告於莊、共之廟而來。莊王，圍之祖。共王，圍之父。若野賜之，是委君貺於草莽也，是寡大夫不得列於諸卿也。言不得從卿禮。不寧唯是，又使圍蒙其先君，蒙，欺也。告先君而來，不得成禮於女氏之廟，故以爲欺先君。將不得爲寡君老，大臣稱老。懼辱命而黜退。其蔑以復矣！唯大夫圖之。」子羽曰：「小國無罪，恃實其罪。恃大國而無備，則是罪。將恃大國之安靖己，而無乃包藏禍心以圖之。小國失恃而懲諸侯，使莫不憾者，距違君命，而有所壅塞不行是懼。言己失所恃，諸侯懲恨以距君命，壅塞不行，所懼唯此。不然，敝邑，館人之屬也，館人，守舍人也。其敢愛豐氏之祧？」祧，遠祖廟。伍舉知其有備也，請垂櫜而入。垂櫜，示無弓。許之。正月乙未，入逆而出。

鄭徐吾犯之妹美，犯，鄭大夫。公孫楚聘之矣，楚，子南。穆公孫。公孫黑又使强委禽焉。

禽，鴈也。納采用鴈【五】。犯懼，告子產。子產曰：「是國無政，非子之患也。唯所欲與。」犯請於二子，請使女擇焉。皆許之。子皙盛飾入，布幣而出。布陳贄幣。子皙，公孫黑。子南戎服入，左右射，超乘而出。女自房觀之，曰：「子皙信美矣，抑子南，夫也。言丈夫。夫夫婦婦，所謂順也。」適子南氏。子皙怒，既而櫜甲以見子南，欲殺之而取其妻。子南知之，執戈逐之，及衝，擊之以戈。衝，交道。子皙傷而歸，告大夫曰：「我好見之，不知其有異志也，故傷。」大夫皆謀之。子產曰：「直鈞，幼賤有罪，罪在楚也。」先聘，子南直也。子南用戈，子皙直也。子產力未能討，故鈞其事，歸罪於楚。乃執子南而數之，曰：「國之大節有五，女皆奸之。奸，犯也。畏君之威，聽其政，尊其貴，事其長，養其親，五者所以爲國也。今君在國，女用兵焉，不畏威也。奸國之紀，不聽政也。奸國之紀，謂傷人。子皙上大夫，女嬖大夫，而弗下之，不尊貴也。幼而不忌，不事長也。忌，畏也。兵其從兄，不養親也。君曰：『余不女忍殺，宥女以遠。』勉，速行乎，無重而罪！」五月庚辰，鄭放游楚於吳。將行子南，子產咨於大叔。大叔，游楚之兄子。大叔曰：「吉不能亢身，焉能亢宗？亢，蔽也。彼國政也，非私難也。子圖鄭國，利則行之，又何疑焉？周公殺管叔而蔡蔡叔，蔡，放也【六】。夫豈不愛？王室故也。吉若獲戾，子將行之，何有於諸游？」

鄭爲游楚亂故，游楚，子南。六月丁巳，鄭伯及其大夫盟于公孫段氏。罕虎、公孫僑、公孫段、印段、游吉、駟帶私盟于閨門之外，實薰隧。閨門，鄭城門。薰隧，門外道名。實之者，爲明年

【五】納采用鴈 「采」原作「禾」，據《春秋左傳注疏》卷四十一改。

【六】蔡放也 「放」原作「叔」，據《春秋左傳注釋》卷四十一改。

子産數子皙罪稱「薰隧盟」起本。公孫黑强與於盟，使大史書其名，且曰：「七子」。自欲同於六卿，故曰七子。子産弗討。子皙强，討之恐亂國。

晉侯有疾，鄭伯使公孫僑如晉聘，且問疾。叔向問焉，曰：「寡君之疾病，卜人曰實沈、臺駘爲祟，史莫之知，敢問此何神也？」子産曰：「昔高辛氏有二子，伯曰閼伯，季曰實沈，高辛，帝嚳。居于曠林，不相能也。曠林，地闕。日尋干戈，以相征討。尋，用也。后帝不臧，后帝，堯也。臧，善也。遷閼伯于商丘，主辰。商丘，宋地。主祀辰星，辰，大火也。商人是因，故辰爲商星。商人，湯先相土封商丘，因閼伯故國，祀辰星。遷實沈于大夏，主參。大夏，今晉陽縣。唐人是因，以服事夏、商。唐人，若劉累之等。累遷魯縣，此在大夏。其季世曰唐叔虞。唐人之季世，其君曰叔虞。當武王邑姜方震大叔，邑姜，武王后，齊太公之女。懷胎爲震。大叔，成王之弟叔虞。夢帝謂己：『余命而子曰虞，帝，天。取唐君名。將與之唐，屬諸參，而蕃育其子孫。』及生，有文在其手曰虞，遂以命之。及成王滅唐而封大叔焉，故參爲晉星。叔虞封唐，是爲晉侯。由是觀之，則實沈，參神也。昔金天氏有裔子曰昧，爲玄冥師，生允格、臺駘。金天氏，帝少皞。裔，遠也。玄冥，水官。昧爲水官之長。臺駘能業其官，纂昧之業。宣汾、洮，宣猶通也。汾、洮，二水名。障大澤，陂障之。以處大原。大原，晉陽也，臺駘之所居。帝用嘉之，封諸汾川。帝，顓頊。沈、姒、蓐、黄，實守其祀。四國，臺駘之後。今晉主汾而滅之矣。滅四國。由是觀之，則臺駘，汾神也。抑此二者，不及君身。山川之神，則水旱癘疫之災，於是乎禜之。有水旱之災，則禜祭山川之神若臺駘者。《周禮》四曰「禜祭」，爲禜贊，用幣以祈福祥。日月星辰之神，則雪霜風雨之不時，於是乎禜之。星辰之神，若實沈者。若君身，則亦出入飲食哀樂之事也。山川星辰之神，又何爲焉？言實沈、臺駘不爲君疾。僑聞之，君子有四時：朝以聽政，聽國政。晝以訪問，問可否。夕以脩令，念所施。夜以安身，於是乎節宣其氣，宣，散也。勿使有所壅閉湫底，以露其體。湫，集也。底，滯也。露，羸也。壹之則血氣集滯而體羸露。兹心不爽，而昏亂百度。兹，此也。爽，明也。百度，百事之節。今無乃壹之，同四時也。則生疾矣。僑又聞之，内官不及同姓，内官，嬪御。其生不殖。殖，長也。美先盡矣，則相生疾，同姓之相與，先美矣。美極則盡，盡則能生疾。君子是以惡之。故《志》曰：『買妾不知其姓，則卜之。』違此二者，古之所慎也。壹四時，取同姓，二者古人所慎。男女辨姓，禮之大司也。辨，别也。今君内實有四姬焉，同姓姬四人。其無乃是也乎？若由是二者，弗可爲也已。爲，治也。四姬有省猶可，無則必生疾矣。」據異姓，去同姓，故言省。叔向曰：「善哉！肸未之聞也。此皆然矣。」叔向出，行人揮送之。送叔向。叔向問鄭故焉，且問子皙。對曰：「其與幾何？言將敗，不久。無禮而好陵人，怙富而卑其上，弗能久矣。」爲明年鄭殺公孫黑傳。晉侯聞子産之言，曰：「博物君子也。」重賄之。

二年秋，鄭公孫黑將作亂，欲去游氏而代其位，杜氏曰：「游氏，大叔之族。黑爲游楚所傷，故欲害其族。」傷疾作而不果。前年游楚所擊創。駟氏與諸大夫欲殺之。駟氏，黑之族。子産在鄙聞之，懼弗及，乘遽而至。遽，傳驛。使吏數之，責數其罪。曰：「伯有之亂，在襄三十一年。以大國之事，而未爾討也。務共大國之命，不暇治女罪。爾有亂心無厭，國不女堪。專伐伯有，而罪一也。昆弟爭室，而罪二也。謂爭徐吾犯之妹。薰隧之盟，女矯君位，而罪三也。謂使大史書七子。有死罪三，何以堪之？不速死，大刑將至。」再拜稽首，辭曰：「死在朝夕，無助天爲虐。」子產曰：「人誰不死？凶人不終，命也。作凶事，爲凶人。不助天，其助凶人乎？」請以印爲褚師。印，子晳之子。褚師，市官。子產曰：「印也若才，君將任之。不才，將朝夕從女。女罪之不恤，而又何請焉？不速死，司寇將至。」七月壬寅，縊。尸諸周氏之衢，衢，道也。加木焉。書其罪於木，以加尸上。

四年春，王正月，許男如楚，楚子止之。杜氏曰：「欲與俱田。」按：楚子，靈王也。遂止鄭伯，復田江南，許男與焉。前年楚子已與鄭伯田江南，故言復。使椒舉如晉求諸侯，二君待之。二君，鄭、許。楚子問於子產曰：「晉其許我諸侯乎？」對曰：「許君。晉君少安，不在諸侯。安於小，小不能遠圖。按：晉君，平公也。其大夫多求，貪也。莫匡其君。在宋之盟，又曰如一。晉、楚同也。若不許君，將焉用之？」焉用宋盟。王曰：「諸侯其來乎？」對曰：「必來。從宋之盟，承君之歡，不畏大國，大國，晉也。何故不來？不來者，其魯、衛、曹、邾乎？曹畏宋，邾畏魯，魯衛偪於齊而親於晉【七】，唯是不來。其餘君之所及也，誰敢不至？」言楚威力所能及。王曰：「然則吾所求者，無不可乎？」對曰：「求逞於人，不可。逞，快也。求人以快意，人必違之。與人同欲，盡濟。」六月丙午，楚子合諸侯于申。椒舉言於楚子曰：「臣聞諸侯無歸，禮以

【七】偪於齊　「偪」原作「福」，據《春秋左傳注疏》卷四十二改。

爲歸。今君始得諸侯，其慎禮矣！霸之濟否，在此會也。夏啓有鈞臺之享，商湯有景亳之命，周武有孟津之誓，成有岐陽之蒐，康有酆宮之朝，穆有塗山之會，齊桓有召陵之師，晉文有踐土之盟。君其何用？宋向戌、鄭公孫僑在，諸侯之良也，君其選焉。」選擇所用。王曰：「吾用齊桓。」用會召陵之禮。王使問禮於左師與子産。左師曰：「小國習之，大國用之，敢不薦聞？」言所聞，謙示所未行。獻公合諸侯之禮六。其禮六儀也。宋爵公，故獻公禮。子産曰：「小國共職，敢不薦守？」獻伯、子、男會公之禮六。鄭，伯爵，故獻伯、子、男會公之禮。其禮同，所從言之異。君子謂：「合左師善守先代，子産善相小國。」王使椒舉侍於後，以規過。卒事，不規。王問其故，對曰：「禮，吾所未見者有六焉，又何以規？」左師、子産所獻六禮，楚皆未嘗行。楚子示諸侯侈，椒舉諫，弗聽。子産見左師曰：「吾不患楚矣，汰而愎諫，不過十年。」左師曰：「然。不十年侈，其惡不遠，遠惡而後棄。善亦如之，德遠而後興。」爲十三年楚弒其君傳。

鄭子産作丘賦。杜氏曰：「丘，十六井，當出馬一匹，牛三頭。今子産别賦其田，如魯之田賦。田賦在哀十一年。」國人謗之，謗，毁也。曰：「其父死於路，謂子國爲尉氏所殺。己爲蠆尾。謂子産重賦，毒害百姓。以令於國，國將若之何？」子寬以告。子寬，鄭大夫。子産曰：「何害？苟利社稷，死生以之。以，用也。且吾聞爲善者不改其度，故能有濟也。民不可逞，度不可改。度，法也。《詩》曰：『禮義不愆，何恤於人言？』逸《詩》也。子産自以爲權制濟國，於禮義無愆。吾不遷矣。」遷，移也。渾罕曰：「國氏其先亡乎！渾罕，子寬。君子作法於涼，涼，薄也。其敝猶貪；作法於貪，敝將若之何？言不可久行。姬在列者，在列國也。蔡及曹、滕，其先亡乎？偪而無禮。蔡偪楚，曹、滕偪宋。鄭先衛亡，偪而無法。偪晉、楚。政不率法，而制於心。民各有心，何上之有？」子產權時救急，渾罕譏之正道。

五年，鄭罕虎如齊，娶於子尾氏。杜氏曰：「自爲逆也。」晏子驟見之，陳桓子問其故，對曰：「能用善人，民之主也。」謂授子產政。

六年，鄭人鑄刑書。杜氏曰：「鑄刑書於鼎，以爲國之常法。」叔向使詒子產書，詒，遺也。曰：「始吾有虞於子，虞，度也。言準度子產以爲己法。今則已矣。已，止也。昔先王議事以制，不爲刑辟，懼民之有爭心也。臨事制刑，不豫設法也。法豫設，則民知爭端。猶不可禁禦，是故閑之以義，閑，防也。糾之以政，糾，舉也。行之以禮，守之以信，奉之以仁，奉，養也。制爲禄位，以勸其從，勸從教。嚴斷刑罰，以威其淫。淫，放也。懼其未也，故誨之以忠，聳之以行，聳，懼也。臨之以敬，涖之以彊，施之於事爲涖。斷之以剛。義斷剛。猶求聖哲之上，明察之官，上，公王也。官，卿大夫也。忠信之長，慈惠之師，民於是乎可任使也，而不生禍亂。民知有辟，則不忌於上，權移於法，故民不畏上。並有爭心，以徵於書，而徼幸以成之，因危文以生爭，緣徼幸以成其巧僞。弗可爲矣。爲，治也。夏有亂政，而作《禹刑》。商有亂政，而作《湯刑》。夏、商之亂，著禹、湯之法。言不能議事以制。周有亂政，而作《九刑》。周之衰亦爲刑書，謂之《九刑》。三辟之興，皆叔世也。言刑書不起於始盛之世。今吾子相鄭國，作封洫，在襄三十年。立謗政，作丘賦在四年。制參辟，鑄刑書，制參辟，謂用三代之末法。將以靖民，不亦難乎？《詩》曰：『儀式刑文王之德【八】，日靖四方。』《詩·頌》。言文王以德爲儀式，故能日有安靖四方之功。刑，法也。又曰：『儀刑文王，萬邦作孚。』《詩·大雅》。言文王作儀法，爲天下所信。孚，信也。如是，何辟之有？言《詩》唯以德與信，不以刑也。民知爭端矣，將棄禮而徵於書。以刑書爲徵。錐刀之末，將盡爭之。錐刀末，喻小事。亂獄滋豐，賄賂並行，終子之世，鄭其敗乎！肹聞之：國將亡，必多制。數改法。其此之謂乎？」復書曰：「若吾子之言，復，報也。僑不才，不能及子孫，吾以救世也。既不承命，敢忘大惠？」以見箴戒爲惠。

七年，鄭子産聘于晉。晉侯有疾，韓宣子逆客，私焉，杜氏曰：「私語。」曰：「寡君寢疾，於今三月矣。並走羣望，晉所望祀山川，皆走往祈禱。有加而無瘳。今夢黄熊入寢門，其何厲鬼也？」對曰：「以君之明，子爲大政，其何厲之有？昔堯殛鯀于羽山，羽山，在東海祝其縣西南。其神化爲黄熊，以入于羽淵。實爲夏郊，三代祀之。鯀，禹父，夏家郊祭之，歷殷、周二代，又通在羣神之數，并見祀。晉爲盟主，其或者未之祀也乎？」言周衰，晉爲盟主，得佐天子祀羣神。韓子祀夏郊。祀鯀。晉侯有間，間，差也。賜子産莒之二方鼎。方鼎，莒所貢。子産爲豐施歸州田於韓宣子，豐施，鄭公孫段之子。三年，晉以州田賜段。曰：「日君以夫公孫段爲能任其事，而賜之州田，今無禄早世，不獲久享君德。其子弗敢有，不敢以聞於君，私致諸子。」此年正月，公孫段卒。宣子辭。子産曰：「古人有言曰：『其父析薪，其子弗克負荷。』荷，擔也。以微薄喻貴重。施將懼

【八】文王之德　「德」原作「典」，據《春秋左傳注疏》卷四十三改。

不能任其先人之禄，其况能任大國之賜？縱吾子爲政而可，後之人若屬有疆埸之言，敝邑獲戾，恐後代宣子者將以鄭取晉邑罪鄭。而豐氏受其大討。吾子取州，是免敝邑於戾，而建置豐氏也。敢以爲請！」《傳》言子產貞而不諒。宣子受之，以告晉侯。晉侯以與宣子。宣子爲初言，病有之，初言，謂與趙文子爭州田。以易原縣於樂大心。樂大心，宋大夫。原，晉邑，以賜樂大心也。

鄭人相驚以伯有，曰「伯有至矣」，則皆走，不知所往。襄三十年，鄭人殺伯有。言其鬼至。鑄刑書之歲二月，在前年。或夢伯有介而行，介，甲也。曰：「壬子，余將殺帶也。駟帶助子晳殺伯有。壬子，六年三月三日。明年壬寅，余又將殺段也。」公孫段，豐氏黨。壬寅，此年正月二十八日。及壬子，駟帶卒。國人益懼。齊、燕平之月，此年正月。壬寅，公孫段卒，國人愈懼。其明月，子産立公孫洩及良止以撫之，乃止。公孫洩，子孔之子也。襄十九年，鄭殺子孔。良止，伯有子也，立以爲大夫，有宗廟。子大叔問其故，子産曰：「鬼有所歸，乃不爲厲，吾爲之歸也。」大叔曰：「公孫洩何爲？」子孔不爲厲，問何爲復立洩。子産曰：「説也，爲身無義而圖説。伯有無義，以妖鬼故立之。恐惑民，并立洩，使若自以大義存誅絶之後者，以解説民心。從政有所反之，以取媚也。民不可使知之，故治政或當反道以求媚於民。不媚不信，説而後信之。不信，民不從也。」及子産適晉，趙景子問焉，景子，晉中軍佐趙成。曰：「伯有猶能爲鬼乎？」子産曰：「能。人生始化曰魄，魄，形也。既生魄，陽曰魂。陽，神氣也。用物精多，則魂魄彊。物權勢。是以有精爽，至於神明。爽，明也。匹夫匹婦彊死，其魂魄猶能馮依於人，以爲淫厲。强死，不病也。人謂匹夫匹婦賤身。况良霄，我先君穆公之冑，子良之孫，子耳之子，敝邑之卿，從政三世矣！鄭雖無腆，腆，厚也。抑諺曰『蕞爾國』，蕞，小貌。而三世執其政柄，其用物也弘矣，其取精也多矣，其族又大，所馮厚矣。良霄魂魄所馮者貴重。而彊死，能爲鬼，不亦宜乎？」《傳》言子産之博敏。《正義》曰：「人稟五常以生，感陰陽以靈。有身體之質，名之曰形。有嘘吸之動，謂之爲氣。形氣合而爲用，知力以此而彊，故得成爲人也。此將説淫厲，故遠本其初。人之生也，始變化爲形，形之靈者名之曰魄也。既生魄矣，魄内自有陽氣。氣之神者，名之曰魂也。魂魄神靈之名，本從形氣而有，形氣既殊，魂魄亦異，附形之靈爲魄，附氣之神爲魂也。附形之靈者，謂初生之時，耳目心識，手足運動，啼呼爲聲，此則魄之靈也。附氣之神者，謂精神性識，漸有所知，此則附氣之神也。是魄在於前，而魂在於後，故云『既生魄，陽曰魂』。魂魄雖俱是性靈，但魄識少，而魂識多。形有質，故爲陰。魂無形，故爲陽。魂既附氣，氣又附形，形强則氣强，形弱則氣弱。魂以氣强，魄以形强。若其居高官而任權勢，奉養厚，則魂氣强，故用物精而多，則魂魄强也。物非權勢之名，而以物爲權勢者，言有權勢則物能備。物謂奉養之物，衣食所資之揔名也。精亦神也，精是神之未著，爽是明之未昭。言權勢重，用物多，養此精爽，至於神明也。」朱子曰：「子産此論窮理甚精。」子皮之族飲酒無度，相尚以奢，相困以酒。故馬師氏與子皮氏有惡。馬師氏，公孫鉏之子罕朔也。襄三十年，馬師頡出奔，公孫鉏代之爲馬師，與子皮俱同族。齊師還自燕之月，在此年二月。罕朔殺罕魋。魋，子皮弟。罕朔奔晉。韓宣子問其位於子産。問朔可使在何位。子産曰：「君之羇臣，苟得容以逃死，何位之敢擇？卿違，從大夫之位，謂以禮去者，降位一等。罪人以其罪降，罪重則降多。古之制也。朔於敝邑，亞大夫也，其官，馬師也。大夫位，馬師職。獲戾而逃，唯執政所寘之【九】。得免其死，爲惠大矣。又敢求位？」宣子爲子産之敏也，使從嬖大夫。爲子産故，使

【九】執政　原作「執事」，據《春秋左傳注疏》卷四十四改。

降等，不以罪降【一〇】。

十年秋七月戊子，晉平公卒。九月，鄭罕虎如晉，葬平公也。鄭子皮將以幣行。杜氏曰：「見新君之贄。」子産曰：「喪焉用幣？用幣必百兩，載幣用車百乘。百兩必千人，千人至，將不行。行，用也。不行，必盡用之。不得見新君，將自費用盡。幾千人而國不亡？」言千人之費不可數。子皮固請以行。既葬，諸侯之大夫欲因見新君。叔孫昭子曰：「非禮也。」弗聽。叔向辭之，曰：「大夫之事畢矣。送葬禮畢。而又命孤，孤斬焉在衰絰之中。既葬，未卒哭，故猶服斬衰。其以嘉服見，則喪禮未畢；其以喪服見，是重受弔也。大夫將若之何？」皆無辭以見。子皮盡用其幣，歸，謂子羽曰：「非知之實難，將在行之。言不患不知，患不能行。夫子知之矣，我則不足。言己由子産之戒，既知其不可，而遂行之，是我之不足。《書》曰：『欲敗度，縱敗禮。』我之謂矣。夫子知度與禮矣，我實縱欲，而不能自克也。」欲因喪以慶新君，故縱而行之，不能自勝。呂氏曰：「觀子皮數語，能深自克責如此，又因以見聽言甚難。其平日於子産言無不行，至雖家事亦委心聽之，及用幣一事，乃不能見信，蓋其心非不欲從，又恐幸而得見新君，二者交戰於胸中，故卒至失策。然子皮能不怙其過，以縱欲自責，可謂賢矣。孔子曰『吾未見能見其過而内自訟者也』，子皮有焉。」

十一年，楚師在蔡。晉荀吳謂韓宣子曰：「不能救陳，又不能救蔡，爲盟主而不恤亡國，將焉用之？」秋，會于慭，謀救蔡也。杜氏曰：「不書，不果救。」鄭子皮將行，子産曰：「行不遠，不能救蔡也。蔡小而不順，楚大而不德，天將棄蔡以壅楚，盈而罰之，盈楚惡。蔡必亡

【一〇】使降等不以罪降　「等」原作「一等」，「罪」原作「罷」，據《春秋左傳注疏》卷四十四改。

矣。且喪君而能守者，鮮矣。按：是年三月，楚子伏甲饗蔡侯於申，醉而執之。夏四月殺之，公子棄疾帥師圍蔡。三年，王其有咎乎！美惡周必復，王惡周矣。」元年，楚子弒君而立，歲在大梁。後三年，十三歲，歲星周復於大梁。晉人使狐父請蔡於楚，弗許。狐父，晉大夫。　按：十二年楚靈王果縊死于乾谿。子産之先知，豈若淫巫瞽史也哉？亦以理推之而已矣。

齊侯、衛侯、鄭伯如晉，朝嗣君也。晉侯享諸侯，子産相鄭伯，辭於享，請免喪而後聽命。簡公未葬。晉人許之，禮也【一一】。善晉不奪孝子之情。

十二年三月，鄭簡公卒，將爲葬除。杜氏曰：「除葬道。」及游氏之廟，游氏，子大叔族。將毁焉。子大叔使其除徒執用以立，而無庸毁用，毁廟具。曰：「子産過女而問何故不毁，乃曰，不忍廟也。諾，將毁矣。」教毁廟者之辭。既如是，子産乃使辟之。司墓之室，有當道者。簡公別營葬地，不在鄭先公舊墓，故道有臨時迂直也。司墓之室，鄭之掌公墓大夫徒屬之家。毁之，則朝而堋；堋，下棺。弗毁，則日中而堋。子大叔請毁之，曰：「無若諸侯之賓何？」不欲久留賓。子産曰：「諸侯之賓，能來會吾喪，豈憚日中？無損於賓，而民不害，何故不爲？」遂弗毁，日中而葬。君子謂：「子産於是乎知禮。禮，無毁人以自成也。」

十三年，晉合諸侯于平丘。事始見叔向篇。子産、子大叔相鄭伯以會。子産以幄幕九張行。幄幕，軍旅之帳。子大叔以四十，既而悔之，每舍損焉。及會，亦如之。亦九張也。《傳》言子産之適宜，大叔之從善。甲戌，同盟于平丘，令諸侯日中造于除。除地爲壇，盟會處。癸酉，退朝。先

【一一】晉侯……禮也　案：此條屬昭公十二年事，在下條之後。今仍其舊。

盟朝晉。子產命外僕速張於除，張幄幕。子大叔止之，使待明日。及夕，子產聞其未張也，使速往，乃無所張矣。地已滿也。《傳》言子產每事敏於大叔。及盟，子產爭承，承貢賦之次。曰：「昔天子班貢，輕重以列，列，位也。列尊貢重，周之制也。公侯地廣，故所貢者多。卑而貢重者，甸服也。甸服，謂天子畿内共職貢者。鄭，伯男也，而使從公侯之貢，言鄭國在甸服外，爵列伯、子、男，不應出公侯之貢。懼弗給也。敢以爲請。諸侯靖兵，好以爲事。靖，息也。行理之命，行理，使人，通聘問者。無月不至。貢之無藝，藝，法制。小國有闕，所以得罪也。諸侯脩盟，存小國也。貢獻無極【一二】，亡可待也。存亡之制，將在今日。」自日中以爭，至于昏，晉人許之。既盟【一三】，子大叔咎之曰：「諸侯若討，其可瀆乎？」瀆，易也。子產曰：「晉政多門，政不出一家。貳偷之不暇，何暇討？貳，不壹。偷，苟且。國不競亦陵，何國之爲？」不競爭，則爲人所侵陵，不成爲國。子產歸，未至，聞子皮卒，哭，且曰：「吾已！已，猶決竟。無爲爲善矣，唯夫子知我。」言子皮知己之善。仲尼謂：「子產於是行也，足以爲國基矣。《詩》云：『樂只君子，邦家之基。』《詩·小雅》。言樂與君子爲治，乃國家之基本。子產，君子之求樂者也。」且曰：「合諸侯，藝貢事，禮也。」嫌爭競不順，故以禮明之。

十六年三月，晉韓起聘于鄭，鄭伯享之。子產戒曰：「苟有位於朝，無有不共恪。」孔張後至，立於客間，杜氏曰：「孔張，子孔之孫。」執政禦之，執政，掌位列者。禦，止也。適客後，又禦之，適縣間。縣，樂肆。客從而笑之。事畢，富子諫，富子，鄭大夫，諫子產也。曰：「夫大國之人，

【一二】貢獻　「貢」原作「責」，據《春秋左傳注疏》卷四十六改。

【一三】既盟　「盟」原脱，據《春秋左傳注疏》卷四十六補。

不可不慎也，幾爲之笑而不陵我？言數見笑，則心陵侮我。我皆有禮，夫猶鄙我。鄙，賤也。國而無禮，何以求榮？孔張失位，吾子之恥也。」子産怒曰：「發命之不衷，衷，當也。出令之不信，刑之頗類，緣事類以成偏頗。獄之放紛，放，縱也。紛，亂也。會朝之不敬，謂國無禮敬之心。使命之不聽，下不從上命。取陵於大國，罷民而無功，罪及而弗知，僑之恥也。孔張，君之昆孫，子孔之後也，昆，兄也。子孔，鄭襄公兄，孔張之祖父。執政之嗣也。子孔嘗執鄭國之政。爲嗣大夫，承命以使，周於諸侯，國人所尊，諸侯所知。立於朝而祀於家，卿得自立廟於家。有禄於國，受禄邑。有賦於軍，軍出，卿賦百乘。喪祭有職，有所主。受脤歸脤，受脤，謂君祭以肉賜大夫。歸脤，謂大夫祭歸肉於公，皆社之戎祭也。其祭在廟，已有著位，在位數世，世守其業，而忘其所，僑焉得恥之？其祭在廟，謂助君祭。辟邪之人，而皆及執政，是先王無刑罰也。言爲過謬者，自應用刑罰。子寧以他規我。」按：孔張失位，亦執政之責。富子之諫，非過也。而子産拒之，亦幾於不弘矣。使常以不毁鄉校之心爲心，豈有是哉？

宣子有環，其一在鄭商。玉環，同工共朴，自共爲雙。宣子謁諸鄭伯，謁，請也。子産弗與，曰：「非官府之守器也，寡君不知。」子大叔、子羽謂子産曰：「韓子亦無幾求，言所求少。晉國亦未可以貳，晉國、韓子不可偷也。偷，薄也。若屬有讒人交鬭其間，鬼神而助之，以興其凶怒，悔之何及！吾子何愛於一環？其以取憎於大國也，盍求而與之？」子産曰：「吾非偷晉而有二心，將終事之，是以弗與，忠信故也。僑聞君子非無賄之難，立而無令名之患。僑聞爲國，非不能事大字小之難，無禮以定其位之患。夫大國之人，令於小國，而皆獲其求，將何以給之？一共一否，爲罪滋大。滋，益也。大國之求，無禮以斥之，何饜之有？吾且爲鄙邑，則失位矣。不復成國。若韓子奉命以使，而求玉焉，貪淫甚矣，獨非罪乎？出一玉以起二罪，吾又失位，韓子成貪，將焉用之？且吾以玉賈罪，不亦鋭乎？」鋭，細小也。商人不敢私自粥玉，而必告君大夫，此可見鄭國之有政，民服其令如此。韓子買諸賈人，既成賈矣，商人曰：「必告君大夫。」韓子請諸子產曰：「日起請夫環，執政弗義，弗敢復也。復，重求也。今買諸商人，商人曰『必以聞』，敢以爲請。」子產對曰：「昔我先君桓公，與商人皆出自周。鄭本在周畿内，桓公東遷并與商人俱。庸次比耦，庸，用也。用次更相從耦耕。以艾殺此地，斬之蓬蒿藜藋【一四】，而共處之。世有盟誓，以相信也，曰：『爾無我叛，我無强賈，無强市其物。毋或匄奪。爾有利市寶賄，我勿與知。』恃此質誓，故能相保，以至于今。今吾子以好來辱，而謂敝邑强奪商人，是教敝邑背盟誓也，毋乃不可乎？吾子得玉而失諸侯，必不爲也。若大國令，而共無藝，藝，法也。鄭，鄙邑也，亦弗爲也。不欲爲鄙邑之事。僑若獻玉，不知所成，敢私布之。」布，陳也。韓子辭玉，曰：「起不敏，敢求玉以徼二罪，敢辭之。」《傳》言子產知禮，宣子能改過。宣子私覿於子產，以玉與馬，曰：「子命起舍夫玉，是賜我玉而免吾死也。敢不藉手以拜？」以玉、馬藉手拜謝子產。呂氏曰：「子產所以固拒宣子，蓋有深意。晉既失政，六卿既各有求，以鄭之小，何以共之？使子產一從宣子之請，則趙氏、中行氏必相繼而至，有一不周，必爲吾患。如宋樂氏以楊楯

【一四】藜藋　原作「藜藿」，據《春秋左傳注疏》卷四十七改。

獻趙簡子，范氏怒執宋之使，終身不得反。子産見微知著，故於玉環之請，不敢以與宣子。一則宣子時爲六卿之長，以宣子求之，尚不與，則下於宣子者，必不敢求，所以豫窒其源。二則宣子比之它卿，猶爲知理義者，子産知其可以告語，故敢再三拒之，借此以杜六卿誅求之心。以見子産處事精密如此，不惟能自立而已也。」

鄭大旱，使屠擊、祝款、竪柎有事於桑山【一五】。三子，鄭大夫。有事，祭也。斬其木，不雨。子産曰：「有事於山，蓺山林也。蓺，養護令繁殖。而斬其木，其罪大矣。」奪之官邑。

十七年冬，有星孛于大辰，西及漢。杜氏曰：「夏八月，辰星見在天漢。今孛星出辰西，光芒東及天漢。」鄭裨竈言於子産曰：「宋、衛、陳、鄭將同日火，若我用瓘斝玉瓚，鄭必不火。」瓘，珪也。斝，玉爵也。瓚，勺也。欲以禳火。子産弗與。以爲天災流行，非禳所息故也。

十有八年三月【一六】，宋、衛、陳、鄭皆火。裨竈曰：「不用吾言，鄭又將火。」鄭人請用之，信竈言。子産不可。子大叔曰：「寶，以保民也。若有火，國幾亡。可以救亡，子何愛焉？」子産曰：「天道遠，人道邇，非所及也。何以知之？竈焉知天道？是亦多言矣，豈不或信？」遂不與，亦不復火。《傳》言天道難明，裨竈猶不足以盡知之。鄭之未災也，里析告子産曰：「將有大祥，里析，鄭大夫。祥，變異之氣。民震動，國幾亡。吾身泯焉，弗良及也。言將先災死。國遷，其可乎？」子産曰：「雖可，吾不足以定遷矣。」子産知天災不可逃，非遷所免，故託以知不足。及火，里析死矣。未葬，子産使輿三十人遷其柩。以其嘗與己言故。火作，子産辭晉公子、公孫于東門。晉人新來，未入，故辭不使前也。使司寇出新客，新來聘者。禁舊客勿出於

【一五】竪柎　「柎」原作「祔」，據《春秋左傳注疏》卷四十七改。

【一六】三月　據《左傳》昭公十八年，此條爲夏五月事，作「三月」乃承上誤。

宮【一七】。爲其知國情，不欲令去。使子寬、子上巡羣屏攝，至于大宮。二子，鄭大夫。屏攝，祭祀之位。大宮，鄭祖廟。巡行宗廟，不得使火以及之。使公孫登徙大龜。登，開卜大夫。使祝史徙主祏於周廟，告于先君。祏，廟主石函。周廟，厲王廟也。有火災，故合羣主於祖廟，易救護。使府人、庫人各儆其事。儆，備火也。商成公儆司宮，商成公，鄭大夫。司宮巷伯，寺人之官。出舊宮人，寘諸火所不及。舊宮人，先公宮女。司馬、司寇列居火道，備非常也。行火所焮。焮，炙也。城下之人，伍列登城。爲部伍登城，備姦也。明日，使野司寇各保其徵。野司寇，縣士也。火之明日，四方乃聞災，故戒保所徵役之人。郊人助祝史除於國北，爲祭處於國北者，就大陰禳火。禳火于玄冥、回禄，玄冥，水神。回禄，火神。祈于四鄘。鄘，城也。城積土，陰氣所聚，故祈祭之，以禳火之餘災。書焚室而寬其征，與之材。征，賦稅也。三日哭，國不市。示憂戚，不會市。七月，鄭子産爲火故，大爲社，爲，治也。祓禳於四方，振除火災，禮也。振，棄也。乃簡兵大蒐，將爲蒐除。治兵於廟，城内地迫，故除廣之。子大叔之廟在道南，其寢在道北，其庭小。庭，蒐場也。過期三日，處小不得一時畢。使除徒陳於道南廟北，曰：「子産過女而命速除，乃毁於而向。」而，女也。毁女所向。除者南毁。子産及衝，使從者止之曰：「毁於北方。」言子産仁，不忍毁人廟。火之作也，子産授兵登陴。子大叔曰：「晉無乃討乎？」辭晉公子、公孫而授兵，似若叛晉。子産曰：「吾聞之，小國忘守則危，況有災乎？國之不可小，有備故也。」既，晉之邊吏讓鄭曰：「鄭國有災，晉君大夫不敢寧居，卜筮走望，不愛牲玉。鄭之有災，寡君之憂也。今執事撊然授兵登陴，撊然，勁忿貌。將以誰罪？邊人恐

【一七】勿出於宮　「於」原無，據《春秋左傳注疏》卷四十八補。

懼，不敢不告。」子産對曰：「若吾子之言，敝邑之災，君之憂也。敝邑失政，天降之災，又懼讒慝之間謀之，以啓貪人，荐爲敝邑不利，荐，重也。以重君之憂。幸而不亡，猶可説也。説，解也。不幸而亡，君雖憂之，亦無及也。鄭有他竟，望走在晉。言鄭雖與他國爲竟，每瞻望晉歸赴之。既事晉矣，其敢有二心？」《傳》言子産有備。

十九年，鄭駟偃卒。子游娶於晉大夫，生絲，弱。杜氏曰：「子游，駟偃也。弱，幼少。」其父兄立子瑕。子瑕，子游叔父駟乞。子産憎其爲人也，憎子瑕。且以爲不順，舍子立叔，不順禮也。弗許，亦弗止。許之爲違禮，止之爲違衆，故中立。駟氏聳。聳，懼也。他日，絲以告其舅。冬，晉人使以幣如鄭，問駟乞之立故。駟氏懼，駟乞欲逃。子産弗遣。請龜以卜，亦弗予。大夫謀對，子産不待而對客曰：「鄭國不天，不獲天福。寡君之二三臣，札瘥夭昏。大疫曰札，小疫曰瘥，短折曰夭，未名曰昏。今又喪我先大夫偃，其子幼弱，其一二父兄懼隊宗主，私族於謀而立長親。於私族之謀，宜立親之長者。寡君與其二三老曰：『抑天實剥亂是，吾何知焉？』言天自欲亂駟氏，非國所知。諺曰：『無過亂門。』民有兵亂，猶憚過之，而況敢知天之所亂？今大夫將問其故，抑寡君實不敢知，其誰實知之？平丘之會，在十三年。君尋舊盟，曰：『無或失職。』若寡君之二三臣，其即世者，晉大夫而專制其位，是晉之縣鄙也，何國之爲？」辭客幣而報其使。晉人舍之。遣人報晉侯。

鄭大水，龍鬬于時門之外洧淵。時門，鄭城門也。國人請爲禜焉，子産弗許，曰：「我鬬，龍不我覿也。覿，見也。龍鬬，我獨何覿焉？禳之，則彼其室也。淵，龍之室。吾無求於龍，龍亦無求於我。」乃止也。《傳》言子産之知。　蘇氏曰：「君子之爲政，本之以人情，盡之以物理，人情、物理之所及，雖鬼神幽冥之際，無不爲也，子産於此蓋得之矣。實沈、臺駘，晉星也，晉之所當祀也。黄熊，鯀也。鯀爲夏郊，三代祀之，晉爲盟主，亦所當祀也。至於伯有，鄭之世大夫也，死而爲孽，爲之立後而止，固其理也。若夫星孛于大辰，而欲用瓘斝玉瓚，龍鬭於時門，從而禜之，此巫祝之事，未見理之當然者，固君子所不許也。」　愚按：臧文仲之祀爰居，其智不若子産遠矣。

二十年，鄭子産有疾，謂子大叔曰：「我死，子必爲政。唯有德者能以寬服民，其次莫如猛。夫火烈，民望而畏之，故鮮死焉。水懦弱，民狎而玩之，狎，輕也。則多死焉，故寬難。」難以治。疾數月而卒。大叔爲政，不忍猛而寬。鄭國多盜，取人於萑苻之澤。萑苻，澤名。於澤中劫人。大叔悔之，曰：「吾早從夫子，不及此。」興徒兵以攻萑苻之盜，盡殺之。盜少止。仲尼曰：「善哉！政寬則民慢，慢則糾之以猛。糾，猶攝也。猛則民殘，殘則施之以寬。寬以濟猛，猛以濟寬，政是以和。《詩》曰：『民亦勞止，汔可小康。惠此中國，以綏四方。』施之以寬也。《詩·大雅》。汔，其也。康、綏，皆安也。周厲王暴虐，民勞於苛政，故詩人刺之，欲其施之以寬。『毋從詭隨，詭人、隨人，無正心，不可從。以謹無良。謹，敕慎也。式遏寇虐，慘不畏明。』糾之以猛也。式，用也。遏，止也。慘，曾也。言爲寇虐，曾不畏明法者，亦當用猛政糾治之。『柔遠能邇，以定我王。』平之以和也。柔，安也。邇，近也。遠者懷附，近者各以能進，則王室定。又曰：『不競不絿，不剛不柔。《詩·殷頌》。言湯政得中和。競，强也。絿，急也。布政優優，百禄是遒。』優優，和也。遒，聚也。

和之至也。」及子產卒，仲尼聞之，出涕，曰：「古之遺愛也！」子產遺愛，有古人之遺風。按：猛以濟寬之説，先儒多疑之，以爲未必出於夫子，更宜詳之。

《論語》：「子謂子產，『有君子之道四焉：其行己也恭，其事上也敬，其養民也惠，其使民也義』。」朱子曰：「恭，謙遜也。敬，謹恪也。惠，愛利也。使民義，如都鄙有章、上下有服、田有封洫、廬井有伍之類。」吴氏曰：「數其事而責之者，其所善者多也，『臧文仲不仁者三、不智者三』是也。數其事而稱之者，猶有所未至也，『子產有君子之道四焉』是也。今或以一言蓋一人，一事蓋一時，皆非也。」或問：「是四事，亦有序乎？」曰：「行己恭，則其事上也敬。非有容悦之私惠於民，而後使之以義焉，則民雖勞而不怨矣。」問：「子產莫短於才否？」曰：「孔子稱之如此，安得短於才？其爲政不專於寬，有非理者，須以法治之。孟子所言惠而不知爲政，蓋指其一耳。」

或問子產。子曰：「惠人也。」朱子曰：「子產之政，不專於寬恕，其心則以愛人爲主，故孔子以爲惠人，舉其重者而言也。」

《孟子》：子產聽鄭國之政，以其乘輿濟人於溱洧。朱子曰：「二水名也。子產見人有徒涉此水者，以其所乘之車載而度之也。」孟子曰：「惠而不知爲政。惠，謂私恩小利。政，則有公平正直之體，紀綱法度之施焉。歲十一月徒杠成，十二月輿梁成，民未病涉也。杠，方橋也。徒杠，可通徒行者。梁，亦橋也。輿梁，可通車輿者。周十一月，夏九月也。周十二月，夏十月也。《夏令》曰「十月成梁」，蓋農功已畢，可用民力，又時將寒沍，水有橋梁，則民不患於徒涉，是亦王政之一事者也。君子平其政，行辟人可也，焉得人人而濟之？辟與闢同。辟，除也，如《周禮·閽人》「爲之辟」之「辟」。言能平其政，則出行之際，辟除行人，使之避己，亦不爲過。況國中之水，當涉者衆，豈能悉以乘輿濟之哉？故爲政者，每人而悦之，日亦不足矣。」言每人皆欲致私恩以悦其意，則人多日少，亦不足於用矣。諸葛武侯嘗言，「治世以大德，不以小惠」，得孟子之意矣。

《記》曰：子產猶衆人之母，能食之而不能教也。蘇氏曰：「此非子產之實，蓋惠而愛人，無禮法以將之，則有所不行。若子產則以禮法行惠者也。」《史記》：子產爲相一年，孺子不戲狎，斑白不挈提，僮子不犁畔。二年，市不豫賈。三年，門不夜關，道不拾遺。四年，田器不歸。五年，士無尺籍，喪期不令而治。治鄭二十六年而死，丁壯號哭，老人兒啼，曰：「子產去我死乎？民將安歸？」按：子產以鄭簡公十二年爲卿，明年得政。簡公在位三十六年，乃卒。又歷事定公、獻公、聲公，合凡四十餘年。方其始也，内則有諸大夫之爭權，互相誅殺；外則晉、楚之兵，無歲不至城下，國之危且弱，幾不可爲矣。子產於此從容回斡，皆有次第。其於内也，務息諸大夫之爭，而去其尤不可令者。然根之難拔者，不輕動以激其變；惡之既稔者，不緩治以失其機：有勸懲之公，而無忿疾之過。故自子南逐，子晳死，豪宗大姓弭然聽順，無復有梗其政者。其於外也，事大國以禮，而不苟徇其求，故終其身免於諸侯之討，而鄭能以弱爲强。考其所爲，惟作丘甲、鑄刑書見譏當世，自餘鮮不合於理者。然大人格心之業，則未之聞焉。豈其所事四公皆凡庸之主，不足與有進耶？不然，何其無有以一善著者。至於用人，各以所長，蓋得聖門所謂器使之道。春秋卿大夫未有能及之者，後之以權衡人物爲職者，當觀法焉。

隱三年，衛莊公娶于齊東宫得臣之妹，曰莊姜。得臣，齊太子也。太子不敢居上位，故常處東宫。美而無子，衛人所爲賦《碩人》也。《碩人》詩義取莊姜美于色，賢于德，而不見答，終以無子，國人憂之。又娶于陳，曰厲嬀，生孝伯，早死。其娣戴嬀，生桓公，莊姜以爲己子。嬀，陳姓也。厲、戴，皆謚。雖爲莊姜子，然太子之位未定。公子州吁，嬖人之子也。嬖，親幸也。有寵而好兵，公弗禁，莊姜惡之。石碏諫曰：「臣聞愛子，教之以義方，石碏，衛大夫。弗納於邪。驕、奢、淫、泆，所自邪也。四者之來，寵禄過也。將立州吁，乃定之矣。若猶未也，階之爲禍。言將立爲太子，則宜早定。若不早定，州吁必緣寵而爲禍。《正義》曰：「驕謂恃己陵物，奢謂夸矜僭上，淫謂嗜欲過度，泆謂放恣無藝。此四者之來，從邪而起，故服虔云：『言此四者，過從邪起。』是也。劉炫云：『此四者所以自邪己身，爲之不已，將至於邪。邪謂惡逆之事。』劉又難服云：『邪是何事，能起四過？若從邪起，何須云四者之來寵禄過也？寵禄豈是邪事，四者得從而來乎？且言弗納於邪，懼其緣驕以至於邪，非先邪而後驕也。』」按：石碏之意，蓋謂驕奢淫泆乃邪之所自起，而所以驕奢淫泆者，由寵禄之過也。邪者，惡逆之謂，劉説得之。夫寵而不驕，驕而能降，降而不憾，憾而能眕者，鮮矣。如此者少也。降其身，則必恨，恨則思亂，不能自安自重。《正義》曰：「恃君寵愛，未有不驕。亦既驕矜，必不能自降其心。强降其心，未有不恨。亦既怨恨，必不能自重其身。《釋言》云：『眕，重也。』言恨則思亂【一八】，必不能自安、自重也。寵而必驕，降而必憾，言其勢必自然，故言其能不然者少也。驕而不能降，憾而不能眕，言其心難自抑。故言其能然者少也。」且夫賤妨貴，少陵長，遠間親，新間舊，小加大，小國而加兵於大國，如息侯伐鄭之比。淫破義，所謂六逆也。君義，臣行，父慈，子孝，兄愛，弟敬，所謂六順也。臣行君之義。《正義》曰：「賤妨貴，謂位有貴賤。少陵長，謂年有長幼。楚公子申多受小國之賂，以偪子重、子辛，是賤人而妨貴人也。郤捷菑以弟而欲奪兄位，是年少而陵年長也。齊東郭偃、棠無咎專崔氏之政，而侮崔成、崔强，是踈遠而間親戚也。晉胥童、夷羊五得君寵，而去三郤，是新臣而間舊臣也。息伐鄭，曹奸宋，是小國而加大國也。陳靈、蔡景姦穢無度，是邪淫而破正義也。妨謂有所害。陵謂加尚之。間謂居其間，使彼踈遠也。加亦加陵，破謂破散。淫，義不兩立，行惡則破善，故言破也。」去順效逆，所以速禍也。君人者，將禍是務去，而速之，無乃不可乎？」弗聽。其子厚與州吁游，禁之不可。桓公立，乃老。老，致仕也。《正義》曰：「州吁於

【一八】恨則思亂　「恨」前原有「恨」字，據《春秋左傳正義》卷三删。

逆則少陵長，於順則弟不敬兄，是去順效逆也【一九】。六順、六逆，因事廣言，非謂州吁偏犯之也。」

四年春，王二月，戊申，衛州吁弑其君完。胡氏曰：「此衛公子州吁也，而削其屬籍，特以國氏者，罪莊公不待之以公子之道，使預聞政事，主兵權而當國也。以公子之道待州吁，教以義方，弗納於邪，不以賤妨貴、少陵長，則桓公之位定矣。亂何由作？州吁有寵好兵，而公弗禁，石碏盡言極諫，而公弗從，是不待之以公子之道，使預政主兵，而當國也。其致亂也，亦宜哉！」九月，衛人殺州吁于濮。胡氏曰：「殺州吁稱『人』，衆詞也。其殺州吁，則石碏謀之，而使右宰醜涖也。變文稱『人』，則是人皆有欲討賊之心，亦夫人之所得討也，故曰衆詞。」《傳》：州吁未能和其民，厚問定君於石子。石子，石碏也。以州吁不安諮其父。石子曰：「王覲爲可。」曰：「何以得覲？」曰：「陳桓公方有寵於王，陳、衛方睦，若朝陳使請，必可得也。」厚從州吁如陳。石碏使告于陳曰：「衛國褊小，老夫耄矣，無能爲也。此二人者，實弑寡君，敢即圖之！」八十曰耄。稱國小己老，自謙以委陳，使因其往就圖之。陳人執之，而請涖於衛。請衛人自臨討之。九月，衛人使右宰醜涖殺州吁于濮，石碏使其宰獳羊肩涖殺石厚于陳。君子曰：「石碏，純臣也，惡州吁而厚與焉。大義滅親，其是之謂乎！」子從弑君之賊，國之大逆不可不除，故曰大義滅親。衛人逆公子晉于邢。冬十二月，宣公即位。公子晉也。書曰「衛人立晉」，衆也。

五年夏四月，葬衛桓公。按：《春秋》之法，君弑而賊不討，則不書葬。《春秋》弑君三十六，而賊討君葬者，曾無幾焉。石碏能以君父之讎爲重，父子之愛爲輕，不動干戈遂誅逆賊，真足以爲萬世臣子之法，故録焉，餘不必考也。

僖二十有八年，晉侯、齊侯盟于斂盂。杜氏曰：「斂盂，衛地。」衛侯請盟，晉人弗許。衛侯

【一九】去順效逆　「去」原脱，據《春秋左傳正義》卷三補。

欲與楚，國人不欲，故出其君以説于晉。衛侯出居於襄牛。四月，衛侯聞楚師敗，按：此城濮之戰也，其事見《丙記》。懼，出奔楚，遂適陳，自襄牛出。使元咺奉叔武以受盟。按：叔武，衛侯弟也。元咺，衛大夫。或訴元咺於衛侯曰：「立叔武矣。」其子角從公，角，元咺子。公使殺之。咺不廢命，奉夷叔以入守。夷，謚。六月，晉人復衛侯。以叔武受盟於踐土，故聽衛侯歸。甯武子與衛人盟于宛濮，武子，甯俞也。曰：「天禍衛國，君臣不協，以及此憂也。衛侯欲與楚，國人不欲，故不和也。今天誘其衷，衷，中也。使皆降心以相從也。不有居者，誰守社稷？不有行者，誰扞牧圉？牛曰牧，馬曰圉。不協之故，用昭乞盟于爾大神，以誘天衷。自今日以往，既盟之後，行者無保其力，居者無懼其罪，有渝此盟，以相及也。以惡相及。明神先君，是糾是殛！」國人聞此盟也，而後不貳。《傳》言叔武之賢，甯俞之忠，衛侯所以書「復歸」。衛侯先期入，不信叔武。甯子先，長牂守門，以爲使也，與之乘而入。公子歂犬、華仲前驅。長牂，衛大夫，衛侯遂驅，奄甯子未備。二子，衛大夫。叔武將沐，聞君至，喜，捉髮走出，前驅射而殺之。公知其無罪也，枕之股而哭之。公以叔武尸枕其股。歂犬走出，手射叔武故。公使殺之。元咺出奔晉。元咺以衛侯驅入，殺叔武，故至晉愬之。衛侯與元咺訟，爭殺叔武事。甯武子爲輔，鍼莊子爲坐，士榮爲大士。大士，治獄官也。《周禮》：「命夫命婦不躬坐獄訟。」元咺又不宜與其君對坐，故使鍼莊子爲主，又使衛之忠臣及其獄官質正元咺。衛侯不勝。三子辭屈。殺士榮，刖鍼莊子，謂甯俞忠而免之。執衛侯，歸之于京師，寘諸深室。深室，别爲囚室。甯子職納櫜饘焉。甯俞以君在幽隘，故親以衣食爲己職。櫜，衣之囊。饘，糜也。

言其忠主，所慮者深。元咺歸于衛，立公子瑕。瑕，衛公子適也【二〇】。三十年，晉侯使醫衍酖衛侯。衍，醫名。晉侯實怨衛侯，欲殺而罪不及死，故使醫因治疾而加酖毒。甯俞貨醫，使薄其酖，不死。甯俞視衛侯衣食，故得知之。公爲之請，納玉於王與晉侯，皆十瑴。王許之。雙玉曰瑴。公本與衛同好，故爲之請【二一】。秋，乃釋衛侯。呂氏曰：「甯武子處衛侯奔走艱難之際，君臣上下皆失其道，始則以説晉，其釁隙已自大矣。後來得歸，甯武子爲宛濮之盟，曰『行者無保其力，居者無懼其罪』，要得合和彼此，國由此乃稍不貳。衛侯又先期入，殺叔武，元咺奔愬於晉。晉受其愬，遂執衛侯歸于京師，至欲以鴆殺之。衛侯於此可謂危矣！蓋內則一國之怨，外則霸主之怒，如衆矢俱發，叢于衛侯之一身，雖泰山壓卵，未足以喻。而武子獨以區區一夫之誠，左枝右梧，欲調護衛國上下之怨。以氣勢而言，一夫之力甚小，一國之怨甚大；一夫之勢甚微，霸主之勢甚大。而乃卒能全其君者，蓋忠誠一到，天地可動，金石可貫，雖怨積禍稔，亦足以銷釋融化，以此知爲國患無忠臣，苟得其人，何所不可？」按：武子事業，它無可考，獨此一節，足爲臣子處危履變者之法，故以附于石碏之後。其《論語》所稱，自別見《丁記》。以上衛之名卿。

襄十五年，鄭尉氏、司氏之亂，其餘盗在宋。杜氏曰：「亂在十年。」鄭人以子西、伯有、子産之故，納賂于宋。三子之父，皆爲尉氏所殺故。以馬四十乘百六十匹。與師茷、師慧。樂師也，茷、慧，其名。三月，公孫黑爲質焉。公孫黑，子皙。司城子罕以堵女父、尉翩、司齊與之。良司臣而逸之，賢而放之。託諸季武子，武子寘諸卞。子罕以司臣託季氏。鄭人醢之三人也。三人，堵女父、尉翩、司齊。師慧過宋朝，將私焉。私，小便。其相曰：「朝也。」相，師者。慧曰：「無人焉。」相曰：「朝也，何故無人？」慧曰：「必無人焉。若猶有人，豈其以千乘之相易淫樂之

【二〇】衛公子　《春秋左傳注疏》卷十六「衛」作「謂」。

【二一】故爲之請　「請」原作「謂」，據《春秋左傳正義》卷十七改。

矇【二二】。必無人焉故也。」千乘相，謂子產等也【二三】。言不爲子產殺三盜，得賂而歸之，是重淫樂而輕國相。子罕聞之，固請而歸之。言子罕能改過。

宋人或得玉，獻諸子罕。子罕弗受。獻玉者曰：「以示玉人，杜氏曰：「玉人能治玉。」玉人以爲寶也，故敢獻之。」子罕曰：「我以不貪爲寶，爾以玉爲寶。若以與我，皆喪寶也，不若人有其寶。」稽首而告曰：「小人懷璧，不可以越鄉。言必爲盜所害。納此以請死也。」請免死。子罕寘諸其里，使玉人爲之攻之，攻，治也。富而後使復其所。賣玉得富。《正義》曰：「我得不貪，女得其玉，是我與女二人各有其寶也。」

《記》：陽門之介夫死，鄭氏曰：「宋國門名。介夫，甲衛士。」司城子罕入而哭之哀。晉人之覘宋者，反報於晉侯曰：「陽門之介夫死，而子罕哭之哀，而民說，殆不可伐也。」覘，闚視也。孔子聞之曰：「善哉，覘國乎！善其知微。《詩》云：『凡民有喪，扶服救之。』救猶助也。雖微晉而已，天下其孰能當之？」微，猶非也。按：子罕以襄九年見《傳》，如備火政，如分謗，如削向戌之邑，皆不書。獨取改過、不貪二事與孔子之所稱者，列于此云。以上宋之名卿。

僖二十三年，楚成得臣帥師伐陳，討其貳於宋也。杜氏曰：「成得臣，子玉也。」遂取焦、夷，城頓而還。二地皆陳邑。子文以爲之功，使爲令尹。叔伯曰：「子若國何？」叔伯，楚大夫蔿呂臣也。以爲子玉不任令尹。對曰：「吾以靖國也。夫有大功而無貴仕，其人能靖者與【二四】，有幾？」言必矜功爲亂，不可不賞。愚按：此言有得有失。有功當賞，固也，然令尹相職也，豈賞功之官乎？其後子

【二二】豈其以　原作「豈以其」，據《春秋左傳注疏》卷三十二改。

【二三】謂子產等　「產」原作「罕」，據《春秋左傳注疏》卷三十二改。

【二四】能靖者與　「與」原脫，據《春秋左傳注疏》卷十五補。

玉訖不勝任，喪師而死。若多予之邑，則可矣。蔿呂臣知子玉之不可爲令尹，及其自爲也，乃奉己而不在民，何責人之易，而盡己之難也？近世武臣有以勞而求節鉞者，當國者抑而不予，卒以召禍，正如子文之言，是亦不可不戒也。

《楚語》：昔鬭子文三舍令尹，無一日之積，恤民之故也。成王聞子文之朝不及夕也，於是乎每朝設脯一束、糗一筐，以羞子文。韋氏曰：「糗，寒粥也。」至於今令尹秩之。秩，常也。成王每出子文之禄，必逃，王止而後復。禄，奉也。復，反也。人謂子文曰：「人生求富，而子逃之，何也？」對曰：「夫從政者，以庇民也。民多曠者，而我取富焉，曠，空也。是勤民以自封也，封，厚也。死無日矣。我逃死【二五】，非逃富也。」其全文云：「鬭且廷見令尹子常，子常與之語，問蓄貨聚馬。歸以語其弟，曰：『楚其亡乎！不然，令尹其不免乎！吾見令尹，令尹問蓄聚積實【二六】，如餓豺狼焉，殆必亡者也。夫古者聚貨不妨民衣食之利，聚馬不害民之財用，國馬足以行軍，公馬足以稱賦【二七】，不是過也。公貨足以賓獻，家貨足以共用，不是過也。夫貨、馬郵則闕於民，民多闕則有離畔之心，將何以封矣？云云。故莊王之世，滅若敖氏，唯子文之後在，至于今處鄖【二八】，爲楚良臣。是不先恤民而後己之富乎？今子常，先大夫之後也，而相楚君，無令名於四方【二九】，民之羸餒，日已甚矣【三〇】，四境盈壘，道殣相望，盜賊司目【三一】，民無所放。是之不卹，而蓄聚不厭，其速怨於民多矣。積貨滋多，蓄怨滋厚【三二】，不亡何待？夫民心之愠也【三三】，若防大川焉，潰而所犯必大矣【三四】，子常其能賢于成、靈乎？成不禮于穆，願食熊蹯，不獲而死；靈王不顧于民【三五】，一國棄之，如遺迹焉。子常爲政，而無禮不顧甚于成、靈，其獨何力以待之？』期年，乃有柏舉之戰，子常奔鄭【三六】，昭王奔隨。」韋氏曰：『柏舉【三七】，楚地。初，蔡昭侯朝於楚【三八】，子常欲其珮【三九】。唐成公亦朝焉【四〇】，子常欲其驌驦馬【四一】。二君不予【四二】，而留之三年【四三】，後予之，乃得歸。歸與吴伐楚，大敗之，在魯定四年【四四】。』愚按：子文相楚，其所爲者，大抵僭王猾夏之事【四五】，無足觀者。今獨取其一節，以厭于國。國，名卿之末。夫廉者，士

【二五】我逃死　「我」原脱，據《國語》卷十八補。

【二六】令尹問　「令尹」原脱，據《國語》卷十八補。

【二七】足以稱賦　「賦」原作「則」，據《國語》卷十八改。

【二八】至于今處鄖　「鄖」原作「鄭」，據《國語》卷十八改。

【二九】令名於四方　「方」原作「百」，據《國語》卷十八改。

【三〇】日已甚矣　原作「日日已甚」，據《國語》卷十八改。

【三一】盗賊司目　「司目」原作「同日」，據《國語》卷十八改。

【三二】蓄怨滋厚　「厚」原作「拳」，據《國語》卷十八改。

之小善也，然自古人居位握大權，而能澹然無欲者，實鮮。故虞朝有饕餮之誅，盤庚有貨寶之戒。非人其吉，惟貨其吉。穆王之所以訓釋三有事，亶侯多有周《詩》之所以譏。下至春秋之世，若范鞅、荀寅以賂，而晉遂衰。梁丘據以賂【四六】，而齊不敗。羊舌所以賂，而殺其身。楊食我以賂【四七】，而滅其族。囊瓦以賂【四八】，而之成六。然則顧司小常，而當實大惡矣。若子文者，者祠濁之世而沙漬白之節，其非中行之道，然亦有足貴者焉。若舊政告新，已見于《甲記》者，不重出也。又按：百里奚事秦，顯其君於天下，孟子賢之，然內、外傳不載其行，獨《史記》稱其以媵臣，穆公與語國事，授之以政，號曰五羖大夫【四九】。百里奚讓曰【五〇】：「臣不及臣友蹇叔【五一】。」穆公使人迎之，以爲上大夫。其後商君相秦十年，用法衆酷，人多怨之。趙良見商君，商君曰：「子觀我治秦【五二】，孰與五羖大夫賢？」趙良曰：「五羖大夫，荆之鄙人也，穆公舉之牛口之下【五三】，而加之百姓之上，秦國莫敢望焉【五四】。相秦六七年，而東伐鄭【五五】，三置晉君【五六】，而救荆禍。其爲相也【五七】，勞而不坐乘，暑不張蓋，行於國中，不從車乘【五八】，不操干戈。五羖大夫死，秦國男女流涕，童子不歌謠，舂者不相杵。今君之見也，因嬖人景監以爲主。其從政也，凌轢公族，殘傷百姓，公子虔杜門不出已八年矣。君又殺祝懽而黥公孫賈。《詩》曰：『得人者興，失人者崩。』此数者，非所以得人也。君之出也，後車載甲，多力而駢脅者爲驂乘，持戈而操闟戟者旁車而趨。此一物不具，君固不出【五九】。《書》曰：『恃德者昌，恃力者亡。』此数者，非恃德也。君之危若朝露，而尚貪商於之富，寵秦國之教【六〇】，畜百姓之怒，秦王一旦損賓客而不立朝，則秦國之所以收君者，豈其微哉？」商君不從。居五月而難作。秦、楚，戎狄國也，而秦有百里，楚有子文，遺風餘烈，後世誦之，可以中國而不如之乎？趙良之稱五羖者，可爲後世法，而所以諫商君者，又足爲後世戒【六一】，故併附焉。

《史記》：公儀休者，魯博士也。以高第爲魯相，奉法循理，無所變更，百官自正。使食祿者不得與下民爭利【六二】，受大者不得取小。客有遺相魚者，相不受。客曰：「聞君嗜魚，遺君魚，何故不受也？」相曰：「以嗜魚，故不受也。今爲相，能自給魚。今受魚而

【三三】民心之慍　「民」原作「妖」，據《國語》卷十八改。

【三四】所犯必大　「犯必」原作「化户」，據《國語》卷十八改。

【三五】不顧於民　「顧」原作「雇」，據《國語》卷十八改。

【三六】子常奔鄭　「奔」原作「常」，據《國語》卷十八改。

【三七】柏舉　「柏」原作「相」，據《國語》卷十八改。

【三八】蔡昭侯朝　「蔡昭侯朝」原作「秦惟展初」，據《國語》卷十八改。

【三九】子常欲其珮　「欲其珮」原作「積其罹」，據《國語》卷十八改。

【四〇】唐成公　「成」原作「以」，據《國語》卷十八改。

【四一】子常欲其驌驦馬　「其驌驦」原作「補騎」，據《國語》卷十八改。

【四二】二君不予　「君」原作「居」，據《國語》卷十八改。

【四三】而留之三年　「留」原作「帝」，據《國語》卷十八改。

【四四】魯定四年　「魯」原作「熹」，據《國語》卷十八改。

【四五】僭王猾夏之事　「猾」原作「循」，據上下文意改。

【四六】梁丘據　「據」原作「象」，據文意改。

【四七】楊食我　「楊」原作「裼」，據文意改。

【四八】囊瓦以賂　「囊」原作「裳」，據文意改。

免，誰復給我魚者？吾故不受也。」食茹而美，拔其園葵而棄之。見其家織布好，而疾出其家婦【六三】，燔其機，云：「欲令農士工女安所讎其貨乎？」按：淳于髡曰：「魯穆公之時，公儀子爲政，子柳、子思爲臣，魯之削也滋甚。」則休蓋穆公相也。呂氏曰：「穆公雖不能用子柳、子思，然尊賢尚德之意，當時所罕，而公儀子之廉儉，亦得相小國之道。以魯之弱，崎嶇强暴之間，竟能與戰國相終始，未必非其君相之力也！」

董子曰：「受禄之家，食禄而已，不與民爭業，然後利可均布，而民可家足。此上天之理，而亦太古之道，天子之所宜法以爲制，大夫之所當循以爲行也。故公儀子相魯，之其家【六四】，見織帛，怒而出其妻，食於舍而茹葵，愠而拔其葵，曰：『吾已食禄，又奪園夫紅女利虖？』古之賢人君子在列位者皆如是，是故下高其行，而從其教，民化其廉，而不貪鄙。及至周室之衰，其卿大夫緩於誼而急於利，亡推讓之風而有爭田之訟。故詩人疾而刺之，曰：『節彼南山，維石巖巖。赫赫師尹，民具爾瞻。』師古曰：「《小雅·節南山》之詩也。節，高峻貌。巖巖，積石貌。赫赫，顯盛也。師尹，周太師尹氏也。言三公之位，人所瞻仰，若山之高也。」爾好誼，則民鄉仁而俗善；爾好利，則民好邪而俗敗。由是觀之，天子大夫者，下民之所視效，遠方之所四面而内望也。近者視而放之，遠者望而效之，放，依也。豈可以居賢人之位而爲庶人行哉！夫皇皇求財利常恐乏匱者，庶人之意也；皇皇，急速之貌。皇皇求仁義常恐不能化民者，大夫之意也。《易》曰：『負且乘，致寇至。』此《易　解》卦六三爻辭。乘車者，君子之位也；負擔者，小人之事也。此言居君子之位，而爲庶人之行者，其患禍必至也。若居君子之位，當君子之行，則舍公儀休之相魯，亡可爲者矣。」

揚子曰：「公儀子、董仲舒之才之邵也，使見善不明，用心不剛，儔克爾？」

《史記》：魏文侯謂李克曰：「先生嘗有言曰：家貧思良妻，國亂思良相。今所置非成則璜，二子何如？」克曰：「居視其所親，富視其所與，達視其所舉，窮視其所不爲，貧視其所不取，五者足以定之矣。」文侯曰：「先生就舍，吾之相定矣。」李克出，見翟璜。璜曰：「今者聞君召先生而卜相，果誰爲之？」克曰：「魏成。」璜忿然作色，曰：「西河守吴起，臣所進也。君内以鄴爲憂，臣進西門豹。君欲伐中山，臣進樂羊。中山已拔，無使守之，臣進先生。君之子無傅，臣進屈侯鮒。以耳目之所睹記，臣何負於魏成？」李克曰：「子之言克於子之君者，豈將比周以求大官哉？君問相於克，克之對如是。所以知君之必相魏成者，魏成食禄千鍾，什九在外，什一在内，是以東得卜子夏、田子方、段干木。此三人者，君皆師之。子所進五人者，君皆臣之。子惡得與魏成比也？」翟璜逡巡再拜，曰：「璜，鄙人也，失對，願卒爲弟子。」按：吕氏《大事記》周威烈王二十一年，晉魏氏以公孫成爲相，是時文侯斯未受命爲諸侯故也。其後魏武侯置相，相田文，吴起不悦，與文論功。文皆自謂不如，至謂：「主少國疑，大臣未附，百姓未信，當此之時，屬之子乎？屬之我乎？」起曰：「屬之子矣。」夫主少國疑，此古今至難處之際也。惟周公大聖，爲能轉危疑爲帖泰，非至誠大公，通貫天人，不足與乎此。」彼田文者，游俠之宗主耳，而以此自任，愚未知其可也。文之在魏相業，卒無所聞，史稱吴起之云，未必非戰國策士妄爲增飾之詞也。後之當此時者，要必如周公而後可，否則諸葛武侯其

【四九】號曰五羖　「號」原作「豫」，據《通志》卷四改。

【五〇】百里奚讓曰　「讓」原作「諒」，據《通志》卷四改。

【五一】臣友蹇叔　「叔」原作「叙」，據《通志》卷四改。

【五二】子觀我治秦　「觀」原作「親」，據《史記集解》卷六十八改。

【五三】舉之牛口　「之」原作「首」，據《史記集解》卷六十八改。

【五四】秦國莫敢望焉　「莫敢」原作「奕赦」，據《史記集解》卷六十八改。

【五五】東伐鄭　「東」原作「加」，據《史記集解》卷六十八改。

【五六】三置晉君　「置」原作「救」，「君」原作「若」，據《史記集解》卷六十八改。

庶幾乎！

《史記》：趙烈侯好音，謂相國公仲連曰：「鄭歌者槍、石二人，賜之田，人萬畝。」公仲曰：「諾。」不與。烈侯累問，公仲稱疾不朝。番吾君謂公仲曰：「君實好善，而未知所持。君相趙於今四年，亦有進士乎？」曰：「未也。」番吾君曰：「牛畜、荀欣、徐越皆可。」公仲乃進三人。及朝，烈侯復問歌者田，公仲曰：「方使擇其善者。」牛畜侍烈侯以仁義，約以王道。明日，荀欣侍以選練舉賢，任官使能。明日，徐越侍以節財儉用，察度功德。所與無不充，君説，使使謂相國曰：「歌者之田且止。」按：《史記·年表》書此事於威烈王二十四年，呂氏《大事記》書於二十一年。

右叙春秋名卿事業。自公儀休以下，皆戰國時，今附于此。三人者，雖無大功業可觀，然公儀之飭己，魏成、公仲之進賢，蓋皆知宰相之職業者也。

【五七】其爲相也　「爲相」，原作「爲猾」，徑改。《史記集解》卷六十八作「相秦」。

【五八】不從車乘　「乘」原作「案」，據《史記集解》卷六十八改。

【五九】君固不出　「固」原作「因」，據《史記集解》卷六十八改。

【六〇】秦國之教　「教」原作「政」，據《史記集解》卷六十八改。

【六一】又足爲後世戒　「足」原作「是」，據文意徑改。

【六二】使食禄者　「使」原作「便」，據《史記》卷一百十九改。

【六三】出其家婦　「婦」原脱，據《史記》卷一百十九補。

【六四】之其家　「之」后原有「曰」字，據《漢書》卷五十六删。

# 乙下之八

漢高帝元年冬十月，沛公西入咸陽，諸將皆爭走金帛財物之府，分之。蕭何獨先入，收秦丞相府圖籍藏之，以此沛公得具知天下阨塞、户口多少、强弱之處。按本傳上文：高祖起爲沛公，何嘗爲丞督事，何此時乃沛丞耳。《漢年表》書以沛相，蕭何爲丞相，蓋雖丞職，實行相事故也。又《史記·秦紀》：李斯請史官非《秦記》悉燒之，非博士官所職，天下敢有藏《詩》、《書》、百家語者，悉詣守、尉雜燒之。秦雖焚書，然博士官所掌故在也。何知收丞相府之圖籍，而不知收博士官之《詩》、《書》，及項羽燒秦宫室，於是古先聖王之遺典始蕩然矣。四方所有者，既焚於李斯；博士官所藏，又焚於項羽，豈天厄斯文，不使後世獲睹其全耶？抑漢祖君臣之念不及此也？《張蒼傳》稱：蕭何爲相國，蒼乃自秦時爲柱下御史，明習天下圖書計籍，又善用筭律歷，故令蒼以列侯居相府，領主郡國上計者。以秦之舊臣，奉行秦之舊書，是何之相漢，一用秦故事而已。使何能收博士官之《詩》、《書》，而訪求儒先故老，若魯两生之儔，討論而表章之，以先王之道措之當世，則漢之治庶幾三代，而何之功，亦與伊、傅、周、召侔矣。惜其以刀筆故習，所知者僅止於此，可勝慨哉！

春正月，項羽陽尊懷王爲義帝，自立爲西楚霸王，立沛公爲漢王。漢王怒，欲攻羽。蕭何諫曰：「夫能詘於一人之下，而信於萬乘之上者，湯武是也。臣願大王王漢中，養其民以致賢人，收用巴、蜀，還定三秦，天下可圖也。」漢王曰：「善。」乃遂就國，以何爲丞相。胡氏曰：「人有常言皆曰：『用君子所以安百姓也。』蕭相國乃謂養民以致賢人，何也？當秦之世，所謂天地閉，賢人隱之時也。漢王暴起，雖有長者之譽，得秦人之心，而天下之賢人未可致也。所以未可致者，方用兵攻戰，傷殘呻吟者衆矣，未有能養民者也。世主無養民之志，則賢人巖谷而已矣，草野而已矣。天之立君，凡爲民也。君之求臣，凡爲行保民之政也。臣之事君，凡爲行安百姓之術也。豈有他哉？世主視民如土苴，如弁髦，則吾之術無所施。心術既殊，則所用者趨事者也，營利者也，好大喜功者也，逢君之欲者也，是皆殘民之具也。高爵以貴之，厚禄以富之，殘民之政日彰，宜乎民心之日離，而君勢之日孤也。亡秦之輻可鑒已。蕭何有見乎此，思得賢人與之共理，而知致治之道，莫先乎養民。漢王聞言即悟，遂委以政，於是韓信既亡而還，陳平自遠而至，張耳失國而擇主，黥布聞説而徙義，三老、董公遮道而納説，諸侯之兵大合而伐楚，漢業勃然以興。何爲宗臣首，奕葉永世，其有以取之哉！」愚按：此蕭何相漢第一事也。

韓信亡楚歸漢，未得知名，爲連敖。滕公言於王，王拜以爲治粟都尉，亦未之奇也。信數與蕭何語，何奇之。漢王至南鄭，諸將及士卒皆歌謳，思東歸，多道亡者。信度何等已數言王，王不我用，即亡去。何聞信亡，不及以聞，自追之。人有言王曰：「丞相何亡。」王大怒，如失左右手。居一二日，何來謁王，王且怒且喜，罵何曰：「若亡何耶？」何曰：「臣不敢亡也，臣追亡者耳。」王曰：「若所追者誰何？」曰：「韓信也。」王復罵曰：「諸將亡者以十數，公無所追。追信，詐也！」何曰：「諸將易得耳，至如信者，國士無雙。王必欲長王漢中，無所事信；必欲爭天下，非信無可與計事者。顧王策安所決耳。」王曰：「吾亦欲東耳，安能鬱鬱久居此乎？」何曰：「計必欲東，能用信，信即留；不能用信，終亡耳。」王曰：「吾爲公以爲將。」何曰：「雖爲將，信不留。」王曰：「以爲大將。」何曰：「幸甚！」於是王欲召信拜之。何曰：「王素慢無禮，今拜大將如呼小兒，此乃信所以去也。王必欲拜之，擇良日齋戒，設壇場具禮，乃可耳。」王許之。諸將皆喜，人人各自以爲得大將。至拜大將，乃韓信也，一軍皆驚。信拜禮畢，上坐。王曰：「丞相數言將軍，將軍何以教寡人計策？」信問王曰：「今東鄉爭權天下，非項王邪？」王曰：「然。」曰：「大王自料勇悍仁彊孰與項王？」漢王默然良久，曰：「不如也。」信曰：「信亦以爲大王不如也。然臣嘗事之，項王喑噁叱咤，千人皆廢，然不能任屬賢將，此特匹夫之勇耳。項王見人恭敬慈愛，言語嘔嘔，人有疾病，涕泣分食飲。至使人有功，當封爵者，印刓敝，忍不能予，此所謂婦人之仁也。項王雖霸天下而臣諸侯，不居關中而都彭城，背義帝之約，而以親愛王，諸侯不平。逐其故主，而王其將相，又遷逐義帝，置江南，所過無不殘滅。百姓不親附，特劫於威，彊服耳。名雖爲霸，實失天下心，故其彊易弱。今大王誠能反其道，任天下武勇，何不誅？以天下城邑封功臣，何不服？以義兵從思東歸之士，何不散？且三秦王爲秦將，將秦子弟數歲，而所殺亡不可勝計，又欺其衆降諸侯。至新安，項王詐坑秦降卒二十餘萬人，唯獨邯、欣、翳得脱。秦父兄怨此三人，痛入骨髓。今楚彊以威王此三人，秦民莫愛也。大王之入武關，秋毫無所害，除秦苛法，與秦民約法三章，秦民無不欲得大王王秦者。於諸侯之約，大王當王關中，關中民咸知之。大王失職入漢中，秦民無不恨者。今大王舉而東，三秦可傳檄而定也。」於是漢王大喜，自以爲得信晚，遂聽信計，部署諸將所擊。胡氏曰：「智謀武略之士，急於求用，非如抱道懷德之君子，舍之則藏也。陳平所謂「臣爲事來，所言不可過今日』是也。韓信才士爾，稽留漢中，見王未有以處之，則思去而他適，無足怪者。蕭何既深知其人可以爭天下，誠惜其去，身自追亡，非特爲信，乃爲漢王也。方是時，王未奇信，則駡何爲詐，亦理之常。而或者之論，乃謂漢王與何欲致信死，固示不用之端，激之使亡，又爲此追求喜怒之態，然後用信，信必返而爲漢效力，是殆見漢王軒輊彭越而生此論耳。夫漢王恢廓大度，何又稱人傑，豈固爲是區區小數，以動一信哉？漢王待越固不當爾，然越既南面稱孤，不如是不足以折其威而收其心。信事項羽，官不過郎中，位不過執戟，言不聽，計不用，而來非越比也。或者謂信既爲漢王、蕭何所迷，作史者亦復不悟，至編之於伊川先生《語録》中，殆門人勦入之，非先生語也。臨川王氏曰：「韓信論楚、漢形勢，大抵漢能順民心，而楚常失之，則勝負存亡居然可見，此信所以能佐高祖致天下也。當楚、漢之際，策士至多，然其智計不過親取一城一邑，見小利而遺大略。信所論乃天下形勢而已，唯大形勢爲繫天下之勝負存亡，取一城一邑見小利者，何能致天下？」愚按：世謂知人，無如蕭相國之知韓信，不審果何術也。今觀告高祖之言，其論天下成敗之勢，與劉、項之得失，若指諸掌。平日所以數告何者，亦此而已。何聞其語，亦必反復酬詰，洞見其所藴，然後奇之，外此無他術也。或謂世固有竊言而無實者，何以知信之必可用耶？夫聽言固難，然惟明天下之理者，不可眩以理之所無；識天下之勢者，不可怵以勢之所否。故詖淫邪遁，孟子視之如判白黑，而縱横捭闔，僅足以媒戰國之庸君。若何者，於天下之理固有所未察，若夫是非得失之故，强弱勝負之機，彼皆瞭然於胸中久矣。一旦韓信之言適契其意，如印券之合，如矢鏃之直，安得不深許之耶？古今論用兵成敗者甚衆，然卒之無言不酬者，惟韓信登壇之對，諸葛亮草廬之談，王朴平邊之策，最爲奇偉，學者當併考焉。

留蕭何收巴、蜀租，給軍糧食。此蕭何給饟之始也。呂氏曰：「按《世家》，漢王引兵東定三秦，何以丞相留收巴蜀，填撫諭告，使給軍食。歐陽公作《許逖行狀》曰：興元府山河堰，溉民田四萬餘頃，世傳蕭何所爲。酇侯方佐漢取天下，乃暇爲此以溉其農。」

五月，漢王引兵從故道出襲雍。《地里志》：武都有故道縣。

雍王章邯迎擊漢陳倉，按《地志》：鳳州兩當縣本漢故道縣，陳倉今岐州縣也。

雍兵敗，還走，止戰好畤，孟康曰：「縣名，屬右扶風。」又敗走廢丘。漢王遂定雍地，東至咸陽，引兵圍雍王於廢丘，而遣諸將略地。塞王欣、翟王翳皆降，以其地爲渭南、河上、上郡。《史記》曰：「用韓信之計也。」

二年，漢王爲義帝發喪，遂入彭城，日置酒高會。項王聞之，至彭城，大破漢軍。以上節文。五月，漢王至滎陽，諸敗軍皆會。蕭何亦發關中老弱未傅者，悉詣滎陽，漢軍復大振。孟康曰：「古者二十而傅，三年耕有一年儲，故二十三而後役之。」如淳曰：「律：年二十三，傅之疇官，各從其父疇學之。高不滿六赤二寸以下爲罷癃。」《漢儀注》云：「民年二十三爲正，一歲爲衛士，一歲爲材官騎士，習射御騎馳戰陳。」又曰：「年五十六，乃得免爲庶民【一】，就田里。」今老弱未嘗傅者皆發之，未二十三爲弱，過五十六爲老。師古曰：「傅，著也。言著名籍，給公家繇役。」擊楚騎於滎陽東，破之，楚以故不能過滎陽而西。未幾，魏豹反。六月，漢王還櫟陽，立子盈爲太子。秋八月，漢王如滎陽，命蕭何守關中，侍太子。《史記》曰：「令太子守櫟陽，諸侯子在關中者，皆集櫟陽爲衛。」呂氏曰：「太子監國，以諸侯子爲衛，而丞相兼摠居留之任，規摹如此，誰謂蕭何爲刀筆吏乎？」爲法令約束，立宗廟、社稷、宫室、縣邑，輒奏，上可，許以從事。即不及奏上，輒以便宜施行，上來以聞。計户轉漕給軍，漢失軍遯去，何常興關中卒，輒補缺。上以此剸屬任何關中事。漢三年，與項羽相距京索間，上數使使勞苦丞相。鮑生謂何曰：「今王暴衣露蓋，數勞苦君者，有疑君心。爲君計，莫若遣君子孫昆弟能勝兵者悉詣軍所，上益信君。」於是何從其計，漢王大説。呂氏曰：「漢興，君臣之際，於此可觀矣。」

【一】乃得免「得」原無，據《漢書·高帝紀》注補。

五年，帝置酒洛陽南宮。按：是年十二月滅羽，二月王即皇帝位。上曰：「列侯、諸將毋敢隱朕【二】，皆言其情。吾所以有天下者何？項氏之所以失天下者何？」高起、王陵對曰：「陛下使人攻城略地，因以與之，與天下同其利。項羽不然，有功者害之，賢者疑之，此其所以失天下也。」上曰：「公知其一，未知其二。夫運籌帷幄之中，《史記》作「運籌策帷帳之中」。決勝千里之外，吾不如子房。填國家，撫百姓，給餉餽，不絶糧道，吾不如蕭何。連百萬之衆，戰必勝，攻必取，吾不如韓信。三者皆人傑，吾能用之，此吾所以取天下者也。」

六年冬，甲申，始剖符封諸功臣爲徹侯。蕭何封酇侯，所食邑獨多。功臣皆曰：「臣等身被堅執鋭，多者百餘戰，少者數十合。今蕭何未嘗有汗馬之勞，徒持文墨議論，顧反居臣等上，何也？」帝曰：「諸君知獵乎？夫獵，追殺獸兔者，狗也，而發縱指示獸處者，人也。今諸君徒能得走獸耳，功狗也。至如蕭何，發縱指示，功人也。」羣臣皆莫敢言。列侯畢已受封，詔定元功十八人位次。皆曰：「平陽侯曹參身被七十創，攻城略地，功最多，宜第一。」謁者關内侯鄂千秋進曰：「羣臣議皆誤，夫曹參雖有野戰略地之功，此特一時之事耳。上與楚相距五歲，失軍亡衆，跳身遁者數矣。然蕭何常從關中遣軍補其處，非上所詔令召，而數萬衆會。上之乏絶者數矣，又軍無見糧，蕭何轉漕關中，給食不乏。陛下雖數亡山東，蕭何常全關中以待陛下，此萬世之功也。今雖亡曹參等百數，何缺於漢？漢得之，不必待以全。奈何欲以一旦之功而加萬世之功哉！蕭何第一，曹參次之。」上

【二】列侯　「列」原作「徹」，據《史記·高祖本紀》改。

曰：「善。」於是乃賜蕭何帶劍履上殿，入朝不趨。上曰：「吾聞進賢受上賞。蕭何功雖高，得鄂君乃益明。」於是因鄂千秋故所食邑，封爲安平侯。是日，悉封何父母兄弟十餘人，皆有食邑。益封何二千户，以帝嘗繇咸陽時，「何獨送我贏錢二故也」。按：蕭何之功，受第一之賞，此公也。又以送我贏錢二而悉封其父母兄弟，是公而雜之以私也。帝於是乎失之矣。使何能遜而不受，豈不美哉！

七年春，二月，上至長安。蕭何治未央宮，上見其壯麗，甚怒，謂何曰：「天下匈匈，勞苦數歲，成敗未可知，是何治宮室過度也？」何曰：「天下方未定，故可因以就宮室。且夫天子以四海爲家，非壯麗無以重威，且無令後世有以加也。」上說。上自櫟陽徙都長安。司馬氏曰：「王者以仁義爲麗，以道德爲威，未聞其以宮室填服天下也。天下未定，當克己節用以趨民之急，而顧以宮室爲先，豈可謂之知所務哉？昔禹卑宮室而桀爲傾宮，創業垂統之君，躬行節儉以訓示子孫，其末流猶入於淫靡，況示之以侈乎？乃云『無令後世有以加』，豈不繆哉！至於孝武，卒以宮室罷敝天下，未必不由酇侯啓之也。」按：元城劉氏謂高帝雖用婁敬之言都關中，多往來山東。項羽見秦宮室皆已燒殘，乃思東歸。蕭何窮土木之麗，所以繫高帝都秦之心。是亦一説也。

九年，更以丞相何爲相國。

十年，陳豨反，自立爲代王。上自東擊之。十一年，陳豨軍敗。淮陰侯信稱病，不從擊豨，陰使人至豨所，與通謀。信謀與家臣【三】，夜詐赦諸官徒、奴，欲發兵以襲吕后、太子。部署已定，待豨報。其舍人得罪於信，信囚，欲殺之。春，正月，舍人弟上書變，告信

【三】信謀與家臣　「信謀」原脱，據《資治通鑑》卷十二補。

欲反狀於吕后。后欲召，恐其黨不就，乃與蕭相國謀，詐令人從上所來，言豨已得，死，列侯、羣臣皆賀。相國紿信曰：「雖疾，彊入賀。」信入，吕后使武士縛信，斬之長樂鍾室，遂夷信三族。上聞已誅信，使使拜丞相爲相國，與《年表》不同。益封五千户，令卒五百人、一都尉爲相國衛。諸君皆賀，召平獨弔。平，故秦東陵侯。秦破，为布衣，貧，種瓜長安城東，瓜美，故世謂「東陵瓜」，自召平始。平謂何曰：「禍自此始矣。上暴露於外，而君守於内，非被矢石之難，而益君封置衛者，以今者淮陰新反於中，有疑君心。夫置衛衛君，非以寵君，願君讓封勿受，悉以家私財佐軍。」何從其計，上説。金華王益之曰：「高帝以征伐之事付韓信，而未嘗不疑信；以居守之任委蕭何，而未嘗不疑何。信之破代下趙也，每遣人收其精兵，此猶有可諉者，時方與楚相距，藉以振軍聲耳。至天下甫定，乃即定陶奪之軍，何哉？此猶曰：慮其擁兵生變也。及廢楚而侯淮陰，奉朝京師，此特客寄之一身耳，而帝猶畏惡其能未已也。陳豨之叛，帝將兵於外，而信袖手於内，帝豈一日忘根本之慮哉！蕭相國紿信殺之，正欲借信以爲保身之術，而益封置衛，反以前日疑信者疑何，蓋已岌岌矣，雖悉家財以佐軍，賤貰貸以自汙，猶未免械繫之辱。帝於功臣真少恩哉！」愚按：淮陰之悍而何能紿而誅之，此所以重帝之疑也。君臣之間，相與如此。吁，可畏哉！

其秋，黥布反，上自將擊之，數使使問相國何爲，曰：「爲上在軍，拊循勉力百姓【四】，悉所有佐軍，如陳豨時。」客又説何曰：「君滅族不久矣！夫君位爲相國，功第一，不可復加。然君初入關，本得百姓心，十餘年矣，皆附君，尚復孳孳得民和。上所爲數問君者【五】，畏君傾動關中。今君胡不多買田宅，賤貰貸以自汙？上心必安。」於是何從其計，上乃大説。上罷布軍歸，民道遮行上書，言相國賤彊買民田宅數千萬【六】。上至，何

【四】拊循勉力　「力」字原脱，據《史記》卷五十三補。

【五】問君者　「問」原作「聞」，據《史記》卷五十三改。

【六】賤彊買民田宅數千萬　「賤」原無，「萬」原作「人」，據《史記》卷五十三改。

謁。上笑曰：「今相國迺利民！」民所上書皆以與何，曰：「君自謝民。」後何爲民請曰：「長安地狹【七】，上林中多空地，棄，願令民得入田，毋收稾爲禽獸食。」上大怒曰：「相國多受賈人財物，乃爲請吾苑【八】！」下相國廷尉，械繫之。按：何强買民田，則帝喜而笑；爲民請苑，則怒而繫之。孰謂高皇帝爲大度哉？數日，王衛尉侍前，問曰：「相國何大罪，陛下繫之暴也？」上曰：「吾聞李斯相秦皇帝，有善歸主，有惡自與。今相國多受賈豎金而爲民請吾苑【九】，以自媚於民，故繫治之。」王衛尉曰：「大職事苟有便於民而請之，真宰相事，陛下奈何乃疑相國受賈人錢乎？且陛下距楚數歲，陳豨、黥布反，陛下自將而往，當是時相國守關中，摇足則關以西非陛下有也【一〇】。相國不以此時爲利，今乃利賈人之金乎？且秦以不聞其過亡天下，李斯之分過，又何足法哉！陛下何疑宰相之淺也？」帝不懌。是日，使使持節赦出相國。相國年老，素恭謹，入，徒跣謝。帝曰：「相國休矣！相國爲民請苑，吾不許，我不過爲桀紂主，而相國爲賢相。吾故繫相國，欲令百姓聞吾過也。」呂氏曰：「王衛尉之言明於大體，真宜在人主左右者也。」愚按：高帝於是乎可謂知過矣，此其所以爲賢歟？

上擊布時，行道疾甚，呂后問曰：「陛下百歲後，蕭相國既死，誰令代之？」上曰：「曹參可。」餘見平、勃事中。孝惠二年，酇文終侯蕭何病，上親自臨視，因問曰：「君即百歲後，誰可代君者？」對曰：「知臣莫如主。」帝曰：「曹參何如？」何頓首曰：「帝得之矣，臣死不恨。」秋七月辛未，何薨。何置田宅，必居窮僻處；爲家，不治垣屋，曰：「後世賢，師

【七】長安地狹　「狹」原作「陿」，據《史記》卷五十三改。

【八】乃爲請吾苑　「乃」原無，據《史記》卷五十三補。

【九】爲民　「民」原作「之」，據《史記》卷五十三改。

【一〇】摇足　前原有「關中」二字，據《史記》卷五十三删。

吾儉；不賢，毋爲勢家所奪。」

《高紀》：天下既定，命蕭何次律令。　《志》：高祖初入關，約法三章。其後四夷未附，兵革未息，三章之法不足以禦姦，於是相國蕭何攈摭秦法，取其宜於時者，作律九章。按《通典·刑制》篇：漢舊事斷獄報重，常盡三冬之月，後漢章帝改用冬初十月而已。元和二年旱，有言斷獄不盡三冬，陰氣微弱，陽氣發洩，故災旱。帝下公卿議。陳寵議：「秦爲虐政，四時行刑。漢興，蕭何草律，季秋論囚，但避立春之月，不計天地之正。」蓋寵之意謂十一月、十二月本商、周之歲首，不當於此行刑，以何所定之律爲失，而章帝之改爲得也。然何承秦之後，變四時行刑之制，而用秋冬，頗有合於天道春生秋殺之意，是亦以仁易暴之一端也。然葅醢之刑，秦之酷法也，而韓信、彭越皆被其毒；鼎亨之刑，亦秦之酷法也，而欒布、蒯通幾及於難。又妖言之令、三族之令、收孥之律、挾書之律，皆待後世而後改，則何之所定，大抵承用秦舊，亦可知矣。史言魏文侯時，李悝著《法經》六篇，商鞅受之以相秦，及何定律，益事律《興》、《廄》、《户》三篇，合爲九篇。夫將立漢一代之法，而所祖者李悝、商鞅而已，宜其定刑之重也。使漢興之初，得一司寇蘇公者而尸此任，其肯循秦之失而不復周之故乎？

太史公曰：蕭相國於秦時爲刀筆吏，録録未有奇節。及漢興，依日月之末光，何謹守管籥，因民之疾秦法，順流與之更始。淮陰、黥布等皆以誅滅，而何之勳爛焉。位冠羣臣【一一】，聲流後世，與閎夭、散宜生等爭烈矣。南軒張氏曰：「蕭何佐高帝，定一代之規摹，亦宏遠矣。高帝征伐多在外，何守關中營緝根本，漢之所以得天下者，以關中根本之固也。此何相業之大者。又相漢之初，首薦韓信爲大將，而三秦之計遂定，此亦得爲相用人之體。然惜其未嘗講學，以高帝之資質，何不能贊助遠追三代之法，故如封建、井田等事，皆不能復，此在何爲可憾也。」　愚按：酇侯爲相，與高帝相終始，其所成就，亦卓卓矣。然亦不過秦、

【一一】位冠羣臣　「臣」原作「后」，據《史記》卷五十三改。

漢間事業而已。太史公比之閎、散，而不敢擬以姬、召，真知言哉！惟其垂没之際，體國忘私，引曹參以代己，遂寧一之功，休休然大臣之度，前掩廉、藺，後啓李、郭，最爲平生盛節，來者所當取法。後漢崔琦言「何之佐漢，設書過之吏【一二】」，其事必有所據。後之忌功蔽賢、怙己諱過者，聞酇侯之風，亦少媿哉！

孝惠元年，以曹參爲齊丞相。參之相齊，齊七十城。天下初定，悼惠王富於春秋，參盡召長老諸先生，問所以安集百姓，而齊故諸儒以百數，言人人殊，參未知所定。聞膠西有蓋公，善治黄、老言，使人厚幣請之。既見蓋公，蓋公爲言治道貴清静而民自定，推此類具言之。參於是避正堂，舍蓋公焉。其治要用黄、老術，故相齊九年，齊國安集，大稱賢相。眉山蘇氏曰：「秦自孝公以來，至于始皇，立法更制，以鐫磨鍛鍊其民，可謂極矣。蕭何、曹參親見其斲喪之禍，而收其民於百戰之餘，知其厭苦憔悴無聊而不可與有爲也，是以一切與之休息，而天下安。」臨川王氏之詠參曰：「束髮河山百戰功，白頭富貴已成空。華堂不著新歌舞，却要區區一老翁。」其言亦有旨云。按：參以元年爲齊相，明年入相，本傳謂相齊九年，誤也。

二年秋七月癸巳，以曹參爲相國。參聞何薨，告舍人「趣治行，吾將入相」。居無何，使者果召參。參去，屬其後相曰：「以齊獄市爲寄，慎勿擾也。」後相曰：「治無大於此者乎？」參曰：「不然。夫獄市者，所以并容也，今君擾之，姦人何所容乎？吾是以先之。」始參微時，與蕭何善，及爲宰相，有隙。至何日死，所推賢唯參。參代何爲相，舉事無所變更，一遵何之約束。擇郡國吏木訥於文辭【一三】，重厚長者，即召除爲丞相史。吏言文刻深、欲務聲名者，輒斥去之。日夜飲醇酒。卿大夫已下吏及賓客見參不事事，來者皆欲有

【一二】設書過之吏　「吏」原作「史」，據《後漢書》卷八十《崔琦傳》改。

【一三】木訥　原作「長大訥」，據《史記》卷五十四《曹相國世家》改。

言，參輒飲以醇酒，間欲有所言，復飲之，醉而後去，終莫得開説，以爲常。見人有細過，專掩匿覆蓋之，府中無事。參子窋爲中大夫。帝怪相國不治事，使窋歸，以其私問參。參怒，笞窋。至朝時，帝讓參曰：「乃者我使諫君也。」參免冠謝曰：「陛下自察聖武孰與高帝？」上曰：「朕乃安敢望先帝？」又曰：「陛下觀臣能孰與蕭何賢？」上曰：「君似不及也。」參曰：「陛下言之是也。高帝與蕭何定天下，法令既明，今陛下垂拱，參等守職，遵而勿失，不亦可乎？」帝曰：「善。」參爲相國，出入三年，百姓歌之曰：「蕭何爲法，覯若畫一【一四】。曹參代之，守而勿失。載其清浄，民以寧壹。」龜山楊氏曰：「觀參所爲，其始以戰鬭爲功，而終以清淨無爲自守，何其不相侔也？非其資務學，樂用人言，而勇於自克，其何能爾？」南軒張氏曰：「曹參但知清淨不撓之爲善，而不知吕氏之禍已復著見，當逆爲之處以折其謀。惠帝憂不知所出，但爲淫樂不聽政而已。參不能引義以彊其君心，其可罪也夫！」《大事記》：孝惠四年，春正月，舉民孝弟力田者，復其身。三月，省法令妨吏民者，除挾書律。吕氏曰：「此皆曹相國之政也。秦律：敢有挾書者，族。秦亡，此禁雖弛，然猶載於律，至是始除之。」愚按：參在位雖淺，然此三事蓋蕭何之所未及，有潤色之功焉，非但遵其約束而已。漢之風俗，至孝文而美，經術至孝武而盛，然其闓端，實自於此。參之功豈細哉！

五年秋，相國平陽懿侯曹參薨。太史公曰：「曹相國攻城野戰之功所以能多若此者，以與淮陰侯俱。及信已滅，而列侯成功，唯獨參擅其名。參爲漢相國，清靜極言合道。然百姓離秦之酷後，參與休息無爲，故天下俱稱其美矣。」愚按：蕭、曹於謀國，皆有功焉，而正君之業，則非其任，以其起於刀筆，而未嘗學問故也。何猶能有所規諫，而參在兩朝不聞一言，是又不及何矣。至於用人，則

【一四】覯若畫一　「覯」原作「較」，據《史記》卷五十四《曹相國世家》改。

何雖薦信，而不能全信，亦不得爲無過。若參，則未嘗聞有所進也。《傳》稱齊處士東郭先生、梁石君隱居深山，蒯徹爲參客。或謂徹曰：「先生之於曹相國，拾遺舉過，顯賢進能，二人者世俗所不及，何不進之於相國乎？」徹以告參，參皆以爲上賓。東郭先生輩未知何如人，然亦必隱逸奇偉之士。參雖以之爲客，而未嘗明揚于朝也。豈數人者，皆不可浼以爵位歟？大抵漢初逸人奇士，其見於傳記，如魯兩生，浮丘伯、申公、穆生輩不少，蕭、曹諸人皆不能有所蒐訪，其爲之用者，大抵功名之士而已。故先漢風俗治效俱不如古，惟子房能致四皓，遂定儲位，參亦以聘蓋公，而成治齊之功。故愚以不能薦進東郭諸人，爲平陽侯惜也。

東陽甯君秦嘉立景駒在留，沛公往從之。張良亦聚少年百餘人，欲往從景駒，道遇沛公，遂屬焉。沛公拜良爲廄將。良數以《太公兵法》說沛公，沛公喜，常用其策，爲他人言，皆不省，良曰：「沛公殆天授。」遂從不去。按：良其先韓人，大父開地，相韓昭侯、宣惠王、襄哀王【一五】。父平，相釐王、悼惠王。後秦滅韓，良少，未宦事韓。韓破，良家僮三百人，弟死不葬，悉以家財求客刺秦王，爲韓報仇，以五世相韓故。良嘗學禮淮陽，東見倉海君，得力士，爲鐵椎重百二十斤。秦皇帝東游，至博浪沙中，良與客狙擊秦皇帝，誤中副車。秦皇帝大怒，大索天下，求賊急甚。良乃更名姓，亡匿下邳。良嘗閒從容步游下邳圯上，有一老父，衣褐，至良所，直墮其履圯下，顧謂良曰：「孺子下取履！」良愕然，欲毆之。爲其老，迺彊忍，下取履，因跪進。父以足受之，笑去。良殊大驚。父去里所，復還，曰：「孺子可教矣！後五日平明，與我期此。」良因怪，跪曰：「諾。」五日平明，良往，父已先在，怒曰：「與老人期，後，何也？去，後五日蚤會。」五日，鷄鳴往。父又先在，復怒曰：「後，何也？去，後五日復蚤來。」五日，良夜半往。有頃，父亦來，喜曰：「當如是。」出一編書，曰：「讀是則爲王者師。」遂去不見。旦日視其書，乃《太公兵法》，良常習誦云云。胡氏曰：「或者謂良年少，輕用其身，黃石老父蓋不喜也，故爲後期之約、墮履之事，屈折其虛氣，使能隱忍以就大事。是不知良也。良本爲韓報讎，非有事漢之志，苟得斃吕政於一椎，則心愜矣，餘

【一五】襄哀王「哀」原脱，據《漢書》卷四十補。

亦何求哉！或者不達，又若慮其敗者。夫以秦皇狙詐之智，虎狼之威，千乘萬騎之衆，揮椎奮擊，既無覺者，大索天下，又不可得，良非獨免，併免力士，其智略之妙，固已視吕政如罝中狐兔，何敗獲之憂乎？是亦淺之乎待良矣。」　愚按：所謂或者之論看氣習□□□□民。以黄石公爲時隱君子，而非鬼物，其言良是。至於屈折隱忍云云，亦似有深味者，合二説而玩之可也。

沛公之薛，見項梁，共立楚懷王【一六】。良説項梁曰：「君已立楚後，而韓諸公子横陽君成賢，可立爲王，益樹黨。」師古曰：「廣立六國之後，共攻秦也。」項梁使良求韓成，立爲韓王。以良爲韓司徒。沛公令韓王成留守陽翟，與良俱入武關。沛公欲擊秦嶢關下軍，良曰：「秦兵尚彊，未可輕。臣聞其將屠者子，賈竪易動以利。願沛公且留壁，使人先行，爲五萬人具食，益張旗幟諸山上，爲疑兵，師古曰：「皆所以表己軍之多，誇示敵人。」令酈食其持重寶啗秦將。」秦將果欲連和俱西襲咸陽【一七】，沛公欲聽之。良曰：「此獨其將欲叛，士卒恐不從。不從必危，不如因其解擊之。」沛公乃引兵擊秦軍，大破之。按：子房此策，未免踵戰國權謀之習，而其計所以得行者，蓋自春秋以後，貪濁成俗，其謀人國家者，多以利而濟，故范蠡賄嚭，夫差敗，應侯□□□□逐。魏公子之兵彊矣，以秦捐萬金□□□□亡合矣。以秦捐三十萬，而爭秦□□□□至世亡也，亦以是大賈不韋移嬴爲吕者，由以千金西游，而立子楚也。至是子房又用之，以啖秦將，破秦軍，投之所向，莫不如意者，以在位皆貪人，握兵皆貪將故也。它日陳平間楚，復祖其謀，始皇、項籍皆蓋世之雄，至其亡也，莫不以是。然後知尊節行，勵廉耻，豈有國之末務哉！

漢元年冬，沛公西入咸陽，見秦宮室、帷帳、狗馬、重寶、婦女以千數，意欲留居之。樊噲諫曰：「凡此奢麗之物，皆秦所以亡也，沛公何用焉？願急還霸上，無留宮中。」不聽。

【一六】共立楚懷王　「共」原作「兵」，據《漢書》卷四十改。

【一七】秦將果欲連和　「秦將」原脱，據《漢書》卷四十補。

張良曰：「秦爲無道，故沛公得至此。大爲天下除殘賊，宜縞素爲資。今始入秦，即安其樂，此所謂助桀爲虐。按：子房此言，天下名言也。且忠言逆耳利於行，毒藥苦口利於病，願沛公聽樊噲言。」沛公乃還軍霸上。十二月，項羽進至戲。沛公左司馬曹無傷使人言於項羽曰【一八】：「沛公欲王關中，令子嬰爲相，珍寶盡有之。」欲以求封。項羽大怒，饗士卒，期旦日擊沛公軍。當是時，項羽兵四十萬，號百萬，在新豐鴻門。沛公兵十萬，號二十萬，在霸上。范增説羽曰：「沛公居山東時，貪財好色。今入關，財物無所取，婦女無所幸，此其志不在小。吾令人望其氣，皆爲龍虎，成五采，此天子氣也。急擊勿失！」左尹項伯者，項羽季父也，素善張良，乃夜馳之沛公軍，私見張良，具告以事，欲呼與俱去，曰：「毋俱死也。」張良曰：「臣爲韓王送沛公，沛公今有急，亡去不義，不可不語。」良乃入，具告沛公。沛公大驚，良曰：「料公士卒足以當項羽乎？」沛公默然曰：「固不如也。且爲之奈何？」張良曰：「請往謂項伯，言沛公之不敢叛也。」沛公曰：「君安與項伯有故？」張良曰：「秦時與臣游，嘗殺人，臣活之。今事有急，故幸來告良。」沛公曰：「孰與君少長？」良曰：「長於臣。」沛公曰：「君爲我呼入，吾得兄事之。」張良出，固要項伯。項伯即入見沛公。沛公奉巵酒爲壽，約爲婚姻，口：「吾入關，絲毫不敢有所近，籍吏民，封府庫，而待將軍。所以遣將守關者，備他盜之出入與非常也。日夜望將軍至，豈敢反乎？願伯具言臣之不敢倍德也。」項伯許諾，謂沛公曰：「旦日不可不蚤自來謝。」沛公曰：

【一八】言於項羽　「於」原脱，據《史記》卷七《項羽本紀》補。

「諾。」於是項伯復夜去，至軍中，具以沛公言報項羽，因言曰：「沛公不先破關中，公豈敢入乎？今人有大功而擊之，不義也。不如因善遇之。」羽許諾。沛公旦日從百餘騎來見項羽，至鴻門【一九】，謝曰：「臣與將軍戮力而攻秦，將軍戰河北，臣戰河南。不自意能先入關破秦，得復見將軍於此。今者有小人之言，令將軍與臣有隙。」項羽曰：「此沛公左司馬曹無傷言之，不然，籍何以至此【二〇】。」項羽因留沛公飲，范增數目羽，舉所佩玉玦以示之者三，羽不應。范增起，出召項莊曰：「君王爲人不忍，若入，請以劍舞，因擊沛公於坐，殺之。不者若屬皆且爲所虜。」莊入爲壽畢，曰：「軍中無以爲樂，請以劍舞。」羽曰：「諾。」項莊拔劍起舞，項伯亦拔劍起舞【二一】，常以身翼蔽沛公，莊不得擊。於是張良至軍門見樊噲，噲曰：「今日之事何如？」良曰：「今項莊拔劍舞，其意常在沛公也。」噲即帶劍擁盾入軍門，衛士欲止不內，噲側其盾以撞，衛士仆地。遂入，披帷立，羽曰：「客何爲者？」良曰：「沛公之參乘樊噲也。」羽曰：「壯士！賜之卮酒。」則與斗卮酒。噲拜謝，起，立而飲之。羽曰：「壯士復能飲乎？」樊噲曰：「臣死且不避，卮酒安足辭矣！秦有虎狼之心，殺人如不能舉，刑人如恐不勝，天下皆叛之。懷王與諸將約曰：『先破秦入咸陽者，王之。』今沛公先破秦入咸陽，豪毛不敢有所近，還軍霸上，以待將軍。勞苦而功高如此，未有封爵之賞，而聽細人之説，欲誅有功之人，此亡秦之續耳，竊爲將軍不取也。」項羽未有以應，曰：「坐。」樊噲從良坐。坐須臾，沛公起如厕，因招樊噲出。沛公曰：「今者出，未辭也。」噲曰：

【一九】至鴻門　「至」原無，據《史記·項羽本紀》補。

【二〇】何以至此　「何」原作「生」，據《史記·項羽本紀》改。

【二一】項伯亦拔劍起舞　此句原脱，據《史記·項羽本紀》補。

「如今人方爲刀俎，我方爲魚肉，何辭爲？」於是遂去，間行趣霸上，留張良使謝項羽。沛公至軍，立誅殺曹無傷。居數日，項羽引兵西屠咸陽，殺秦降王子嬰，燒秦宮室。

漢王賜張良金百鎰，珠二斗，良具以獻項伯。漢王亦因令良厚遺項伯，使盡請漢中地，項王許之。漢王之國，良送至褒中，遣良歸韓。良因説漢王燒絶所過棧道，以備諸侯盜兵，且示項羽無東意。按：此策所謂鷙鳥將擊，必匿其形，始如處女，敵人開户也。迺使良還。行，燒絶棧道。良歸至韓，聞項王以良從漢王故不遣韓子成之國，與俱至彭城，殺之。按：良之離羽，自是始矣。時漢王還定三秦，良乃遺項王書曰：「漢王失職，欲得關中，如約即止，不敢東。」又以齊梁反書遺項王曰：「齊欲與趙并滅楚。」項王以此故無惡意，而北擊齊。

二年，良乃間行歸漢，漢王以良爲成信侯，從東擊楚。至彭城，漢王兵敗而還。至下邑，師古曰：「梁國之喪也。」漢王踞鞍而問曰：「吾欲捐關已東等棄之，誰可與共功者？」張良曰：「九江王布，楚梟將，與項王有隙。彭越與齊王反梁地，此兩人可急使。而漢王之將獨韓信可屬大事，當一面。即欲捐之，捐之此三人，則楚可破也。」漢王乃遺隨何説九江王布，而使人連彭越。及魏王豹反，使韓信特將兵擊之【一二】，因舉燕、代、齊、趙【一三】。然卒破楚者，此三人力也。良多病，未嘗特將兵，常爲畫策臣，時時從漢王【一四】。

三年，項羽急圍漢王於滎陽，漢王憂恐，與酈食其謀橈楚權。食其曰：「昔湯伐桀，封其後於杞。武王誅紂，封其後於宋。今秦無德，伐滅六國，無立錐之地。陛下誠能復立六國

【一二】將兵擊之　「兵」原作「北」，據《史記·留侯世家》改。

【一三】燕代齊趙　「代」原作「伐」，據《史記·留侯世家》改。

【一四】漢王　原脱，據《史記·留侯世家》補。

後，此皆爭戴陛下德義，願爲臣妾。德義已行，南面稱霸，楚必斂衽而朝。」漢王曰：「善。趣刻印，先生因行佩之。」食其未行，良從外來謁。漢王方食，曰：「子房前！客有爲我計橈楚權者。」具以酈生計告良曰：「於子房如何？」良曰：「誰爲陛下畫此計者？陛下事去矣！臣請借前箸以籌之。昔湯、武伐桀、紂封其後者，度能制其死命也。今陛下能制項籍死命乎？其不可一也。武王入殷，表商容閭，式箕子門，封比干墓，今陛下能乎？其不可二也。發鉅橋之粟，散鹿臺之錢，以賜貧窮，今陛下能乎？其不可三也。殷事已畢，偃革爲軒，倒載干戈，示天下不復用兵，今陛下能乎？其不可四也。休馬華山之陽，示以無爲，今陛下能乎？其不可五也。放牛桃林之埜，以示不復輸積，今陛下能乎？其不可六也。且天下游士，離親戚，棄墳墓，去故舊，從陛下者，但日夜望咫尺之地。今復立六國後，游士各歸事其主，從親戚，反故舊，陛下誰與取天下乎？其不可七也。且楚唯無彊，六國復橈而從之，陛下焉得而臣之？其不可八也。誠用此謀，陛下事去矣！」漢王輟食吐哺，駡曰：「豎儒，幾敗迺公事！」令趣銷印。荀悦曰：「夫立策決勝之術有三：一曰形，二曰勢，三曰情。形者，言其大體得失之數也。勢者，言其臨時進退之宜也。情者，言其情志可否之實也。策同事等而功殊者，三術不同而已矣。故立六國於陳涉，所謂多己之黨，而益秦之敵，取非其有以予人，行虚惠而獲實福也。立六國於漢王，所謂割己之有以資敵，設虚名而受實禍也。故耳、餘、食其所説同，而得失異，此同事而異形者也。戰國相持，無臨時之急，一戰勝敗，未必存亡，故累力待時，承敵之斃，此卞莊刺虎之説也。楚、趙與秦勢不並立，安危之機，呼吸成變，而宋義欲待秦、趙之斃，此同事而異勢也。伐趙之役，韓信泜上孤軍必死無二，而趙以内顧之士攻之。彭城之難，項羽喪其國都，士卒憤激，而漢以怠惰之卒應之。故俱在水上，而勝敗不同，此同事而異情者也。故曰權不可預設，變不可先圖，與時推移，應物變化，此設策之機也。」 愚按：子房所發八難，唯末□□最□當時利害之□，餘特演説爾。

四年十一月，韓信擊殺龍且，虜齊王廣，使人言漢王曰：「齊僞詐多變，反覆之國也。南邊楚，請爲假王以鎮之。」漢王發書，大怒，罵曰：「吾困於此，旦暮望若來佐我，乃欲自立爲王。」張良、陳平躡漢王足，因附耳語曰：「漢方不利，寧能禁信之自王乎？不如因而立之，善遇，使自爲守，不然變生。」漢王亦悟，因復罵曰：「大丈夫定諸侯，即爲真王耳，何以假爲？」春二月，遣張良操印立韓信爲齊王，徵其兵擊楚。

八月，項羽自知少助食盡，韓信又進兵擊楚，羽患之。漢遣侯公説羽，請太公，羽乃與漢約，中分天下，割鴻溝以西爲漢，以東爲楚。九月，楚歸太公、吕后，引兵解而東歸。漢王欲西歸，張良、陳平説曰：「漢有天下太半，而諸侯皆附，楚兵疲食盡，此天亡之時也。今釋弗擊，此謂養虎自遺患也。」漢王從之。

五年冬，十月，漢王追項羽至固陵，與齊王信、魏相國越期會擊楚。信、越不至，楚擊漢軍，大破之【二五】。漢王復堅壁自守，謂張良曰：「諸侯不從，奈何？」對曰：「楚兵且破，二人未有分地，其不至固宜。君王能與共天下，可立致也。齊王信之立，非君王意，信亦不自堅。彭越本定梁地，始，君王以魏豹故拜越爲相國，今豹死，越亦望王，而君王不早

【二五】大破之 「大」原作「北」，據《資治通鑑》卷十一改。

定。今能取睢陽以北至穀城皆以王彭越，從陳以東傅海與齊王信。信家在楚，其意欲復得故邑。能出捐此地以許兩人，使各自爲戰，則楚易破也。」漢王從之，於是韓信、彭越皆引兵來。十一月，項王至垓下，戰敗死東城。

夏五月，齊人婁敬見上曰：「秦地被山帶河，四塞以爲固，卒然有急，百萬之衆可立具也。陛下入關而都之，山東雖亂，秦之故地可全而有也。」帝問羣臣，羣臣皆山東人【二六】，爭言：「周王數百年，秦二世而亡。洛陽東有成皋，西有殽、黽，背河鄉伊、洛，其固亦足恃。」上問張良，良曰：「洛陽雖有此固，其中小，不過數百里，田地薄，四面受敵，此非用武之國也。關中左殽、函，右隴、蜀，沃野千里，南有巴蜀之饒，北有胡苑之利，阻三面而固守，獨以一面東制諸侯。諸侯安定，河渭漕輓天下，西給京師；諸侯有變，順流而下，足以委輸：此所謂金城千里、天府之國也。婁敬説是也。」上即日駕西，都關中。良從入關，性多疾，即道引，不食穀，杜門不出，曰：「家世相韓，及韓滅，不愛萬金之資，爲韓報讎彊秦，天下振動。今以三寸舌爲帝者師，封萬户侯，此布衣之極，於良足矣。願棄人間事，欲從赤松子游耳。」司馬氏曰：「功名之際，人臣之所難處。高帝所稱，三傑而已。淮陰誅夷，蕭何繫獄，非以履盛滿而不止耶？故子房託於神仙，遺棄人間，等功名於外物，置榮利而不顧，所謂明哲保身，子房有焉。」程子曰：「世謂高祖能用張良，非也，蓋良用高祖爾。」愚按：程子之説，蓋謂子房特借高帝之力以復韓之仇，而非有心於事漢，功業之成，蓋其偶然爾，可謂深知子房之心者也。

【二六】羣臣皆山東人　「羣臣」原脱，據《資治通鑑》卷十一補。

六年冬，十月甲申，始剖符封功臣，張良爲謀臣，無戰鬭功，帝使自擇齊三萬户，良曰：「臣始起下邳，與上會留，此天以臣授陛下，陛下用臣計，幸而時中。臣願封留足矣，不敢當三萬户。」乃封良爲留侯。上已封大功臣二十餘人，其餘日夜爭功不決，未得行封。上在洛陽南宫，從複道望見諸將，往往相與坐沙中語。上曰：「此何語？」留侯曰：「陛下不知乎？此謀反耳。」上曰：「天下屬安定，何故反乎？」留侯曰：「陛下起布衣，以此屬取天下。今陛下爲天子，而所封皆故人所親愛，所誅皆生平所仇怨，今軍吏計功，以天下不足徧封。此屬畏陛下不能盡封，恐又見疑平生過失及誅，故即相聚謀反耳。」上乃憂曰：「爲之奈何？」留侯曰：「上平生所憎，羣臣所共知，誰最甚者？」上曰：「雍齒與我有故怨，數嘗窘辱我，我欲殺之，爲其功多，故不忍。」留侯曰：「今急先封雍齒，則羣臣人人自堅矣。」於是上乃置酒，封雍齒爲什方侯，而急趣丞相、御史定功行封。羣臣罷酒，皆喜曰：「雍齒尚爲侯，我屬無患矣！」 司馬氏曰：「良爲帝謀臣，委以心腹，宜其知無不言。安有聞諸將謀反，必待帝自見偶語，然後言之邪？蓋以帝初得天下，數用愛憎行誅賞，或時害至公，羣臣往往有觖望自危之心，故良因事納忠以變移帝意，使上無阿私之失，下無猜懼之謀，國家無虞，利及後世。可謂善諫矣！」 王氏之詠子房曰：「漢業存亡俯仰中，留侯於此每從容。固陵始議韓彭地，複道方圖雍齒封。」 胡氏曰：「善乎，子房之納説也。不先事而彊聒，不後事而失機，不問則不言，有言則必當其可，故聽之易而用之不難。評者云云，善言子房矣。」

上欲廢太子，立戚夫人子趙王如意，大臣多諫爭，未能得堅決者也【二七】。吕后恐，不

【二七】堅決者 「者」字原脱，據《史記·留侯世家》補。

知所爲。人或謂吕后曰：「留侯善畫計策，上信用之。」吕后乃使建成侯吕澤劫留侯，曰：「君常爲上謀臣，今上欲易太子，君安得高枕而卧乎？」留侯曰：「始上數在困急之中，幸用臣策。今天下安定，以愛欲易太子，骨肉之間，雖臣等百餘人何益？」澤强要曰：「爲我畫計。」留侯曰：「此難以口舌争也。顧上有不能致者，天下有四人。四人者年老矣，皆以爲上慢侮人，故逃匿山中，義不爲漢臣。然上高此四人，今公誠能無愛金玉璧帛，令太子爲書，卑辭安車，因使辯士固請，宜來。來以爲客，時時從入朝，令上見之，則必異而問之。問之【二八】，上知此四人賢，則一助也。」於是吕后令吕澤使人奉太子書，卑辭厚禮，迎此四人。四人至，客建成侯所。

漢十一年，黥布反，上病，欲使太子將，往擊之。四人相謂曰：「凡來者，將以存太子。太子將兵，事危矣。」乃説建成侯曰：「太子將兵，有功則位不益太子，無功還，則從此受禍矣。且太子所與俱諸將，皆嘗與上定天下梟將也。今使太子將之，此無異使羊將狼也，皆不肯爲盡力，其無功必矣。臣聞『母愛者子抱』，今戚夫人日夜侍御，趙王如意常抱居前，上曰『終不使不肖子居愛子之上』，明乎其代太子位必矣【二九】。君何不急請吕后承間爲上泣言：『黥布，天下猛將也，善用兵。今諸將皆陛下故等夷，乃令太子將此屬，無異使羊將狼，莫肯爲用，且使布聞之，則鼓行而西耳。上雖病，强載輜車，卧而護之，諸將不敢不盡力。上雖苦，爲妻子自彊。』」於是吕澤立夜見吕后，吕后承間爲上泣涕而

【二八】問之　二字原缺，據《史記·留侯世家》補。

【二九】明乎其代太子位　「乎」原無，據《史記·留侯世家》補。

言，如四人意。上曰：「吾惟豎子固不足遣，而公自行耳。」於是上自將兵而東，羣臣居守，皆送至霸上。留侯病，强起至曲郵，見上曰：「楚人剽疾，願上慎毋與楚爭鋒。」因説上令太子爲將軍，監關中兵。上曰：「子房雖疾，彊卧傅太子。」是時，叔孫通已爲太傅，良行少傅事。十二年，上從擊破布軍歸，疾益甚，愈欲易太子。留侯諫不聽，因疾不視事。叔孫太傅稱説引古今，以死爭。上陽許之，猶欲易之。及燕，置酒，太子侍。四人從太子，年皆八十有餘，鬚眉皓白，衣冠甚偉。上怪之，問曰：「彼何爲者？」四人前對，各言其名姓曰：東園公，角里先生，綺里季，夏黄公。上乃大驚，曰：「吾求公數歲，公避逃我，今何自從吾兒游乎？」四人皆曰：「陛下輕士善罵，臣等義不受辱【三〇】，故恐而亡匿。竊聞太子爲人仁孝，恭敬愛士，天下莫不延頸，欲爲太子死者，故臣等來耳。」上曰：「煩公幸卒調護太子。」四人爲壽畢，趨去。上目送之，召戚夫人指示四人者曰：「我欲易之，彼四人輔之，羽翼已成，難動矣。吕氏真而主矣。」戚夫人泣，上曰：「爲我楚舞，吾爲若楚歌。」歌數闋【三一】，上起去，罷酒。竟不易太子者，留侯本招此四人之力也。程子曰：「《坎》六四『納約自牖』，自牖言自通明之處。人臣以忠信善道結於君心，必自其所明處，乃能入也。人心有所蔽，有所通，所蔽者暗處也，所通者明處也。如漢祖愛戚姬，將易太子，是其所蔽也。羣臣爭之者衆矣，嫡庶之義，長幼之序，非不明也，如其蔽而不察何？四老者，高祖素知其賢而重之，此其不蔽之明心也，故因其所明而及其事，則悟之如反手。且四老人之力，孰與張良羣公卿及天下之士【三二】？其言之切，孰與周昌、叔孫通？然而不從彼而從此者，由攻其蔽

【三〇】義不受辱　「受」原無，據《史記·留侯世家》補。

【三一】歌數闋　「數」原脱，據《漢書》卷四十補。

【三二】及天下之士　「士」原作「心」，據《伊川易傳》卷四改。

與就其明之異耳。」胡氏曰：「子房引致四皓，羽翼儲宮，方之齊桓公會合八國，定王世子于首止，事簡而力不勞，其績尤偉。而世之君子，乃致疑焉，謂審有此，是子房爲子結黨以制父。是蓋未嘗知聖人深許首止之盟而稱管仲相齊一匡天下之美也。」世之君子，指司馬公而言。

良從上擊代，出奇計下馬邑，及立蕭相國，服虔曰：「何時木爲相國，良勸高祖立之。」所與從容言天下事甚衆，非天下所以存亡，故不著。胡氏曰：「子房時然後言，言必當其可，豈有費言者哉！」史云云，今不取。

孝惠元年冬，十月，遣張良立齊太子襄爲齊王。呂氏曰：「按齊哀王遺諸侯王書曰：『悼惠王薨，惠帝使留侯張良立臣爲齊王。』然則漢諸侯王之繼出，必待天子之使命之而後立也。以留侯之重，又當其季年，乃親爲此行者，蓋齊之地勢號爲東西秦，漢朝待之不與待他藩國同，故屈元老以策命之。」愚按：良不辭其行者，蓋與召穆公定申伯之宅同意。古之大臣體國忘勞，大抵如此。

是年留文成侯張良薨。太史公曰：「高帝離阨數矣，良常有力，豈非天乎？」又《叙傳》曰：「運籌帷幄之中，制勝於無形，子房計謀其事，無智名，無勇功，圖難於易，爲大於細。」王氏曰：「觀太史公《叙傳》，方見子房之功爲甚大。子房之輔高帝，於事未嘗不言也，太史公以爲『圖難於易，爲大於細』，此兩句最要看。蓋事待其已成而後言，則亦晚矣，細微之地，其所以轉移而啓導者，子房之功爲多。世人疑其籌策不多見，子房非無籌策也，轉回於幾微之際、無形之地，人莫得而知之。子房之功，世人雖莫知之，高祖實心知之，不然何以曰『運籌帷幄之中，決勝千里之外，吾不如子房』？」

《功臣表》：「以廄將從起下邳【三三】，以韓申徒下韓國，言上張旗志，秦王恐，降，解上與項羽之郄，爲漢王請漢中地，

【三三】從起下邳　「從」原無，據《史記·高祖功臣侯者年表》補。

常計謀平天下，侯萬户。」此當時論功定封語也。南軒張氏曰：「子房終始爲韓，而漢之爵禄不足以羈縻之，此出處大致也。至於從容高帝之旁，其計策不汲汲於售，而所發動中節，會使高帝從之有不容釋者。蓋子房非有求於高帝，故能屈伸在己而動無不得，此豈獨可以智計名哉！夫以高帝之英武，慢侮士大夫，其視隨何陸酈輩，皆撫而忽之，至如蕭相國之功，一旦下之廷尉，不顧也。獨於子房，蓋敬而不敢慢，順而不可强，則以子房所守在義，而不以利故爾。嗟乎！秦、漢以來，士賤君肆，正以在下者急於爵禄，而上之人恃此，以爲真足以驕天下之士故也。若子房，豈可得而驕之哉！」愚按：子房爲漢謀臣，雖未嘗一日居輔相之位，而其功實爲三傑之冠，故高帝首稱之。其人品在伊、吕間，而學則有王霸之雜；其才如管仲，而氣象高遠則過之。自漢而下，惟諸葛孔明略相伯仲，若荀彧忘漢附曹，而或者比之子房，既非其類，崔浩何者，亦自比焉，可見其不知量也。

高帝十二年，上疾甚，吕后問曰：「陛下百歲後，蕭何既死，誰令代之？」上曰：「曹參可。」問其次，曰：「王陵可。然少戇，陳平可以助之。陳平知有餘，然難獨任。周勃重厚少文，然安劉氏者，必勃也，可令爲太尉。」吕后復問其次，上曰：「此後亦非乃所知也。」按：陳平初事項王，以事懼誅，降漢。漢王與語，説之，拜平爲都尉，使參乘典護軍。又拜護軍中尉，使盡護諸將。楚圍漢王於滎陽，平請出捐數萬金，盡行反間，間其君臣，以疑其心。項王意忌信讒，必内相誅。漢王以爲然，乃出黄金四萬斤予平，恣所爲，不問出入。平以金縱反間於楚軍，宣言諸將鍾離眛等爲項王將，功多矣，然終不得裂地而王，欲與漢爲一，以滅項氏，分王其地，項王果疑之。使使至漢，漢爲太牢之具，舉進，見楚使，即陽驚曰：「以爲亞父使，乃項王使也。」復持去，以惡草具進楚使。使歸，報項王，果大疑亞父。亞父大怒，疽發背死。平迺夜出女子東門，楚擊之。平與漢王從西門出。韓信破齊，自立爲假王，漢王怒，平躡漢王，王寤，立信爲齊王。於是封平以户牖鄉。用其計策，卒滅楚。人有告楚王韓信反，平請僞游雲夢，遂縛信。

初，高帝病甚，人有惡樊噲，云：「黨於吕氏，即一日上晏駕，欲以兵誅趙王如意之屬。」帝大怒，用陳平謀，召絳侯周勃受詔牀下，曰：「陳平亟馳傳載勃，代噲將。平至軍中，即斬噲頭。」二人既受詔，馳傳，未至軍，行計之曰：「樊噲，帝之故人也，功多，且又吕后弟吕嬃之夫，有親且貴。帝以忿怒故欲斬之，則恐後悔。寧囚而致上，上自誅之。」未至軍，爲壇，以節召樊噲。噲受詔，即反接載檻車，傳詣長安，而令絳侯勃代將，將兵定燕反縣。平行，聞帝崩，畏吕嬃讒之於太后，乃馳傳先去。逢使者詔平與灌嬰屯滎陽。平受詔，立復馳至宫，哭殊悲，因固請得宿衛中。太后乃以爲郎中令，使傅教惠帝。是後吕嬃讒乃不得行。樊噲至則赦，復爵邑。蘇氏曰：「噲之死於惠之元年，天也。使高后之末而噲尚在，則吕禄不可紿，太尉不得入北軍矣。」

孝惠六年，冬十月，以王陵爲右丞相，陳平爲左丞相，夏，以周勃爲太尉。吕氏曰：「始高帝語吕后，曹參可以代何，其次則王陵、平、勃。去秋參薨，故復秦兩相之制，以陵爲首相，平爲次相，又復置太尉官，以勃爲之，皆按高帝之遺言而行之也。觀此則吕氏之邪謀，生於惠帝即世之後明矣。」七年秋七月，帝崩。發喪，太后哭，泣不下。留侯子張辟彊爲侍中，年十五，謂丞相曰：「太后獨有孝惠，今崩，哭不悲，君知其解乎？」丞相曰：「何解？」辟彊曰：「帝無壯子【三四】，太后畏君等。君今請拜吕台、吕産、吕禄爲將，將兵居南北軍，及諸吕皆入宫，居中用事，如此則太后心安，君等幸得脱禍矣。」丞相乃如辟彊計。太后説，其哭乃哀。吕氏權由此起。唐李衛公德裕曰：「揚子

【三四】帝無壯子　「無」原作「毋」，據《漢書·外戚傳》改。

美辟彊之覺陳平，非也。若以童子膺敏，善揣吕氏之情，奇之可也。若謂反道合權，以安社稷，不其悖哉！授兵産、禄，幾危劉氏，皆因辟彊啓之。觀高祖遺言吕后，制其大事，可謂謀無遺慮矣：以王陵有廷諍之節，置以爲相；周勃堪寄託之任，令本兵柄；況外有齊、楚、淮南盤石之固，内有朱虚、東牟之親。是時，産、禄皆匹夫耳，吕后雖不在哀，將相何至危懼？必當憂傷不食，自促其壽，豈能爲將相之害哉？漢高帝曰：『非劉氏而王者，天下共誅之！』此慮屬在吕宗矣，何可背之？厥後稱制八年，産、禄之封殖固矣。若平、勃二人溘先朝露，則劉氏之業必歸吕宗。及吕后之殁，劫酈商以紿吕禄，計亦窘矣。周勃雖入北軍，尚不敢誦言誅之，豈不艱哉！賴産、禄皆徒隷之人，非英傑之士，儻才出於世，豈受其紿説哉？嗟乎！與其圖之難，豈若制之易？由是而言，平、勃用辟彊之計，斯爲謬矣。」吕氏曰：「德裕之論，唯忠誠足以格其非心，威重足以寢其非望，氣略足以折其姦謀，爲能與於此。苟於此三者有所未足焉，則王陵之憤怒，陳平之逶迤，皆審於自量者也。或曰：『以陳平之謀，濟王陵之戇，其可乎？』曰：『平世固可以長短相濟，至於臨天下之大變，非湊補綴緝所得辦也。』或者又曰：『若如德裕之説，陳平死於吕后之前，則奈何？』曰：『由其上者簡而易，由其下者險而艱，理固然也。人不可小成，學不可輕用，任重道遠，死而後已，君子豈苟云乎哉？』」

初，吕太后命張皇后取它人子養之，而殺其母，以爲太子。惠帝既葬，太子即皇帝位，太后臨朝稱制。吕氏曰：「前此秦宣太后之屬，雖内重大權，猶外假人主之號令而行也。吕太后在惠帝時，蓋亦如此。至是出臨朝，自稱制以號令天下，所謂少帝者，不復預事矣。」元年，吕氏曰：「此少帝之元年也，而《史記》、《漢書》皆以爲高后元年者，蓋四年太后廢少帝，立恒山王爲帝，以太后制天下事，不復改元，則此元固可以謂之高后之元也。」冬，太后議欲立諸吕爲王，問右丞相陵，陵曰：「高帝刑白馬而盟曰：『非劉氏而王，天下共擊之。』今王吕氏，非約也。」太后不説。問左丞相平、太尉勃，對曰：「高帝定天下，王子弟。今太后稱制，王諸吕，無所不可。」太后喜。罷朝，王陵讓陳平、絳侯曰：「始與高帝啑血盟，諸君不在邪？今高帝崩，太后女主，欲王呂氏，諸君從欲阿意背約，何面目見高帝於地下乎？」陳平、絳侯曰：「於今面折廷諍，臣不如君；全社稷，定劉氏後，君亦不如臣。」陵無以應之。十一月甲子，太后以王陵爲帝太傅，實奪之相權。陵遂病免歸。乃以左丞相平爲右丞相，以辟陽侯審食其爲左丞相，不治事，令監宮中，如郎中令，食其故得幸於太后，公卿皆因以決事。太后又追尊其父臨泗侯爲宣王，兄周呂武侯澤爲悼武王，欲以王諸呂爲漸。夏四月，太后欲侯諸呂，乃先封高祖之功臣郎中令無擇爲博城侯【三五】，齊丞相壽爲平定侯，少府延爲梧侯。乃封呂種爲沛侯，釋之子。呂平爲扶柳侯。呂后姊子。太后欲王呂氏，先立所名孝惠子彊爲淮陽王，不疑爲恒山王【三六】。使大謁者張釋風大臣，大臣乃請立悼武王長子酈侯台爲呂王，割齊之濟南郡爲呂國。王陵本傳云：「呂太后怒，佯遷爲帝太傅，實不用陵。陵怒，請免。」呂氏曰：「陵與陳平並爲相，方張辟彊勸陳平授呂氏兵柄之時，陵固在旁，胡爲不引大義以正之？失此大幾，至議王諸呂，始抗言力爭，亦噬臍矣。忠有餘而識不足，此高帝所以謂之戇也。」胡氏曰：「自已然論之，王陵之不如平、勃固也。使太后未崩，而平、勃先死，則如抗言何哉？是亦僥倖而已矣。向使太后有議，而將相大臣皆以不可，太后亦安能獨行其意乎？惟平、勃許之，其數月再遣張釋風喻大臣，而後乃王諸呂，則知向者平、勃阿意之罪大矣。故程子論之曰：漢祖之與羣臣，以力相勝而臣之耳，非心悦誠服而願爲之臣也。是以當此之時，無一人肯死節者，其後成功亦幸而已。人臣之義，當以王陵爲止，至哉言乎！」南軒張氏曰：「夫以呂氏之凶暴，欲王諸呂，其誰扼之？獨問此三人者，蓋亦有所憚也，非特憚此三人，實憚高帝餘威流澤之在天下也。陵引高帝白馬之盟以對，其言明切，故足以折其姦心矣【三七】。使二子對復如陵「吾知呂氏將悚然，若高帝臨之在上，且懼天

【三五】博城侯　「博」原作「愽」，據《史記·呂太后本紀》改。

【三六】恒山王　「恒」原作「桓」，據《漢書·高后紀》改。

【三七】故足以　「足」原作「定」，據張栻《南軒集》卷十六《史論·王陵陳平周勃虛呂后之事如何》改。

下之變,或縮而不敢,未可知也。彼二子者,乃唯然從之,反有以安其邪志而遂其凶謀【三八】。」然呂氏猶有所憚也,故先追尊其父兄以爲之漸,又名孝惠子以爲之先。如是可矣,猶命張釋風大臣,必大臣請之,而後立呂氏爲王,則其情蓋可見矣。「既分王諸呂,而呂氏羽翼已就,氣燄增長,然則呂氏之欲簒漢【三九】,二子實助之也。予謂二子方對呂氏時,其心特畏死矣,未有安漢之謀也。退而聞王陵之責,顧高帝之眷,思天下後世之議,於是而不遑,則有卒安社稷之抗言耳。不遏之於爪牙未就之初,而救之於搏擊磔裂之後,忠於人國者,顧如是哉!夫人臣之立朝,徇義而已,利害所不當顧也。功業之成,不必蘄出於吾身也【四〇】。義理苟存,則國家可存矣。借使王陵以正對,平、勃又以正對,呂氏一日而尸三子於朝,三子雖死,而大義固以立,皎然如白日,轟然如震霆,天下之義士將不旋踵四面並起而亡呂氏矣【四一】。安劉氏者豈獨二子爲能哉【四二】?使人臣當變故之際,畏死貪生,不知徇義,而曰『吾欲用權,以濟事于後』,此則國家何所賴焉?亂臣賊子所以接踵於後世也,其弊至於荀彧、馮道之徒,而論者猶或賢之,豈不哀哉!夫所貴乎權者,謂其委曲以行其正也,若狄仁傑是已。其始終之論,皆以母子天性爲言,拳拳然以復廬陵王爲事【四三】,然其所以紆餘曲折而卒成其志者,則用工深矣。潛授五龍夾日以飛,仁傑豈必功業於其身哉!人臣之義,當以王陵爲正;濟大事者,當以仁傑爲法。」

二年冬,十一月,呂肅王台薨。夏五月,封齊悼惠子章爲朱虛侯,令入宿衛。又以呂祿女妻章。

時又封楚元王子郢客下邳侯,爲宗正。呂氏曰:「蓋以其宗室之賢而用之也。章入宿衛,妻以祿女,以其材武,故厚結之。」　愚謂:呂后之厚劉氏,豈其情哉?劉、呂並寵,欲人之無異議耳。使呂氏終得志,其能容劉氏邪?　三年夏,江水、漢水溢,流四千餘家。秋,星晝見。伊水、洛水溢,流千六百餘家。汝水溢,流入百餘家。皆諸呂用事,陰太盛之象也。

四年,夏四月,封呂勝爲贅其侯,呂更始爲滕侯,呂忿爲呂成侯,呂它爲俞侯,武陽侯

【三八】安其邪志　「安」原作「功」,據《南軒集》改。

【三九】然則　「然」原無,據《南軒集》補。

【四〇】不必蘄出於吾身也　「必」原作「公」,據《南軒集》改。「蘄」《南軒集》作「漸」,然作「蘄」於義爲勝。

【四一】天下之義士　「下」原作「子」,「士將」原作「而且」,據《南軒集》改。

【四二】豈獨二子爲能哉　「豈」原作「惟」,「哉」原無,據《南軒集》改補。

【四三】盧陵王　「王」原無,據《南軒集》補。

樊噲夫人呂嬃爲臨光侯。按：二年封酇侯，蕭何夫人同爲酇侯。呂氏曰：「婦人自古無封侯者，至是呂后以女主稱制，故亦使臣下效之。反逆内外之位，其亂甚矣。」愚謂此蓋爲侯呂嬃之地也。

少帝寢長，自知非皇后子，乃出言曰：「后安能殺吾母而名我？我壯，即爲變。」太后聞之，幽之永巷中，言帝病，左右莫得見。太后語羣臣曰：「今皇帝病久不已，失惑昏亂，不能繼嗣治天下，其代之。」羣臣頓首，言：「皇太后爲天下計所以安宗廟、社稷甚深，羣臣頓首奉詔。」遂廢帝，幽殺之。立恒山王義爲帝，更名曰弘，不稱元年，以太后制天下故也。愚按：高后欲王諸吕，大臣曰可；欲廢少帝，大臣又曰可。所謂「危不扶、顛不持，焉用彼相者」也。此不可以爲法。

呂嬃常以陳平前爲高帝謀執樊噲，數讒平，曰：「爲丞相不治事，日飲醇酒，戲婦人。」平聞，日益甚。呂后聞之，私喜。面質呂嬃於平前，曰：「鄙語曰『兒婦人口不可用』，顧君與我如何耳，無畏呂嬃之譖。」按：此陳平以術自將也，呂嬃用是讒之，適所以益其寵，而呂后喜其酣縱，以爲真無所爲，則抑何其愚也！

六年冬，太后以呂王嘉居處驕恣，廢之，立肅王弟產爲呂王。

七年春，正月，太后召趙幽王友。友以諸呂女爲后，弗愛，愛他姬。女讒之，太后召至邸，令衛圍守之，弗與食，餓死，以民禮葬之。二月，徙梁王恢爲趙王，呂王產爲梁王。梁王不之國，爲帝太傅。

呂嬃女爲營陵侯澤妻。澤者，高祖從祖昆弟也。齊人田生爲之説大謁者張卿曰：「諸呂之王也，諸大臣未大服。今營陵侯澤【四四】，諸劉最長。今卿言太后王之，呂氏王益固矣。」張卿入言太后，太后然之，乃割齊之琅邪郡封澤爲琅邪王。

趙王恢之徙趙，心懷不樂，太后以呂産女爲王后，王后從官皆諸呂擅權，微伺趙王，趙王不得自恣。王有愛姬，王后使人酖殺之，王不勝悲憤，自殺。太后聞之，以爲王用婦人棄宗廟禮，廢其嗣。是時，諸呂擅權用事，朱虚侯章，年二十，有氣力，忿劉氏不得職，嘗入侍太后燕飲，太后令章爲酒吏。章自請曰：「臣將種也，請得以軍法行酒。」太后曰：「可。」酒酣，請爲《耕田歌》，太后許之。章曰：「深耕概種，立苗欲疏。非其種者，鉏而去之。」太后默然。頃之，諸呂有一人醉，亡酒，章追，拔劍斬之而還報曰：「有亡酒一人，臣謹行法斬之。」太后左右皆大驚，業已許其軍法，無以罪也，因罷。自是之後，諸呂憚朱虚侯章，雖大臣皆依朱虚侯，劉氏爲益彊。龜山楊氏曰：「余觀劉章言耕田事及誅亡酒者，未嘗不爲之寒心也。使其由是以才見忌，而不得宿衛禁中，則後雖欲有爲，尚可得乎？然則其獲免而成功，亦幸焉爾。」

陳平患諸呂，力不能制，恐禍及己，嘗燕居深念。陸賈往，直入坐，而陳丞相不見。陸生曰：「何念之深也？」陳平曰：「生揣我何念？」陸生曰：「足下極富貴，無欲矣，然有憂念，不過患諸呂、少主耳。」陳平曰：「然。爲之奈何？」陸生曰：「天下安，注意相；天下危，注意將。將相和調，則士豫附，天下雖有變，權不分。爲社稷計，在兩君掌握耳。

【四四】營陵侯澤　「澤」原脱，據《資治通鑑》卷十三補。

臣常欲謂太尉絳侯，絳侯與我戲，易吾言。君何不交驩太尉，深相結。」因爲陳平畫呂氏數事。陳平用其計，乃以五百金爲絳侯壽，厚具樂飲。太尉報亦如之，兩人深相結，呂氏謀益衰。延平陳氏曰：「陸賈直入坐，而陳平不見，其念之深者，慮社稷也。心術如此，可謂忠矣。」蘇氏曰：「君子小人雜居而未決，爲君子計，莫若深交而無爲。苟不能深交而無爲，則小人倒持其柄，而乘吾隙。陳平日縱酒，一旦乃用賈計，交驩太尉，卒以此誅諸呂。使此二人者不相能，則是將相相攻之不暇，而何暇及劉、呂之存亡哉！」胡氏曰：「平與勃同心謀慮，則是也，而進幣施報，則非矣。一有傳之失者，身尚不自保，而何國之安乎！」永嘉鄭氏曰：「戰國以武事爲重，秦置太尉而漢因之。諸呂之將變，陳平以丞相之重，以五百金交驩太尉，然後僅能成功。昔成、康之際，太保命仲桓、南宮毛，俾爰齊侯呂伋，取二干戈，虎賁百人。蓋主兵者雖呂伋，而制其柄者太保也。今以宰相之重，必至交驩太尉，則名不正，言不順，孰甚焉！」朱氏曰：「天下安，注意相；天下危，注意將。此陸賈一時之語耳，非不易之論也。後世因是，遂謂天下無事，則將帥不足注意，至變發所急，然後矍然圖之，則晚矣。」愚按：平、勃在當時非協心無以濟事。陸生之謀善矣，然諸賢之論，亦不可不知也。

太后使使告代王，欲徙王趙。代王謝之，願守代邊。呂氏曰：「文帝棄外，奉北藩於代，所以得安於呂氏之時也。卻徙趙之命，可謂識事矣。」太后乃立兄子呂禄爲趙王，追尊禄父建成康侯釋之爲趙昭王。呂氏曰：「按《史記·本紀》，太傅産、丞相平等言武信侯呂禄上侯，位次第一，請立爲趙王，太后許之。太傅班在丞相上。禄，呂后兄子也。」燕王建薨，太后殺其子，國除。呂氏曰：「欲取其國封呂通也。」按：呂后殺兩趙王與燕王之子，皆以其地王呂氏，凶燄至此，簒勢成矣。此大臣闓端不謹之罪也。

八年冬，十月，立呂肅王子東平侯通爲燕王。台之子。春三月，太后祓還，遂病。呂氏曰：「按《漢書·五行志》：『祓霸上，還過枳道，見物如蒼狗，撠高后掖，忽而不見。卜之，趙王如意爲祟。遂病掖傷而崩。』然則如意猶能爲祟乎？曰：志正氣平，人之常也。志有所深慊，方氣之盛，猶隱伏而未見，及其氣衰，則惑易，亦何所不有哉！」夏四月，封大謁者張釋爲建陵侯，諸中官宦官令丞皆爲關内侯，食邑五百户。江水、漢水溢，流萬餘家。河内水溢【四五】，流萬家。呂氏曰：「西漢宦者無封侯者，惟張釋以勸王諸呂而封。」愚按：呂后一日封大閹爲列侯，食邑關内者，又併及其黨，蓋遍布腹心於宫掖之中，以爲諸呂之助，其爲謀亦密矣。當是時，宦官之盛如此，江、漢之溢，豈無自而致哉？秋七月，太后病甚，乃令趙王禄爲上將軍，居北軍，呂王產居南軍。太后誡產、禄曰：「呂氏之王，大臣弗平。我即崩，帝年少，大臣恐爲變，必據兵衛宫，慎毋送喪，爲人所制。」呂氏曰：「惠帝之崩，固已命呂禄、產將南北軍，已而相繼封王，至是高后爲身後計，復命禄、產以王，而領禁兵也。」辛巳，太后崩，遺詔以呂王產爲相國，以呂禄女爲帝后。按：《史記·外戚世家》：「孝惠帝崩，天下初定，繼嗣不明。於是貴外家，王諸呂以爲輔，而以呂禄女爲少帝后，欲連固根本牢甚，然無益也。」諸呂欲爲亂，畏大臣絳、灌等，未敢發。愚按：是時，陳平爲首相，而諸呂不之忌，蓋平必有術，以愚之也。朱虚侯以婦呂禄女陰知其謀【四六】，乃陰令人告其兄齊王，欲令發兵西，誅諸呂而立。《漢書》云：「立齊王爲帝。」朱虚侯欲從中與大臣爲應。呂氏曰：「此特章傳平、勃之意耳，非明有要約也。」齊王與其舅父駟鈞、郎中令祝午、中尉魏勃陰謀發兵，齊相召平不聽。八月，齊王欲使人誅相，相乃發卒衛王宫。按：名曰衛，實圍之也。魏勃紿召平曰：「王欲發兵，非有漢虎符驗也。呂氏曰：「以此考，則漢諸侯王兵權在相，王不得自調發。蓋相，漢所置也，若京師不下虎符，則相亦不得自調發。」勃請爲君將兵衛王。」召平信之。勃既將兵，遂圍相府，召平自殺。呂氏曰：「然則

【四五】河内水溢　「溢」原脱，據上文補。

【四六】以婦呂禄女　「以」原無，據《史記·齊悼惠王世家》補。

召平亦呂氏之人歟？」於是齊王以駟鈞爲相，魏勃爲將軍，悉發國中兵，使祝午東紿琅邪王臨菑計事。琅邪王信之，西馳見齊王。齊王因留琅邪王，而使祝午盡發琅邪國兵，并將之。琅邪王説齊王曰：「大王，高皇帝適長孫也，當立。今諸大臣狐疑未有所定，而澤於劉氏最長，大臣固待澤決計。今大王留臣，無爲也，不如使我入關計事。」齊王乃具車送琅邪王。琅邪王既行，齊遂舉兵西攻呂國之濟南。呂氏曰：「呂，故梁國也。」於是齊王遺諸侯王書曰：「孝惠崩，高后用事，春秋高，聽諸呂，擅廢帝更立，又比殺三趙王，滅梁、趙、燕以王諸呂，分齊爲四。忠臣進諫，上惑亂弗聽。謂王陵也。今高后崩，而帝春秋富，未能治天下，固恃大臣諸侯。而諸呂又擅自尊官，聚兵嚴威，劫列侯忠臣，矯制以令天下。寡人率兵入誅不當爲王者。」呂氏：「但言諸呂者，不敢斥高后之罪也。」漢聞之，相國呂産等乃遣潁陰侯灌嬰將兵擊之。延平陳氏曰：「諸呂始憚絳灌，及聞齊兵，則以兵授所憚之人，而使擊齊，左袒之功，豈難成哉！灌嬰受命以成其滎陽之謀，可謂忠而有權。」灌嬰至滎陽，謀曰：「諸呂擁兵關中，欲危劉氏而自立，今我破齊還報，此益呂氏之資也。」乃留兵屯滎陽，使使諭齊王及諸侯與連和，以待呂氏變，共誅之。齊王聞之【四七】，乃西取其故濟南郡，亦屯兵於齊西界以待約。呂禄、呂産欲作亂關中，欲待灌嬰兵與齊合而發。未知灌嬰與齊連和也。當是時，趙王禄、梁王産將兵居南北軍，列侯羣臣莫自堅其命，太尉勃不得入軍中主兵。酈商子寄與呂禄善，絳侯乃與丞相陳平謀，使人劫酈商，令其子寄紿説呂禄歸將印，以兵屬太尉，説梁王歸相國印，與大臣盟而之國。

【四七】齊王聞之　此句原脱，據《資治通鑑》卷十三補。

呂禄信酈寄，日與俱出游獵。欲奪其軍也。過其姑呂嬃，嬃大怒曰：「若爲將而棄軍，呂氏今無處矣！」乃悉出珠玉、寶器散堂下，曰：「毋爲他人守也。」呂氏之有謀者，惟嬃而已，使爲男子，豈易克哉！八月庚申旦，平陽侯窋行御史大夫事，見相國産計事。郎中令賈壽使從齊來，具以灌嬰與齊、楚合從欲誅諸呂告産，乃趣産急入宮。賈壽蓋呂氏之黨，産將南軍而不入宮，禄將北軍而時出游獵，宜其敗也。平陽侯頗聞其語，乃馳告丞相、太尉。窋，參之子，宜其忠於漢室。太尉欲入北軍，不得入。襄平侯通尚符節，張晏曰：「紀信子也。」乃令持節矯内太尉北軍。漢節之重如此。太尉復令酈寄與典客劉揭先説呂禄【四八】，曰：「帝使太尉守北軍，既欲矯節入北軍，故先矯傳少帝命禄。欲足下之國。急歸將印辭去，不然，禍且起。」呂禄以爲酈寄不欺己，遂解印屬典客。太尉行至北軍，呂禄亦已解上將印去。太尉遂將北軍，入軍門，行令軍中曰：「爲呂氏右袒，爲劉氏左袒。」軍中皆左袒爲劉氏。軍中忿呂氏而思劉氏，不待問而可知也。必使之左袒者，所以發其忠憤，而爲建義號令之始也。士一左袒，雖使有呂氏之人潛伏行伍之中，亦皆膽落神褫，無能爲矣，孰謂無益哉？按：程子以此問爲非，謂當時直當以大義驅之耳。東萊之論乃如此，正當參味。然尚有南軍，丞相平乃召朱虚侯佐太尉。得北軍則大事定矣。南軍雖少，而密邇禁廷，圖之亦不可緩，此陳丞相遣朱虚侯佐太尉之意也。唐李揆言漢南北軍相制，觀此既云「尚有南軍」，又云「太尉未敢誦言誅之」，即不見相制之意。揆殆臆説也。太尉令朱虚侯監軍門，令平陽侯告衛尉：「毋入相國産殿門。」呂産不知呂禄已去北軍，乃入未央宫，欲爲亂。至殿門，弗得入，徘徊往來。非平、勃之對也。平陽侯恐弗勝，馳語

【四八】先説呂禄　「先」原無，據《史記・呂太后本紀》補。

太尉。太尉尚恐不勝諸吕，未敢誦言誅之，乃遣朱虚侯謂曰：「急入宫衛帝。」朱虚侯請卒，太尉與卒千餘人。入未央宫掖門，獨用北軍誅産，南軍不預。遂見産廷中。日晡時，遂擊産，産走。天風大起，以故其從官亂，莫敢鬭。梁國相府之從官，非南軍也。按此亦天道助順之驗。逐産，殺之郎中府吏舍厠中。如淳曰：「《百官表》郎中令掌宫殿門户，故其府在宫中。」朱虚侯已殺産，帝命謁者持節勞朱虚侯。朱虚侯欲奪節信，謁者不肯，朱虚侯則從與載，因節信馳走，斬長樂衛尉吕更始。師古曰：「章與謁者同車，故爲門者所信，得入長樂宫。以此考之，軍門、宫門非有節信不許入也。長樂衛尉乃衛尉之屬，然則亦南軍也。更始既死，則南北軍皆定矣。」還，馳入北軍報太尉。太尉起，拜賀朱虚侯曰：「所患獨産，今已誅，天下定矣。」所患者其技止此，餘人又可知矣。遂遣人分部悉捕諸吕，無少長皆斬之。高后之族遂絶。辛酉，捕斬吕禄而笞殺吕嬃。禄與嬃次日方誅者，亡匿而始捕獲也。使人誅燕王吕通，吕氏三王，禄、産在京師，通獨就國，故遣使就燕誅之。而廢魯王偃。非吕氏，又幼不預謀，故廢爲侯。壬戌，以帝太傅審食其復爲左丞相。諸吕盡誅，而審食其復拜相，何也？以事理度之，必食其自高后之崩，自附於平、勃，故誅吕之後復用爲相，以安吕氏之餘黨。至事定，則歸相印矣。至文帝至代邸，羣臣勸進，獨稱丞相陳平，無食其名也。《朱建傳》：「謂辟陽侯於諸吕至深，所以全者，皆陸生、平原君之力。」其計畫亦可推矣。戊辰，徙濟川王王梁，立趙幽王子遂爲趙王。繼趙公遂之絶後，故可以攄高廟之宿憤，彼濟川王太子，乃吕氏所名之皇子，亦徙封代國者。蓋將相之議未定，不欲事幾之泄也，况太幼，又未就國，亦虚名耳。遣朱虚侯章以誅諸吕事告齊王，令罷兵。灌嬰在滎陽，聞魏勃本教齊王反，既誅吕氏，罷齊兵，使使召責問魏勃。齊討呂氏而謂之反者，高帝雖有天下共誅之約，自漢朝言之，終爲諸侯擅舉兵也，況廢少帝之謀，灌嬰必不預，安得不責問乎？漢初功臣雖不學，於天子諸侯之大分則皆略知之也。齊所以肯罷兵者，政以灌嬰重兵在滎陽耳。灌嬰兵亦罷滎陽而歸。諸大臣相與陰謀曰：「少帝及梁、淮陽、恒山王，皆非真孝惠子也。呂后以計詐名他人子，殺其母，養後宮，以此言觀之，則非劉氏子明矣。令孝惠子之，立以爲後及諸王，以彊呂氏。今皆已夷滅諸呂，而置所立即長用事，吾屬無類矣。不如視諸王最賢者立之。」延平陳氏曰：「胡不以社稷爲憂，而以吾屬爲慮？其事則是，其言則非也。」或言：「齊悼惠王高帝長子，今其適子爲齊王，推本言之，高帝適長孫，可立也。」爲此論者，必朱虚侯也。大臣皆曰：《齊悼惠王世家》作「琅邪王及大臣皆曰【四九】」。「呂氏以外家惡而幾危宗廟，亂功臣。今齊王母家駟鈞，惡人也。即立齊王，則復爲呂氏。」欲立淮南王，以爲少，母家又惡。《史記·惠景以來侯者表》【五〇】：文帝元年，四月辛未，以齊王舅父駟鈞爲清都侯，以淮南厲王舅父趙兼爲周陽侯。然則厲王所以不得立，亦由兼性行惡也。乃曰：「代王母家薄氏，君子長者，且代王又親高帝子，於今見在，且最爲長。以子則順，以善人則大臣安。」乃相與共陰使人召代王。代王使人辭謝。再反，然后乘六乘傳。後九月晦日己酉，至長安渭橋。蘇林曰：「在長安北三里。」羣臣拜謁稱臣，代王下車拜。太尉勃進曰：「願請間。」宋昌曰：「所言公，公言之。所言私，王者不受私。」太尉乃跪上天子璽符，代王謝曰：「至代邸而議之。」致堂胡氏曰：「太尉此請非也，不過欲敘討諸呂、迎代王之功，以伸私款耳。宋昌一折之，其情立見，遂上璽符。夫渭橋非邸殿所在，若何而受

【四九】齊悼惠王　「王」原無，據《史記·齊悼惠王世家》補。

【五〇】惠景以來侯者表　《史記》作《惠景間侯者年表》。

【五一】信母　「信」原作「終」，據《史記·孝文本紀》「集解」改。

【五二】楚王名交　「名」原無，據《史記·孝文本紀》「集解」補。

【五三】必遣靜宮　「宮」原作「室」，據《史記·孝文本紀》「集解」改。

【五四】清靜　原作「清淨」，據《史記·孝文本紀》「集解」改。

【五五】宦者令張釋　「宦」原作「官」，「釋」原作「澤」，據《漢書·張陳王周傳》改。

之？不學之過也。遂馳入代邸，羣臣從至。丞相陳平、太尉周勃、大將軍陳武、御史大夫張蒼、宗正劉郢、朱虛侯劉章、東牟侯劉興居、典客劉揭皆再拜言曰：「子弘等皆非孝惠帝子，不當奉宗廟。臣謹請與陰安侯、蘇林曰：「高帝兄伯妻羹頡侯信母【五一】，丘嫂也。」列侯頃王后，徐廣曰：「代頃王劉仲之妻。」與琅邪王、宗室、大臣、列侯、吏二千石議，議立君止於二千石。曰：『大王高帝長子，宜爲惠帝嗣。』願大王即天子位。」代王曰：「奉高帝宗廟，重事也。寡人不佞，不足以稱宗廟。願請楚王計宜者，蘇林曰：「楚王名交【五二】，高帝弟。」寡人不敢當。」羣臣皆伏固請。代王西鄉讓者三，南鄉讓者再。如淳曰：「賓主位東西面，君臣位南北面，故西鄉坐，三讓不受，羣臣猶稱宜。乃更迴坐示變，即君位之漸也。」遂即天子位，羣臣以禮次侍。即位于邸。乃使太僕嬰滕公自高帝時爲太僕。與東牟侯興居先清宮，應劭曰：「舊典：天子行幸所至，必遣靜宮【五三】，令先案行清靜殿中【五四】，以虞非常。」前謂少帝曰：「足下非劉氏，不當立。」乃顧麾左右執戟者掊兵罷去。有數人不肯去兵，宦者令張釋諭告【五五】，亦去兵。是時，宦者不掌兵，而宿衛已稟畏如此，地勢然也。滕公乃召乘輿車載少帝出，副車也。奉天子法駕，迎於代邸。皇帝即日夕入未央宮，有謁者十人持戟衛端門，曰：「天子在也，足下何爲者而入？」漢之宿衛守職如此。太尉往諭，謁者十人皆掊兵而去，遂入而聽政。夜拜宋昌爲衛將軍，鎮撫南北軍。以張武爲郎中令，行殿中。有司分部誅滅梁、淮陽、恒山王及少帝於邸。宮門、殿門、掖門，郎中令所掌。還，坐前殿，於是下詔書曰：「間者諸呂用事擅權，謀爲大逆，欲以危劉氏宗廟，賴將相列侯宗室大臣誅之，皆伏其辜。朕初即位，其赦天下。」

孝文元年冬十月辛亥，皇帝即阼，謁高廟。呂氏曰：「文帝至代邸，遂即天子位，此即受朝南面之位也。蓋帝自外入，故先即帝位，定後即阼謁廟。以《左傳》考之，晉悼公自周入晉，事體與文帝同，先朝于武宮而後即位于廟，未有不見廟而遽見羣臣者，此平、勃不學之過也。」陳平謝病，上問之，平曰：「高祖時，勃功不如臣，及誅諸呂，臣功亦不如勃。願以右丞相讓勃。」十一月，上從平爲左丞相，太尉勃爲右丞相，大將軍灌嬰爲太尉。愚按：平首謀誅呂者也，顧以功不如勃，而以上相位讓之，可謂善處功名之際矣。論誅諸呂功，益封太尉勃萬户，賜金五千斤。丞相平、灌將軍嬰邑各三千户，金二千斤。呂氏曰：「平主謀廟堂，而封邑與灌嬰等，蓋其自處也。」朱虚侯章、襄平侯通、東牟侯劉興居邑各二千户【五六】，金千斤。胡氏曰：「劉章忠勇，先憤劉氏失職，年纔二十，而諸呂憚之，不敢輕發。及平、勃舉事，章手誅呂産，其功不在二人之下。文帝行賞，於章宜先，而即位三年，乃始去侯而王，又不顯言其功，何哉？初章欲立其兄齊王，謀不在代也，文帝以是終懷不平，大臣又無開陳之計，使盛德之王，稍負疵議，惜哉！」封典客揭爲陽信侯，賜金千斤。

十二月，詔丞相、太尉、御史：「法者，治之正，所以禁暴而衛善人也。今犯法者已論，而使無罪之父、母、妻、子，同産坐之【五七】，及爲收孥【五八】，朕甚弗取，其議之【五九】。」左、右丞相周勃、陳平奏言：「父、母、妻、子、同産及收，所以累其心，使重犯法也。收之之道，所由來久矣。臣之愚計，以爲如其故便。」按：罪人不孥，王政也。平、勃未嘗問學，故不知此。

【五六】劉興居　「劉」原無，據《史記·孝文本紀》補。

【五七】無罪之父母妻子　「之」下原有「人」，據《史記·孝文本紀》删。

【五八】及爲收孥　原作「及收」，據《史記·孝文本紀》補。案：《史記》「孥」作「帑」，二字相通。「收孥」指连坐之法。

【五九】其議之　「之」原無，據《史記·孝文本紀》補。

文帝復曰：「朕聞之，法正則民愨，罪當則民從。且夫牧民而道之以善者，吏也。既不能道，又以不正之法罪之，是法反害於民，爲暴者也。朕未見其便，宜熟計之。」平、勃乃曰：「陛下幸加大惠於天下，使有罪不收，無罪不相坐，甚盛德，臣等所不及。謹奉詔，盡除收孥相坐法。」下文云：「其後，新垣平謀爲逆，復行三族之誅。由是言之，風俗移易，人性相近而習相遠，信矣！夫以孝文之仁，平、勃之知，猶有過刑謬論如此甚也，而況庸材溺於末流者乎！」　愚按：過刑指新垣平族誅。謬論指平、勃所議「累其心，使重犯法」，真所謂謬論也。

春正月，有司請蚤建太子，詔曰：「其安之。」三請，乃立長子啓爲太子。呂氏曰：「景帝時方十歲，平、勃所以亟請建太子者，懲惠帝継嗣不明之禍也。」三月，立太子母竇氏爲皇后。皇后有弟廣國，字少君，幼爲人所略賣，聞竇后立，乃上書自陳。召見，驗問得實，乃厚賜田宅、金錢，與兄長君家於長安。絳侯、灌將軍等曰：「吾屬不死，命乃縣此兩人。兩人所出微，不可不爲擇師傅、賓客。又復效呂氏，大事也。」於是乃選士之有節行者與居。竇長君、少君由此爲退讓君子，不敢以尊貴驕人。呂氏曰：「按《申屠嘉傳》，張蒼免相，文帝欲用竇廣國爲丞相，曰：『恐天下以吾私廣國。』廣國賢有行，故欲相之。廣國少爲人略賣爲奴，晚節其賢至此，豈非擇師傅賓客之力乎？古者天子諸侯不内娶，故教養外戚之法無傳焉。封建既廢，外戚未必世族，尤不可不教養也。平、勃親經呂氏之禍，故知其爲急務耳。東京雖置四姓小侯學，而竇憲、梁冀幾危社稷，得非未嘗得士之有節行者與居，訓導之任者，特章句之陋儒乎？」

愚按：蚤建太子，教養外戚，雖懲呂氏之禍，然實有國家者不易之法，此平、勃相業之大者。

上益明習國家事，朝而問右丞相勃曰：「天下一歲決獄幾何？」勃謝不知。又問：「一歲錢穀出入幾何？」勃又謝不知，惶愧汗出沾背。上問左丞相平，平曰：「有主者。」上曰：「主者謂誰？」平曰：「陛下即問決獄，責廷尉；問錢穀，責治粟内史。」上曰：「苟各有主者，而君所主者何事也？」平謝曰：「陛下不知其駑下，使待罪宰相。宰相者，上佐天子理陰陽，順四時，下遂萬物之宜，外鎮撫四夷諸侯，内親附百姓，使卿大夫各得任其職焉。」帝乃稱善。右丞相大慙，出而讓陳平曰：「君獨不素教我對。」陳平笑曰：「君居其位，不知其任邪？且陛下即問長安中盜賊數，君欲彊對邪？」於是絳侯自知其能不如平遠矣。居頃之，人或説勃曰：「君既誅諸吕，立代王，威震天下，而君受厚賞，處尊位，久之，即禍及身矣。」勃亦自危，乃謝病，請歸相印。上許之。秋八月辛未，右丞相勃免，左丞相平專爲丞相。吕氏曰：「自是專置一相。武帝征和二年，雖詔分丞相、長史爲兩府，以劉屈氂爲左丞相，然右丞相竟未嘗拜也。」愚謂：不以寵利居成功，勃固未必知此，然親陳平之材，自知其不及，又能因人言而懼，亟辭位焉，則與世之愚而好自用、進而不知止者，亦有間矣。

詔丞相平舉可使南越者，平言：「陸賈，先帝時使粤。」上召賈爲太中大夫，賜佗書，佗遂稱臣。按：此選使得人之效也。本傳稱賈在高帝前時時稱説《詩》、《書》，高帝令著秦、漢得失及古今成敗，命曰《新語》，則其人蓋通達古今之士也。及吕太后欲王諸吕長大臣及有口者，賈自度不能爭之，乃病免。以好畤田宅善，往家焉。至諸吕擅權，欲刼少主，危劉氏，則往見平爲畫策，誅諸吕，立孝文，賈頗有力，則其保身之智，謀國之忠，出處語嘿，皆有君子之風焉。文帝既立，大臣略無誦其功者，而賈亦不自言，味其風致，過於魯仲連遠矣。而平僅舉之使粤，是徒知其長於辯説，而不知其才非止於辯説者也。惜哉！

二年冬，十月，曲逆獻侯陳平薨。太史公曰：「陳丞相平，少時本好黄帝、老子之術。吕氏曰：「陳平言：『我多陰謀，道家所禁，吾世即廢，亦已矣，終不能復起，以吾多陰禍也。』平所好黄、老之術如此。觀此與良、平《傳》，亦可見漢初所以尚黄、老。」　愚按：良、平功業，大抵自黄、老出。良於高祖，不問則不言，與有功而不居，皆老子不爲天下先，與自後者人先、功成身退之意。平於諸吕之王不力爭，即老子翕張取與之術。然良之比平，權譎爲少，惟嶢關之舉，是亦陰謀也。　方其割肉俎上之時，其意固已遠矣。傾側擾攘楚、魏之間，卒歸高帝。常出奇計，救紛糾之難，振國家之急。及吕后時，事多故矣，然平竟自脱，定宗廟，以榮名終，稱賢相，豈不善始善終哉！非知謀，孰能當此者乎？」吕氏曰：「李德裕云：諸葛亮言以子房之清雅，不釋陳平之濁俗，觀此，則二人之品格可見矣。」《叙傳》：六奇既用，諸侯賓從於漢；吕氏之事，平爲本謀，終安宗廟，定社稷。

十一月，周勃復爲丞相。

三年十二月，詔曰：「前日詔遣列侯之國，辭未行。丞相，朕之所重，其爲朕率列侯之國。」遂免丞相勃，遣就國。　絳侯爲丞相，朝罷趨出，意得甚。上禮之恭，常目送之。袁盎進曰：吕氏曰：「盎爲中郎，每朝侍衛殿陛，故得進説。」「陛下以丞相何如人？」上曰：「社稷臣。」文帝初心敬勃如此。　盎曰：「絳侯所謂功臣，非社稷臣。社稷臣主在與在，主亡與亡。方吕氏時，諸吕用事，擅相王，劉氏不絶如帶。是時絳侯爲太尉，主兵柄，弗能正。吕后崩，大臣相與共誅諸吕，太尉主兵，適會其成功，所謂功臣，非社稷臣。吕氏曰：「此説當以告周勃，不當以告文帝。」丞相如有驕主色，陛下謙讓，臣主失禮，竊爲陛下弗取也。」後朝，上益莊，丞相益畏。下文云：「已而絳侯望袁盎曰：『吾與而兄善，今兒乃毀我。』盎遂不謝。及絳侯就國，人上書告以爲反，徵繫請室，諸公莫敢爲言，唯盎明絳侯無罪。絳侯得釋，盎頗有功。絳侯乃大與盎結交。」李文饒曰：「盎此言，足以惑文帝聰明，傷仁厚之政，俾其君有薄宗臣之意，竟使勃以非罪見疑，可爲長歎息也。其後絳繫請室，盎雖明其無罪，所謂陷之死地而後生之，徒有救焚之力，且非曲突之義【六〇】。揚子稱盎忠不足而談有餘，斯言當矣。善哉，賈生之說：諭堂陛之峻，高者難攀，卑者易陵。文帝感悟，養臣下有節，有以見賢人用心致君精識。若盎者，難與並爲仁矣。」按《賈誼傳》，天子議以誼任公卿之位。絳、灌、東陽侯、馮敬之屬盡害之，曰：「雒陽之人，年少初學，專欲擅權，紛亂諸事。」於是天子後亦疏之，不用其議，以誼爲長沙王太傅，後爲梁懷王太傅。數上疏陳政事，其末謂：「人主之尊如堂，羣臣如陛，故陛九級上，廉遠地，則堂高，陛無級，廉近地，則堂卑。高者難攀，卑者易陵。又里諺曰：『欲投鼠而忌器。』」此善諭也。鼠近於器，尚憚不投，恐傷其器，況貴臣之近主乎？又曰：『履雖鮮不加於枕【六一】，冠雖敝不以苴履。』」是時丞相勃免就國，人有告勃謀反，逮繫長安獄，卒亡事，復爵邑，故誼以此譏上，上深納其言，養臣下有節。是後大臣有罪，皆自殺，不受刑。誼之見疏於文帝也，本以絳、灌之毀，而其論事，乃拳拳於絳侯逮繫之事，信所謂賢者用心也。使絳、灌知誼之賢，引而寘之高位，使之得攄其經濟之學，則必定經制，必明等威，而械繫大臣之失，不復有矣。誼之不見用固可惜，而絳、灌之不知人，尤可憾也。　袁盎沮周勃事，《通鑑》載於元年，今從呂氏《大事記》，繫於勃就國。

四年，絳侯勃既就國，每河東守、尉行縣至絳，勃自畏恐誅，常被甲，令家人持兵以見之。其後人有上書告勃欲反，下廷尉。廷尉逮捕勃，治之。勃恐，不知置辭。吏稍侵辱之，勃以千金與獄吏，獄吏乃書牘背示之曰：「以公主爲證。」公主者，帝女也，勃太子勝之尚之。薄太后亦以爲勃無反事。帝朝太后，太后以冒絮提帝曰：「絳侯始誅諸呂，綰

【六〇】「徒」字原脱，「且」原作「而」，據傅璇琮、周建國《李德裕文集校箋》外集卷一補改。

【六一】不加於枕　「枕」原作「冠」，據《漢書·賈誼傳》改。

皇帝璽，將兵於北軍，不以此時反，今居一小縣，顧欲反耶？」按：薄太后之言，可謂洞燭事情矣。王衛尉之解蕭相國，亦此意。帝既見絳侯獄辭，乃謝曰：「吏方驗而出之。」於是使使持節赦絳侯，復爵邑。絳侯既出，曰：「吾嘗將百萬軍，安知獄吏之貴乎！」延平陳氏曰：「孝文逮捕周勃誠過矣，然勃被甲持兵以見守尉，使漢以無罪加誅，被甲持兵可以免乎？逮捕之辱，亦有以自取之也。」呂氏曰：「按本傳，勃之益封受賜盡以予薄昭，及繫急，薄昭爲言太后，太后爲言無反事。至於獄辭，則勃以千金與獄吏，書牘皆所教也。將相、外戚以重賂相結胥吏，受賕變易獄辭，文帝皆不能察，使每事如此，則異於元、成之世者幾希。」勃復就國，孝文十一年薨。謚武侯。太史公曰：「絳侯周勃始爲布衣時，鄙樸人也，本傳云：「勃以織薄曲爲生【六二】，常以吹簫給喪事，材官引强。」才能不過凡庸。及從高祖定天下【六三】，在將相位，諸呂欲作亂，勃匡國家難，復之于正。雖伊尹、周公，何以加哉！」班【六四】……

則孔光之於董賢，元稹之於魏弘簡，未有不反爲之詘者。夫廉之與直，言之雖若易，然至其深體實踐，則蓋有甚難者。有心之士，當於平日致省察之功，必一介不妄取，然後謂之廉，一言不苟徇，然後謂之直。凜然而不汙，浩然而無媿，則其視褻近佞幸之小人如狐兔狗鼠，夫何畏之有哉！先朝乾道中，有爲執政而呼天子宿衛之將以儆斥之者，實有故安侯之風。

入《袁盎傳》盎責嘉事。

孝景二年，六月，丞相申屠嘉薨。時内史鼂錯數請間言事，輒聽，寵幸傾九卿，法令多所更定。丞相嘉自絀所言不用，疾錯。錯爲内史，門東出不便【六五】，更穿一門南出【六六】。南出者，太上皇廟堧垣也。嘉聞錯穿宗廟垣，爲奏，請誅錯。客有語錯，錯恐，夜入宮上謁，自歸上【六七】。至朝，嘉請誅内史錯。上曰：「錯所穿非真廟垣，乃外堧垣，

【六二】薄曲　「曲」原無，據《漢書・張陳王周傳》補。

【六三】及從高祖定天下　「高祖」原無，據《史記・絳侯周勃世家》補。

【六四】班　「班」字下缺頁。

【六五】門東出不便　「門」原無，據《史記・張丞相列傳》補。

【六六】一門　案：《史記・袁盎鼂錯列傳》作「兩門」。

【六七】自歸上　《史記・張丞相列傳》作「自歸景帝」。

故冗官居其中【六八】，且又我使爲之，錯無罪。」丞相嘉罷朝，嘉謂長史曰：「吾悔不先斬錯，乃先請之【六九】，爲錯所賣。」至舍，因歐血而死，錯以此愈貴。按：申屠嘉伸於文而詘於景，即此一事，而二帝之優劣可知。然大臣以道事君，不可則止，其請誅姦臣者，職也，言不從而去之，義也，進不得行其職，則當退以全吾之義，將無適而不自得，豈必發憤歐血以自殞其生耶？此嘉不學之過也。

太史公曰：「申屠嘉可謂剛毅守節矣，然無術學，殆與蕭、曹、陳平異矣。」班氏因之。《叙傳》曰：「故安執節，責通請錯，蹇蹇帝臣，匪躬之故。」按：嘉在相位凡八年，惟此二事，庶幾以直道事君者，它無所考。太史公又言：「自嘉死之後，景帝時開封侯陶青、桃侯劉舍爲丞相。及今上時，柏至侯許昌、平棘侯薛澤、武彊侯莊青翟、高陵侯趙周等爲丞相【七〇】。皆以列侯繼嗣，娖娖廉謹，爲丞相備具而已，無所能發明功名，有著於當世者【七一】。

孝景七年冬，廢栗太子爲臨江王【七二】。二月乙巳，太尉周亞夫爲丞相，罷太尉官。代陶青。

初，上廢栗太子【七三】，周亞夫固爭之，不得。上由此疏之。而梁孝王每朝，常與太后言條侯之短。按：孝王與亞夫有隙，其事見《丙記》。竇太后曰：「皇后兄王信可侯也。」帝讓曰：「始，南皮、章武，先帝不侯，師古曰：「南皮竇彭祖，太后兄長君之子【七四】，章武【七五】，太后母弟廣國。及臣即位乃侯之。信未得封也。」竇太后曰：「人主各以時行耳【七六】。自竇長君在時，竟不得侯，死後，其子彭祖顧得侯，吾甚恨之。帝趣侯信也！」帝曰：「請得與丞相議之。」上與丞相議，亞夫曰：「高皇帝約：『非劉氏不得王，非有功不得侯。』今信雖皇后

【六八】冗官　據《漢書·申屠嘉傳》、《史記·張丞相列傳》作「他官」。

【六九】乃先請之　「先」原無，據《史記·張丞相列傳》補。

【七〇】平棘侯　「棘」原作「禄」，據《史記·張丞相列傳》改。

【七一】無所能　「所」原無，據《史記·張丞相列傳》補。

【七二】廢栗太子爲臨江王　此句原無，據《史記·孝景本紀》補。

【七三】栗太子　「栗」原作「立」，據《史記·絳侯周勃世家》改。

【七四】長君之子　「之」原脱，據《西漢會要》卷三十四補。

【七五】章武　「武」原作「如」，據上文改。

【七六】人主　「主」原作「生」，據《史記·絳侯周勃世家》改。

兄，無功，侯之，非約也。」帝嘿然而止。其後匈奴王徐盧等五人降【七七】，帝欲侯之以勸後。丞相亞夫曰：「彼背主降陛下，陛下侯之，則何以責人臣不守節者乎？」帝曰：「丞相議不可用。」乃悉封徐盧等爲列侯。亞夫因謝病。中元四年，九月戊戌，亞夫免。後召詣廷尉，不食歐血死。　呂氏曰：「外國歸義封者，始於文帝世弓高、襄城兩侯。二人者，皆韓王信子孫，本皆中國之人，能自拔於匈奴，率其衆歸中國，封之未爲過也。彼徐盧等本匈奴酋長，景帝乃欲侯之以勸後，亞夫之議，其用意遠矣。景帝所以顯沮之者，以向者引正義，裁后兄王信之封，無辭以屈之，故發忿乎此也。人主不敢專封爵，必與大臣共之，蓋自古之成法。景帝欲行其意，而輕廢之，此亞夫之所以謝病也。自是以後，人主益行其意，封爵紛然，丞相亦不復以此爲職守矣。」　又曰：「亞夫免相二年，而王信始封蓋侯，公議之可畏如此。」　愚按：亞夫所爭者，廢太子也，封后兄也，侯徐盧也，三者皆高帝家法之所無也，亞夫於是無負大臣之職任矣。

亞夫爲丞相，趙禹爲丞相史，府中皆稱其廉平，然亞夫弗任，曰：「極知禹無害，然文深，不可以居大府。」　武帝時，禹與張湯論定諸律令，作見知法【七八】，吏傳得相監司。用法益刻，蓋自此始。　愚謂亞夫於此，可謂知人矣。方是時，禹方以廉平稱，而亞夫獨謂其文深，不可用。使武帝世如亞夫者尚在相位，則此輩不得峻法以毒民，而高帝之約束不至於紛更矣。吁，可惜哉！　按：亞夫謀國用人，蓋有漢初名相之風，而世獨稱其將略，豈非爲七國之功所掩哉！景帝稱亞夫鞅鞅，非少主臣；至於衛綰，則謂其敦厚，可相少主。自今觀之，亞夫之剛毅不屈，庶乎可以託六尺之孤，而綰自初官以至相，終無可言，則其所謂敦厚者，直循默自將而已。景帝之取人如此，可勝慨哉！　亞夫居位四年，免，而劉舍繼之，舍五年死。竇太后數言魏其侯嬰，上曰：「太后豈以臣有愛相魏其者【七九】？魏其沾沾自喜耳，多易，難以爲相，持重。」遂用衛綰爲丞相，尊寵之，賞賜甚多。武帝即位，以景帝時諸官囚多坐不辜者，丞相不爲申理，免之，而以魏其爲丞相。嬰與太尉蚡俱好儒術，推轂趙綰爲御史大夫，王臧爲郎中令，

【七七】五人　原作「六人」，據《史記·絳侯周勃世家》改。

【七八】作見知法　「法」原脱，據《資治通鑑》卷十八補。

【七九】有愛相魏其者　「相」原無，據《漢書·竇嬰傳》補。

迎魯申公，欲設明堂，令列侯就國，除關，以禮爲服制，以興太平。舉適諸竇宗室無行者，除其屬籍。諸外家爲列侯，列侯多尚公主【八〇】，皆不欲就國，以故毀日至竇太后。太后好黃、老言【八一】，而嬰、蚡務推隆儒術，太后滋不悅。會綰、臧下吏，上因廢明堂事，諸所興爲皆廢，申公亦以病免歸。嬰之爲相，其大有作爲如此，宜非舍、綰比矣。然儒者之學，必本諸身，方是時，武帝春秋鼎盛，使嬰真知推隆儒術，則當聘召一世之名流，專以輔導帝躬爲本，如周公之所以輔成王者，則武帝之意誠心正，而治本立矣，然後稽古定制，以興太平，蓋未晚也。嬰徒知隆儒之名，而不知隆儒之實，故其所爲失序無本，其訖無所就也，宜哉！景帝之目亞夫、衛綰則非，而所以目嬰者則是。天下重器，宰相重任，可以沾沾多易者爲之哉？嬰在位年餘免，許昌代之，五年免，蚡始爲相，時竇太后已崩故也。上初即位，富於春秋，蚡以肺腑爲相【八二】，非痛折節以禮屈之，天下不肅。當是時，丞相入奏事，語移日，所言皆聽。薦人或起家至二千石，權移主上。上迺曰：「君除吏盡未？吾亦欲除吏。」嘗請考工地益宅，上怒曰：「遂取武庫！」是後迺退。召客飲，坐其兄蓋侯北鄉【八三】，自坐東鄉，以爲漢相尊，不可以兄故私橈。由此滋驕，治宅甲諸第，田園極膏腴，市買郡縣器物相屬於道。前堂羅鐘鼓，立曲旃。後房婦女以百數。諸奉珍物狗馬玩好，不可勝數。蚡之爲相如此，方且絀黃、老、刑名、百家之言，延文學儒者數百人，不知蚡之所爲，其有合於六經何義也？蚡之在位，中二千石來拜謁，蚡不爲禮。惟汲黯見蚡【八四】，未嘗拜，常揖之。天子方招文學儒者，上曰：「吾欲云云。」黯對曰：「陛下内多欲而外施仁義，奈何欲效唐虞之治乎？」黯雖名學黃、老，然斯言蓋真有得於儒學之要，使蚡能引汲黯與董仲舒同任輔導之職，是乃真隆儒矣。然此豈所以責蚡哉？顓權自恣，有無上之心，窮奢極侈，逞無猒之欲，甚至私語淮南，許以嗣位，而受其金錢財物之賂。蓋將賣國與人而不之卹者，考其本末，特一亂臣賊子而已，何相之爲？蚡在職五年而死，薛澤代之，自是所用者皆娖娖材，其居位久而獲全者，惟牧丘侯石慶一人。是時中國多事，公家用少，桑弘羊等致利【八五】，王溫舒之屬峻法，兒寬等推文學，九卿更進用事，不關決於慶，慶醇謹而已。夫居位焉而不任其事，何以相爲哉！使行己有耻者居之，雖一日不能安矣。《傳》稱其「無能有所匡言」。嘗欲治上近臣所忠、九卿咸宣【八六】，不能服，反受其過。」相權之輕，自是益

【八〇】多尚公主　「公」原無，據《漢書・竇嬰傳》補。

【八一】太后好黃老言　「太后」原脱，據《漢書・竇嬰傳》補。

【八二】蚡以肺腑爲相　「腑」原作「附」，據《漢書・田蚡傳》改。

【八三】蓋侯北鄉　「北」，《史記》卷一百七作「南」。

【八四】汲黯見蚡　「蚡」原無，據《史記・汲鄭列傳》補。

【八五】桑弘羊等　「等」原作「尊」，據《史記・萬石張叔列傳》改。

【八六】上近臣所忠　「上」原無，據《史記・萬石張叔列傳》補。

甚，殆懲田蚡之横而故抑之歟？武帝在位五十載，易相十二人，鮮有功名著於世，如太史遷所譏。惟公孫弘、田千秋，其事有當論者，今附于此。

# 乙下之九

武帝建元元年，招賢良文學士。是時，弘年六十，徵以賢良，爲博士。使匈奴，還報，不合上意，上怒，以爲不能，弘迺移病免歸。元光五年，有詔徵文學，菑川國復推上弘。弘至太常，上策曰：「臣聞之，仁者愛也，義者宜也，禮者所履也，智者術之原也。致利除害，兼愛無私，謂之仁；明是非，立可否，謂之義；進退有度，尊卑有分，謂之禮；擅殺生之柄，通壅塞之塗，權輕重之數，論得失之道，使遠近情僞必見於上，謂之術：凡此四者，治之本，道之用也，皆當設施，不可廢也。得其要，則天下安樂，法設而不用；不得其術，則主蔽於上，官亂於下：此事之情，屬統垂業之本也。呂氏曰：「弘雖歷叙仁義禮智，而術爲上，所以深入帝心者，正在此耳。」臣聞堯遭鴻水，使禹治之，未聞禹之有水也。若湯之旱，則桀之餘烈也。」呂氏曰：「是時河決瓠子未塞，又有隕霜、大風、螟之變，故弘爲此說，以諛武帝者也。」時對者百餘人，太常奏弘策居下第。策奏，天子擢弘對爲第一，召見，拜爲博士，待詔金馬門。時齊人轅固，年九十餘，亦以賢良徵。公孫弘仄目而事固，固曰：「公孫子，務正學以言，無曲學以阿世。」諸儒多疾毀固者，固遂以老而罷歸也。弘復上疏曰：「陛下有先聖之位而無先聖之名，有先聖之民而無先聖之吏，是以勢同而異治。先世之吏正，故其民篤；今世之吏邪，故其民薄。政弊而不行，令倦而不聽。夫使邪吏行弊政，用倦令治薄民，民不可得而化，此治之所以異也。臣聞周公旦治天下，期年而變，三年而化，五年而定。唯陛下之所志。」呂氏曰：「因帝之喜，又從而撼動之。」書奏，天子以册書答曰：「問：弘稱周公之治，弘之材能自視孰與周公賢？」弘對曰：「愚臣淺薄，安敢比材於周公？雖然，愚心曉然見治道之可以然也。呂氏曰：「其居之不疑如此。」臣聞揉曲木者不累日，銷金石者不累月，夫人之於利害好惡，豈比禽獸木石之類哉【一】？期年而變，臣弘尚竊遲之。」上異其言。臨川王氏之詩曰：「曲學暮年終漢相，高談平日謾周公。」愚謂弘前嘗不合帝意而罷，故今凡可以逢迎媮合者，無所不至也。時方通西南夷，巴、蜀苦之，詔使弘視焉。還奏事，盛毁西南夷無所用，上不聽。呂氏曰：「弘初見任使，若遽爲迎合之論，其術淺迫，爲帝所窺矣。西南夷非帝之大欲，雖極言不可，亦不至大忤帝意，此弘之所以敢爲正論也。其奸深矣。」每朝會議，開陳其端，而使人主自擇，不肯面折廷爭。呂氏曰：「辭氣從容，引而不發，固盛德之事；然至於事之迫切，亦有時而犯顔逆指矣。蓋誠意懇惻，自不能已也，若弘者特窺伺人主所向，爲容悦而已。」於是上察其行慎厚，呂氏曰：「敢於爲詐，非慎也；忌刻深險，非厚也。特爲慎厚之貌而已。」辯論有餘，呂氏曰：「弘未嘗抵掌奮袖，言辭如雲也，特挑發其機而不盡露，故帝以爲有餘耳。」習文法吏事，呂氏曰：「此儒者所難也。」緣飾以儒術，呂氏曰：「此能吏所難也，而弘獨兼之。」上説之，一歲中至左内史【二】。弘奏事，有所不可，不肯庭辯【三】。常與主爵都尉汲黯請間，黯先發之，弘推其後。上常説，所言皆聽，以此日益親貴。呂氏曰：「武帝深知黯之忠，推以爲社稷臣，故弘推使當其鋒，此其術也。然弘本以順爲正，何必求伸己之論哉！蓋專爲容悦，則人主親

【一】豈比禽獸木石　「比禽獸」原無，據《漢書·公孫弘傳》補。

【二】一歲中　「一」字原無，據《漢書·公孫弘傳》補。

【三】庭辯　原作「庭辨」，據《漢書·公孫弘傳》改。

之而不敬；專爲强直，則人主敬之而不親。弘出入乎兩者之間，此所以日益親貴也。」愚按：《戰國策》申不害將説韓王，而未知王之欲，乃微謂趙卓、韓鼂各進議於王。申子微視王之所悦，以言於王，王大悦之。弘使黯先發而推其後，此正戰國縱横家流捭闔之術。弘之學不正如此，真奸人也。　嘗與公卿約議，至上前，皆背其約以順上指。汲黯庭詰弘曰：「齊人多詐而無情，始與臣等建此議，今皆背之，不忠。」上問弘，弘謝曰：「夫知臣者以臣爲忠，不知臣者以臣爲不忠。」上然弘言。呂氏曰：「黯之庭詰，本無辭可答，弘之對汗漫不切，帝遽然之者，其意蓋曰：『帝之所見既是，我不必執迷遂非，以害國事，雖人以爲不忠，不暇恤也。』其所以蠱帝之心者，深矣。」　弘常稱以爲人主病不廣大，人臣病不儉節。呂正獻公曰：「昔紂爲象箸，而箕子諫。夫以天子而用象箸，未爲過也。然箕子以爲象箸不已，必金玉爲之，故箕子之言，所以防微杜漸也。弘之告武帝，乃謂人主病不廣大。當是時，帝方征伐四夷，内治宫室爲千門萬户，而弘猶病其不廣大，何其不忠之甚哉！」呂太史曰：「弘之此言爲百世之害。」

元朔二年，主父偃下吏，上欲勿誅，公孫弘曰：「齊王自殺無後，國除爲郡，入漢，主父偃本首惡，陛下不誅偃無以謝天下。」乃遂族主父偃。燕王定國與父姬姦，及殺肥如令郢人，郢人兄弟告之，主父偃從中發其事。公卿請誅定國，上許之。定國自殺，國除。齊厲王次昌亦與其姊翁主通。主父偃欲納其女於齊王，齊紀太后不許，偃因言於上曰：「齊臨菑十萬户，市租千金，人衆殷富【四】，鉅於長安，非天子愛弟、親子，不得王此。今齊王於親屬益疏，又聞與其姊亂，請治之。」於是帝拜偃爲齊相，且正其事。偃至齊，急治王後宫宦者，辭及王。王懼，飲藥自殺。偃少時遊齊及燕、趙，及貴，連敗燕、齊。趙王彭祖懼，上書告偃受諸侯金，以故諸侯子弟多得封者。又齊王自殺，上聞，大怒，以爲偃劫其王令自殺，乃徵下吏治。偃服受諸侯金，實不劫王令自殺。上欲勿誅，

【四】人衆殷富　「人」原脱，據《資治通鑑》卷十八補。

云云。

三年，公孫弘爲御史大夫。是時，方通西南夷，東置滄海，北築朔方之郡。公孫弘數諫，以爲罷弊中國以奉無用之地，願罷之。天子使朱買臣等難弘置朔方之便。發十策，弘不得一。弘乃謝曰：「山東鄙人，不知其便若是，願罷西南夷、蒼海，而專奉朔方。」上乃許之。春，罷蒼海郡。眉山李氏曰：「買臣難弘以十策，而弘不得一。或者謂弘之才，果不如買臣也。是不然。夫朔方之城，凡少有知慮者，皆知其爲闢土廣地，爭鬬殺人，不祥之事矣。使弘誠不學，猶將當識其利害，弘素盜儒名，豈不了然知之哉？一言之正，足以破買臣十策之鄙，豈遂至於敗績失據耶？吾有以見弘之飾詐而盜名，巧之甚者也。欲無言，則恐被阿諛之譏；欲有言，則懼蒙觸犯之禍。以嘗試言之而不堅，内以探其君意之可否而易其守，外則以解于人，曰『吾固嘗言其不便矣，而君不吾聽』。此奸人所以飾詐盜名之隱謀也。」呂氏曰：「以弘之智，豈買臣浮辯所能屈哉？以帝攘斥匈奴之意方盛，故陽爲不勝耳。」

軹人郭解，關東大俠也，平生睚眦殺人甚衆。上聞之，下吏捕治，解所殺皆在赦前。軹有儒生侍使者坐，客譽郭解，生曰：「解專以姦犯公法，何謂賢？」解客聞之，殺此生，斷其舌。吏以此責解，解實不知殺者，吏奏解無罪。公孫弘議曰：「解，布衣，爲任俠行權，以睚眦殺人，解雖弗知，此罪甚於解殺之。當大逆無道。」遂族郭解。《通鑑》載此事於二年，今從《大事記》。

弘爲布被，食不重肉。汲黯曰：「弘位在三公，奉禄甚多，然爲布被，此詐也。」上問弘，弘謝曰：「有之。夫九卿與臣善者無過黯，然今日廷詰弘，誠中弘之病。夫以三公爲布被，與小吏無差，誠飾詐欲以釣名，如汲黯言。且無汲黯忠，陛下安得聞此言？」天子以爲謙讓，愈益厚之。

五年冬十一月乙丑，以御史大夫公孫弘爲丞相，代薛澤。先是，漢常以列侯爲丞相，唯弘無爵，上於是下詔，封弘爲平津侯。其後以爲故事。時上方興功業，弘於是開東閣以延賢人，與參謀議。每朝覲奏事，因言國家便宜，上亦使左右文學之臣與之論難。弘嘗奏言：「十賊彍弩，百吏不敢前。請禁民毋得挾弓弩，便。」上下其議。侍中吾丘壽王對曰：「臣恐邪人挾之，而吏不能止；良民以自備而抵法禁，是擅賊威而奪民救也。竊以爲大不便。」書奏，上以難弘，弘詘服焉。史稱上自初即位，徵天下文學才智之士，待以不次之位，四方多士上書自眩鬻者以千數，上簡拔其俊異者寵用之。莊助最先進，後又得吴人朱買臣、趙人吾丘壽王、蜀人司馬相如、平原東方朔、吴人枚皐、濟南終軍等，並在左右。每令與大臣相辯論，中外相應以義理之文，大臣數詘焉。助、買臣輩皆利口覆邦家之人，而武帝使之折服大臣，大臣往往多詘。度帝之心必自喜，以爲得御大臣之術矣。抑不知使帝所相果端良正直之士耶？必將惟義與比，近臣之言，是固當從之，若其未然，亦不苟詘也。奈何公孫弘輩，知上意嚮，欲近臣之勝也，於是往往撓其初議，外以示謙虚無我之意，實則迎逢上指，而陰自結於利口之徒，使皆悦己，而不攻吾之失。此弘之所以巧於固位者歟？時漢方征匈奴，招懷四夷。汲黯務少事，按：黯時爲主爵都尉。間嘗言與胡和親，毋起兵。上方嚮儒術，尊公孫弘。及事多，吏民巧，上分别文法，張湯等數奏決讞以幸。而黯常毁儒，面觸弘等懷詐飾智以阿人主取容，而刀筆之吏專深文巧詆，陷人於罔，以自爲功，上愈益貴弘、湯，弘、湯心疾黯，雖上亦不説也，欲誅之以事。弘爲丞相，乃言上曰：

「右内史界部中多貴人宗室，難治，非素重臣弗能任，請徙黯爲右内史。」數歲，官事不廢。

董仲舒爲人廉直，是時方外攘四夷，公孫弘治《春秋》不如仲舒，而弘希世用事，位至公卿。仲舒以弘爲從諛，弘嫉之。膠西王，上兄也，尤縱恣，數害吏二千石。弘乃言於上曰：「獨董仲舒可使相膠西王。」膠西王聞仲舒大儒，善待之。仲舒恐久獲罪，病免。按：是時漢廷卿大夫，骨鯁莫如汲黯，儒雅莫如仲舒，而弘皆不能容之，至欲致之死地，則所謂開閤延賢者，果得何等人也？太史公言「弘意忌，外寬内深。諸嘗與弘有郤者，雖佯與善，陰報其禍。殺主父偃，徙董仲舒膠西，皆弘力也」，可謂中弘心術之隱矣。　史又言大將軍衛青尊寵，於羣臣無二，公卿以下皆卑奉之，獨汲黯與亢禮。人或説黯曰：「自天子欲羣臣下大將軍，大將軍尊重，君不可以不拜。」黯曰：「夫以大將軍有揖客，顧不重耶？」大將軍聞，愈賢黯，數請問國家朝廷所疑，遇黯加於平日。按：黯前於田蚡揖之而不拜，後於衛青亦然，而一人未嘗以此罪之，衛青遇之，反有加焉。及一忤弘，必擠之死地，是弘之險狠更甚於蚡，其視青則不及遠矣。

夏六月，詔曰：「蓋聞導民以禮，風之以樂，今禮壞樂崩，朕甚閔焉。其令禮官勸學興禮，以爲天下先。」於是丞相弘等奏：「請爲博士置弟子員五十人，復其身，第其高下，以補郎中、文學、掌故。有秀才異等，輒以名聞。其不事學若下材，輒罷之。又，吏通一藝以上者，請皆選擇以補右職。」上從之。自是公卿、大夫、士、吏，彬彬多文學之士矣。　呂氏曰：「公卿多文學之士，而治效反少於前日，此太史公之所歎也。」

六年，時方事匈奴，河南人卜式上書，願輸家財半助邊。上使使問式：「欲爲官乎？」式曰：「自小牧羊，不習仕宦，不願也。」使者曰：「家豈有冤，欲言事乎？」式曰：「臣生與人無所爭，何故見冤？」使者曰：「苟子何欲？」式曰：「天子誅匈奴，愚以爲賢者宜死節，有財者宜輸之，如此而匈奴可滅也。」上以語丞相弘，弘曰：「此非人情，不軌之臣不可以爲化而亂法，願勿許。」上不報。

元狩元年，淮南王安謀反，欲使人僞得罪而西，事大將軍，一日發兵，即刺殺大將軍。且曰：「漢廷大臣，獨汲黯好直諫，守節死義，難惑以非。至如説丞相弘等，如發蒙振落耳。」李尋在哀帝時，論災異曰：「本彊則精神折衝，本弱則招殃致凶，爲邪謀所陵。聞往者淮南王作謀之時，其所難者，獨有汲黯，以爲公孫弘等不足言也。弘，漢之名相，於今亡比，而尚見輕，何況亡弘之屬乎？故曰朝廷亡人，則爲賊亂所輕，其道自然也。」愚按：是時丞相弘宴見，上或時不冠，至如汲黯見，上不冠不見也。上嘗坐武帳中，黯前奏事，上不冠，望見黯，避帳中，使人可其奏。其見敬憚如此。武帝之於二人，一敬一嫚，不可謂非知人之明，而用舍乃反是，使能以理勝私，置黯於弘之位，則淮南反謀何自而生乎？事敗，安與衡山王賜皆自剄，國除。太史公曰：「自公孫弘以《春秋》之義繩臣下取漢相，張湯用舞文巧詆爲廷尉，於是見知之法生，而廢格沮、誹窮治之獄用矣。其明年，淮南、衡山、江都王謀反迹見，而公卿尋端治之，竟其黨與，坐死者數萬人，長吏益慘急而法令明察。當是之時，招尊方正賢良文學之士，或至公卿大夫，公孫弘以漢相布被，食不重味，爲天下先，然無益於俗，稍騖於功利矣。」按：弘前議主父偃、郭解獄，皆引義以斷，此所謂以《春秋》之義繩臣下也。即二人之罪言之，固所當誅，而族之則過矣。蓋弘之爲此也，所以陰中帝意而規取相位，非真爲國嫉奸也。太史公斯言，可謂察弘心術之隱矣。及是淮南、衡山之反，窮治黨與死者至數萬人，蓋弘名爲儒者，而實祖申、韓，故其用法慘礉如此。史謂弘數稱湯之美，豈非心術意向之同故耶？太史公之書，數以弘、湯並言，其有指哉！

淮南、衡山謀反，治黨與方急，弘病甚，自以無功而封，位至丞相，宜佐明主填撫國家，使人由臣子之道。今諸侯有畔逆之計，此皆宰相奉職不稱，恐竊病死，無以塞責。乃上書願歸侯印，乞骸骨，避賢者路。不許。呂氏曰：「弘以周公自許，而輔政數年治效若此，其勢不得不自劾，以蓋其過。以武帝英明，追思『期年而變，三年而化』之説，固當震怒，今反慰藉而曲留之，何耶？蓋帝舉之於布衣之中，加之於羣臣之上，苟治弘罪，則彰知人之謬，欲護己之短，不得不護弘之過也。」

二年三月戊寅，平津獻侯公孫弘薨。按《傳》：弘爲丞相御史六歲，年八十，終丞相位。其後李蔡、嚴青翟、趙周、石慶、公孫賀、劉屈氂繼踵爲丞相。自蔡至慶，丞相府客館丘虚而已，至賀、屈氂時，壞爲馬廄、車庫、奴婢室矣。唯慶以惇謹復終相位，其餘盡伏誅。征和元年，巫蠱事起，江充爲使者，掘蠱太子宫，太子據斬充，發兵與丞相劉屈氂戰，敗出奔，自經于湖。三年，吏民以巫蠱相告言者，案驗多不實，上頗知太子惶恐，無他意。會高寢郎田千秋上急變，訟太子寃，曰：「子弄父兵，罪當笞。天子之子過誤殺人【五】，當何罪邪？臣嘗夢一白頭翁教臣言。」上乃大感悟，召見千秋，謂曰：「父子之間，人所難言也，公獨明其不然。此高廟神靈使公教我也，公當遂爲吾輔佐。」拜千秋爲大鴻臚，而族滅江充家。上憐太子無辜，乃作「思子宫」，爲「歸來望思之臺」於湖，天下聞而悲之。四年三月，上曰：「朕即位以來，所爲狂悖，使天下愁苦，不可追悔。自今事有傷害百姓、糜費天下者，悉罷之。」田千秋曰：「方士言神仙者甚衆，而無顯功，臣請皆罷斥遣之。」上曰：「大鴻臚言是也。」於是悉罷方士候神人者。夏六月丁巳，以大鴻臚田千秋爲丞相，封富民侯。千秋無他材能術學，又無閥閲功勞，時以一言寤意，數月取宰相封侯，世未嘗有也。然爲人敦厚有智，居位自稱，踰於前後數公。千秋在相位，至昭帝元鳳四年乃薨。班氏贊曰：「《易》曰：『天之所助者順也，人之所助者信也。君子履信思順，自天祐之，吉無不利也【六】。』故車千秋指明蠱情，申人子之寃。千秋材知未必能過人也，以其銷惡運，遏亂原，因衰激極【七】，道迎善氣，傳得天人之祐助云。」

【五】過誤殺人　「殺」原作「相」，據《漢書·車千秋傳》改。

【六】吉無不利　「吉」原缺，據《漢書·武五子傳》補。

【七】因衰激極　「衰」原作「襄」，據《漢書·武五子傳》改。

武帝後元元年，時鉤弋夫人之子弗陵，年數歲，形體壯大，多知，上奇愛之，心欲立焉。以其年穉，母少，猶與久之。欲以大臣輔之，察羣臣，惟奉車都尉、光禄大夫霍光忠厚可任大事，上乃使黄門畫周公負成王朝諸侯以賜光。二年春正月，上病篤，霍光涕泣問曰：「如有不諱，誰當嗣者？」上曰：「君未諭前畫意耶？立少子，君行周公之事。」光頓首讓曰：「臣不如金日磾。」日磾亦曰：「臣，外國人，不如光。且使匈奴輕漢。」乙丑，詔立弗陵爲皇太子，時年八歲。丙寅，以光爲大司馬、大將軍，日磾爲車騎將軍，太僕上官桀爲左將軍，受遺詔輔少主，又以搜粟都尉桑弘羊爲御史大夫，皆拜卧内牀下。光出入禁闥二十餘年，出則奉車，入侍左右，小心謹慎，未嘗有過。爲人沈静詳審，每出入，下殿門【八】，止進有常處，郎、僕射竊識視之，不失尺寸。日磾在上左右，目不忤視者數十年，賜出宫女，不敢近。上欲内其女後宫，不肯。其篤慎如此。上官桀始以材力得幸，爲未央廐令。上嘗體不安，及愈，見馬多瘦。上大怒，欲下吏，桀曰：「臣聞聖體不安，日夜憂懼，意誠不在馬。」言未卒，泣數行下。上以爲愛己，由是親近，爲侍中。三人皆上素所愛信者，故特舉之授以後事。

丁卯，帝崩。戊辰，太子即位。光、日磾、桀共領尚書事。光輔幼主，政自己出，天下想聞其風采。殿中嘗有怪，一夜羣臣相驚，光召尚符璽郎，欲收取璽。郎不肯授，光欲奪之，郎按劍曰：「臣頭可得，璽不可得也！」光甚誼之。明日，詔增此郎秩二等【九】。衆庶莫不多光。按：此霍光輔政後所行第一事也，當理而無私心如此，人情安得不服也？

始元元年初，武帝病，有遺詔，封日磾爲秺侯，桀爲安陽侯，光爲博陸侯，皆以前捕反

【八】下殿門　「下」原作「百」，據《漢書·霍光傳》改。

【九】增此郎秩二等　「二」原作「一」，據《漢書·霍光傳》改。

者莽何羅等功封。日磾以帝少，不受封，光等亦不敢受。及日磾病困，光白封日磾，卧受印綬。一日薨，日磾兩子賞、建俱侍中，賞爲奉車，建駙馬都尉。及賞嗣侯，佩兩綬，上謂霍將軍曰：「金氏兄弟兩人，不可使俱兩綬邪？」對曰：「賞自嗣人爲侯耳。」上笑曰：「侯不在我與將軍乎？」對曰：「先帝之約，有功乃得封侯。」遂止。

二年春正月，封大將軍光爲博陸侯，左將軍爲安陽侯。或説霍光曰：「將軍不見諸呂之事乎？處伊尹、周公之位，攝政擅權，而背宗室，不與共職，是以天下不信，卒至於滅亡。今將軍當盛位，帝春秋富，宜納宗室，又多與大臣共事，反諸呂道，如是，則可以免患。」光然之，乃擇宗室可用者，遂拜楚元王孫辟彊及宗室劉長樂皆爲光禄大夫，辟彊守長樂衛尉。金華王益之曰：「霍光當主少國疑之時，前增郎秩，繼擇宗室共事，親賢並建，此人心所以信服也。使光終守此意而不變，夫豈復有後日之禍也哉？」

三年，初霍光與上官桀相親善，光每休出，桀常代光入決事。光女爲桀子安妻，生女，年甫五歲，安欲因光内之宫中，光以爲尚幼，不聽。蓋長公主私近子客河間丁外人，安素與外人善，説外人曰：「安子容貌端正，誠因長主時得入爲后，以臣父子在朝而有椒房之重，成之在於足下。漢家故事，常以列侯尚主，足下何憂不封侯乎？」外人喜，言於長主。長主以爲然，詔召安女入爲倢伃，安爲騎都尉。

四年春三月，立皇后上官氏。是歲，上官安爲車騎將軍。眉山李氏曰：「古者男子三十而娶，女子二十而嫁，所以戒淫泆、定壽命也。霍光知安女之幼，則當始終其說，始既下，然而終復立之，何其戾也？昭帝聰明早慧，有致遠之器，霍光若能以儒雅道術之士輔導其心志，豈遽夭哉？帝方十有二，后方六歲，遽啓其情慾之竇，以傷其未定之氣，昭帝卒以夭折，霍光亡識之罪也。」

五年，有男子乘黄犢車詣北闕，自謂衛太子，公車以聞，詔使公、卿、將軍、中二千石雜識視。長安中吏民聚觀者數萬人，右將軍勒兵闕下，以備非常。丞相、御史、中二千石至者立，莫敢發言。京兆尹不疑後到，叱從吏收縛。或曰：「是非未可知，且安之。」不疑曰：「諸君何患於衛太子？昔蒯聵違命出犇，輒拒而不納，《春秋》是之。衛太子得罪先帝，亡不即死，今來自詣，此罪人也。」遂送詔獄。天子與大將軍霍光聞而嘉之曰：「公卿大臣，當用有經術、明於大誼者。」繇是不疑名聲重於朝廷，在位者皆自以爲不及也。廷尉驗治何人，竟得姦詐，本夏陽人，姓成，名方遂，居湖，以卜筮爲事。有故太子舍人嘗從方遂卜，謂曰：「子狀貌甚似衛太子。」方遂心利其言，冀得以富貴，坐誣罔不道，要斬。胡氏曰：「雋不疑言蒯聵出奔，輒拒而不納，《春秋》是之者，非經旨也。蒯聵，衛靈公世子也，出奔于宋，而靈公未嘗有廢立之命而更立他子，故趙鞅納蒯聵，而《春秋》以世子稱之，謂其位未嘗絶也。蒯聵欲殺南子，又忘父喪，且欲奪其子輒之位，當黜奚疑？然輒不可以是故而失子道。乃據國而爭，靈公又未嘗有立之之命而廢蒯聵，故石曼姑主兵圍戚，而《春秋》序齊爲首，惡其黨輒也。然則謂《春秋》是輒者，考實未詳而處義未精矣，又況與戾園之事非倫類乎？彼據也稱兵闕下，與父軍交戰，正使不死而武帝宥之，其位亦不得有矣。果來自詣，但當以此下令，叱吏收執，自足以成獄而議刑，不當誤引聖經爲證，使世人加惑也。霍光不學，故臭之能辨，然其言曰『公卿當用有經術明於大誼者』，則格言也。」

夏六月，封上官安爲桑樂侯，安日以驕淫。罷儋耳、真番郡。

諫大夫杜延年見國家承武帝奢侈、師旅之後，數爲大將軍光言：「年歲比不登，流民未盡還，宜脩孝文時政，示以儉約、寬和，順天心，説民意，年歲宜應。」光納其言。延平陳氏曰：「延年以諫爲官，而數爲大臣言事，盡忠憂國。當是時，光之所行，繫天下休戚，納此言而行之，福及天下。延年之言，其利博哉！」愚謂：此祈天永命之大者也。漢所以中微而復興者，以武帝之後有孝昭，能修孝文之政故也。我朝元祐復仁宗之政，亦然。

六年春二月，詔有司問郡國所舉賢良、文學，民所疾苦，皆對：「願罷鹽鐵、榷酤、均輸官，毋與天下爭利，示以儉節，然後教化可興。」桑弘羊難，以爲此國家大業，所以制四夷，安邊足用之本，不可廢也」，於是鹽鐵之議起焉。

衛律爲單于謀，與漢和親，歸蘇武等，以通善意。既至京師，詔武奉一太牢謁武帝園廟，拜爲典屬國，秩中二千石，賜錢二百萬，公田二頃，宅一區。武留匈奴，凡十九歲。胡氏曰：「武持節十九年，竟不辱命，考其在匈奴中，對辭處義，面斥衛律與李陵，言皆有本末，非出於一時慷慨輕生易死之爲，真志士仁人也！光執國大權，式序在位，宜加顯貴以勸其臣，設不亟除御史大夫，猶當處之九卿，然後爲稱。典屬國之命，謂武曉蠻夷事，實則實矣，不幾於玩乎！厥後招致譏誚，亦不虛得已矣。」

秋七月，罷榷酤官，從賢良、文學之議也。武帝之末，海内虛耗，户口減半。霍光知時務之要，輕徭薄賦，與民休息。至是匈奴和親，百姓充實，稍復文、景之業焉。《通典》載文學、大夫相與論難，於是丞相奏曰：「賢良文學不明縣官事【一〇】，猥以鹽鐵爲不便，宜罷郡國榷酤，關内鐵官【一一】。」奏

【一〇】不明縣官事　「事」原脱，據《通典》卷十補。

【一一】關内鐵官　「關内鐵官」原作「官關内鐵」，據《通典》卷十改。

可。於是利復流下，庶人休息【一二】。詳見《丙記》。　胡氏曰：「孝昭繼統，霍光受遺，而改武帝所爲，可乎？文、景躬行節儉，輕徭薄賦，省刑寢兵，與天下休息。武帝一切反之，以致赭衣蔽路，羣盜滿山，若非晚節自悔，未必無亡秦之禍也。孝昭安得而不改？孔子曰『父當不義，則子不可以不爭於父』，況嗣宗廟社稷之大計乎？所以諫官延年啓告於前，賢良、文學對詔於後，雖大將軍久事先帝，見其施設，不敢固執，惟是之從，故能於海内虚耗、户口減半之後，不三數年，百姓充實，稍復文、景之業。昭帝可謂孝子，霍光可謂忠臣矣。」　永嘉戴氏曰：「霍光本無學術，獨以胸中斷無他技，有所廢置因革，付之朝廷之公議，故納杜延年之説，聽賢良、文學之議，務盡下情，而光無與焉，是以變更舊事，而天下安之，羣臣信之，功成而無後患。」

元鳳元年，上官桀父子既尊盛德長公主，欲爲丁外人求封侯，霍光不許。又爲外人求光禄大夫，欲令得召見，又不許。長主大以是怨光，而桀、安數爲外人求官爵弗能得，亦慙。又桀妻父所幸充國爲太醫監【一三】，闌入殿中，下獄當死。冬月且盡，蓋主爲充國入馬二十匹贖罪，乃得減死論。於是桀、安父子深怨光，而重德蓋主。自先帝時，桀已爲九卿，位在光右，及父子並爲將軍，皇后親安女，光乃其外祖，而顧專制朝事，由是與光爭權。燕王旦自以帝兄不得立，常懷怨望。及御史大夫桑弘羊建造酒榷、鹽鐵，爲國興利，伐其功，欲爲子弟得官，亦怨恨光。於是蓋主、桀、安、弘羊皆與旦通謀。旦遣孫縱之等前後十餘輩，多齎金寶、走馬賂遺蓋主、桀、弘羊等，又許令人爲燕王上書，言「光出都肄郎、羽林，道上稱趩，太官先置。」又引「蘇武使匈奴二十年不降，乃爲典屬國；大將軍長史敞無功【一四】，爲搜粟都尉；又擅調益莫府校尉。光專權自恣，疑有非常。臣旦願歸符璽，

【一二】庶人休息　「休」原作「利」，據《通典》卷十改。

【一三】太醫監　「太」原作「大」，據《漢書・外戚傳》改。

【一四】大將軍長史　「大」原作「夫」，據《漢書・霍光傳》改。

入宿衛，察姦臣變。」候司光出沐日奏之，桀欲從中下其事，弘羊當與諸大臣共執退光。書奏，帝不肯下。明旦，光聞之，止畫室中不入。上問：「大將軍安在？」桀對曰：「以燕王告其罪，故不敢入。」有詔召大將軍，光入，免冠頓首謝。上曰：「將軍冠。朕知是書詐也，將軍無罪。」光曰：「陛下何以知之？」上曰：「將軍之廣明，都郎屬耳。調校尉以來，未能十日，燕王何以得知之？且將軍爲非，不須校尉。」是時帝年十四，尚書、左右皆驚。而上書者果亡，捕之甚急。桀等懼，白上小事不足遂，上不聽。後桀黨與有譖光者，上輒怒曰：「大將軍忠臣，先帝所屬以輔朕身，敢有毀者坐之！」自是桀等不敢復言。唐李衛公論曰：「人君之德，莫大於至明，明以照姦，則百邪不能蔽矣，漢昭帝是也。周成王有慙德矣，高帝、文、景皆不如也。成王聞管、蔡流言，遂使周公狼跋而東。漢高聞陳平去魏背楚，欲捨腹心臣。漢文惑季布使酒難近，罷歸股肱郡；疑賈生擅權紛亂，遂踈賢士。景帝信誅晁錯兵解，遂戮三公。所謂『執狐疑之心，來讒賊之口』。使昭帝得伊、吕之佐，則成、康不足侔矣。」眉山李氏曰：「成王之時，衆賢夾輔，周公之謗爲易明。昭帝之時，左右多非其人，霍光之忠爲難辨。」桀等謀令長公主置酒請光，伏兵格殺之，因廢帝，迎立燕王爲天子。旦置驛書往來相報，許立桀爲王，外連郡國豪桀以千數。安又謀誘燕王至而誅之，因廢帝而立桀。或曰：「當如皇后何？」安曰：「逐麋之狗，當顧菟邪？且用皇后爲尊，一旦人主意有所移，雖欲爲家人亦不可得。此百世一時也。」會蓋主舍人父稻田使者燕倉知其謀，以告大司農楊敞。敞素謹，畏事不敢言，乃移病卧，以告諫大夫杜延年，延年以聞。九月，詔丞相部中二千石逐捕桀、安、弘羊、外人等，并宗族悉誅之。蓋主自殺。天子以璽書讓旦，旦以綬自絞死。皇后以年少，不與謀，亦霍光外孫，故得不廢。冬十月，封杜延年爲建平侯，燕倉爲宜城侯。故丞相徵事任宫捕得桀，爲弋陽侯。丞相少史王山壽誘安入府，爲商利侯。

光以朝無舊臣，光禄勳張安世自先帝時爲尚書令，志行純篤，乃白用安世爲右將軍兼光禄勳以自副焉。光又以杜延年有忠節，擢爲太僕、右曹、給事中。光持刑罰嚴，延年常輔之以寬，吏民上書言便宜，輒下延年平處復奏；言可官試者，至爲縣令；或丞相、御史除用，滿歲，以狀聞，或抵其罪法。

三年，燕蓋之亂，桑弘羊子遷亡，過父故吏侯史吴，後遷捕得，伏法。會赦，侯史吴自出繫獄，廷尉王平與少府徐仁雜治反事，皆以爲「桑遷坐父謀反而侯史吴臧之【一五】，非匿反者，乃匿爲隨者也」，即以赦令除吴罪。後侍御史治實，以「桑遷通經術，知父謀反而不諫爭，與反者身無異。侯史吴故三百石吏，首匿遷，不與庶人匿隨從者等，吴不得赦」，奏請覆治，劾廷尉、少府縱反者。少府徐仁，即丞相車千秋女壻也，故千秋數爲侯史吴言，恐大將軍光不聽，千秋即召中二千石、博士會公車門，議問吴法。議者知大將軍指，皆執吴爲不道。明日，千秋封上衆議，光於是以千秋擅召中二千石以下，外内異言，遂下廷尉平、少府仁獄。朝廷皆恐丞相坐之。太僕杜延年奏記光曰：「吏縱罪人，有常法，今更詆吴爲不道，恐於法深。又，丞相素無所守持而爲好言於下，盡其素行也。至擅召中二千石，

【一五】桑遷 「桑」原無，據《漢書·杜周傳》補。

甚無狀。延年愚，以爲丞相久故及先帝用事，非有大故，不可棄也。間者民頗言獄深，吏爲峻詆。今丞相所議，又獄事也，如是以及丞相，恐不合衆心，羣下讙譁，庶人私議，流言四布。延年竊重將軍失此名於天下也。」光以廷尉、少府弄法輕重，卒下之獄。夏，四月，仁自殺，平與左馮翊賈勝胡皆要斬。而不以及丞相，終與相竟。延年論議持平，合和朝廷，皆此類也。按：延年先言千秋之非，然後徐爲之解，曉人不當如是邪！

是時漢邊郡烽火候望精明，匈奴爲邊寇者少利，希復犯塞。漢復得匈奴降者，言烏桓嘗發先單于冢，匈奴怨之，方發二萬騎擊烏桓。霍光欲發兵邀擊之，以問護軍都尉趙充國，充國以爲「烏桓間數犯塞，今匈奴擊之，於漢便。又匈奴希寇盜，北邊幸無事，蠻夷自相攻擊而發兵要之，招寇生事，非計也」。光更問中郎將范明友，明友言可擊，於是拜明友爲度遼將軍，將二萬騎出遼東。匈奴聞兵至，引去。初，光誡明友「兵不空出，即後匈奴，遂擊烏桓」，烏桓時新中匈奴兵，明友既後匈奴，因乘烏桓敝，擊之，斬首六千餘級，獲三王首。匈奴由是恐，不能復出兵。按：充國之言可謂忠計，霍光不從，而從明友之言，過矣。既又白遣傅介子刺樓蘭王，而侯明友、介子，此豈孝文之政所有耶？

四年春，正月甲戌，富民定侯田千秋薨，時政事壹決大將軍光。千秋居丞相位，謹厚自守而已。

五年十二月，丞相宜春侯王訢薨。六年冬十一月，以楊敞爲丞相。按：是時丞相虛位者一年。

元平元年，夏四月癸未，帝崩。潁濱蘇氏曰：「昭帝十四而辨上官桀之詐，其明過於成王。然成王之壽考，吾以爲周公之功；昭帝之短折，吾以爲霍光之過。夫壽夭雖出於天，而人事嘗參焉。成王之居幼也，以周、召爲之師保，而左右前後率皆賢臣，起居飲食日與之接。逮其壯且老也，志氣已定，其能安富貴而易死生，蓋無足怪者。今昭帝所任惟光，光雖忠厚篤實，不學無術，所與共事者，惟張安世，所與斷幾事者，惟田延年。士之通經術識義理者，光不任也。使帝居深宫，近嬖幸，雖天資明斷，而無以養之，則朝夕之所以蠱之者，衆矣，安能及遠乎？吁！漢昭有過人之明，而不能導之以學，此所以爲霍光之過也。」帝崩無嗣，時武帝子獨有廣陵王胥，大將軍光與羣臣議所立，咸持廣陵王。王本以行失道，先帝所不用。光内不自安。郎有上書言【一六】：「周太王廢太伯立王季，文王舍伯邑考立武王，唯在所宜，雖廢長立少可也。廣陵王不可以承宗廟。」言合光意。光以其書示丞相敞等，擢郎爲九江太守，即日承皇后詔，遣行大鴻臚事少府樂成、宗正德、光禄大夫吉、中郎將利漢，迎昌邑王賀，乘七乘傳詣長安邸。光又白皇后，徙右將軍安世爲車騎將軍。賀，昌邑哀王之子也，在國素狂縱，動作無節。武帝之喪，賀游獵不止，中尉王吉上疏諫，使謁者賜牛、酒，後復放縱自若。郎中令龔遂亦數諫爭，王終不改節。及徵書至，夜漏未盡一刻，以火發書。其日中，王發。晡時，至定陶，行百三十五里，侍從者馬死相望於道。王吉奏書戒王曰：「臣聞高宗諒闇，三年不言。今大王以喪事徵，宜日夜哭泣悲哀而已，慎毋有所發。大將軍仁愛、勇智、忠信之德，天下莫不聞，事孝武皇帝二十餘年，未嘗有過。先帝棄羣臣，屬以天下，寄幼孤焉。大將軍抱持

【一六】郎有上書言　「上」原作「安」，據《漢書·霍光傳》改。

幼君繈褓之中，布政施教，海内晏然，雖周公、伊尹，無以加也。今帝崩無嗣，大將軍惟思可以奉宗廟者，攀援而立大王，其仁厚豈有量哉！臣願大王事之，敬之，政事壹聽之，大王垂拱南面而已。願留意，常以爲念。」王既立，淫戲無度，昌邑官屬皆徵至長安，往往超擢拜官，相安樂遷長樂衛尉，龔遂見安樂，流涕謂曰：「王立爲天子，日益驕溢，哀痛未盡，日與近臣飲食作樂，所爲悖道。君，陛下故相，宜極諫爭！」王夢青蠅矢，以問遂，遂曰：「陛下左側讒人衆多，宜進先帝大臣子孫親近以爲左右。」王不聽。太僕丞張敞諫，王亦不聽。大將軍光憂懣，獨以問所親故吏大司農田延年，延年曰：「將軍爲國柱石，審此人不可，何不建白太后，更選賢而立之？」光曰：「於古嘗有此不？」延年曰：「伊尹相殷，廢太甲以安宗廟，後世稱其忠。將軍若能行此，亦漢之伊尹也。」光乃引延年給事中，陰與車騎將軍張安世圖計。王出遊，光禄大夫夏侯勝當乘輿前諫曰：「天久陰而不雨，臣下有謀上者。陛下出，欲何之？」王怒，謂勝爲祆言，縛以屬吏。吏白霍光，光不舉法。光讓安世，以爲泄語，安世實不言，乃召問勝，勝對言：「在《鴻範傳》曰：『皇之不極，厥罰常陰，時則下人有伐上者。』惡察察言，故云臣下有謀。」光、安世大驚，以此益重經術士。光、安世既定議，乃使田延年報丞相楊敞，敞驚懼，不知所言，汗出洽背，徒唯唯而已。延年起，至更衣，敞夫人遽從東廂謂敞曰：「此國大事，今大將軍已定議，使九卿來報君侯，君侯不疾應，與大將軍同心，猶與無決，先事誅矣！」延年從更衣還，敞夫人與延年參語許諾：「請奉大將軍教令。」癸巳，光召丞相、御史、將軍、列侯、中二千石、大夫、博士會議未央宫，光曰：「昌邑王行昏亂，恐危社稷，如何？」羣臣皆驚鄂失色，莫敢發言，但唯唯而已。田延年前，離席按劒曰：「先帝屬將軍以幼孤，寄將軍以天下，以將軍忠賢，能安劉氏也。今羣下鼎沸，社稷將傾，且漢之傳謚常爲孝者，以長有天下，令宗廟血食也。如令漢家絶祀【一七】，將軍雖死，何面目見先帝於地下乎？今日之議，不得旋踵，羣臣後應者，臣請劒斬之。」光謝曰：「九卿責光是也。天下匈匈不安，光當受難。」於是議者皆叩頭曰：「萬姓之命，在於將軍，唯大將軍令。」光即與羣臣俱見白太后，且陳昌邑王不可以承宗廟狀。皇太后乃駕幸未央承明殿，詔諸禁門毋内昌邑羣臣。王入朝太后還，乘輦欲歸温室，中黄門宦者各持門扇，王入，門閉，昌邑羣臣不得入。王曰：「何爲？」大將軍跪曰：「有皇太后詔，毋内昌邑羣臣。」王曰：「徐之，何乃驚人如是？」光使盡驅出昌邑羣臣，置金馬門外，車騎將軍安世將羽林騎，收縛二百餘人，皆送廷尉詔獄。令故昭帝侍中中臣侍守王，光勑左右：「謹宿衛。卒有物故自裁，令我負天下，有殺主名。」王尚未自知當廢，謂左右：「我故羣臣從官安得罪，而大將軍盡繫之乎？」頃之，有太后詔召王。王聞召，意恐，乃曰：「我安得罪而召我哉？」太后被珠襦盛服，坐武帳中，侍御數百人皆持兵，期門武士陛戟陳列殿下，羣臣以次上殿，召昌邑王伏前聽詔。光與羣臣連名奏王，尚書令讀奏曰：「丞相臣敞等昧死言皇太后陛下：孝昭皇帝早棄天下，遣使徵昌邑王典

【一七】如令漢家絶祀　「令」原無，據《漢書·霍光傳》補。

喪，服斬衰，無悲哀之心，廢禮誼，居道上不素食，使從官略女子載衣車，内所居傳舍。始至謁見，立爲皇太子，常私買雞豚以食。受皇帝信璽大行前，就次，發璽不封。從官更持節引内昌邑從官、騶宰、官奴二百餘人，常與居禁闥内敖戲。爲書曰：『皇帝問侍中君卿，使中御府令高昌奉黄金千斤，賜君卿取十妻。』大行在前殿，發樂府樂器，引内昌邑樂人擊鼓歌吹，作俳倡。召内泰壹、宗廟樂人，悉奏衆樂。駕法駕驅馳北宫、桂宫，弄彘，鬬虎。召皇太后御小馬車，使官奴騎乘，遊戲掖庭中。與孝昭皇帝宫人蒙等淫亂，詔掖庭令：『敢泄言，要斬。』」太后曰：「止。爲人臣子，當悖亂如是邪！」王離席伏。尚書令復讀曰：「取諸侯王、列侯、二千石綬及墨綬、黄綬以并佩昌邑郎官者免奴。發御府金錢、刀劍、玉器、采繒，賞賜所與遊戲者。與從官、官奴夜飲，湛沔於酒。獨夜設九賓温室，延見姊夫昌邑關内侯。祖宗廟祠未舉，爲璽書，使使者持節以三太牢祠昌邑哀王園廟，稱嗣子皇帝。受璽以來二十七日，使者旁午，持節詔諸官署徵發凡一千一百二十七事。荒淫迷惑，失帝王禮誼，亂漢制度。臣敞等數進諫，不變更，日以益甚，恐危社稷，天下不安。臣敞等謹與博士議，皆曰今陛下嗣孝昭皇帝後，行淫辟不軌。『五辟之屬，莫大不孝。』周襄王不能事母，《春秋》曰『天王出居于鄭』，由不孝出之，絶之於天下也。愚按：所引《春秋》，非經本指。宗廟重於君，陛下不可以承天序，奉祖宗廟，子萬姓，當廢。臣請有司以一太牢具告祠高廟。」皇太后詔曰：「可。」光令王起，拜受詔。王曰：「聞天子有爭臣七人，雖亡道不失天下。」光曰：「皇太后詔廢，安得稱天子？」乃即持其手，解脱其璽組，奉上太后，扶王下殿，出金馬門，羣臣隨送。王西面拜曰：「愚戇，不任漢事。」起，就乘輿副車，大將軍光送至昌邑邸，謝曰：「王行自絶於天，臣寧負王，不敢負社稷。願王自愛，臣長不復左右。」光涕泣而去。羣臣奏言：「古者廢放之人，屏於遠方，不及以政。請徙王賀漢中房陵縣。」太后詔歸賀昌邑，賜湯沐邑二千户，故王家財物皆與賀。及哀王女四人，各賜湯沐邑千户。國除，爲山陽郡。昌邑羣臣坐在國時不舉奏王罪過，又不能輔道，皆下獄，誅殺二百餘人。唯中尉吉、郎中令遂以忠直數諫正，得減死，髡爲城旦。師王式繫獄當死，使者責問曰：「師何以無諫書？」式對曰：「臣以《三百五篇》諫，是以無諫書。」使者以聞，亦得減死論。霍光以羣臣奏事東宫，太后省政宜知經術，白令夏侯勝用《尚書》授太后，遷勝長信少府，賜爵關内侯。按：光廢昏立明，其有功於漢甚大，然昌邑之始立，亦不能無罪焉。蓋王之在國，奢淫無度，非一日矣，王吉、龔遂流涕慟哭以諫，不爲之改，是豈足以承宗廟、子萬姓乎？光知而立之，是不忠也；不知而立之，是不明也。及昌邑之廢，其羣臣導王爲惡者，誠不可不誅，然罪有重輕，固宜甄别，焉有二百餘人，盡行殄戮之理？前輩謂昌邑羣臣，必有圖光者，故光悉誅之，如此是爲身謀，非國計也。況王吉、龔遂盡忠極言，正宜優加褒異，以爲人臣之勸，而乃髡爲城旦，是與附和者同科，特貸其死耳。光之舉措失當如此，其咎在於不學故也，至若命儒臣以經術授太后，則愚無得而議焉。

昌邑王廢，霍光與張安世諸大臣議所立，未定。丙吉奏記光曰：「將軍事孝武皇帝，受襁褓之屬，任天下之寄。孝昭皇帝早崩亡嗣，海内憂懼，欲亟聞嗣主。發喪之日，以大誼立後，所立非其人，復以大誼廢之，天下莫不服焉。方今，社稷、宗廟、羣生之命在將軍之壹舉，竊伏聽於衆庶，察其所言諸侯、宗室在列位者，未有所聞於民間也。而遺詔所養武帝曾孫名病已在掖庭外家者，吉前使居郡邸時，見其幼少，至今十八九矣，通經術，有美材，行安而節和。願將軍詳大義，參以蓍龜豈宜，褒顯先使入侍，令天下昭然知之，然後決定大策，天下幸甚！」杜延年亦知曾孫德美，勸光、安世立焉。秋七月，光坐庭中，會丞相以下議定所立，遂復與丞相敞等上奏曰：「孝武皇帝曾孫病已，年十八，師受《詩》、《論語》、《孝經》，躬行節儉，慈仁愛人，可以嗣孝昭皇帝後，奉承祖宗廟，子萬姓。臣昧死以聞。」皇太后詔曰：「可。」光遣宗正德至曾孫家尚冠里，洗沐，賜御衣。太僕以軨獵車迎曾孫，就齋宗正府。庚申，入未央宫，見皇太后，封爲陽武侯。已而羣臣奏上璽綬，即皇帝位，謁高廟，尊皇太后爲太皇太后。侍御史嚴延年劾奏：「大將軍光擅廢立主，無人臣禮，不道。」奏雖寢，然朝廷肅然敬憚之。延平陳氏曰：「知其言之必不行，而不可以不言，則其言所補者大矣，嚴延年之言是也。」

八月，安平敬侯楊敞薨。九月，蔡義爲丞相。胡氏曰：「霍光以大將軍斷國，當孝昭時，車千秋薨二年，然後拜楊敞相，蓋少昭帝也；當孝宣初，楊敞薨後十日，即拜蔡義相，不敢少宣帝也。光素以小心謹慎，未嘗有過，爲武帝所識拔，既廢立在手，志意遂肆，丞相虚位至二年之久，又擇畏事不敢言如楊敞者乃與之，豈非輕視其君歟？敞薨之時，宣帝初立，而嚴延年劾奏光擅廢立，無人臣禮，奏雖寢，而朝廷肅然，光爲是故少憚也歟？夫有所畏則戒，無所忌則橫，與向者下殿門進止有常處，何其二心哉？是故君子不仁，則難乎有常德也。」

初，許廣漢女適皇曾孫，一歲，生子奭。數月，曾孫立爲帝，許氏爲倢伃。是時霍將軍有小女與皇太后親，公卿議更立皇后，皆心擬霍將軍女，亦未有言。上乃詔求微時故劍，大臣知指，白立許倢伃爲皇后。十一月壬子，立皇后許氏。霍光以后父廣漢刑人，不宜君國，歲餘，乃封爲昌成君。胡氏曰：「嗚呼！霍光覆宗之禍，終始以許氏也歟？宣帝側微，已娶許氏，既登大寶，則天下母也，公卿乃議廢之，而心屬光女，不逆理乎？光雖未言，而意誠欲其然也。何以知之？以不封許廣漢，則知其慍許后之立也。妻顯邪謀，蓋肇於此。光謂廣漢不可君國，獨不念皇曾孫之嘗坐郡邸獄而爲罪人乎？不忌如此，宣帝内不能善，豈一日之積乎？」

孝宣本始元年春，詔有司論定策安宗廟功。大將軍光益封萬七千户，與故所食凡二萬户。車騎將軍富平侯安世以下益封者十人，封侯者五人，賜爵關内侯者八人。大將軍光稽首歸政，上謙讓不受。諸事皆先關白光，然後奏御。自昭帝時，光子禹及兄孫雲皆爲中郎將；雲弟山，奉車都尉、侍中，領胡越兵；光兩女壻爲東、西宫衛尉；昆弟、諸壻、外孫皆奉朝請，爲諸曹、大夫、騎都尉、給事中：黨親連體，根據於朝廷。及昌邑王廢，光權益重，每朝見，上虚己斂容，禮下之已甚。胡氏曰：「富貴權利之能封殖人乎？抑人保之而不能舍也？霍光少即通顯，事武帝二十年，出入禁闥，擁昭止宣，製斷國命，又十四年矣。當昭帝時，爲上幼沖，受顧托之重，未敢去位，尚有説也。孝宣壯長，興自閭閻，爰知小人之依，其能君也審矣。光雖稽首歸政，以禮文而辭，實未肯去，則何説哉？又使事先白己，然後奏御，是君臣易道，凡有不便於己、忠告於君者，皆不得上達，罔上迷國，罪已不勝誅矣。況吝權怙勢，又復五年，使人主蓄怒，朝臣積忿，光而未死，亦且不能免也。嗚乎！苟聞伊尹寵利之戒，法老氏止足之言，於上謙讓不受之時，誠懇力辭，歸守博陸，子弟親黨悉令補外，則帝之眷顧，將十世是宥，安有沉溺盈溢、自取顛覆之禍也哉？」

初，上官桀與霍光爭權，光既誅桀，遂遵武帝法度，以刑罰痛繩羣下，由是俗吏皆尚嚴酷以爲能，而河南太守丞淮陽黄霸，獨用寬和爲名【一八】。上在民間時，知百姓苦吏急也，聞霸持法平，乃召以爲廷尉正，數決疑獄，庭中稱平。按：事有因懲創而失之者，有因忿嫉而失之者。景帝以七國之難，而踈宗室；武帝以田蚡之專，而抑宰相；光武以王莽之篡，而不任功臣：此因懲創而失之者也。霍光既誅上官桀，而以刑罰繩下，此則因忿嫉而失之者也。方其有所懲創，有所忿嫉也，自謂得矯革之宜，不知異日之害，正自兹始。昔者四國流言之變起於管、蔡、武庚，而周公不以是而踈同姓，疾頑民，《棠棣》之詩，懇惻諄切，《洛誥》諸書，丁寧反復，此其所以爲聖人之心歟！夫光所以有功於漢者，以其修孝文之政也，今曾幾何而復用武帝之政，致使俗吏皆尚嚴酷以爲能，始初美意，於是乎掃地矣！

三年春，大司農田延年有罪自殺。昭帝之喪，大司農僦民車，延年許增僦直，盜取錢三千萬，爲怨家所告。霍將軍召問延年，欲爲道地，延年抵曰：「無有是事。」光曰：「即無事，當窮竟。」御史大夫田廣明謂太僕杜延年曰：「《春秋》之意，以功覆過。當廢昌邑王時，非田子賓之言，大事不成，今縣官出三千萬自乞之，何哉？願以愚言白大將軍。」延年言之大將軍，大將軍曰：「誠然，實勇士也！當發大議時，震動朝廷。謝田大夫曉大司農，通往就獄，得公議之。」田大夫使人語延年，延年曰：「幸縣官寬我耳，何面目入

【一八】獨用寬和　「用」原作「臣」，據《漢書・循吏傳》改。

牢獄，使衆人指笑我，卒徒唾吾背乎！」即閉閤獨居。使者召延年詣廷尉，聞鼓聲，自刎死。按：田廣明之言是也，然光令就獄得公議之，未必無宥之之意，延年遽自殺，則過矣。

昭帝時，烏孫公主上書，公主，漢女之妻烏孫。言：「匈奴與車師共侵烏孫，唯天子幸救之！」漢養士馬，議擊匈奴，會昭帝崩，上遣光禄大夫常惠使烏孫。烏孫公主及昆彌皆遣使上書，言：「匈奴復連發大兵，侵擊烏孫，使使謂烏孫趣持公主來，欲隔絶漢。昆彌願發精兵五萬騎擊匈奴，唯天子出兵以救公主、昆彌！」先是匈奴數侵漢邊，漢亦欲討之。秋，大發兵，遣御史大夫田廣明爲祁連將軍，四萬餘騎，出西河。度遼將軍范明友三萬餘騎，出張掖。前將軍韓增三萬餘騎，出雲中。後將軍趙充國爲蒲類將軍，三萬餘騎，出酒泉。雲中太守田順爲虎牙將軍，三萬餘騎，出五原。期以出塞各二千餘里。以常惠爲校尉，持節護烏孫兵共擊匈奴。

三年春，正月癸亥，恭哀許皇后崩。時霍光夫人顯欲貴其小女成君，道無從。會許后當娠，病。女醫淳于衍者，霍氏所愛，嘗入宫侍皇后疾。衍夫賞爲掖庭户衛，謂衍「可過辭霍夫人，行爲我求安池監」，衍如言報顯，顯因生心，辟左右，字謂衍曰：「少夫幸報我以事，我亦欲報少夫，可乎？」衍曰：「夫人所言，何等不可者？」顯曰：「將軍素愛小女成君，欲奇貴之，願以累少夫。」衍曰：「何謂邪？」顯曰：「婦人免乳，大故，十死一生。今皇后當免身，可因投毒藥去也，成君即爲皇后矣。如蒙力事成，富貴與少夫共之。」衍曰：「藥雜治，當先嘗，安可？」顯曰：「在少夫爲之耳。將軍領天下，誰敢言者？緩急相護，但恐少夫無意耳。」衍良久曰：「願盡力。」即擣附子，賫入長定宫。皇后免身後，衍取附子并合太醫大丸以飲皇后，有頃，曰：「我頭岑岑也，藥中得無有毒？」對曰：「無有。」遂加煩懣，崩。衍出，過見顯，相勞問，亦未敢重謝衍。後人有上書告諸醫侍疾無狀者，皆收繫詔獄，劾不道。顯恐急，即以狀具語光，因曰：「既失計爲之，無令吏急衍。」光大驚，欲自發舉，不忍，猶與。會奏上，光署衍勿論。顯因勸光内其女入宫。胡氏曰：「猶豫凶德乎？有當猶豫者，不決於爲惡也。猶豫吉德乎？有不當猶豫者，不勇於爲善也。光於此不當猶豫而猶豫，故卒陷於惡。惜乎，其不知義也！諺曰：『欲投鼠而忌器。』鼠近於器，尚憚不投，況后之於帝爲敵體乎？《春秋》誅首惡，又深惡黨惡者。顯毒殺許后，而光陰庇之，不忍舉覺，是與聞乎弑矣。弑天下之母，其罪云何？手握大權，制斷四海，廢一君，立一主，妻毒皇后，而『署衍勿論』，上侵之勢，不太迫乎！尋即納女，遂登至尊，向者不封許廣漢，其効又見於此矣。顧且猶豫於發覺，無乃本心欲壻宣帝已久耶？史稱光沈静詳審，而不審乃爾，豈非富貴生不仁乎？可不戒哉！」愚謂：顯之敢爲此者，知光之可恃也。漢有良史，宜書曰「霍光殺皇后許氏」，則當其罪矣。昔石碏惟不私其子，故能爲衛之純臣，使光嘗聞碏之風，宜不至是。然光之於古，不知有伊尹，又安知有石碏邪？此不學之罪也。然金日磾固嘗殺弄兒矣，推日磾不私其子之心，使其妻有顯之事，亦必不私之矣。此光之同列也，而不知効其所爲，況望其能爲石碏邪？光平生忠節，至此爲一私所掩，遂與弑誤同利，然則學者其可不以去私爲本也哉！

戊辰，五將軍發長安。匈奴聞漢兵大出，老弱奔走，驅畜産遠遁逃【一九】，是以五將少所得。夏五月，軍罷。虎牙以不至期，詐增虜獲；祁連知虜在前，逗留不進：皆下吏，自

【一九】驅畜産　「驅」原作「毆」，據《漢書·匈奴傳》改。

殺。烏孫昆彌自將五萬騎與校尉常惠從西方入，至右谷蠡王庭，有所虜獲。上以五將皆無功，獨惠奉使克獲，封爲長羅侯。然匈奴民衆傷而去者及畜産遠移死亡，不可勝數。於是匈奴遂衰耗，怨烏孫。上復遣常惠持金幣還賜烏孫貴人有功者，惠因奏稱龜茲國嘗殺校尉賴丹，未伏誅，請便道擊之。帝不許。大將軍光風惠以便宜從事。惠與吏士五百人俱至烏孫，發兵攻龜茲。兵未合，先遣人責其王以前殺漢使狀，王謝曰【二〇】：「乃我先王時爲貴人姑翼所誤耳，我無罪。」惠曰【二一】：「即如此，縛姑翼來，吾置王。」王執姑翼詣惠，惠斬之而還。按：光此舉見其非不喜邊功者，且帝不許，而自風常惠，使便宜從事，蓋顓恣已久，不自知其非也。

四年春三月乙卯，立霍光女爲皇后。初，許后起微賤，登至尊日淺，從官車服甚節儉；及霍后立，輿駕、侍從益盛，賞賜官屬以千萬計，與許后時縣絶矣。

夏四月，郡國四十九地震，或山崩水出，詔曰：「災異者，天地之戒也。迺者地震北海、琅邪，壞祖宗廟，朕甚懼焉。丞相、御史其與列侯、中二千石博問經學之士，有以應變，輔朕之不逮，無有所諱。」胡氏曰：「地者，妻道也，臣道也，宜靜而動，動者陽也。霍氏既毒殺許后，是歲春，立其女居中宫，光與顯偃然爲外舅父母，專制内外。顯也又有殺皇太子之心，宣帝之勢甚孤。咎徵著見，山石崩，城郭壞，壓殺人民，覆祖宗廟，陰盛之變大矣，而霍光不戒於宜靜而動之理。夫地不能終動，與天健同也，其動爲反常逆氣，臣道不寧之象，不既白乎？離權去位，凋落榮寵，貴而能降，尚可及止也。宣帝詔『問經學之士，有以應變，毋諱』，而不聞端言直指變異之所由者，良由畏光，故爾鉗結。使宣帝恐懼祗畏，以象類求禮退大將軍，姑遣就國，其族屬黨姻皆有以善處之，雖不救

【二〇】王謝曰「王」原無，據《漢書·常惠傳》補。

【二一】惠曰「惠」原作「惡」，據《漢書·常惠傳》改。

顯，衍挾毒之禍，而禹、山、雲他日之變，亦消弭矣。然而宣帝計不出此者，非其智之不及，自度其才足以制之也。正使光自生變，帝尚不以爲難，況顯、禹乎？稔惡以張之，既成而誅之，禽縱在手，孝宣之術高矣，然非人君之道也。」

地節二年春，霍光病篤，車駕自臨問，上爲之涕泣。光上書謝恩，願分國邑三千户以封兄孫奉車都尉山爲列侯，奉兄去病祀。即日，拜光子禹爲右將軍。三月庚午，光薨。上及皇太后親臨光喪，中二千石治冢，賜梓宮、葬具皆如乘輿制度，謚曰宣成侯。胡氏曰：「人臣而用天子之禮，宣帝之賜，霍氏之受皆非也。霍顯、山、雲生僭亂之心，未必非此啓之。」發三河卒穿復土，置園邑三百家，長、丞奉守。下詔復其後世，疇其爵邑，世世無有所與。御史大夫魏相上封事曰：「國家新失大將軍，宜顯明功臣以填藩國，毋空大位，以塞爭權。宜以車騎將軍安世爲大將軍，毋令領光禄勳事。以其子延壽爲光禄勳。」上亦欲用之。夏四月戊申，以安世爲大司馬、車騎將軍，領尚書事。按：魏相此言，雖爲抑制霍氏，然以張安世爲大將軍，又必以光禄勳處其子，是父子俱典兵衛也。善謀國者，當慮其所終，稽其所弊，儻於此時，正宰相之任，使政歸朝廷，是乃百世之長利也。一大將軍死，又以一大將軍領軍國之事，是宰相終無得政之時，而中外朝不可復合矣。成周制治之體統，固不若是，高、文之世，亦未之有也。借曰安世謹厚，可以付此，光之初不謹厚乎？故愚以此爲相之過與孝宣之失。

五月，上始親政事，又思報大將軍功德，迺復使樂平侯山領尚書事，師古曰：「霍山，光之兄孫。」而令羣臣得奏封事，以通下情。五日一聽事，自丞相以下各奉職奏事，以傅奏其言【二二】，考試功能。侍中尚書功勞當遷及有異善，厚加賞賜，至于子孫，終不改易。樞機周密，品式備具，上下相安，莫有苟且之意。按：帝政事之材如此，而光不知早退，亦可謂愚矣。魏相

【二二】以傅奏其言　「傅」原作「傳」，據《漢書·宣帝紀》改。

因昌成君許廣漢奏封事，言「《春秋》譏世卿，惡宋三世爲大夫及魯季孫之專權，皆危亂國家。自後元以來，禄去王室，政由冢宰。今光死，子復爲右將軍【二三】，兄子秉樞機，昆弟、諸壻據權勢，在兵官。光夫人顯及諸女皆通籍長信宮，或夜詔門出入，驕奢放縱，恐寖不制。宜有以損奪其權，破散陰謀，以固萬世之基，全功臣之世。」又故事：諸上書者皆爲二封，署其一曰副，領尚書者先發副封，所言不善，屏去不奏。相復因許伯白去副封以防壅蔽。帝善之，詔相給事中，皆從其議。

三年夏四月，立子奭爲皇太子，又封霍光兄孫中郎將雲爲冠陽侯。霍顯聞立太子，恚不食，歐血，曰：「此乃民間時子，安得立？即后有子，反爲王邪？」復教皇后令毒太子。皇后數召太子賜食，保、阿輒先嘗之，后挾毒不得行。

六月，以魏相爲丞相，丙吉爲御史大夫。京師大雨雹，大行丞蕭望之上疏，願賜清閒之宴【二四】，口陳災異之意。帝自在民間聞望之名，曰：「此東海蕭生邪？」下少府宋畸問狀。望之對，以爲：「《春秋》昭公三年，大雨雹，是時，季氏專權，卒逐昭公。鄉使魯君察於天變，宜亡此害。今陛下思政求賢，而善祥未臻，陰陽不和，是大臣任政，一姓擅勢之所致也。附枝大者賊本心，私家盛者公室危。惟明主躬萬機，選同姓，舉賢材，以爲腹心，與參政謀，令公卿大臣朝見奏事，明陳其職，以考功能。如是，則庶事理，公道立，姦邪塞，私權廢矣。」對奏，天子拜望之爲謁者。時，上思進賢良，多上書言便宜，輒下望之問狀，

【二三】右將軍　「右」原作「石」，據《資治通鑑》卷二十四改。案：《漢書·魏相傳》作「大」。

【二四】清閒之宴　「閒」原作「間」，據《漢書·蕭望之傳》改。

高者請丞相御史，師古曰：「望之以其人所言之狀請於丞相御史，或以奏聞，即見超擢。」次者中二千石試事，滿歲以狀聞【二五】。師古曰：「試令行其所言之事，或以諸它職事試之。」下者報聞，或罷歸田里，所白處奏皆可。師古曰：「當主上之意也。」　愚按：宣帝懲霍光之專，其所以開言路、通下情者如此，天下安得不治？累遷諫大夫，丞相司直，歲中三遷，官至二千石。其後霍氏竟謀反誅，望之寖益任用。按：霍光秉政，長史丙吉薦儒生王仲翁與望之等數人，皆召見。先是上官桀與蓋主謀殺光，光既誅桀等，後出入自備，吏民當見者，露索去刀兵，兩吏挾持。望之獨不肯聽，自引出閤曰：「不願見。」吏牽持匈匈，光聞之，告吏勿持。望之既前，説光曰：「將軍以功德輔幼主，將以流大化，致治平，是以天下之士延頸企踵，爭願自効，以輔高明。今士見者，皆先露索挾持，恐非周公相成王、躬吐握之禮，致白屋之意。」於是光獨不除用望之，而仲翁等皆補大將軍史。按：桀、安之謀，起於與光爭權，乃因是例疑人之圖己，光之度既不洪矣，而待士之禮又如此，宜賢者望望而去之，而所與共事者皆奴事馮子都之人，安得聞禍敗之戒哉！

霍禹既嗣爲博陸侯，太夫人顯改光自造塋制而侈大之，廣治第室，作乘輿輦，游戲第中。按：史載顯等僭侈事甚詳，今叙其略。又云：「初，光愛幸監奴馮子都，常與計事，及顯寡居，與子都亂。」此本不見録。光任國大政，乃與奴計事，何能有所裨益？又可見其家政之不修云。而禹、山亦並繕治第宅，走馬馳逐平樂館【二六】。雲當朝請，數稱病私出，使蒼頭奴上朝謁【二七】，莫敢譴者。而顯及諸女，晝夜出入長信宮殿中，亡期度。師古曰：「長信宮，上官太后所居。」宣帝自在民間，聞知霍氏尊盛日久，內不能善。光薨，上始躬親朝政，御史大夫魏相給事中。顯謂禹、雲、山：「女曹不務奉大將軍餘業，今大夫給事中，他人壹間，女復能白救邪？」又云：「後兩家奴爭道，霍氏

【二五】以狀聞　「狀」原作「次」，據《漢書·蕭望之傳》改。

【二六】平樂館　「館」原作「觀」，據《漢書·霍光傳》改。

【二七】蒼頭　原作「倉頭」，據《漢書·霍光傳》改。

奴入御史府，欲蹋大夫門，御史爲叩頭謝，乃去。人以謂霍氏，顯等乃知憂。」會魏大夫爲丞相，數燕見言事。平恩侯與侍中金安上等徑出入省中。時霍山自若領尚書，師古曰：「自若猶言如故也。」上令吏民得奏封事【二八】，不關尚書，羣臣進見獨往來，於是霍氏甚惡之。上始聞許后事而未察，迺徙光女壻度遼將軍、未央衛尉范明友爲光禄勳，按《百官表》：將軍掌兵，衛尉掌宫門衛屯兵。次壻諸吏中郎將、羽林監任勝出爲安定太守【二九】。諸吏加官，中郎將監羽林，秩比二千石，蓋宿衛官。數月，復出光姊壻給事中、光禄大夫張朔爲蜀郡太守，給事中加官，光禄大夫主議，秩比二千石。羣孫壻中郎將王漢爲武威太守。頃之，復徙光長女壻長樂衛尉鄧廣漢爲少府。更以張安世爲衛將軍，兩宫衛尉，城門、北軍兵屬焉。於是霍氏無復掌兵者矣。以霍禹爲大司馬，冠小冠，亡印綬，罷其屯兵官屬，特使禹官名與光俱大司馬者。又收范明友將軍印綬，但爲光禄勳。及光中女壻趙平爲散騎、騎都尉、光禄大夫，將屯兵，又收平騎都尉印綬。騎都尉監羽林，秩比二千石。諸領胡越騎、羽林及兩宫衛將屯兵【三〇】，悉易以所親信許、史子弟代之。按：宣帝收霍光兵權是矣，而又以許、史子弟代之，其與幾何？王氏移漢兆於此矣。禹爲大司馬，稱病。禹故長史任宣候問【三一】，禹曰：「我何病？縣官非我家將軍不得至是，如淳曰：「縣官，謂天子。」今將軍墳墓未乾，盡外我家，反任許、史，奪我印綬，令人不省死。」宣見禹恨望深，謂曰：「大將軍時何可復行？持國權柄，殺生在手中。廷尉李种、王平、左馮翊賈勝胡及車丞相女壻少府徐仁皆坐逆將軍意下獄死。使樂成小家子得幸將軍，至九卿封侯。師古曰：「使者樂成姓

【二八】封事　「封」原作「對」，據《漢書·霍光傳》改。

【二九】出爲安定太守　「出」原無，據《漢書·霍光傳》補。

【三〇】衛將　「將」原作「尉」，據《漢書·霍光傳》改。

【三一】禹故長史　「禹」原無，據《漢書·霍光傳》補。

也，字或作史。」百官以下但事馮子都、王子方等，服虔曰：「皆光奴。」視丞相亡如也。各自有時，今許、史自天子骨肉，貴正宜耳。大司馬用是怨恨，愚以爲不可。」禹默然。數日，起視事。觀任宣此言，則光顓恣之狀可知矣。顯及禹、山、雲自見日侵削，數相對啼泣，自怨。山曰：「今丞相用事，縣官信之，盡變易大將軍時法令，發揚大將軍過失。又諸儒生多窶人子，遠客飢寒，喜妄説狂言，不避忌諱，大將軍常讎之。按：此則光之薄寒士、嫉忠言如此，豈大臣之度哉？今陛下好與諸儒生語，人人自使書對事【三二】，多言我家者。嘗有上書言大將軍時主弱臣强，專制擅權，今其子孫用事，昆弟益驕恣，恐危宗廟，災異數見，盡爲是也。其言絶痛，山屏不奏。後上書者盡奏封事，輒下中書令取之，不關尚書，益不信人。」顯曰：「丞相數言我家，獨亡罪乎？」山曰：「丞相廉正，安得罪？按：魏相以廉正而霍氏不能求其罪，袁安、任隗素行高，而竇氏不能害之，故曰枉己者未有能直人者也。我家昆弟多不謹。又聞民間讙言霍氏毒殺許皇后，寧有是邪？」顯具以實告山、雲、禹。山、雲、禹曰：「此大事，誅罰不小，奈何？」於是始有邪謀矣。會李竟坐事，辭語及霍氏，事不録。有詔雲、山不宜宿衛，免，就第。山陽太守張敞上封事曰：「臣聞公子季友有功於魯，趙衰有功於晉，田完有功於齊，皆疇其庸，延及子孫，終後田氏篡齊，趙氏分晉，季氏顓魯。故仲尼作《春秋》，迹盛衰，譏世卿最甚。乃者大將軍決大計，安宗廟，定天下，功亦不細矣。夫周公七年耳，而大將軍二十歲，海內之命斷於掌握。方其隆時，感動天地，侵迫陰陽。朝臣宜有明言曰：陛下褒寵大將軍以

【三二】自使書　「使」原無，據《漢書·霍光傳》補。

報功德足矣。間者輔臣顓政，貴戚太盛，君臣之分不明，請罷霍氏三侯皆就第。及衛將軍張安世，宜賜几杖歸休，時存問召見，以列侯爲天子師。明詔以恩不聽，羣臣以義固爭而終許之，天下必以陛下爲不忘功德而朝臣爲知禮，霍氏世世無所患苦。今朝廷不聞直聲，而令明詔自親其文，非策之得者也。今兩侯已出，人情不相遠，以臣心度之，大司馬及其枝屬必有畏懼之心。夫近臣自危，非完計也。臣敞願於廣朝白發其端，直守遠郡，直音值。其路無由。唯陛下省察。」上甚善其計，然不召也。按：張敞之意在於抑退霍氏，而保全其宗族，此家國兩全之計也。然是時許后之事既彰，宣帝志在必誅，故雖善敞之計而不召也。禹、山等家數有妖怪，舉家憂愁。山曰：「丞相擅減宗廟羔、菟、鼃，可以此罪也。」師古曰：「三者，所以供祭也。」愚按：所得丞相之罪，止於如此，則魏相之爲人可知矣。謀令太后爲博平君置酒，宣帝外祖母。召丞相、平恩侯以下，使范明友、鄧廣漢承太后制引斬之，因廢天子而立禹。約定，未發。雲拜爲玄菟太守【三三】，會事發覺，雲、山、明友自殺，顯、禹、廣漢等捕得。禹要斬，顯及諸女昆弟皆棄市。皇后霍氏廢處昭臺宮。初，霍氏奢侈，茂陵徐生曰：「霍氏必亡！夫奢則不遜，不遜必侮上。侮上者，逆道也。在人之右，衆必害之。霍氏秉權日久，害之者多矣。天下害之，而又行以逆道，不亡何待？」乃上疏言：「霍氏泰盛，陛下即愛厚之，宜以時抑制，無使至亡。」書三上，輒報聞。其後霍氏誅滅，而告霍氏者皆封，人爲徐生上書曰：「臣聞客有過主人者，見其竈直突，傍有積薪，客謂主人：『更爲曲突，遠徙其薪，不者且有火患。』

【三三】玄菟太守 「菟」原作「兔」，據《漢書·霍光傳》改。

主人嘿然不應。俄而家果失火，鄰里共救之，幸而得息。於是殺牛置酒，謝其鄰人，灼爛者在於上行，餘各以功次坐，而不録言曲突者。人謂主人曰：『鄉使聽客之言，不費牛酒，終亡火患。今論功而請賓，曲突徙薪無恩澤，焦頭爛額爲上客邪？』主人乃寤而請之。今茂陵徐福，數上書言霍氏且有變，宜防絶之。鄉使福説得行，則國無裂土出爵之費，臣無逆亂誅滅之敗。往事既已，而福獨不蒙其功，唯陛下察之，貴徙薪曲突之策，使居焦髮灼爛之右。」上乃賜福帛十匹，後以爲郎。帝初立，謁見高廟，大將軍光驂乘，上内嚴憚之，若有芒刺在背。後車騎將軍張安世代光驂乘，天子從容肆體，甚安近焉。及光身死，而宗族竟誅，故俗傳霍氏之禍萌於驂乘。

班固贊曰：「霍光受襁褓之託，任漢室之寄，匡國家，安社稷，擁昭立宣，雖周公、阿衡何以加此？然光不學亡術，闇於大理，陰妻邪謀，立女爲后，湛溺盈溢之欲，以增顛覆之禍，死財三年，宗族誅夷，哀哉！」司馬氏曰：「霍光之輔漢室，可謂忠矣。然卒不能庇其宗，何也？夫威福者，人君之器也，人臣執之，久而不歸，鮮不及矣。以孝昭之明，十四而知上官桀之詐，固可以親政矣。況孝宣十九即位，聰明剛毅，知民疾苦，而光久專大柄，不知避去，多置親黨，充塞朝廷，使人主蓄憤於上，吏民積怨於下，切齒側目，待時而發，其得免於身幸矣，況子孫以驕侈趣之哉！雖然，曏使孝宣專以祿秩賞賜富其子孫，使之食大縣，奉朝請，亦足以報盛德矣，乃復任之以政，授之以兵，及事叢釁積，更加裁奪，遂至怨懼以生邪謀，豈徒霍氏之自禍哉？亦孝宣醞釀以成之也。昔鬬椒作亂於楚，莊王滅其族而赦箴尹克黄，以爲『子文無後，何以勸善』。夫以顯、禹、雲、山之罪，雖應夷滅，而光之忠勳不可不祀，遂使家無噍類，孝宣亦少恩哉！」胡氏曰：「宣成霍侯，於漢厥功茂矣。叛逆之惡，興不自躬，顯，禹，雲，山既伏其罪，而宣帝不念大勳，爲光置後，不亦過歟？曰：宣帝之憾光多矣，有三大罪焉，豈惟驂乘之負芒歟？斥許廣漢，謂刑人不可君國，一也。終光之身，不歸大政，二也。署衍勿論，三也。斯三罪者，衍事尤甚，后而可毒，於君何難？帝所爲虛己斂容，下之已甚，莫敢與較者，其防慮深也。宗族誅夷，光則自取。雖然，光嘗有沖幼諸孫不與逆謀者，以誅夷正其罪惡，以置後報其忠勳，且刑賞之施，必以其類，弑后謀反，既已滅家，立兩賢君，豈宜絶世？宣帝以此處之，則公議允塞，無可譏矣。」南軒張氏曰：「霍光天資重厚，故可以當大事，而其所失，則由於不學故也。人臣之功，至於周公，無以加矣。詩人形容其盛德，曰『公孫碩膚，赤舄几几』，夫何其温恭謙厚也！是則雖以天子叔父之尊，處人臣之極位，有蓋世之功業，而玩其氣象，豈有一毫權勢之居？而人之視之也，但見其道德之可尊，而亦豈覺權勢之可憚哉？孟子曰『事親若曾子可也』，而後之君子亦曰『事君若周公可也』。如曾子之事親，適爲人子之能盡其分者耳，非有加也。如周公之事君，亦然。蓋在其身所當爲者，而何一毫有於己也？周公惟無一毫之有於己也，是故德盛而愈恭，事業日新而無窮也。若光之所建立，想負於其身，横於其心，而不能以弭忘。惟其不能以弭忘，故其氣燄不可掩，威勢日以盛。權利之途，人爭趨之，非惟家人、子弟、門生、故吏馴習驕縱而不可戢，光之身亦不自知其安且肆矣。此凶于而國，敗于而家之原也，可不畏哉！故其一時用捨進退例出於私意，以蘇武之忠節，進不由己，僅得典屬國，而大司馬長史，雖如楊敞之庸謬，亦得至宰相。至於魏相、蕭望之之才，皆擯棄不用；田千秋小不當意，其壻即論死：作威作福蓋如此。陰妻之邪謀，使人敢爲之助，而無復言其姦，則履霜堅冰，夫豈一日之故哉？光至此亦無全理矣。原其始，皆由於其心以寵利居成功，不知爲人臣之分，故曰不學之過也。」愚按：光受遺輔政，更兩主，凡二十年，考其本末，惟聽杜延年之言，而修孝文時政爲有功於天下；聽丙吉之議，而立孝宣爲有功於社稷。自餘行事，大抵得不蓋失，公不掩私。方其承顧托之始，任大責重，有敬忌之心；又同列窺伺，亦有不容不自謹者。及上官誅而權益專，志操爲之一變；孝宣立而功益盛，志操爲之再變，於是敬忌之心亡，而驕恣之態作矣。敬肆之分而禍福以異，其亦可畏也哉！其亦可戒也哉！

## 乙下之十

孝宣本始三年六月甲辰，大司農魏相爲御史大夫。按本傳：相少學《易》，爲郡卒史，舉賢良，以對策高第，爲茂陵令。茂陵大治，遷河南太守，禁止奸邪，豪强畏服。會丞相車千秋死，先是千秋子爲雒陽武庫令，自見失父，而相治郡嚴，恐久獲罪，乃自免去。相使掾追呼之，不肯還。相獨恨曰：「大將軍聞此，必以爲我因丞相死，不能遇其子，使當世貴人非我，殆矣！」武庫令西至長安，大將軍光果以責過相曰：「苟見丞相不在而斥逐其子，何淺薄也！」後人有告相賊殺不辜，事下有司，河南卒戍中都官者二三千人，遮大將軍【一】，自言願復留役一年，以贖太守罪。河南老弱數萬人守關欲入上書，關吏以聞。大將軍用武庫令事，遂下相廷尉獄。久繫踰冬，會赦出，復有詔守茂陵令，遷楊州刺史。考案郡國守相，多所貶退。相與丙吉相善，吉予相書曰：「朝廷已深知弱翁治行，方且大用矣。願少慎事自重，藏器於身。」相心善其言，爲霽威嚴。居部二歲，徵爲諫大夫，復爲河南太守。數年，宣帝即位，徵相入爲大司農，遷御史大夫。按：是時霍光顓政，用之者必光也。

霍山復領尚書事，相因平恩侯許伯奏封事，復因許伯白去副封。全文已見霍光事中。南軒張氏曰：「魏相所存，不得爲正，覿其有許、史之累，則可見矣。夫欲其説之行，而假許、史以爲重，此詭遇獲禽之心，君子所不道也。然其爲相有可取者，亦概乎有聞矣，惜其進之不能以正也。進不以正，則牽制徇從之事必多，而感格正教之風鮮矣。」

詔相給事中。金華王益之曰：「漢丞相、御史大夫無加官者，名若尊之，其實疎之。自列將軍皆得加官，一帶

### 校勘記

【一】遮大將軍　「大」原無，據《漢書・魏相傳》補。

加官，即入中朝，爲天子親信之臣。顧獨不加之兩府者，以其外朝故也。宣帝乃以給事中命相者，何哉？蓋相白去副封，以防壅蔽，故加之以此，欲以相爲耳目也。」

地節三年，六月壬辰，以魏相爲丞相，封高平侯。《傳》云：「韋賢以老病免相，相代之。」

宣帝始親萬機，厲精爲治，練羣臣，核名實，而相總領衆職，甚稱上意。金華王益之曰：「宣帝始親政事，懲霍氏之弊，乃始親近兩府大臣，以分内黨之權，故魏相爲宰相，又常宴見言事，非向宰相比也。是以霍禹方秉樞機，而相得誦言其事，杜延年居中用事，而相得列奏其過，中外之政，頗合爲一，故相在政府十餘年，總領衆職，所言皆聽，其風采足觀矣。」按《杜延年傳》，霍禹反，誅。上以延年霍氏舊人，欲退之，而丞相魏相奏延年素貴用事，官職多姦。遣吏考案，但得苑馬多死，官奴婢乏衣食，延年坐免官，削户二千。愚謂霍光用事，延年首勸以修孝文時政，此最爲有大功於漢室者。光持法嚴，延年每濟之以寬，此豈阿附之人乎？宣帝欲併黜之，非矣。而相又文致以罪，遣吏考驗，竟無其實。使相能分别善惡，或留置卿列，或姑命就國，旋復用之，以相之嚴毅，而輔以延年之安和，其益當在丙吉之右，乃竟使免官而去，至五鳳中以丙吉薦，復用爲御史大夫，而延年已老病矣。惜哉！

疏廣爲太子太傅，廣兄子受爲少傅。太子外祖父平恩侯許伯，以爲太子少，白使其弟中郎將舜監護太子家。上以問廣，廣曰：「太子，國儲副君，師友必於天下英俊，不宜獨親外家許氏。且太子自有太傅、少傅，官屬已備，今復使舜護太子家，視陋，非所以廣太子德於天下也。」上善其言以語魏相，相免冠謝曰：「此非臣等所能及。」廣由是見器重。按：疏廣之論當矣，然魏相非不知此者，特以進由許伯，不敢忤其意耳。然能因廣之言而善之，且自以爲不及，其與嫉善蔽賢者遠矣。相亦賢矣哉！

元康元年，京兆尹趙廣漢好用世吏子孫新進年少者，專厲彊壯蠭氣，見事風生，無所回避。廣漢以私怨論殺男子榮畜【一】，人上書言之，事下丞相、御史按驗。廣漢疑丞相夫人殺傅婢，欲以此脅丞相，丞相按之愈急。廣漢乃將吏入丞相府，召其夫人跪庭下受辭。丞相上書自陳，事下廷尉治，不如廣漢言。帝惡之，下廣漢廷尉獄。吏民守闕號泣者數萬人，或言「臣生無益縣官，願代趙京兆死，使牧養小民」。廣漢竟坐要斬。廣漢廉明，威制豪强，小民得職，百姓追思之。延平陳氏曰：「當是時，魏相能平氣寬中，以進一言，可使孝宣不殺良吏。」

胡氏曰：「賢材之士，千夫一人，世所難得，則當與世共惜之。廣漢於丞相過矣，然罪豈至死？相不少容忍，坐以極刑，雖漢法素嚴，宣帝少恩，若丞相消平忿心，爲漢家愛材，從百姓之願，或削爲士伍，或容其上印綬亡命而去，會赦一解，有詔起家，既懲其愆，又不廢其能，魏相之德度豈不稱其位哉？」　愚按：當先朝唐介劾宰相文彦博，仁宗怒，欲罪介，彦博曰：「唐介所言，誠中臣病，乞免加深譴。」德度如此，非魏相可及也。

是歲，少府宋疇坐議鳳皇下彭城，未至京師，不足美，貶爲泗水太傅。按：魏相於此時，當以正言祥瑞之不足美，使宣帝不以忠諫罪士大夫，一以格君心，二以開言路，豈不美哉？宋疇之貶，略無一言，使後無逆賊風雨之奏，則導諛之責不可逃矣。

二年，匈奴大臣皆以爲車師地肥美，近匈奴，使漢得之，多田積穀，必害人國，不可不爭，由是數遣兵擊車師田者。鄭吉將渠犂田卒七千餘人救之，爲匈奴所圍。吉上言：「車師去渠犂千餘里，漢兵在渠犂者少，勢不能相救，願益田卒。」上與後將軍趙充國等議，欲因匈奴衰弱，出兵擊其右地，使不敢復擾西域。魏相上書諫曰：「臣聞之：救亂誅暴，謂

【一】男子榮畜　「子」原作「女」，據《資治通鑑》卷二十五改。

之義兵，兵義者王。敵加於己，不得已而起者，謂之應兵，兵應者勝。爭恨小故，不忍憤怒者，謂之忿兵，兵忿者敗。利人土地貨寶者，謂之貪兵，兵貪者破。恃國家之大，矜民人之衆，欲見威於敵者，謂之驕兵，兵驕者滅。此五者，非但人事，乃天道也。間者匈奴嘗有善意，所得漢民，輒奉歸之，未有犯於邊境，雖爭屯田車師，不足致意中。今聞諸將軍欲興兵入其地，臣愚不知此兵何名也。今邊郡困乏，父子共犬羊之裘，食草萊之實【三】，常恐不能自存，難以動兵。『軍旅之後，必有凶年』，言民以其愁苦之氣傷陰陽之和也。出兵雖勝，猶有後憂，恐災害之變因此以生。今郡國守相多不實選，風俗尤薄，水旱不時。按今年計，子弟殺父兄、妻殺夫者，凡二百二十二人，臣愚以爲此非小變也。今左右不憂此，乃欲發兵報纖介之忿於遠夷，殆孔子所謂『吾恐季孫之憂，不在顓臾，而在蕭墻之內也』。願與平昌侯、樂昌侯、平恩侯及有識者詳議，乃可。」上從相言，止。遣長羅侯常惠將張掖、酒泉騎往車師，迎鄭吉及其吏士還渠犂。召故車師太子軍宿在焉耆者，立以爲王，盡徙車師國民令居渠犂，遂以車師故地與匈奴。以鄭吉爲衛司馬，使護鄯善以西南道。河汾王氏曰：「魏相真漢相也，知兵略，識時務，遠乎哉！」延平陳氏曰：「魏相爲小忿當忍，而以守相不選、風俗不厚、水旱不時爲憂，真宰相之言也。宣帝輕捐車師之地，而重相之一言，君臣如此，天下安得不治？」胡氏曰：「魏相此疏，止無名之師，弭連兵之禍，恐傷陰陽之和，以生蕭墻之憂，真經國之遠猷，宰相之能事也。其尤可服者，不隱風俗薄惡，子弟殺父兄、妻殺夫之變，直以告君，此則賢者或以爲難也。人之常情，喜聞美事，而惡聞災禍。姦臣事君，凡天地變

【三】草萊 「萊」原作「菜」，據《漢書·魏相傳》改。

異，夷狄、盜賊危亡之形，一切隱諱，不以實告；而草妖木怪，雲物霏動，悉指爲祥瑞，以眩君心。非惟以慰悦爲忠，因以自見輔佐之應，前古一律，其視魏相以爲如何？夫風俗薄惡，宰相之責也，而相不自欺。嗚呼，其賢矣哉！」按：平昌侯王無故、樂昌侯王武，並帝之舅；平恩侯許廣漢，皇太子外祖父也。

魏相明《易》道，有師法，好觀漢故事及便宜章奏，數條漢興以來國家便宜行事，及賢臣賈誼、鼂錯、董仲舒等所言，奏請施行之，曰：「臣聞明主在上，賢輔在下，則君安虞而民和睦。臣相幸得備位，不能奉明法，廣教化，理四方，以宣聖德。民多背本趨末，師古曰：「本，農業也。末，商賈也。趨讀曰趣。」或有飢寒之色，爲陛下憂。臣相罪當萬死。臣相知能淺薄，不明國家大體，時用之宜，惟民終始，未得所繇。竊伏觀先帝聖德仁恩之厚，勤勞天下，垂意黎庶，憂水旱之災，爲民貧窮發倉廩，振乏餧。遣諫大夫博士巡行天下，察風俗，舉賢良，平冤獄，冠蓋交道。省諸用，寬租賦，弛山澤波池，禁秣馬、酤酒、貯積，師古曰：「秣，以粟米飼馬也。酤酒者，糜費深也。貯積者，滯米粟也。」所以周急繼困，慰安元元，便利百姓之道甚備。臣相不能悉陳，昧死奏故事詔書凡二十三事。臣謹案王法必本於農而務積聚，量入制用以備凶災，亡六年之蓄，尚謂之急。元鼎三年，平原、勃海、太山、東郡溥被災害，民餓死於道路。二千石不豫慮其難，使至於此，賴明詔振救，乃得蒙更生。今歲不登，穀暴騰踴，臨秋收斂猶有乏者，至春恐甚，亡以相恤。西羌未平，師旅在外，兵革相乘，臣竊寒心，宜蚤圖其備。唯陛下留神元元，帥繇先帝盛德以撫海内。」上施行其策。愚按：《昭帝紀》始元元年閏九月，遣故廷尉王平等五人持節行郡國，舉賢良，問民所疾苦、冤、失職者。二年三月，遣使者賑貸貧民毋種、食者。秋八月，詔曰：「往年災害多，今春蠶、麥傷，所振貸種、食勿收責，毋令民出今年田租。」四年秋七月，詔曰：「比歲不登，民匱於食，流庸未盡還，往時令民共出馬，其止勿出。」五年，罷天下亭母馬及馬弩關【四】。應劭曰：「武帝數伐匈奴，再擊大宛，馬死略盡，乃令天下亭養母馬，欲令其蕃孳。今罷之。」孟康曰：「舊馬高五尺六寸，齒未平，弩十石以上，皆不得出關，今不禁。」六年二月，詔有司問郡國所舉賢良、文學，民所疾苦，議罷鹽鐵榷酤。七月，罷榷酤官。元鳳二年六月，令郡國毋斂今年馬口錢。文潁曰：「往時有馬口出斂錢，今省。」如淳曰：「所謂租及六畜也。」三輔、太常郡得以菽粟當賦。如淳曰：「《百官表》：太常士諸陵別治其縣，爵秩如三輔郡。」師古曰：「諸應出賦算租税者，皆聽以菽粟當錢物也。」三年，春正月，罷中牟苑賦貧民。師古曰：「在滎陽。」詔曰：「迺者民被水災，頗匱於食。朕虚倉廩，使使者振困乏，其止四年毋漕。」四年，春正月，毋收四年五年口賦。如淳曰：「《漢儀注》：民年七歲至十四，出口賦錢，人二十三。二十錢以食天子，其三錢者，武帝加口錢以補車騎馬。」三年以前逋更賦未入者，皆勿收。如淳曰：「更有三品，有卒更，有踐更，有過更。古者正卒無常人，皆當迭爲之，一月一更，是爲卒更也。貧者欲得雇更錢者，次直者出錢雇之，月二千，是謂踐更也。天下人皆直戍邊三日，亦名爲更戍。又行者，當自戍三日，不可往便還，因便住一歲一更，諸不行者，出錢三百入官，官以給戍者，是爲過更也。逋，未出更錢者也。」六年夏，詔曰：「夫穀賤傷農，今三輔、太常穀減賤，其令以菽粟當今年賦。」元平元年春二月，詔曰：「天下以農桑爲本，日者省用，罷不急官，減外繇，耕桑者益衆，而百姓未能家給，其減口賦錢。」有司奏請減什三，上許之。以上皆昭帝卹人厚下之事，史贊所謂「輕徭薄賦，與民休息」，《傳》所謂「修孝文時政也」。然枚而數之，僅十六七條，魏相所上故事、詔書二十三事者，不可盡見，惜哉！今考宣帝地節三年三月，詔曰：「鰥寡孤獨、高年貧困之民，朕所憐也，前下詔假公田，貸種食，其加賜鰥寡孤獨高年帛，二千石嚴敕吏謹視遇，毋令失職。令内郡國舉賢良方正可親民者。」冬十月，詔：「朕既不德，不能附遠，是以邊境屯戍未息。今復飭兵重屯，久勞百姓，其罷右將軍屯兵。」又詔：「池籞未御幸者，假與貧民。郡國宮館勿復修治。流民還歸者，假公田，貸種食，且勿算事。」師古曰：「不出算賦及給徭役。」四年，詔：「自今子匿父母，妻匿夫，孫匿大父母，皆勿坐。」

【四】亭母馬　「母」原無，據《漢書·昭帝紀》補。

九月，詔【五】：「遣使者循行郡國，問民所疾苦。今年郡國頗被水災，已振貸。鹽，民之食，而賈咸貴，衆庶重困，其減天下鹽賈。」又：「令郡國歲上繫囚以掠笞若瘐死者，所坐名、縣、爵、里，丞相御史課殿最以聞。」元康元年三月，詔：「加賜鰥寡孤獨、三老、孝弟力田帛。所振貸勿收。」二年夏五月，詔：「今天下頗被疾疫之災，朕甚愍之。其令郡國被災甚者，毋出今年租賦。」三年夏六月，詔：「令三輔毋得以春夏擿巢探卵【六】彈射飛鳥，具爲令。」四年春正月，詔：「諸年八十以上，非誣告、殺傷人，它皆勿坐。」遣太中大夫彊等十二人循行天下，存問鰥寡，覽觀風俗，察吏治得失。三月，詔：「加賜三老、孝弟力田帛，人二匹，鰥寡孤獨人一匹。」神爵元年三月，詔：「賜鰥寡孤獨高年帛，所振貸物勿收，行所過勿出田租。」凡此皆魏相在位時事，大略如始元、元鳳時，必相之所建白也，其可謂知代天宰物之職矣。

又數表采《易陰陽》及《明堂月令》奏之，曰：「明王謹于尊天，慎于養人，故立羲和之官以乘四時，節授民事。師古曰：「各依其節即授以事者也。」君動靜以道，奉順陰陽，則日月光明，風雨時節，寒暑調和。三者得叙，則災害不生，五穀熟，絲麻遂，草木茂，鳥獸蕃，民不夭疾，衣食有餘。若是，則君尊民説，上下亡怨，政教不違，禮讓可興。夫風雨不時，則傷農桑；農桑傷，則民飢寒；飢寒在身，則亡廉恥，寇賊姦宄所由生也。臣愚以爲陰陽者，王事之本，羣生之命，自古聖賢未有不繇者也。天子之義，必純取法天地，而觀於先聖。高皇帝時，中謁者趙堯等四人各職一時。應劭曰：「知四時，各舉所施行政事。」臣相伏念陛下恩澤甚厚，然而災氣未息，竊恐詔令有未合當時者也。願陛下選明經通知陰陽者四人，各主一時，時至明言所職，以和陰陽，天下幸甚！」《漢制叢録》曰：「先王之舉事，務順天時，故刑賞政教莫不考陰陽之序，察寒暑之變，而後行之。其效至於天下□平，災害不作，則以能順天時之故也。《月令》之書雖起於秦，然亦

【五】詔　原無，據《漢書·宣帝紀》補。下同。

【六】探卵　「卵」原作「卯」，據《漢書·宣帝紀》改。

有先王之制存焉。漢興，頗用其略，如春行寬大之令，布封賞之恩，以至秋、冬理獄，十月而後不復論囚，類皆本之《月令》，而漢家之制於是猶有先王忠厚之風。自高帝時，固有趙堯等分舉四時之制，逮文帝以二月施恩惠，賜孝弟力田，及罷軍卒，祠死事者，頗非時節。鼂錯即奏言其狀，至是魏相又數言之，其後李尋亦言於哀帝曰：「間者春三月治大獄，時賊陰立逆，恐歲小收；季夏舉兵法，時寒氣應，恐後有霜雹之災；秋月行封爵，其月土溼奧，恐後有雷雹之變。諸侍中【七】、尚書近臣，宜皆令通知《月令》之意，設羣下請事，若陛下出令有謬於時者，當知爭之，以順時氣。」觀此則知漢世君臣皆以天時爲重如此，云云。按，後漢魯恭當鄧太后時，亦請「大辟之科，盡冬月乃斷，其立春在十二月者【八】，勿以報囚」，後卒施行。

相敕掾史案事郡國及休告、從家還至府，輒白四方異聞。或有逆賊、風雨災變，郡不上，相輒奏言之。眉山李氏曰：「人主當以畏天爲心，憂民爲念。若風雨災變有所不聞，則畏天之念怠；水旱盜賊有所不知，則憂民之念弛。仰不畏天，俯不憂民，則何事不可爲？先朝李沆爲相，王旦參知政事。沆日取四方水旱、盜賊奏之；旦以爲細事，不足煩上聽。沆曰：『人主當使知四方艱難，不然，不留意於聲色犬馬，則土木甲兵禱祠之事作矣。』善乎，李沆之智識與魏相異世同者也。至王安石爲相，始有天變不足畏、人言不足卹之論，而新法之行，卒以違天害民，致靖康夷狄之禍，悲夫！」愚按：此真相業也。自漢至本朝，知此者，惟魏高平侯與李文靖而已。

神爵元年，丞相魏相奏言知音善鼓雅琴者渤海趙定、梁國龔德，皆召見待詔。按《王褒傳》：宣帝時修武帝故事，講論六藝羣書，博盡奇異之事【九】，徵能爲《楚辭》九江被公，召見誦讀，益召高材劉向、張子僑、華龍等待詔金馬門。神爵、五鳳之間，天下殷富，數有嘉應。上頗作歌詩，欲興協律之事，丞相云云。於是益州刺史王襄欲宣風化於衆庶，使王褒作《中和》、《樂職》、《宣布》詩，選好事者令依《鹿鳴》之聲習而歌之。時，何武爲童子，選在歌中。久之，武等學長安，歌太學下，轉而上聞。宣帝召見武等觀之，謂曰：「此盛德之事，吾何足以當之？」褒既爲

【七】侍中　原作「郎」，據《漢書·李尋傳》改。

【八】其立春　「立」，原作「上」，據《後漢書·魯恭傳》改。

【九】奇異之事　「事」《漢書·王褒傳》作「好」。

刺史作頌，又作其傳，益州刺史因奏褒有軼材。上迺徵褒。既至，詔褒爲《聖主得賢臣頌》云。《通鑑》載於此年，今從之。　紫微呂氏曰：「宣帝號明主，魏相亦名賢臣，作歌詩協律事，此侈心已生，有奢泰之漸矣。而魏相不能以道規諫，反進趙定等以詖説之，君臣相與如此，亦可鄙矣。」　愚按：是年，諫大夫王吉上疏，其略謂：「欲治之主不世出，公卿幸得遭遇其時，言聽諫從，然未有建萬世之長策，舉明主於三代之隆者也。其務在於期會簿書、斷獄聽訟而已【一〇】，此非太平之基也。」又言：「聖王宣德流化，必自近始。朝廷不備，難以言治；左右不正，難以化遠。民者，弱而不可勝，愚而不可欺也。聖主獨行於深宮，得則天下稱誦之，失則天下咸言之。行發於近，必見於遠，故謹選左右，審擇所使。左右所以正身也，所使所以宣德也。此其本也。」又言：「今俗吏所以牧民者，非有禮義科指，獨設刑法以守之，是以詐僞萌生，刑罰亡極，質樸日銷，恩愛浸薄。願與公卿大臣延及儒生，述舊禮，明王制，驅一世之民躋之仁壽之域。」又言「竊見當世趨務不合於道者」，以爲「夫婦人倫大綱，夭壽之萌也。世俗嫁娶太早，未知爲人父母之道而有子，是以教化不明而民多夭。聘妻送女亡節，則貧人不及，故不舉子。又漢家列侯尚公主，諸侯則國人承翁主，使男事女，夫詘於婦，逆陰陽之位，故多女亂。古者衣服車馬貴賤有章，以褒有德而別尊卑，今上下僭差，人人自制，是以貪財趨利，不畏死亡。」又言：「舜、湯不用三公九卿之世【一一】，而舉皋陶、伊尹，不仁者遠。今使俗吏得任子弟，率多驕驁，不通古今，至於積功治人，亡益於民，此《伐檀》所爲作也。宜明選求賢，除任子之令。外家及故人可厚以財，不宜居位。去角抵，減樂府，省尚方，明視天下以儉。古者工不造琱瑑，商不通侈靡，非工商之獨賢，政教使之然也。民見儉則歸本，本立而末成。」蓋是時，宣帝頗修武帝故事，宮室、車服盛於昭帝時，外戚許、史、王氏貴寵，而上躬親政事，任用能吏，故吉之言如此。漢世諸儒，惟董仲舒對武帝，嘗以正心、正朝廷爲言，自餘往往詳於政事，而略於人主之身。吉之所陳，具有本末，使魏相能汲而引之，置諸輔相之列，則所謂「建萬世之長策，舉明王於三代之隆者」，要必有道。而宣帝既視以爲迂闊，魏相又未嘗有薦進之言，吉於是謝病以歸，終帝之世不復見用。蓋是時，年穀屢豐，祥應迭至，方以神爵改元，而興歌頌之事，相之所薦者，惟知音、善琴之人，則吉之言不合宜也。夫然後知有虞之盛、賡歌相戒，真萬世之法歟！

【一〇】聽訟　「訟」原作「頌」，據《漢書・王吉傳》改。

【一一】舜湯　「舜」原作「禹」，據《漢書・王吉傳》改。案：皋陶爲舜之臣，作「禹」誤。

趙充國上屯兵奏，魏相曰：「臣愚不習兵事利害，後將軍數畫軍册，其言常是，臣任其計必可用也。」上於是報充國，嘉納之。其詳見《丙記·待夷狄》篇。充國之册當矣，非魏相主之於中，未必見用也，故《詩》曰：「侯誰在矣，張仲孝友。」

張敞上書：「願令諸有罪得入穀八郡贖罪。」蕭望之議以爲：「令民量粟贖罪，如此則富者得生，貧者獨死，是貧富異刑而法不壹也。」天子下其議，丞相魏相、御史大夫丙吉亦以爲羌虜且破，轉輸略足相給，遂不施敞議。永嘉陳氏季雅曰：「武帝初年，用才智文學之士並置左右，更相詰難，大臣數詘。自是九卿更進用事，是以法度紛更，無一毫安靜之意。宣帝深鑒前弊，稍還宰相之權，是以募民入粟之議，發於張敞，而魏相得以沮之；罷兵屯田之議，發於趙充國，而魏相得以贊之云云。」是年司隸校尉蓋寬饒奏封事曰：「方今聖道浸微，儒術不行，以刑餘爲周、召，以法律爲《詩》、《書》。」上以寬饒怨謗，下其書中二千石，執金吾議，以爲大逆不道。諫大夫鄭昌愍傷寬饒忠直憂國，以言事不當意而爲文吏所詆挫，上書訟之。上不聽，下寬饒吏。寬饒自剄北闕下，衆莫不憐之。方許伯之入第也，丞相、御史以下皆賀，寬饒獨不行。許伯請之，乃往。酒酣樂作，檀長卿起舞，寬饒仰視屋而嘆曰：「富貴無常，忽則易人，此如傳舍，所閲多矣，惟謹慎爲能久。」因起趨出，劾奏長信少府以列卿而沐猴舞，失禮不敬。上欲罪少府，許伯爲請，乃已。想當其時，非獨許氏疾之，雖相亦不樂矣。寬饒之死，相居相位，坐視天子殺一直臣，而不聞片言之救，若非惡寬饒而不肯救，則是畏許伯而不敢救，二者有其一，皆不能自逭於清議矣。況方是時，弘恭、石顯已典樞機，自秦用趙高爲中丞相，宦者始預政事，宣帝以英明之君而蹈亡秦之轍，寬饒所陳，正中其病。使相於此能因其言，從容正救，收樞機之任，還之朝廷，尊寵儒生，使爲國家屏退陰邪，勿任以事，則異時之禍，不復有矣。大抵西漢之亡，始於宦官，成於外戚，而二者之釁皆兆於宣帝親覽之始、魏相宅揆之時，許氏預朝政，弘、石典樞機是也。《易》於君子、小人之消長，常察其微，故《坤》之「初六」曰「履霜，堅冰至」，《姤》之《象》曰「勿用取女」。相號爲明《易》者，不此之察，又何以通經爲哉？

三年春，三月丙辰，高平憲侯魏相薨。魏相與吉同心輔政，相爲人嚴毅，不如吉寬。

地節三年，六月，丙吉爲御史大夫。

元康二年，制詔丞相：「朕微眇時，御史大夫吉與朕有舊恩，厥德茂焉。《詩》不云虖：『亡德不報。』其封吉爲博陽侯，邑千三百户【一二】。」按本傳：「吉治律令，爲獄史。積功勞，遷廷尉右監。坐法失官，歸爲州從事。武帝末，巫蠱事起，吉以故廷尉監徵，詔治巫蠱郡邸獄。時宣帝生數月，以皇曾孫坐衛太子事繫，吉見而憐之。又心知太子無事實，重哀曾孫無辜，擇謹厚女徒，令保養曾孫，置閒燥處。吉治巫蠱事，連歲不決。後元二年，武帝疾，往來長楊、五柞宮，望氣者言長安獄中有天子氣，上遣使者分條中都官詔獄繫者，亡輕重皆殺之。内謁者令郭穰夜到郡邸獄，吉閉門拒不納，曰：「皇曾孫在。他人亡辜死者猶不可，況親曾孫乎？」相守至天明不得入【一三】，穰還以聞，因劾奏吉。武帝亦寤，曰「天使之也」，因赦天下。郡邸獄繫者獨賴吉得全，恩及四海矣。曾孫病，幾不全者數焉，吉數敕保養乳母加致醫藥，視遇甚有恩惠，以私財物給其衣食。吉後遷大將軍長史，霍光甚重之，入爲光禄大夫給事中。昌邑廢，光與諸大臣議所立，未定。吉奏記光，光覽其議，尊立皇曾孫。宣帝即位，賜吉爵關内侯。吉爲人深厚，不伐善。自曾孫遭遇，吉絶口不道前恩，故朝廷莫能明其功也。及霍氏誅，上躬親政，省尚書事。是時，掖庭宫婢則令民夫上書，自陳嘗有阿保之功。章下掖庭令考問，則辭引使者丙吉知狀。掖庭令將則詣御史府以視吉。吉識，謂則曰：「汝嘗坐養皇孫不謹督笞，汝安得有功？獨渭城胡組、淮陽郭徵卿有恩耳。」分別奏組等共養勞苦狀。詔吉求組、徵卿，已死，有子孫，皆受厚賞。詔免則爲庶人，賜錢十萬。上親見問，然後知吉有舊恩而終不言。上大賢之，制詔云云。臨當封，吉疾病。上憂吉疾不起【一四】，太子太傅夏侯勝曰：「此未死也。臣聞有陰德者，必享其樂以及子孫。今吉未獲報而疾甚，非其死疾也。」後病果瘉。

【一二】邑千三百户　原作「邑三千户」，據《漢書·丙吉傳》改。

【一三】相守至天明　「天」原無，據《漢書·丙吉傳》補。

【一四】吉疾不起　「疾」原無，據《漢書·丙吉傳》補。

神爵三年夏四月戊辰，丙吉爲丞相。吉本起獄法小吏，後學《詩》、《禮》，皆通大義。及居相位，上寬大，好禮讓。按：此學《詩》、《禮》，通大義之力也。掾史有罪臧【一五】，不稱職，輒予長休告，師古曰：「長給休假【一六】，令其去職也。」終無所案驗。客或謂吉曰：「君侯爲漢相，姦吏成其私，然無所懲艾。」吉曰：「夫以三公之府有案吏之名，吾竊陋焉。」後因以爲故事，公府不案吏，自吉始。於官屬掾史，務掩過揚善。吉馭吏耆酒，數逋蕩，嘗從吉出，醉歐丞相車上。西曹主吏白欲斥之，吉曰：「以醉飽之失去士，使此人將復何所容？按：此真長者之言也。西曹地忍之，李奇曰：「地猶弟也。」師古曰：「地亦但也，語聲之急也。」此不過汙丞相車茵耳。」遂不去也。此馭吏邊郡人，習知邊塞發犇命警備事，師古曰：「犇，古奔字也。有命則有奔赴之，言應速也。」嘗出，適見驛騎持赤白囊，邊郡發奔命書馳來至。馭吏因隨驛騎至公車刺取，師古曰：「刺謂探候之也。」知虜入雲中、代郡，遽歸府見吉白狀，因曰：「恐虜所入邊郡，二千石長吏有老病不任兵馬者，宜可豫視。」吉善其言，召東曹案邊長吏，瑣科條其人。張晏曰：「瑣，録也。欲科條其人老少及所經歷，知其本，以文武進也。」未已，詔召丞相、御史，問以虜所入郡吏，吉具對。御史大夫卒遽不能詳知，以得譴讓。而吉見謂憂邊思職，馭吏力也。吉乃歎曰：「士亡不可容，能各有所長。嚮使丞相不先聞馭吏言，何見勞勉之有？」掾史繇是益賢吉。宛丘張氏曰：「吉之能知，掾史之力也。平日不知從事於其所急，而一時際會於它人之力，亦可以爲徼幸矣。謂之真憂邊思職，可乎？龔遂因王生一言，天子以爲長者，遂不敢以爲出己，曰：『此乃臣議曹教臣。』夫遂之能歸功於議曹，其善

【一五】掾史　「史」原作「吏」，據《漢書·丙吉傳》改。下同。

【一六】長給休假　「假」原作「告」，據《漢書·丙吉傳》顏師古注改。

微；而不冒人之善，其德厚。方天子讓御史，吉如曰：『臣與御史等耳，臣之馭吏白臣，臣是以知之。』此其爲賢，豈獨憂邊思職而已哉？吉脱宣帝於死，能絶口不道，獨貪一馭吏之功，殆不其然。傳曰『思則得之，不思則不得』，若是者，其未之思歟？」吉又嘗出，逢清道羣鬭者，死傷横道，師古曰「清道，謂天子當出，或有齋祠，先令道路清静。」吉過之不問，掾史獨怪之。吉前行，逢人逐牛，牛喘吐舌，吉止駐，使騎吏問：「逐牛行幾里矣？」掾史謂丞相前後失問，或以譏吉，吉曰：「民鬭相殺傷，長安令、京兆尹職所當禁備逐捕，歲竟丞相課其殿最，奏行賞罰而已。宰相不親小事，非所當於道路問也。方春少陽用事，未可大熱，恐牛近行，因暑故喘，此時氣失節，恐有所傷害也。三公典調和陰陽，職當憂，是以問之。」掾史乃服，以吉知大體。司馬氏曰：「夫宰相所以治陰陽者，豈拱手端居，無所施設，而陰陽自調？蓋亦佐人主，治庶政，安四海，使和氣洋洋薄於宇宙，旁暢周達，浸潤滲漉，明則百姓治，幽則鬼神諧，然後寒暑時至，万物阜安。雖古昔聖人之治天下，至於陰陽和而寒暑時，而至治極矣，豈庸人所能致哉？當丙吉爲政之時，政治之不理，刑罰之失中，不肖之未去，忠賢之未進，可勝紀哉？釋此不慮，而慮於牛喘，以求和陰陽，不亦疏乎！且京邑之内，盜賊縱横，政之不行，孰甚於此？《詩》云：『商邑翼翼，四方之極。』近不能正，如遠人何？若曰守、令之職，守、令不賢，當責何人？非執政者之過而又誰歟？晉士會爲政，晉國之盜逃奔于秦；子産爲政，桃李垂於街而莫敢援。若盜賊不禁而曰長安令之職，風俗不和而曰三老之職，刑罰不當而曰廷尉之職，衣食不足而曰司農之職，推而演之，天下之事各有其官，則宰相居於其間，悉無所與，而曰主調陰陽，陰陽固可坐而調邪？」紫微吕氏曰：「當漢之治，其用人必先曰長者，舉事必先曰大體。懷王之遺諸將入關也，曰：『不如更遣長者，扶義而西。』今誠得長者往，宜可下。』於是獨以高祖素寬大長者，卒遣高祖。文帝初立，召田叔問曰：『公知天下長者乎？』對曰：『臣何足以知之？」上曰：『公長者，宜知之。』叔曰：『故雲中守孟舒，長者也。』并論孟舒所以爲長者。張釋之問文帝：『陛下以絳侯周勃何如人也？』上曰：『長者。』又復問東陽侯張相如何如人，上復曰：『長者。』直不疑、張歐之徒【一七】，皆以長者處官，世亦皆以長者予之。及宣帝悦龔遂之對，曰：『君安得長者之言而稱之？』此漢之用人，必先長者驗也。袁盎當文帝世，常引大體慷慨；汲黯事武帝，亦引大體，不拘文法。太史公稱『郅都伉直，引是非，爭天下大體』。田蚡與竇嬰爭辯，韓安國數蚡『何其無大體也』。及丙吉爲相，不問行道死人，而問牛喘，掾史服吉知大體，皆漢之舉事必先大體驗也。用人必先長者，舉事必先大體，固漢之所以爲治，而非漢之君臣廷爲此言也。因秦之世其説不行而爲閭里鄉黨貴重而扶持之者，漢知天下公論所主，取而用之爾。方秦之末，其用人先苛察亟疾，以捷給爲務，以相先爲能；其舉事不以長遠重厚爲計而不可拔者，計其入，不計其出；便於今，不謀於後；安於上，不問下之當否也。秦之治如此，宜夫二説之不用也。嗚呼！説之不用，棄於上而隱於下，爲上者不可不察也。」愚按：丙吉不問鬭者，而問牛喘，誠得宰相之體，然司馬氏之説亦不可不知，故併録焉。

五鳳二年春，吉病篤。上自臨問吉，曰：「君即有不諱，誰可以自代者？」吉辭謝曰：「羣臣行能，明主所知，愚臣何所能識？」上固問，吉頓首曰：「西河太守杜延年明於法度，曉國家故事，前爲九卿十餘年，今在郡治有能名。廷尉于定國執憲詳平，天下自以不冤。太僕陳萬年事後母孝，惇厚備於行止。此三人能皆在臣右，惟上察之。」上以吉言皆是而許焉。及吉薨，御史大夫黄霸爲丞相，徵杜延年爲御史大夫，會其病，免。以于定國代爲御史大夫。黄霸薨，定國爲丞相，陳萬年代爲大夫，居位皆稱職。上稱吉爲知人。愚按：杜延年之賢，誠可以任輔相之職，吉薦之當矣，惜其年迫衰病，不得以究其用。若于定國之爲人，初以御史中丞事昭帝，昌邑即位，淫亂，定國上書諫。後王廢，超遷爲光禄大夫，平尚書事【一八】，甚見任用。既又遷爲廷尉，定國乃迎師學《春秋》，身執經，北面備弟子禮。爲人謙

【一七】張歐　「歐」原作「毆」，據《漢書・張歐傳》改。

【一八】平尚書事　「平」原作「守」，據《漢書・于定國傳》改。

恭，尤重經術士，雖卑賤徒步往見【一九】，定國皆與鈞禮，恩敬甚備，學士咸稱焉。其決疑平法，務在哀鰥寡，罪疑從輕，加審慎之心。朝廷稱之曰：「張釋之爲廷尉，天下無冤民。于定國爲廷尉，民自以爲不冤。」其人亦可謂賢矣。然先儒之議，謂趙、蓋、韓、楊之死，正定國執憲之時。由今考之，獨楊惲嘗下廷尉，廷尉當惲大逆，則定國之罪，信不可逃。趙廣漢亦下廷尉獄，雖不聞奏當之辭，然在定國，豈能無責？若蓋寬饒，則未及下吏，而自剄于闕下。韓延壽則以蕭望之奏御史之案而竟誅之。二人之死，似非其罪，然其爲相，當宣帝之末、元帝之初，雖明習政事，所議多見從，然關東連年災害，民流入關，言事者歸咎於大臣，元帝以記條責之，定國上書謝罪。及永光元年，春霜夏寒，日青亡光，上復以詔條責，定國惶恐，上書自劾，竟罷就第。則其相業一無足觀，其材已非延年之比矣。若陳萬年，雖以廉平有内行稱，然善事人，賂遺許、史外戚，傾家自盡，尤事樂陵侯史高。丙吉之病也，中二千石上謁問疾，遣家丞出謝，謝已皆去，萬年獨留，昏夜乃歸。吉以是薦之。在御史府八年，與于定國共事，無所違拂，其將死，猶以諂教其子咸，則其爲人，又大非定國之比矣。吉之垂没，所薦惟三人，而公私是非，不免間雜，如此亦可惜矣。方蕭望之爲諸生時，吉薦之霍光，而不果用。及吉在相位，望之爲御史大夫，吉年老，上重之，而望之意常輕吉，上由是不悦。丞相司直奏望之遇丞相禮節倨慢，詔左遷望之爲太子太傅，以望之之剛毅、有大節，豈定國、萬年比哉？使吉能推前日不伐舊恩之心，而不念望之之舊惡，當上之問，力舉以自代焉，則其德度與酇侯匹矣。以吉之長者知大體，而不思及此，惜哉！

是年正月，博陽定侯丙吉薨。班氏贊曰：「古之制名，必由象類，近取諸身，遠取諸物。故經謂君爲元首，臣爲股肱，明君臣一體，相待而成也。近觀漢相，高祖開基，蕭、曹爲冠；孝宣中興，丙、魏有聲。是時黜陟有序，衆職修理，公卿多稱其位，海内興於禮讓。覽其行事，豈虚也哉！」南軒張氏曰：「丙吉深厚，不伐他人所難，其爲相若寬緩者，雖天資則然，亦以宣帝之政尚猛，有以矯之之意與？然亦太甚矣。至於韓延壽、楊惲之死，亦不能救也。吉見謂不親小事、知大體者，二卿之死，豈事之小者耶？濫

【一九】往見　《漢書·于定國傳》作「往過」。

刑若是，其於大體何有！若語其才識，蓋不逮相遠矣。」　愚按：魏相執政凡九年，以四事考之，則廉正自持，霍氏欲求其過而不可得，可謂能正己矣。而進由外戚，猶足爲大節之累。以逆賊、風雨之災，數聞于上，可謂能格君矣，而宋疇之貶、趙定之薦，不無可議者焉。其謀國，則以奉天時、裕民力、弭兵禍爲本，而用人，則當時公卿多稱其職。先漢諸臣之相業，蓋鮮及之者，然外戚、宦官之禍，皆兆於斯時，未聞有見遠察微之論，此則尤可憾者也。丙吉寬厚長者，足以濟魏相之嚴，然居位日淺，無大建明，故不復考論云。　吉之薨也，黄霸繼之，其功名損於治郡；又以鶡雀之事，詘於張敞，是固無可議者。而其薦史高爲太尉，則若有意焉。蓋漢初丞相、太尉分將相之權，而相無不統。自武帝末年，以霍光爲大將軍，録尚書事，則將相之任，悉摠於大將軍，而相反爲虚位矣。霸之意，其欲復漢之初制乎？而宣帝乃責之曰：「太尉官罷久矣，丞相兼之，所以偃武修文也。如國家不虞，邊境有事，左右之臣皆將帥也【二〇】。侍中樂陵侯史高帷幄近臣，朕之所自親，君何越職而舉之？」尚書令受丞相對。以迹言之，則黄霸之薦爲非，宣帝之責爲是。以事情考之，則霍氏之誅，而張安世繼之；安世之死，而韓增繼之；韓增之死，而許延壽繼之，皆以大司馬領尚書事。賴安世、增等循謹自守，不敢預政，故魏、丙得以顯宰相之權，神爵、五鳳之盛，蓋由於此。然此職不罷，安知後來無踵霍光之轍者乎？當是時，史高貴寵，霸蓋逆知，其必居此也，故請以太尉處之。太尉復，則大司馬領尚書之官必不重置，而丞相、太尉各任其職，丞相可以統兵事，而太尉不得以干朝權矣。宣帝既不以爲然，霸亦不敢復請。其後受遺之任，果以付高，而□□之職略與霍光同。丞相定國乃不得焉，蕭望之、周堪特爲之佐焉。故高之權日重，而望之輩終不能有爲。至于王氏，竟以大司馬專政而移漢祚。然則霸之職慮，亦豈可少哉？世之議者，猥以薦史高爲霸之迎合，故不得不辨。望之堪輔政，其事有可爲世戒者，今附于後。

甘露四年，帝寢疾，選大臣可屬者，引外屬侍中樂陵侯史高、太子太傅蕭望之、少傅周堪至禁中，拜高爲大司馬、車騎將軍，望之爲前將軍、光禄勳，堪爲光禄大夫，皆受遺詔輔

【二〇】邊境有事左右之臣　「有事左右」原無，據《漢書·循吏傳》補。

政，領尚書事。冬，十二月甲戌，帝崩。按：望之明經持重，論議有餘，才任宰相，此宣帝之所知也。使帝能專任以受遺之事，尚慮恭、顯居中交掣其肘，況以史高爲之長，望之特副焉。薰蕕同器，久必俱臭。政使望之有周公之材，而與管、蔡共政，猶無可爲之理，況望之、堪大體雖正而材術未周，以恭、顯之姦，而助之以史高之勢，豈三數書生能爲之敵哉！望之死，周堪廢，終孝元世，朝廷軍國之柄一出於石顯之手，皆宣帝處置之失也。世言孝元爲漢室基禍之主，而不知漢之禍，宣帝實基之，豈顓孝元之罪哉？

樂陵侯史高以外屬領尚書事，前將軍蕭望之、光禄人夫周堪爲之副。望之名儒，與堪皆以師傅舊恩，天子任之，數宴見，言治亂，陳王事。望之選白宗室明經達學散騎、諫大夫劉更生給事中【一一】，與侍中金敞並拾遺左右。四人同心謀議，勸導上以古制，多所欲匡正。上甚鄉納之。史高充位而已，由此與望之有隙。中書令弘恭、僕射石顯，自宣帝時久典樞機，明習文法。帝即位多疾，以顯久典事，中人無外黨，精專可信任，遂委以政。按：元帝謂中人無外黨，可以委任，殊不知權之所歸，黨之所集也，憸邪之人，如蠅蚋焉，惟勢所在，則閧然趨之矣。故權在宰相則附宰相，權在幸臣則附幸臣，孰謂中人果無黨耶？元帝之見如此，可謂不明矣。

事無小大，因顯白決，貴幸傾朝，百僚皆敬事顯。顯爲人巧慧習事，能探得人主微指【一二】，内深賊，持詭辯以中傷人，忤恨睚眦，輒被以危法。亦與車騎將軍高爲表裏，論議常獨持故事，不從望之等。望之等患苦許、史放縱，又疾恭、顯擅權，建白以爲：「尚書政本【一三】，國家樞機，宜以通明公正處之。武帝游宴後庭，故用宦者，非古制也。宜罷中書宦官，應古不近刑人之義」，由是大與高、恭、顯忤。上初即位，謙讓重改作，議久不定，

【一一】達學　原作「有行」，據《漢書·蕭望之傳》改。

【一二】探得　原作「深得」，據《漢書·佞幸傳》改。

【一三】尚書政本　「尚」原作「中」，據《漢書·佞幸傳》改。按：此句《漢書》作「尚書百官之本」。

出劉更生爲宗正。按：人臣以古制强其君，鮮或見從，以故事告其君，往往多聽。蓋其心謂古今異宜，難以遽行，而故事乃我朝家法，不可不守。故賈誼請定經制，而文帝未皇，魏相奉行故事，而孝宣信用。元帝之資，既昏且懦，雖孝家法，猶恐不逮，況能度越拘攣而行復古之事乎？望之等數以古制强之，宜其爲近習小人所間也。然則當奈何？曰惟以高、文故事告之，庶乎其見聽也。　望之、堪數薦名儒、茂材以備諫官，會稽鄭朋陰欲附望之，上疏言車騎將軍高遺客爲姦利郡國，及言許、史子弟罪過。章視周堪，堪白「令朋待詔金馬門」。朋奏記望之曰：「今將軍規橅，云若管、晏而休，遂行日昃，至周、召乃留乎？若管、晏而休【二四】，則下走將歸延陵之皋，没齒而已矣。如將軍興周、召之遺業，親日昃之兼聽，則下走其庶幾願竭區區，奉萬分之一。」望之始見朋，接待以意。後知其傾邪，絶不與通。朋，楚士，怨恨，更求入許、史，推所言許、史事，曰：「皆周堪、劉更生教我。我關東人，何以知此？」於是侍中許章白見朋。朋出，揚言曰：「我見，言前將軍小過五，大罪一。」待詔華龍行污穢，欲入堪等，堪等不納，故與朋相結【二五】。恭、顯令二人告望之等謀欲罷車騎將軍，疏退許、史狀，候望之出休日，令朋、龍上之。事下弘恭問狀，望之對曰：「外戚在位多奢淫，欲以匡正國家，非爲邪也。」恭、顯奏：「望之、堪、更生朋黨相稱舉，數譖訴大臣，毁離親戚，欲以專擅權勢。爲臣不忠，誣上不道，請謁者召致廷尉。」時上初即位，不省召致廷尉爲下獄也，可其奏。後上召堪、更生，曰「繫獄」，上大驚曰：「非但廷尉問邪？」以責恭、顯，皆叩頭謝。上曰：「令出視事。」恭、顯因使史高言：「上新即位，未

【二四】管晏而休　「休」原作「止」，據《漢書・蕭望之傳》改。

【二五】故　「故」原作「欲」，據《漢書・蕭望之傳》改。

以德化聞於天下，而先驗師傅。既下九卿、大夫獄，宜因決免。」於是制詔丞相、御史：「前將軍望之，傅朕八年，無他罪過，今事久遠，識忘難明。其赦望之罪，收前將軍、光禄勳印綬，及堪、更生，皆免爲庶人。」後數月，詔賜望之爵關内侯，給事中，朝朔望。詔曰：「國之將興，尊師而重傅。故前將軍望之傅朕八年，道以經術，厥功茂焉。」上復徵周堪、劉更生，欲以爲諫議大夫。弘恭、石顯白，皆以爲中郎。上器重蕭望之不已，欲倚以爲相。恭、顯及許、史子弟、侍中、諸曹皆側目於望之等。更生乃使其外親上變事，言：「地震殆爲恭等，不爲三獨夫動。臣愚以爲宜退恭、顯以章蔽善之罰，進望之等以通賢者之路。如此，太平之門開，災異之原塞矣。」書奏，恭、顯疑其更生所爲，白請考姦詐。辭果服，遂逮更生繫獄，免爲庶人。會望之子散騎中郎伋亦上書訟望之前事，下有司，復奏：「望之前所坐明白，無譖訴者，而教子上書，稱引無辜之《詩》，失大臣體，不敬，請逮捕。」按：更生使外親上變事，望之使子上書，号爲賢者而不知義命如此，其反爲小人所中，宜哉。弘恭、石顯等知望之素高節，不詘辱，建白：「望之前幸得不坐，復賜爵邑，不悔過服罪，深懷怨望，教子上書，歸非於上，自以託師傅，懷終不坐【二六】，非頗詘望之於牢獄，塞其怏怏心，則聖朝無以施恩厚。」上曰：「蕭太傅素剛，安肯就吏？」顯等曰：「人命至重，望之所坐，語言薄罪，必無所憂。」上乃可其奏。冬，十二月，顯等封詔以付謁者，敕令召望之手付。因令太常急發執金吾車騎馳圍其第。使者至，召望之。望之欲自殺，以問門下生朱雲，雲者，好節士，勸望之自裁。於是望之仰

【二六】懷終不坐　原作「終必不坐」，據《漢書·蕭望之傳》改。

天歎曰：「吾嘗備位將相，年踰六十矣，老入牢獄，苟求生活，不亦鄙乎！」字謂雲曰：「游，趣和藥來，無久留我死。」竟飲鴆自殺。天子聞之驚，拊手曰：「曩固疑其不就牢獄，果然殺吾賢傅。」是時，太官方上晝食，上乃卻食，爲之涕泣，哀動左右。於是召顯等責問以議不詳，皆免冠謝，良久然後已。上追念望之不忘，每歲時遣使者祠祭望之家，終帝之世。按：元帝闇懦如此，尚可焉有爲乎？疏廣父子見幾而作，蓋爲是也。是歲，弘恭病死，石顯爲中書令。班氏贊曰：「蕭望之歷位將相，藉師傅之恩，可謂親昵亡間。及至謀泄隙開，讒邪構之，卒爲便嬖宦豎所圖。哀哉！不然，望之堂堂，折而不撓，身爲儒宗，有輔佐之能，近古社稷臣也。」按《蕭望之傳》：望之好學，治《齊詩》，事同縣后倉且十年，以令詣太常受業，復事同學博士白奇，又從夏侯勝問《論語》、禮服。京師諸儒稱述焉。是時，人將軍霍光秉政，長史丙吉薦儒生王仲翁與望之等數人，皆召見。以不願見獨不除用，而仲翁等皆補大將軍史。三歲間，仲翁至光禄大夫、給事中，望之以射策甲科爲郎，署小苑東門候。仲翁出入從倉頭廬兒，下車趨門，傳呼甚寵，顧謂望之曰：「不肯録録，空抱關爲。」望之曰：「各從其志。」則其始進之節，已可觀矣。及光薨，子禹復爲大司馬，兄子山領尚書，望之因雨雹之災上疏，以爲人臣任政，一姓擅勢之所致。於是拜爲謁者，遷諫大夫、丞相司直，歲中三遷，官至二千石。其後霍氏誅，望之寖益顯用。是時，選博士、諫大夫通政事者補郡國守、相，以望之爲平原太守。望之雅意在本朝，遠爲郡守，意不自得，乃上疏曰：「陛下哀愍百姓，恐德化之不究，悉出諫官以補郡吏，所謂憂其末而忘其本者也。朝無爭臣則不知過，國無達士則不聞善。願陛下選明經術，温故知新，通於幾微謀慮之士以爲内臣，與參政事。諸侯聞之，則知國家納諫憂政，亡有闕遺。若此不怠，成、康之道其庶幾乎！外郡不治，豈足憂哉？」書聞，徵入守少府。宣帝察望之材任宰相，復以爲左馮翊。是歲西羌反，漢遣後將軍征之。京兆尹張敞上書：「願令諸有罪者，得以入穀隴西等八郡以自贖。」望之議以爲：「民函陰陽之氣，有仁義欲利之心，在教化之所助。堯在上，不能去民欲利之心，而能令其欲利不勝其好義也；雖桀在上，不能去民好義之心，而能令其好義不勝其欲利也。故堯、桀之分，在於義利而已，道民不可不慎也。今欲令民量粟以贖罪，如此則富者得生，貧者獨死，是貧富異刑，而法不壹也。人情貧窮，父兄囚執，聞出財得以生活，爲人子弟者將不顧死亡之患，敗亂之行，以赴財利，求救親戚，一人得生，十人以喪。政教一傾，雖有周、召之佐，恐不能復。」遂不施敞議。五鳳中，匈奴大亂，議者多曰：「匈奴爲害日久，可因其壞亂，舉兵滅之。」詔遣中朝大司馬、車騎將軍韓增等問望之計策。望之對曰：「《春秋》晉士匄侵齊，聞齊侯卒，引師而還。君子大其不伐喪，以爲恩足以服孝子，誼足以動諸侯。前單于慕化鄉善，遣使請求和親，海内欣然，夷狄莫不聞。未終奉約，不幸爲賊臣所殺，今而伐之，是乘亂而幸災也，彼必奔走遠遁。不以義動兵，恐勞而無功。宜遣使者弔問，輔其微弱，救其災患。四夷聞之，咸貴中國之仁義，如遂蒙恩得復其位，必稱臣服從，此德之盛也。」上從其議，後竟遣兵護輔呼韓邪單于定其國。呼韓邪來朝，詔公卿議其儀，丞相霸等議：「其禮儀宜如諸侯王，位次在下。」望之以爲：「單于非正朔所加，故稱敵國，宜待以不臣之禮【二七】，位在諸侯王上。外夷稽首稱藩，中國讓而不臣，此則羈縻之誼，謙亨之福也。《書》曰『戎狄荒服』，言其來服，荒忽亡常。如使匈奴後嗣卒有鳥竄鼠伏【二八】，闕於朝享，不爲畔臣。」天子采之，令單于位在諸侯王上，贊謁稱臣而不名。觀望之前後謀議，皆据經守正，通變合宜，宣帝稱其爲宰相器，信不誣矣。使其得君之專，行政之久，未必不能有所立；而恭、顯、史、高内外交掣，卒以殺其身，亦可悲矣。然望之所爲，蓋自有可議者，故南軒張氏曰：「望之、更生所處，可謂孤弱之勢，危疑之時矣。要當艱深其慮，而正固其守，誠意懇惻，以廣上心，人才兼收，以彊國勢；謹其爲，勿使有差，密其機，勿使或露。積之以久，上心開明，人才衆多，羣心歸而理勢順，庶幾有可爲者，此在《易·屯》『膏小貞』之義也。而二子處之，蓋甚踈矣，其綢繆經理，未嘗有一日之功，遽白罷中書宦官，其機盡露而無餘矣。」望之以初元二年正月免，是時于定國爲丞相，陳萬年爲御史大夫。五年萬年卒，貢禹代之；禹卒，薛廣德代之。永光元年，定國、史高、廣德先後以災異免，而韋玄成爲御史大夫。明年，玄成相，建昭

【二七】不臣之禮　「禮」原作「體」，據《漢書·蕭望之傳》改。

【二八】鼠伏　原作「獸伏」，據《漢書·蕭望之傳》改。

三年薨，而匡衡爲丞相，封樂安侯。班固贊元帝，謂「貢、薛、韋、匡，迭爲宰相。」自今考之，貢、薛止爲御史，御史以其俱三公官，故通謂之宰相。四人皆儒生，其事有當論者，今附于此。

貢禹以明經絜行著聞，徵爲博士、涼州刺史，去官，復舉賢良，爲河南令。歲餘，以職事爲府官所責，免冠謝。禹曰：「冠壹免，安復可冠也？」遂去官。元帝初即位，徵爲諫大夫，數虚己問以政事。是時，年歲不登，郡國多困，禹奏言：「古者宫室有制，宫女不過九人，秣馬不過八匹，牆塗而不琱，木摩而不刻，車輿器物皆不文畫，苑囿不過數十里【二九】，與民共之。任賢使能，什一而税，亡它賦斂繇戍之役，使民歲不過三日，千里之内自給，千里之外各置貢職而已。故天下家給人足，頌聲並作。至高祖、孝文、孝景皇帝，循古節儉，宫女不過十餘，厩馬百餘匹。孝文帝衣綈履革，器亡琱文、金銀之飾。後世爭爲奢侈，輾轉益甚，臣下亦相放效，衣服履絝刀劍亂於主上。承衰救亂，矯復古化，在於陛下。臣愚以爲盡如太古難，宜少放古以自節焉。方今宫室已定，亡可奈何，其餘盡可減損。故時齊三服官輸物不過十笥，今作工各數千人，一歲費數鉅萬。蜀廣漢主金銀器，歲各用五百萬。三工官官費五千萬【三〇】，東西織室亦然。厩馬食粟將萬匹。臣禹嘗從之東宫，見賜杯案，盡文畫金銀飾，非當所以賜食臣下也。天下之民所爲大飢餓死者是也，人至相食，而厩馬食粟，苦其大肥。王者受命於天，爲民父母，固當若此乎？天不見邪？陛下深察古道，從其儉者。天生聖人，蓋爲萬民，非獨使自娱樂而已也。」天子納善其忠，乃下詔令太僕減食穀馬，水衡減食肉獸，省宜春下苑以與貧民，又罷角抵諸戲及齊三服官。遷禹爲光禄大夫。陳萬年卒，禹代爲御史大夫。在位數言得失，書數十上，禹以爲古民亡賦算口錢，起武帝征伐四夷，重賦於民。民産子三歲，則出口錢，故民重困，至於生子輒殺，甚可悲痛。宜令兒七歲去齒乃出口錢，年二十乃算【三一】。又言古者不以金錢爲幣，專意於農，故一夫不耕，必有受其飢者。今漢家鑄錢，又諸鐵官皆置吏卒徒，攻山取銅鐵，一歲功十萬人已上，中農食七人，是七十萬人常受其飢。宜罷採珠玉金銀鑄錢之官，亡復以爲幣。市井勿得販賣，租税禄賜皆以布帛及穀，使百姓一歸於農，復古道便。又言諸離宫及長樂宫衛可減其太半，以寬繇役。又欲令近臣自諸曹、侍中以上，家亡得私販賣，與民爭利，犯者輒免官削爵，不得仕宦。又言孝文皇帝時，貴廉

【二九】不過數十里　「過」原無，據《漢書・貢禹傳》補。

【三〇】官費　「官」原缺，據《漢書・貢禹傳》補。

【三一】年二十乃筭　「年」原作「朱」，據《漢書・貢禹傳》改。

絜，賤貪汙，賈人、贅壻及吏坐贓者皆禁錮，不得爲吏。賞善罰惡，不阿親戚，罪白者伏其誅，疑者以與民，亡贖罪之法，故令行禁止，海内大化，天下斷獄四百，與刑錯亡異。武帝始臨天下，尊賢用士，闢地廣境數千里，用度不足，乃行一切之變，使犯法者贖罪，入穀者補吏。是以天下奢侈，官亂民貧，盗賊並起，亡命者衆。郡國恐伏其誅，則擇便巧史書習於計簿能欺上府者，以爲右職；姦軌不勝，則取勇猛能操切百姓者、以苛暴威服下者，使居大位。故亡義而有財者顯於世，欺謾而善書者尊於朝，誖逆而勇猛者貴於官。故俗皆曰：「何以孝弟爲？財多而光榮。何以禮義爲？善書而仕宦。何以謹慎爲？勇猛而臨官。」故黥劓而髡鉗者猶復攘臂爲政於世，行雖犬彘，家富勢足，目指氣使，是爲賢耳。故謂居官而置富者爲雄桀，處姦而得利者爲壯士，兄勸其弟，父勉其子，俗之壞敗，乃至於是。察其所以然者，皆以犯法得贖罪，求士不得真賢，相、守崇財利，誅不行之所致也。今欲興至治，致太平，宜除贖罪之法。相、守選舉不以實及有臧者，輒行其誅，亡但免官，則爭盡力爲善，貴孝弟，賤賈人，進真賢，舉實廉，而天下治矣。天子下其議，令民産子七歲乃出口錢，自此始。又罷上林宫館希幸御者，及省建章、甘泉宫衛卒，減諸侯王廟衛卒，省其半。餘雖未盡從，然嘉其質直之意。爲御史大夫數月卒。《石顯傳》云：「初，顯聞衆人匈匈，言已殺前將軍蕭望之。望之當世名儒，顯恐天下學士姍己，病之。是時，明經著節士瑯琊貢禹爲諫大夫，顯使人致意，深自結納。顯因薦禹於天子，歷位九卿，至御史大夫，禮事之甚備。議者於是稱顯，以爲不妬譖望之矣。顯之設變詐以自解免、取信人主者，皆此類也。」觀禹之爲令也，以免冠爲辱，棄去而不顧，及其爲諫大夫，乃以石顯之薦而致位三公，豈孟子所謂失其本心者耶？昔商鞅由景監以進，論者耻之，監雖嬖臣，然不聞有它過。若顯之陰賊嶮狠，殺望之，殺張猛，殺京房，殺賈捐之，其罪殆不容誅！禹顧由之以進，是可恥又甚於鞅也，可勝惜哉！觀禹之所以告孝元者，大抵以恭儉愛民爲言，不可謂非正論也。然恭儉愛民，孝元之所易；剛健攬權者，孝元之所難。禹能勉之以易，而不能責其所難，又豈孟子敬王之義耶？禹本與王吉並稱，合始終而論之，其不及吉遠矣！　薛廣德以《魯詩》教授，蕭望之爲御史大夫，數與論議，器之，薦廣德經行宜充本朝。爲人温雅，有醖藉，及爲三公，直言諫爭。上幸甘泉，郊泰畤，禮畢，因留射獵。廣德上書曰：「切見關東困極，人民流離。陛下日撞亡秦之鍾，聽鄭、衛之樂，臣誠悼之。今士卒暴露，從官勞倦，願陛下亟反宮，思與百姓同憂樂。」上即日還。其秋，上酬祭宗廟，出便門，欲御樓船。廣德當乘輿車，免冠頓首曰：「宜從橋。」詔曰：「大夫冠。」廣德曰：「陛下不聽臣，臣自刎，以血汙車輪，陛下不得入廟矣。」上不說。先驅光禄大夫張猛進曰：「臣聞主聖臣直。乘船危，從橋安，聖主不乘危。御史大夫言可聽。」上曰：「曉人不當如是耶！」乃從橋。廣德爲御史大夫，凡十月免，東歸沛，太守迎之界上，沛以爲榮，縣其安車傳子孫。廣德雖無事業可稱，然其直諫之節，勇退之風，蓋猶賢於貢禹者。韋玄成以明經擢爲諫大夫，父賢薨，當襲爵，以病狂不應召。丞相、御史以玄成實不病，劾奏之。有詔勿劾，引拜。玄成不得已受爵。宣帝高其節。及元帝即位，爲少府，至御史大夫，代于定國爲丞相七年，守正持重，不及父賢而文采過之。匡衡好學，尤精力過絶人。諸儒爲之語曰：「無説《詩》，匡鼎來。匡説《詩》，解人頤。」學者多上書，薦衡經明，當世少雙。事下太子太傅蕭望之問，衡對《詩》諸大義，其對深美。望之奏衡經學精習，説有師道。宣帝不甚用儒，遣衡歸官。皇太子見衡對，私善之。元帝初即位，史高以外屬領尚書事，與蕭望之有隙。長安令楊興説高，召衡置幕府，高然其言，辟衡爲議曹史，薦衡於上。上以爲郎中，遷博士，給事中【三二】。是時，有日蝕、地震之變，上問以政治得失，衡上疏曰：「陛下閔愚吏民觸法抵禁，比年大赦，使百姓得改行自新，天下幸甚！臣竊見大赦之後，姦邪不爲衰止，今日大赦，明日犯法，相隨入獄，此殆導之未得其務也。蓋保民者，陳之以德義，示之以好惡，觀其失而制其宜，故動之而和，綏之而安。今天下俗貪財賤義，好聲色，尚侈靡，廉耻之節薄，淫辟之意縱，不改其原，雖歲赦之，刑猶難使錯而不用也。臣愚以爲宜一曠然大變其俗。孔子曰：『能以禮讓爲國乎，何有？』朝廷者，天下之楨幹也。公卿大夫相與循禮恭讓，則民不爭；好仁樂施，則下不暴；上義高節，則民興行；寬柔和惠，則衆相愛。四者，明王之所以不嚴而成化也。何者？朝有變色之言，則下有爭鬭之患；上有自專之士，則下有不讓之人；上有克勝之佐，則下有傷害之心；上有好利之臣，則下有盜竊之民：此其本也。今俗吏之治，皆不本禮讓，而尚克暴，或忮害好陷人於罪，貪財而慕勢，故犯法者衆，姦邪不止，雖嚴刑峻法，猶不爲變。此非其天性，有由然也。臣竊考《國風》之詩，《周南》、《召南》被賢聖之化深，故篤於行而廉於色。鄭伯好勇，而國人暴虎；秦穆貴信，而士多從死；陳夫人好巫，而民淫祀；晉侯好儉，而民

【三二】給事中　「給」原作「終」，據《漢書·匡衡傳》改。

蓄聚。由此觀之，治天下者，審所上而已。今之僞薄忮害，不讓極矣！臣聞教化之流，非家至而人説之也。賢者在位，能者布職，朝廷崇禮，百僚敬讓，道德之行，由内及外，自近者始，然後民知所法，遷善日進而不自知。今長安天子之都，親承聖化，然其習俗無以異於遠方，郡國來者無所法則，或見侈靡而放效之。此教化之原本，風俗之樞機，宜先正者也。臣聞天人之際，精祲有以相盪，善惡有以相推，事作乎下者象動乎上，陰陽之理各應其感，陰變則靜者動，陽蔽則明者暗，水旱之災隨類而至。今關東連年飢饉，百姓乏困，或至相食，此皆生於賦斂多，民所共者大，而吏安集之不稱之效也。陛下祗畏天戒，哀閔元元，大自減損，將欲度唐、虞之隆，絶殷、周之衰也。宜遂減宫室之度，省靡麗之飾，考制度，脩外内，近忠正，遠巧佞，放鄭、衛，進《雅》、《頌》，舉異材，開直言，任温良之人，退刻薄之吏，顯絜白之士，令海内昭然咸見本朝之所貴，然後大化可成，禮讓可興也。」上説其言，遷衡爲光禄大夫、太子少傅。時，上好經術文辭，頗改宣帝之政，言事者多進見，人人自以爲得上意。又傅昭儀及子定陶王愛幸，寵於皇后、太子。衡復上疏曰：「陛下聖德天覆，子愛海内，然陰陽未和，姦邪未禁者，殆論議者未丕揚先帝之盛功，爭言制度不可用也，務變更之。臣竊恨國家釋樂成之業，而虚爲此紛紛也。願陛下詳覽統業之事，留神於遵制揚功，以定羣下之心。傳曰：『審好惡，理情性，而王道畢矣。』『能盡其性，然後能盡人物之性。能盡人物之性，則可以贊天地之化。』治性之道，必審己之所有餘，而强其所不足。蓋聰明疏通者戒於太察，寡聞少見者戒於雍蔽，勇猛剛彊者戒於太暴，仁愛温良者戒於無斷，湛靜安舒者戒於後時，廣心浩大者戒於遺忘。必審己之所當戒，而齊之以義，然後中和之化應，而巧僞之徒不敢比周而望進。唯陛下戒所以崇聖德。臣又聞室家之道脩，則天下之理得，故聖王必慎妃后之際，别適長之位。禮之於内也，卑不踰尊，新不先故，所以統人情而理陰氣也。其尊適而卑庶也，適子冠乎阼，禮之用醴，衆子不得與列，所以貴正體而明嫌疑也。非虚加其禮文而已，乃中心與之殊異，故禮探其情而見之外也。如當親者疏，當尊者卑，則佞巧之姦因時而動，以亂國家。故聖人慎防其端，禁於未然，不以私恩害公義。傳曰：『正家而天下定矣。』」衡爲少傅數年，數上疏陳便宜，及朝廷有政議，傅經以對，言多法義。上以爲任公卿，由是爲光禄勳、御史大夫。建昭三年，代韋玄成爲丞相，封樂安侯。成帝即位，衡上疏戒妃匹，勸經學威儀之則，曰：「陛下秉至孝，哀傷思慕不絕於心，未有游虞弋射之宴，誠隆於慎終追遠，無窮已也。竊願陛下雖聖性得之，猶復加聖心焉。《詩》云『煢煢在疚』，言成王喪畢思慕，意氣未能平也，蓋所以就文、武之業，崇大化之本也。臣聞之師曰：『妃匹之際，生民之始，萬福之原。』婚姻之禮正，然後品物遂而天命全。孔子論《詩》以《關雎》爲始【三三】，言太上者民之父母【三四】，后夫人之行不侔乎天地，則無以奉神靈之統，而理萬物之宜。故《詩》曰『窈窕淑女，君子好仇』，言能致其貞淑，不貳其操，情欲之感無介乎容儀，宴私之意不形乎動靜，夫然後可以配至尊而爲宗廟主。此綱紀之首，王教之端也。自上世已來，三代興廢，未有不由此。願陛下詳覽得失盛衰之效，以定大基，采有德，戒聲色，近嚴敬，遠技能。竊見聖德純茂，專精《詩》、《書》，好樂無厭。臣衡材駑，無以輔相善義，宣揚德音。臣聞六經者，聖人所以統天地之心，著善惡之歸，明吉凶之分，通人道之正，使不悖於其本性者也。故審六藝之指，則天人之理可得而和，草木昆蟲可得而育，此永永不易之道也。及《論語》、《孝經》，聖人言行之要，宜究其意。臣又聞聖王之自爲動靜周旋，奉天承親，臨朝享臣，物有節文，以章人倫。蓋欽翼祇栗，事天之容也；温恭敬遜，承親之禮也；正躬嚴恪，臨衆之儀也；嘉惠和説，饗下之顔也。舉錯動作，物遵其儀，故形爲仁義，動爲法則。孔子曰：『德義可尊，容止可觀，進退可度，以臨其民，是以其民畏而愛之，則而象之。』《大雅》云：『敬慎威儀，惟民之則。』諸侯正月朝覲天子，天子惟道德，昭穆穆以視之，又觀以禮樂，饗醴迺歸。故萬國莫不獲賜祉福，蒙化而成俗。今正月初幸路寢，臨朝賀，置酒以饗萬方，傳曰『君子慎始』，願陛下留神動靜之節，使羣下得望盛德休光，以立基楨，天下幸甚！」上敬納其言。頃之，衡復奏正南北郊，罷諸淫祀。初，元帝時，中書令石顯用事，自前相韋玄成及衡皆畏顯，不敢失其意。至成帝初即位，衡迺與御史大夫甄譚共奏顯，追條其舊惡，并及黨與。於是司隸校尉王尊劾奏：「衡、譚居大臣位，知顯等專權勢，作威福，爲海内患害，不以時白奏行罰，而阿諛曲從，附下罔上，無大臣輔政之義。既奏顯等，不自陳不忠之罪，而反揚著先帝任用傾覆之徒，罪至不道。」有詔勿劾。衡慙懼，上疏謝罪，因稱病乞骸骨，上報云云。衡起視事，上以新即位，褒優大臣，然羣下多是王尊者【三五】。胡氏曰：「衡、譚雖失之於前，然能劾之於後，固賢於終不劾者。且顯緣此遂免官徒死，去惡拔本，少伸天下之憤，亦少塞責矣。當時羣下多是尊者，愚竊以爲非也。」沙隨程氏亦曰：「當丞相、

【三三】孔子論詩　「孔子」原脱，據《漢書·匡衡傳》補。

【三四】太上　原作「天子」，據《漢書·匡衡傳》改。

【三五】多是王尊者　「王」原無，據《漢書·匡衡傳》補。

御史未奏顯罪惡之時，而尊能奏顯之罪，并及二子依附諂曲，可也。及二子先之，既已快天下之冤憤矣，尊乃別出奇以自掩其不奏劾之過，非公論也。」愚按：衡爲相歲久，當孝元時，顯寵方固，雖未能拔而去之，獨不當收用賢才，培養正脈，以壯朝廷之勢，使陽剛浸長日盛一日，則自復而夬有可爲之期矣。而衡未嘗以此爲意，徒阿諛持禄，如桔槔之俯仰而已，亦焉用彼相哉！至此而後言，僅足以贖前日不言之罪。胡氏曰「賢於終不劾者」，其言是矣。然王尊之論，亦足以警在位者坐視陰邪小人之敗國而噤無一言。後言之，終不能以塞天下之公議，則其爲益，亦不少也。然尊職在司隸，當衡、譚未言時，尊亦未嘗有言，則其失正與衡、譚均耳。」程氏責之，於理爲當，故摘其語附于此。衡嘿嘿不自安，每有水旱，風雨不時，連乞骸骨，上輒以詔書慰撫，不許。久之，衡子昌爲越騎校尉，醉殺人，繫詔獄。越騎官屬與昌弟且謀篡昌，事發覺，衡免冠徒跣謝罪，天子詔衡冠履。而有司奏衡專地盜土，衡竟坐免。衡以儒臣居相位，至于縱子殺人，盜土自益，雖有它美，亦不足言矣。元帝所謂用儒者如此，可勝歎哉！建始三年十二月，衡免。明年三月，王商爲丞相。商父武，宣帝舅，封樂昌侯，商嗣侯，元帝時，至右將軍、光禄大夫。是時，定陶共王愛幸【三六】，幾代太子。商爲外戚重臣輔政，擁佑太子，頗有力焉。成帝即位，甚敬重之，徙爲左將軍。而元帝舅大司馬、大將軍王鳳顓權，行多驕僭。商論議不能平鳳，鳳知之，亦疏商。建始三年秋，京師民無故相驚，言大水至，百姓奔走相蹂，長安中大亂。天子親御前殿，召公卿議。鳳以爲太后與上及後宮可御船，令吏民上長安城以避水。羣臣皆從鳳議。商獨曰：「自古無道之國，水猶不冒城郭。今政治和平，世無兵革，上下相安，何因當有大水一日暴至？此必訛言也，不宜令上城，重驚百姓。」上乃止。有頃，長安中稍定，問之，果訛言。上於是美壯商之固守，數稱其議。而鳳大慙，自恨失言。明年，商代匡衡爲丞相，益封千户，天子甚尊任之。爲人多質，有威重，長八尺餘，身體鴻大，容貌甚過絶人。河平四年，單于來朝，引見白虎殿。商坐未央廷中，單于前，拜謁商。商起，離席與言，單于仰視商貌，大畏之，遷延卻退。天子聞而歎曰：「此真漢相矣！」初，大將軍鳳連昏楊彤爲琅琊太守，其郡有災害十四，已上。商部屬按問，鳳以曉商曰：「災異天事，非人力所爲。彤素善吏，宜以爲後。」商不聽，竟奏免彤，奏果寢不下，鳳重以是怨商，陰求其短，使人上書言商閨門内事。天子以爲暗昧之過，不足以傷大臣，鳳固爭，下其事司隸。

【三六】愛幸　原作「爲幸」，據《漢書・王商傳》改。

先是，皇太后嘗詔問商女，欲以備後宮。商辭之，以病對，不入。及商以閨門事見考，更欲內女爲援，乃因新幸李婕妤家白見其女。會日有蝕之，太中大夫蜀郡張匡，其人佞巧，上書願對近臣陳日蝕咎。下朝者左將軍丹等問匡，對曰：「竊見丞相商作威作福，執左道以亂政誣罔，誖大臣節，故應是而日蝕。」於是左將軍丹等奏：「商位三公，爵列侯，親受詔策爲天下師，不遵法度以翼國家，而回辟下媚以進其私，執左道以亂政。爲臣不忠，罔上不道，臣請詔謁者召商詣若盧詔獄。」上素重商，知匡言多險，制曰：「勿治。」鳳固爭之，於是制詔御史赦商罪，使者收丞相印綬。商免相三日，發病歐血薨。死後連年日蝕、地震，直臣京兆尹王章上封事，召見，訟商忠直無罪，言鳳顓權蔽主，鳳竟以法誅章。商之在位，雖無事業可觀，然威重有守，不阿權臣，竟爲王鳳所擠以免。至納女一節，則其不學之罪，可爲來世戒云。

河平四年四月，商免，張禹爲丞相。禹從施讎受《易》，王吉、膠東庸生受《論語》【三七】，皆明習，舉爲郡文學。甘露中，諸儒薦禹，有詔蕭望之問。禹對《易》及《論語》大義，望之善焉，奏禹經學精習，有師法，可試事。奏寢，罷歸故官。久之，試爲博士。初元中，立皇太子，而博士鄭寬中以《尚書》授太子，薦言禹善《論語》。詔令禹授太子《論語》【三八】，由是遷光禄大夫。成帝即位，禹、寬中皆以師賜爵關內侯，拜爲諸吏光禄大夫，秩中二千石，給事中，領尚書事。是時，帝舅陽平侯王鳳爲大將軍，輔政專權。而上富於春秋，謙讓，方鄉經學，敬重師傅。而禹與鳳並領尚書，內不自安，數病，上書乞骸骨，欲退避鳳。上報，禹惶恐，復起視事，河平四年代王商爲丞相，封安昌侯。爲相六歲，鴻嘉元年以老病乞骸骨，上加優再三，乃聽。以列侯朝朔望。禹爲人謹厚，內殖貨財，家以田爲業。及富貴，多買田至四百頃，皆涇、渭溉灌，極膏腴上賈。它財物稱是。禹性習知音聲，內奢淫，身居大第，後堂理絲竹管絃。年老，自治冢塋，起祠室，好平陵肥牛亭部處地，又近延陵，奏請求之。上以賜禹，詔令平陵徙亭它所。曲陽侯根聞而爭之。根言雖切，猶不見從，卒以肥牛亭地賜禹。根由是害禹寵，數毁惡之。天子愈益敬厚禹【三九】。禹每病，輒以起居聞，車駕自臨問之。上親拜禹牀下，禹頓首謝恩，歸誠言：「老臣有四男一女，愛女甚於男，遠嫁爲張掖太守蕭咸妻，不勝父子私情，思與相近。」上即徙咸爲弘農太守。又禹小子未有官，上臨候禹，禹數視其小子，上即禹牀下拜爲黃門郎，給事中。禹雖家居，以特進爲天子師，國家每有大政，必與

【三七】王吉　《漢書·張禹傳》作「瑯邪王陽」。案：王吉字子陽，世稱王陽。

【三八】詔令禹授太子論語　「禹」原無，據《漢書·張禹傳》補。

【三九】愈益　「益」原作「禹」，據《漢書·張禹傳》改。

定議。永始、元延之間，日蝕、地震尤數，吏民多上書言災異之應，譏切王氏專政所致。上懼變異數見，意頗然之，未有以明見，迺車駕至禹第，辟左右，親問禹以天變，因用吏民所言王氏事示禹。禹自見年老，子孫弱，又與曲陽侯不平，恐爲所怨，則謂上曰：「春秋二百四十二年間，日蝕三十餘，地震五。或爲諸侯相殺，或夷狄侵中國，災變之意深遠難見，故聖人罕言命，不語怪神，性與天道自子贛之屬不得聞，何況淺見鄙儒之所言。陛下宜修政事以善應之，與下同其福善，此經義意也。新學小生，亂道誤人，宜無信用，以經術斷之。」上雅信愛禹，由此不疑王氏。後曲陽侯根及諸王子弟聞知禹言，皆喜説，遂親就禹。禹見時有變異，若上體不安，擇日絜齋露蓍，正衣冠立筮，得吉卦則獻其占，如有不吉，禹爲感動憂色。胡氏曰：「日有食之，《春秋》必書，以日者，人君之表也，衆陽所宗，而受侵翳，以天驗人，非小變也。《春秋》所書，或妾婦乘陵，或臣子背叛，或政權在下，或夷狄亂華，皆陽微陰盛之應。《春秋》雖不指言其事，而事應具存，人君知此，必監於侵翳之咎，克自飭正，則雖有其象，而無其應矣。禹，帝師也，今條陳日食之咎，顧歸之諸侯相殺、夷狄内侵之遠事，而不端言臣子背上、政權在下之近禍，謂之經義，可乎？且外家擅朝，其勢將移，有心者知，有目者見，安得指爲神怪而不語也？正君臣之分，杜禍亂之門，收還主威，益塞變異，是即性與天道，安得指爲不可聞而不告也？且曰『宜修政事，以善應之』，當是時，政事之宜修，孰有大於權歸外家、勢隆於主者乎？凡數言之中，老姦備見，反謂新學亂道誤人，不知禹所守經義，果何經也？然則傾覆漢宗，翊戴王氏，禹有力焉。尚方之劍，雖不得加，而禹之戮，終不可免矣。」　按《朱雲傳》云【四〇】：「成帝時，張禹以帝師位特進，甚尊重。雲上書求見，公卿在前。雲曰：『今朝廷大臣上不能匡主【四一】，下亡以益民，皆尸位素餐，孔子所謂「鄙夫不可與事君【四二】」，「苟患失之，亡所不至」者也。願賜尚方斬馬劍，斷佞臣頭一人以厲其餘。』上問：『誰？』對曰：『安昌侯張禹。』上大怒，曰：『小臣居下訕上，廷辱師傅，罪死不赦！』御史將雲下，雲攀殿檻，檻折【四三】。雲呼曰：『臣得下從龍逢、比干遊於地下，足矣。未知聖朝何如耳。』御史遂將雲去。於是左將軍辛慶忌免冠解印綬，叩頭殿下曰：『此臣素著狂直於世【四四】。使其言是，不可誅；其言非，固當容之。臣敢以死爭！』慶忌叩頭流血。上意解，然後得已。及後當治檻，上曰：『勿易。因而輯

【四〇】朱雲傳云　「云」原作「氏」，據文意改。

【四一】匡主　「主」原作「天」，據《漢書・朱雲傳》改。

【四二】不可與　「與」原缺，據《漢書・朱雲傳》補。

【四三】檻折　「檻」字原脱，據《漢書・朱雲傳》補。

【四四】此臣素著狂　「此」原作「比」，據《漢書・朱雲傳》改。

之，以旌直臣。」愚謂：朱雲數語，足以盡張禹之爲人矣。成帝不易殿檻，以旌直臣，即不能用雲之言以去禹，所謂以規爲瑱，均之無益者也。　鴻嘉元年二月，禹免，薛宣爲丞相。宣爲相，府辭訟例不滿萬錢不爲移書，後皆遵用薛侯故事。然官屬譏其煩碎無大體，不稱賢也。時天子好儒雅，宣經術又淺，上亦輕焉。永始二年，免；翟方進爲丞相。方進爲丞相司直，舉奏司隸校尉陳慶、涓勳【四五】，皆免。旬歲間免兩司隸，朝廷憚之。丞相宣甚器重焉，常誡掾史「謹事司直，翟君必在相位，不久。」爲京兆尹，搏擊豪彊，京師畏之，遷御史大夫。左遷執金吾。二十餘日，丞相官闕，羣臣多舉方進，上亦器其能，遂擢方進爲丞相，封高陵侯。身既富貴，而後母尚在，方進内行脩飭，供養甚篤。爲相公絜，請託不行郡國。持法刻深，舉奏牧守九卿，峻文深詆，中傷者尤多。如陳咸、朱博、蕭育之屬，皆京師世家，以材能少歷牧守列卿【四六】，知名當世，而方進特立後起，十餘年間至宰相，據法以彈咸等，皆罷退之。方進智能有餘，兼通文法吏事，以儒雅緣飾法律，號爲通明相，天子甚器重之，奏事亡不當意，内求人主微指以固其位。方進雖受《穀梁》，然好《左氏傳》、天文星歷。厚李尋，以爲議曹。爲相九歲，綏和二年春熒惑守心，尋奏記云云。方進憂之，不知所出。會郎賁麗善爲星，言大臣宜當之。上遂賜册云云。方進即日自殺。方進雖名儒生，其實一能吏爾，以之爲相，安能勝其任乎？宜其弗克終也。　方進薨，孔光爲丞相。光父霸治《尚書》，事太傅夏侯勝，宣帝時爲太中大夫，以選授皇太子經。元帝即位，徵霸以師，賜爵關内侯，號褒成君，給事中，加賜黄金二百斤，第一區。霸爲人謙退，不好權勢，常稱爵位泰過，何德以堪之？上欲致霸相位，自御史大夫貢禹卒，及薛廣德免，輒欲拜霸。霸讓位，自陳至三，上深知其至誠，迺弗用，以是敬之，賞賜甚厚。及霸薨，上素服臨弔者再，謚曰烈君。光經學尤明，年未二十，舉爲議郎。光禄勳匡衡舉光方正，爲諫大夫。坐議有不合，左遷虹長，自免歸教授。成帝初即位，舉爲博士，數使録冤獄，行風俗，振贍流民，奉使稱旨，由是知名。是時，博士選三科，高爲尚書，次爲刺史，其不通政事，以久次補諸侯太傅。光以高第爲尚書，觀故事品式，數歲明習漢制及法令。上甚信任之，轉爲僕射、尚書令。有詔光周密謹慎，未嘗有過，加諸吏官。數年，遷諸吏光禄大夫，秩中二千石，給事中，領尚書事。後爲光禄勳，復領尚書，諸吏給事中如故，凡典樞機十餘年，守法度，修故事。上有所問，

【四五】涓勳　「涓」原作「清」，據《漢書·翟方進傳》改。

【四六】以材能　「材」原作「林」，據《漢書·翟方進傳》改。

據經法以心所安而對，不希指苟合；如或不從，不敢强諫爭，以是久而安。時有所言，輒削草稿，以爲章主之過，以奸忠直，人臣大罪也。有所薦舉，唯恐其人之聞知。沐日歸休，兄弟妻子燕語，終不及朝省政事。或問光：「温室省中樹皆何木也？」光嘿不應，更答以它語，其不泄如是。光，帝師傅子，少以經行自著，進官蚤成。不結黨友，養游説，有求於人。既性自守，亦其勢然也。徙光禄勳爲御史大夫。綏和中，上即位二十五年，無繼嗣，至親有同産弟中山孝王及同産弟子定陶王在。定陶王好學多材，於帝子行。而王祖母傅太后陰爲王求漢嗣。上召丞相翟方進、御史大夫光、右將軍廉褒、後將軍朱博，皆引入禁中，議中山、定陶王誰宜爲嗣者。方進、王根以爲【四七】「定陶王帝弟之子，《禮》曰：『昆弟之子猶子也，爲其後者爲之子也』，定陶王宜爲嗣。」褒、博皆如方進、根議。光獨以爲禮立嗣以親，中山王先帝之子，帝親弟也，以《尚書·盤庚》殷之及王爲比，中山王宜爲嗣。上以《禮》兄弟不相入廟，又皇后、昭儀欲立定陶王，故遂立爲太子。光以議不中意，左遷廷尉。光久典尚書，練法令，號稱詳平。以光爲左將軍。數月，丞相方進薨，召左將軍光當拜，已刻侯印書贊，上暴崩。即其夜於大行前拜受丞相、博山侯印綬。時，成帝母太皇太后自居長樂宮，而帝祖母定陶傅太后在國邸，有詔問丞相、大司空：「定陶共王太后宜當何居？」光素聞傅太后爲人剛暴，長於權謀，自帝在繈褓而養長教導至於成人，帝之立又有力。光心恐傅太后與政事，不欲令與帝旦夕相近，即議以爲定陶太后宜改築宮。大司空何武曰：「可居北宮。」上從武言。北宮有紫房複道通未央宮，傅太后果從複道朝夕至帝所，求欲稱尊號，貴寵其親屬，使上不得直道行。頃之，太后從弟子傅遷在左右尤傾邪，上免官遣歸故郡。傅太后怒，上不得已復留遷。光與大司空師丹奏言：「詔書侍中、駙馬都尉遷巧佞無義，漏泄不忠，國之賊也。免歸故郡，復有詔止，天下疑惑，無所取信，虧損聖德，誠不小愆。陛下以變異連見，避正殿，見羣臣，思求其故，至今未有所改。臣請歸遷故郡，以銷姦黨，應天戒。」卒不得遣，復爲侍中。脅於傅太后，皆此類也。又傅太后欲與成帝母俱稱尊號，羣下多順指，言母以子貴，宜立尊號以厚孝道。唯師丹與光持不可。上重違大臣正議，又内迫傅太后，猗違者連歲。丹以罪免，而朱博代爲大司空。光自先帝時議繼嗣有持異之隙矣，又重忤傅太后指，由是傅氏在位者與朱博爲表裏，共毀譖光。後數月遂策免光。光退閒里，

【四七】王根　「王」原無，據文意徑補。

杜門自守。而朱博代爲丞相，數月，坐承傅太后指妄奏事自殺。平當代爲丞相，數月薨。王嘉復爲丞相，數諫爭忤指。旬歲間閱三相，議者皆以爲不及光。上由是思之。會元壽元年正月朔，日有食之，後十餘日傅太后崩。是月，徵光詣公車，問日蝕事，光對曰：「臣聞日者，衆陽之宗，人君之表，至尊之象。君德衰微，陰道盛彊，侵蔽陽明，則日蝕應之。《書》曰『羞用五事』，『建用皇極』，如貌、言、視、聽、思失，大中之道不立，則咎徵荐臻，六極屢降。皇之不極，是爲大中不立，其《傳》曰『時則有日月亂行』，謂朓、側匿，甚則薄蝕是也。又曰『六沴之作』，歲之朝曰三朝，其應至重。乃正月辛丑朔日有蝕之，變見三朝之會。上天聰明，苟無其事，變不虛生。《書》曰『惟先假王正厥事』，言異變之來，起事有不正也。臣聞師曰：『天右與王者，故災異數見，以譴告之，欲其改更。若不畏懼，有以塞除，而輕忽簡誣，則凶罰加焉，其至可必。』《詩》曰：『敬之敬之，天惟顯思，命不易哉！』又曰：『畏天之威，于時保之。』皆謂不懼者凶，懼之則吉也。陛下聖德聰明，兢兢業業，承順天戒，敬畏變異，勤心虛己，延見羣臣，思求其故。然後敕躬自約，總正萬事，放遠讒說之黨，援納斷斷之介，退去貪殘之徒，進用賢良之吏，平刑罰，薄賦斂，恩澤如於百姓，誠爲政之大本，應變之至務也。天下幸甚！《書》曰『天既孚命正厥德』，言正德以順天也；又曰『天棐諶辭』，言有誠道，天輔之也。明承順天道在於崇德博施【四八】，加精致誠，孳孳而已。俗之祈禳小數，終無益於應天塞異，銷禍興福，較然甚明，無可疑惑。」書奏，上說，賜光束帛，拜爲光祿大夫，給事中，位次丞相。光爲大夫月餘，丞相嘉下獄死，御史大夫賈延免。光復爲御史大夫，二月爲丞相。明年，定三公官，光更爲大司徒。會哀帝崩，太皇太后以新都侯王莽爲大司馬，徵立中山王，是爲平帝。帝年幼，太后稱制，委政於莽。初，哀帝罷黜王氏，故太后與莽怨丁、傅、董賢之黨。莽以光爲舊相名儒，天下所信，太后敬之，備禮事光。所欲搏擊，輒爲草，以太后指風光令上之，睚眦莫不誅傷。莽權日盛，光憂懼不知所出，上書乞骸骨。莽白太后：「帝幼少，宜置師傅。」徙光爲帝太傅，位四輔，給事中，領宿衛供養，行內署門户，省服御食物。明年，徙爲太師，而莽爲太傅。光常稱疾，不敢與莽並。有詔朝朔望，領城門兵。莽又諷羣臣奏莽功德，稱宰衡，位在諸侯王上，百官統焉。光愈恐，固稱疾辭位。太后詔：「國之將興，尊師而重傅。其令太師毋朝，十日一賜餐。賜太師靈壽杖，黃門令

【四八】明承順天道 「明」原作「則」，據《漢書·孔光傳》改。

爲太師省中坐置几，太師入省中用杖，賜餐十七物，然後歸老于第，官屬按職如故。」光凡爲御史大夫、丞相各再，壹爲大司徒，太傅、太師，歷三世，居公輔位前後十七年。自爲《尚書》，止不教授，後爲卿，時會門下大生講問疑難，舉大義云。其弟子多成就爲博士、大夫者，見師居大位，幾得其助力，光終無所薦舉，至或怨之。其公如此。《董賢傳》曰：「初，丞相孔光爲御史大夫，時賢父恭爲御史，事光。及賢爲大司馬，與光並爲三公，上故令賢私過光。光雅恭謹，知上欲尊寵賢，及聞賢當來也，光警戒衣冠出門待，望見賢車乃却入。賢至中門，光入閤，既下車，迺出拜謁，送迎甚謹，不敢以賓客鈞敵之禮。賢歸，上聞之喜，立拜光兩兄子爲諫大夫、常侍。賢由是權與人主侔矣。」胡氏曰：「孔光以經學爲帝師，尊重無比，縱不能如申屠嘉之摧辱鄧通，猶當明言於上，勿令以幸臣備鼎足，卑朝廷，辱宗廟，則師道粗舉矣。今乃降躬貶禮，如見所畏，拜謁迎送，不敢少忤。光自苟賤可也，如忝位何？先聖不云乎：『鄙夫患失，無所不至。』又曰：『血氣既衰，戒之在得。』光何忽遺以及此耶？《傳》稱其不希指苟合，不結黨友，豈其少而自强，老而變節耶？」又曰：「王莽篡漢，雖人主失柄，姦計得立，然始終成就之者，孔光也。光受知三朝，位冠百辟，知莽造飾僞行，内懷姦心，而舉以爲大司馬，領尚書事，文武二柄，悉以授之，一罪也。受莽尊事，貴其子壻，傳道意旨，一一奉承，上奏於朝，莽白行之，二罪也。稱莽功德可比周公，宜告祠宗廟，三罪也。莽納女爲后，光率大臣卜筮，乃言卦遇父母得位，四罪也。及王舜奏言，天下皆向安漢公之化，蜀郡男子輟訟而退，方之文王虞芮之事，大告天下，光乃稱疾避位，迄無片言，五罪也。廷臣名重，無如光者，光尚如此，誰復敢違？致莽晏然不降堦序，受圖握璽，光之罪不可湔矣。光父烈君，當漢元時，力辭相位，遠識高風，不忝聖人之後。至光而墜之，事漢則不忠，承家則不孝。當年後世，咸以名儒歸之，顧稱其謙恭畏慎，削藁不泄，以爲盛德，是猶愛鈆刀之不傷手，而不責其無斬蛟斷蛇之利也，其何用乎？」愚按：光始爲諫大夫，即以議不合去。其後議中山王宜爲嗣，又以不中意左遷。及爲相，議傅太后宜改築宫，以防其預政之漸，尤所謂精忠遠慮者，重以沮傅氏稱尊之議，至於免相，當是時也，可謂不辱儒者之名，而有光烈君之節矣。及光元壽元年之徵，是時，正月朔日有食之，丞相嘉論董賢之寵，至爲懇切，上浸不說，而光上日食之對，乃無一語及董賢事，識者固得以窺其中矣。及二月丙戌，白虹干日，鮑宣上書謂：「董賢本無葭莩之親，但以令色諛言自進，賞賜無度，傾竭府藏，并合三第猶以爲小，復壞暴室。賢父子坐使天子使者將作治第，行夜吏卒皆得賞賜【四九】。上冢有會，皆太官爲供。海内貢獻當養一君，今反盡入賢家，豈天意與民意耶？天不可久負【五〇】，厚之如此，反所以害之也。誠欲愛賢，宜爲謝過天地，解讎海内，免遣就國，取乘輿器物還之縣官。如此，可以父子終其性命，不者，海内之所仇，未有得久安者也。孫寵、息夫躬不宜居國，可皆免以視天下。復徵何武、師丹、彭宣、傅喜，曠然使民易視，以應天心【五一】。」上感大異，納宣言，徵何武、彭宣，拜鮑宣爲司隸。既而上託傅太后遺詔，益封董賢二千户。王嘉封還詔書，其言益切。上發怒，召嘉詣尚書，假以它罪詰責之，事下將軍中朝者。而光爲光禄大夫，方且劾嘉迷國罔上不道，請謁者召嘉詣廷尉詔獄，竟以不食歐血死。光之阿附小人，誣罔公論，一至於此，尚何足言儒者乎？嘉之將死，自謂：「賢，故丞相孔光而不能進；惡，董賢父子佞邪而不能退。罪當死【五二】，無所恨。」上思嘉言，以光爲御史大夫，尋復相。吁！嘉以光爲賢，而光乃誣嘉以爲迷國，嘉之失不過知人之不明，而光之罪則不可復贖矣。觀《董賢傳》所載其卑諂佞媚之態，千載而下，猶可想見其形容。既以此附賢，又以此附莽，卒至移國與人，而不之恥，所謂「苟患失之，無所不至」者也。學者觀此，當知保初節之易，而保晚節之難。知此，則志不可以不持，氣不可以不養，日新之學不可以不進，直亮之友不可以不親。庶乎其自免耳。繼光而相者，前則朱博、平當、王嘉，後則平晏、馬宫。博之姦邪無足論者，當在位日淺，亦無足云；惟嘉剛直嚴毅，有威重，無忝輔相之位；晏、宫碌碌，略與光同。自是而莽篡漢矣。善乎，班氏之論曰：「自孝武興學，而公孫弘以儒相，其後蔡義、韋賢、玄成、匡衡、張禹、翟方進、孔光、平當、馬宫及當子晏【五三】，咸以儒宗居宰相位【五四】，服儒衣冠，傳先王語，其醖藉可也，然皆持禄保位，被阿諛之譏【五五】。彼以古人之迹見繩，烏能勝其任乎？」夫所貴乎儒者，以其真知聖賢之心，實踐聖賢之道，而見之於事也。若徒服其衣冠，傳其言語而已，是豈所謂儒者哉？宜其無補於成敗之數也。

## 右叙先漢輔臣事業

【四九】行夜　「夜」原作「徒」，據《漢書·鮑宣傳》改。

【五〇】不可　「不」原作「下」，據《漢書·鮑宣傳》改。

【五一】曠然使民易視以應天心　「使民」與「心」原無，據《漢書·鮑宣傳》補。

【五二】罪當死　「當」原作「留」，據《漢書·王嘉傳》改。

【五三】翟方進　「翟」字原脱，據《漢書·匡張孔馬傳》補。

【五四】儒宗居宰相位　「宗」原作「官」，「宰」原無，據《漢書·匡張孔馬傳》改補。

【五五】被阿諛之譏　「譏」原作「議」，據《漢書·匡張孔馬傳》改。

## 乙下之十一

更始元年，大司馬秀至河北，所過郡縣，考察官吏，黜陟能否，平遣囚徒，除王莽苛政，復漢官名，吏民喜悦，爭持牛酒迎勞，皆不受。南陽鄧禹杖策追及於鄴，大司馬曰：「我得專封拜，生遠來，寧欲仕乎？」禹曰：「不願也。」大司馬曰：「即如是，欲何爲？」禹曰：「但願明公威德加於四海，禹得效其尺寸，垂功名於竹帛耳。」大司馬笑，因留宿閒語【一】，禹進説曰：「今山東未安，赤眉、青犢之屬動以萬數，更始既是常材，而不自聽斷，諸將皆庸人屈起，志在財幣，爭用威力，朝夕自快而已，非有忠良明智、深慮遠圖，欲尊主安民者也。歷觀遠古聖人之興，二科而已，天時與人事也。今以天時觀之，更始既立而災變方興；以人事觀之，帝王大業非凡夫所任，分崩離析，形勢可見。明公雖建藩輔之功，猶恐無所成立也。況明公素有盛德大功，爲天下所嚮服，軍政齊肅，賞罰明信。爲今之計，莫如延攬英雄，務悦民心，立高祖之業，救萬民之命，以公而慮，天下不足定。」秀大悦，因令禹常宿止於中，與定計議。按本傳：「禹年十三，能誦《詩》，受業長安。時光武亦游學京師，禹年雖幼，而見光武知非常人，遂相親附，數年歸家。及漢兵起，更始立，豪傑多舉薦禹，禹不肯從。及聞光武安集河北，即杖策北渡，追及於鄴，云云。」禹年十三知光武之非常人，則其英晤之過人，可見矣，宜其爲中興之元臣也。

**校勘記**

【一】留宿閒語　「閒」原作「間」，據《后漢書・鄧禹傳》改。

二年，或説大司馬以守柏人不如定鉅鹿，大司馬乃引兵東北拔廣阿，披輿地圖，指示鄧禹曰：「天下郡國如是，今始乃得其一。子前言以吾慮天下不足定，何也？」禹曰：「方今海内殽亂，人思明君，猶赤子之慕慈母。古之興者在德厚薄，不以大小也。」大司馬悦。時任使諸將，多訪於禹。禹每有所舉者，皆當其才，大司馬以爲知人。按：此真輔相之業也。使別將騎，與蓋延等擊銅馬於清陽。延等先至，戰不利，還保城，爲賊所圍。禹進與戰，大破之。從大司馬追賊至蒲陽【二】，連大克獲，北州略定。及赤眉西入關，大司馬籌赤眉必破長安，欲乘釁并關中，而方自事山東，未知所寄，以禹沉深有大度，故授以西討之略。乃拜爲前將軍持節，中分麾下二萬人，遣西入關，令自選偏裨以下可與俱者。建武元年，遂定河東，其戰事不悉書。更置屬縣令長以鎮撫之。是月，光武即位於鄗，使使者持節拜禹爲大司徒。策曰：「制詔前將軍禹：深執忠孝，與朕謀謨帷幄，決勝千里，平定山西，功效尤著。汝作司徒，封酇侯，食萬户。敬之哉！」禹時年二十四。按：禹既任謀謨之寄，又有戰勝之功，可謂文武兼資者矣。

光武南定河内，難其守，問於鄧禹曰：「諸將誰可使者？」禹曰：「昔高祖任蕭何於關中，無復西顧之憂，所以得專精山東，終成大業。今河内帶河爲固，户口殷實，北通上黨，南迫洛陽。寇恂文武備足，有牧人御衆之才，非此子莫可使也。」乃拜恂河内太守，行大將軍事。按：光武謂恂曰：「河内完富，吾將因是而起。昔高祖留蕭何鎮關中，吾今委公以河内，堅守轉運，給足

【二】蒲陽　「蒲」原作「满」，據《後漢書·鄧禹傳》改。

軍糧，率厲士馬，防遏它兵，勿令北度而已。」光武於是復北征燕、代。恂移書屬縣，講兵肄戰，伐淇園之竹，爲矢百餘萬，養馬二千匹，收租四百萬斛，轉以給軍。朱鮪聞光武北而河内孤，使其將蘇茂、賈彊將兵攻温，恂大破之，斬賈彊。檄至，光武大喜，曰：「吾知寇子翼可任也！」諸將軍賀，於是即位。時軍食急乏，恂以輦車驪駕轉輸，前後不絶。恂之功可亞蕭何，而禹實薦之，其功大矣！此亦真輔相之業也。薦寇恂事，在拜司徒之前。

是時，赤眉入長安，三輔連覆敗。赤眉所過殘賊，百姓不知所歸，聞鄧禹乘勝獨克而師行有紀，皆望風相攜負以迎軍，降者日以千數，衆號百萬。禹所止輒停車駐節，以勞來之，父老童穉，垂髮戴白，滿其車下，莫不感悦，於是名震關西。諸將豪傑皆勸禹，徑攻長安，禹曰：「不然。今吾衆雖多，能戰者少，前無可仰之積，後無轉饋之資。赤眉新拔長安，財穀充實，鋒鋭未可當也。夫盜賊羣居，無終日之計，財穀雖多，變故萬端，寧能堅守者邪？上郡、北地、安定三郡，土廣人稀，饒穀多畜，吾且休兵北道，就糧養士，以觀其敝，乃可圖也。」於是引軍北至栒邑，所到諸營保郡邑，皆開門歸附。帝以關中未定，而鄧禹久不進兵，賜書責之：「宜以時進討，鎮慰西京，繫百姓之心。」禹猶執前意，别攻上郡諸縣，更徵兵引穀，歸至大要。積弩將軍馮愔、車騎將軍宗歆守栒邑，二人爭權相攻，愔遂殺歆，因反擊禹。後數月，愔護軍黄防執愔降。

二年春，悉封諸功臣爲列侯，更封禹梁侯，食四縣。時赤眉西走，禹引兵南至長安，軍昆明池，謁祠高廟，收十一帝神主送詣洛陽，因巡行園陵，爲置吏士奉守焉。禹自馮愔叛後，威名稍損，又乏糧食，戰數不利，歸附者日益離散，禹不能定。帝乃遣偏將軍馮異代禹討之。

三年春，以馮異爲征西大將軍。鄧禹慙於受任無功，數以飢卒徼赤眉戰，輒不利。復戰，大爲所敗，死傷者三千餘人。禹上大司徒、梁侯印綬，詔還梁侯印綬，以爲右將軍。

十三年，天下平定，詔功臣皆增户邑，定封禹爲高密侯。帝以禹功高，封弟寬爲明親侯。其後左右將軍官罷，以特進奉朝請。禹内文明，篤行淳備，事母至孝。天下既定，常欲遠名勢。有子十三人，各使守一藝。修整閨門，教養子孫，皆可以爲後世法。資用國邑，不修産利，帝益重之。中元元年，復行司徒事。永平元年薨。謚元侯【三】。范氏論曰：「夫變通之世，君臣相擇，斯最作事謀始之幾也。鄧公羸糧徒步【四】，觸紛亂而赴光武【五】，可謂識所從會矣。於是中分麾下之軍，以臨山西之隙，功雖不遂，道亦弘矣。及其威損栒邑，兵散宜陽，褫龍章於終朝，就侯服以卒歲，榮悴交而下無二色，進退用而上無猜情，使君臣之美，後世莫闚其間，不亦君子之致爲乎！」胡氏曰：「光武起南陽，破莽軍，功無與二。更始稱帝，尋授以兵，光武遂自雒陽專征河北。鄧禹雖與帝同鄉曲，然親非有里閈之恩、師友之分，疎非有游談之助、援手之先也。蕭王之至鄴，鄧禹杖策追及。從容畫計，不如子房；險難出奇，不如户牖；飽食補卒，不如蕭何；攻城略地，不如曹參。纔一將兵入關，又爲赤眉所敗，而二十八將，禹顧居首，當時無異議，後世無貶詞。光武何取於禹，而禹何以致之也？曰：禹初見帝時，勸帝延攬英雄，務悦民心，立高祖之業，救萬民之命。此數語者，自李通、耿弇、賈復、吴漢皆未之嘗言，且任使諸將，各適其材，此固高出諸將之右矣。一日，帝披輿地圖，曰：『天下郡國如是，今始得其一，如何？』禹曰：『古之興者，在德厚薄，不以小大。』是又非諸將所能及，雖伊、周之徒啓告其君者不過如此。嗚呼！

【三】謚元侯　「侯」原作「疾」，據《後漢書》卷十六《鄧禹傳》改。

【四】羸糧　「羸」原作「贏」，誤。《後漢書·鄧禹傳》作「臝」，此字爲「羸」之異體字，故改爲「羸」。

【五】紛亂　原作「亂紛」，據《後漢書·鄧禹傳》乙正。

此光武所以深知，而禹之所以自許者乎？以此而圖形雲臺，藏名太室，爲東京元功，其可無愧矣！」　愚按：禹之爲人，過蕭、曹遠矣。光武雖命之爲大司徒，然其拜、其免，皆在兵間，實未嘗一日居廊廟而任經濟也。胡氏論之曰：「二十八將之中，平時專以攻城略地自名者，誠不可使臨民而受政也。若鄧禹、賈復、寇恂、朱祐、祭遵之徒，則皆公輔之器，宜爲宰相，平章大論，乃一切待以功臣，不復任用，諸人雖有經國遠猷，不在其位，豈敢自陳耶？」今以傳考之，建武二年，寇恂拜潁川太守，執金吾賈復在汝南，部將殺人於潁川，恂捕戮之，復以爲恥，還過潁川，曰：「吾與寇恂並列將帥，而今爲其所陷，今見恂，必手劍之。」恂曰：「昔藺相如不畏秦王而屈於廉頗者，爲國也。區區之趙，猶有此義，吾安可以忘之乎？」乃勅屬縣盛供具，執金吾軍入界，一人皆兼二人之饌。恂乃出迎於道，稱疾而還。賈復勒兵欲追之，而吏士皆醉，遂過去。恂以狀聞，帝徵恂。恂至引見，時復先在坐，欲起相避。帝曰：「天下未定，兩虎安得私鬬？今日朕分之。」於是並坐極歡，遂共車同出，結友而去。　范氏曰：「傳稱『喜怒以類者鮮矣』。夫喜而不比【六】，怒而思難者，其惟君子乎！於寇公見之矣。」三年，拜汝南太守，盜賊清靜，郡中無事。恂素好學，乃修鄉校，教生徒【七】，聘能爲《左氏春秋》者，親受學焉。七年，爲執金吾。恂經明行修，名重朝廷，所得秩奉厚施朋友、故人及從吏士，常曰：「吾因士大夫以致此，其可獨享之乎？」時人歸其長者，以爲有宰相器。　賈復少好學，習《尚書》，事舞陰李生，李生奇之，謂門人曰：「賈君之容貌志氣如此，而勤於學，將相之器也。」後從光武征伐，未嘗喪敗，數與諸將潰圍解急。帝以復敢深入，希令遠征，而壯其勇節，常自從之，故復少方面之勳。諸將每論功自伐，復未嘗有言。帝輒曰：「賈君之功，朕自知之。」十三年，定封膠東侯。復知帝欲偃干戈，修文德，不欲功臣擁衆京師，乃與高密侯並剽甲兵，敦儒學。帝深然之，遂罷左右將軍。復以列侯就第，加位特進。復爲人剛毅方直，多大節，既還私第，闔門養威重。朱祐等薦復宜爲宰相，帝方以吏事責三公，故功臣並不用。是時，列侯惟高密、固始、李通。膠東三侯與公卿議國家大事，恩遇甚厚。　祭遵少好經書，建武二年，拜征虜將軍，爲人廉約小心，克己奉公，賞賜輒盡與士卒，家無私財，身衣韋袴，布被，帝以是重之。九年卒，帝愍惜尤甚。博士范升上疏，稱：「遵修行積善，竭忠於國，清名聞於海內，廉白著於當世。爲將軍，取士皆用儒術；

【六】喜而不比　「比」原作「過」，據《後漢書·寇恂傳》改。

【七】教生徒　「教」原作「敬」，據《後漢書·寇恂傳》改。

對酒設樂，必雅歌投壺。又建爲孔子立後，奏置五經大夫。雖在軍旅，不忘俎豆，可謂好禮悅樂、守死善道者也。」帝下升章以示公卿，謚成侯。其後會朝，帝每歎曰：「安得憂國奉公之臣如祭征虜者乎！」朱祐爲人質直，尚儒學。將兵率衆，多受降，以克定城邑爲本，不存首級之功。十三年，增邑，定封鬲侯。十五年，朝京師，留奉朝請。祐奏古者人臣受封，不加王爵，可改諸王爲公。帝即施行。又奏三公並去「大」名，以法經典。後從其議。祐初學長安，帝往候之，祐不時相勞苦，而先升講舍。後車駕幸其第，帝因笑曰：「主人得無捨我講乎？」詳此四人者，誠可當輔相之任。胡氏之論當矣，然鄭興之在當時，嘗言朝廷欲用功臣，功臣用則人位謬矣。而范曄亦云：「議者多非光武不以功臣任職，原夫深算，固有以焉。觀其治平臨政，課職責咎，將所謂『導之以政，齊之以刑』者乎？若格之功臣，其傷已甚，何者？直繩則虧恩，橈情則廢典，不得不以事相權。故高秩厚禮，允答元功，峻文深憲，責成吏職。若數公者，則與參國議，其餘並優以寬科，完其封禄，莫不以功名終。」曄之論如此，是又一說也，識者其致詳焉。

王莽末，天下亂，臨淮大尹河南侯霸獨能保全其郡。建武四年，徵霸拜尚書令。時朝廷無故典，又少舊臣。霸明習故事，收録遺文，條奏前世善政法度，施行之。每春下寬大之詔，奉四時之令，皆霸所建也。五年，代伏湛爲大司徒，在位明察守正，奉公不回。十二年，薨。按：光武初年，居三公之任者，惟伏湛與霸著名于時。湛傳稱大司徒鄧禹西征關中，帝以湛才任宰相，拜爲司直，行大司徒事。車駕每出征伐，常留鎮守，總攝羣臣。建武三年，代禹爲大司徒。時彭寵反於漁陽，帝欲自征之，湛上疏諫，帝覧其奏，竟不親征。時賊徐異卿等萬餘人據富平，連攻之不克，唯云「願降司徒伏公」。帝知湛爲青、徐所信向，遣到平原，異卿等即日歸降，護送洛陽。湛雖在倉卒，造次必於文德，以爲禮樂教化之首，顛沛猶不可違。是歲奏行鄉飲酒禮，遂施行之。後以事策免。南陽太守杜詩上疏薦湛：「自行束脩，訖無瑕玷，篤信好學，守死善道，經爲人師，行爲儀表。」又謂：「湛容貌堂堂，國之光暉。智略謀慮，朝之淵藪。髫髮厲志【八】，白首不衰。」其爲時論盛稱如此，然

【八】髫髮 「髫」原作「髻」，據《後漢書·伏湛傳》改。

無它功業可紀。蓋建武之世，爲大司徒者鄧禹、伏湛、侯霸、韓歆、歐陽歙、戴涉、蔡茂、王況，爲司徒者馮勤、李訢，爲大司空者王梁、宋弘、李通、馬成、竇融、朱浮、杜林，爲司空者張純、馮魴，爲大司馬者吴漢、劉隆，爲太尉者趙憙，合凡二十有二人，而輔相之業，鮮可書者。方侯霸之相也，徒以薦人之失而璽書詰責曰「崇山、幽都何可偶，黄鉞一下無處所」。光武之遇大臣如此，焉能得天下士而用之哉？史稱韓歆以直諫自殺，歐陽歙、戴涉以坐事下獄死，自是大臣難居相任。蔡茂以下，僅能自全而已。□東漢之世，事歸臺閣，而三公具位，雖袁安、楊震、杜喬、李固、陳蕃諸人皆鉅儒宿望，往往受制於戚里閹寺，不能大有所立，其失自光武始也。

建武二年，宋弘爲大司空，所得租奉分贍九族，家無資産，以清行稱。帝嘗問弘通博之士，弘乃薦桓譚才學洽聞，幾及揚雄、劉向父子。於是召譚拜議郎、給事中。帝每讌，輒令鼓琴，弘聞之不悦，伺譚内出，正朝服坐府上，遣吏召之。譚至，不與席而讓之曰：「吾所以薦子者，欲令輔國家以道德也，而今數進鄭聲以亂《雅》、《頌》，非忠正者也。能自改邪？將令相舉以法乎？」譚頓首辭謝，良久乃遣之。後大會羣臣，帝使譚鼓琴，譚見弘，失其常度。帝怪而問之。弘乃離席免冠謝曰：「臣所以薦桓譚者，望能以忠正導主，而令朝廷耽悦鄭聲，臣之罪也。」帝改容謝，使反服，其後遂不復令譚給事中。按：此舉有申屠嘉之風，真宰相之業也。

弘推進賢士馮翊、桓梁三十餘人【九】，或相及爲公卿者。按：此亦宰相之業也。

弘嘗讌見，御坐新屏風圖畫列女，帝數顧視之。弘正容言曰：「未見好德如好色者。」帝即爲徹之，笑謂弘曰：「聞義則服，可乎？」對曰：「陛下進德，臣不勝其喜。」范氏論曰：「宋弘止繁聲，戒淫色，其有《關雎》之風乎！」按：弘三事皆爲後法，而世之稱弘者，惟

【九】桓梁　「桓」原作「栢」，據《後漢書·宋弘傳》改。

「糟糠妻不下堂」一節，殆未之深考歟！

建武二十七年，趙憙爲太尉。帝崩，受遺詔，典喪禮。是時，藩王皆在京師，自王莽篡亂，舊典不存，皇太子與東海王等雜止同席，憲章無序。憙乃正色，横劍殿階，扶下諸王，以明尊卑。時藩國官屬出入宫省，與百僚無異【一〇】，憙乃表奏謁者將護，分止它縣，諸王並令就邸，唯朝晡入臨。整禮儀，嚴門衛，内外肅然。按：此亦大臣鎮定國事之一端，故併録焉。

永平十八年十一月，以蜀郡太守第五倫爲司空。倫在職公清，所舉吏多得其人，故帝自遠郡用之。帝，肅宗也，時已即位。

帝以明德太后故，尊崇舅氏馬廖，兄弟並居職任【一一】。廖等傾身交結，冠蓋之士爭赴趣之。倫以后族過盛，欲令朝廷抑損其權，上疏曰：「《書》云：『臣無作威作福，其害于而家，凶于而國。』近世光烈皇后，雖友愛天至，而卒使陰就歸國，徙廢陰興賓客。其後梁、竇之家，互有非法，明帝即位，竟多誅之。自是洛中無復權戚，書記請託一皆斷絶。又譬諸外戚曰：『苦身待士，不如爲國，戴盆望天，事不兩施。』今之議者，復以馬氏爲言【一二】。竊聞衛尉廖以布三千匹，城門校尉防以錢三百萬，私贍三輔衣冠，知與不知，莫不畢給。又聞臘日亦遺其在雒中者錢各五千。臣愚以爲不應經義。按：《春秋傳》「家施不及國」，此其義也。陛下情欲厚之，亦宜所以安之。臣今言此，誠欲上忠陛下，下全后家也。」

建初二年，馬防爲車騎將軍，當征西羌，倫又上疏曰：「臣愚以爲貴戚可封侯以富

【一〇】與百僚無異　「與」原缺，據《後漢書·趙憙傳》補。

【一一】職任　「任」原作「位」，據《後漢書·第五倫傳》改。

【一二】復以馬氏爲言　「爲」原缺，據《後漢書·第五倫傳》補。

之，不當任以職事。何者？繩以法則傷恩，私以親則違憲。伏聞馬防今當西征，臣以太后恩仁，陛下至孝，恐卒有纖介，難爲意愛。」帝不從。倫雖峭直，然常疾俗吏苛刻。及爲三公，值帝長者，屢有善政，乃上疏褒稱盛美，因以勸成風德，曰：「陛下即位，躬天然之德，體晏晏之姿，以寬弘臨下，前歲誅刺史、二千石貪殘者六人。斯皆明聖所鑒，非羣下所及。然詔書每下寬和而政急不解，務存節儉而奢侈不止者，咎在俗敝，羣下不稱故也。光武承王莽之餘，頗以嚴猛爲政，後代因之，遂成風化。郡國所舉，類多辨職俗吏，殊未有寬博之選以應上求者也。陳留令劉豫，冠軍令駟協，並以刻薄之姿，臨人宰邑，專念掠殺，務爲嚴苦，吏民愁怨，莫不疾之，而今之議者反以爲能，違天心，失經義，誠不可不慎也。非徒應坐豫、協，亦當宜譴舉者。務進仁賢以任時政，不過數人，則風俗自化矣。臣嘗讀書記，知秦以酷急亡國，又目見王莽亦以苛法自滅，故勤勤懇懇，實在於此。又聞諸王主貴戚，驕奢踰制，京師尚然，何以示遠？故曰『其身不正，雖令不從【一三】』，以身教者從，以言教者訟。夫陰陽和歲乃豐，君臣同心化乃成也。其刺史、太守以下，拜除京師及道出洛陽者，宜皆召見，可因博問四方，兼以觀察其人。諸上書言事有不合者，可但報歸田里，不宜過加喜怒，以明在寬。」

八年，諸馬得罪歸國，而竇氏始貴，倫復上疏曰：「伏見虎賁中郎將竇憲，椒房之親，典司禁兵，出入省闥，年盛志美，卑謙樂善，此誠其好士交結之方。然諸出入貴戚者，類多

【一三】不從　「從」原作「行」，據《後漢書・第五倫傳》改。

瑕釁禁錮之人，尤少守約安貧之節，士大夫無志之徒更相販賣，雲集其門。衆喣飄山，聚蚊成雷，蓋驕佚所從生也。三輔論議者，至云以貴戚廢錮，當復以貴戚浣濯之，猶解酲當以酒也。詖險趣勢之徒，誠不可親近。臣愚願陛下中宮嚴勑憲等閉門自守，無妄交通士大夫，防其未萌，慮於無形，令憲永保福禄，君臣交歡，無纖介之隙。此臣之至所願也。」倫奉公盡節，言事無所依違。諸子或諫止，輒叱遣之，吏人奏記及便宜者，亦并封上，其無私若此。性質慤，少文采，在位以貞白稱，時人方之前朝貢禹。按：倫前論馬氏，後論竇氏，皆盡言無所隱諱，使章帝能用其言，早加抑退，則朝廷不至於傷恩，戚里不至於覆族，兩全之道也。倫之事業，雖它無可考，而其秉心忠誠，行己潔白，不失爲一時賢相，豈貢禹所可及哉！

或問倫曰：「公有私乎？」對曰：「昔人有與吾千里馬者，吾雖不受，每三公有所選舉，心不能忘，而亦終不用也。吾兄子嘗病，一夜十往，退而安寢。吾子有疾，雖不省視，而竟夕不眠。若是者，豈可謂無私乎？」問：「第五倫視其子之疾，與兄子之疾不同，自謂之私，如何？」程子曰：「不待安寢與不安寢，只不起與十起，便是私也。父子之愛本是公，才著此二心做，便是私也。」詳見《甲記》。

愚按：倫之自省如此，亦可謂賢矣。明帝之世，爲司徒者郭丹、范遷、施延、邢穆、王敏、鮑昱、桓虞，爲太尉者虞延、趙憙、牟融，爲司空者伏恭、牟融。惟郭丹以廉直公正稱，范遷在任五年，常曰：「吾備位人臣而畜財求利，何以示後世？」及薨，家無儋石。牟融舉動方正，得大臣節。章帝之世，爲司徒者桓虞、袁安、丁鴻，爲太尉者鮑昱、鄧彪、鄭弘、宋由、尹睦、張酺，爲司空者第五倫、袁安、任隗、劉方。惟鄭弘在位，奏尚書張林阿附竇憲，又上洛陽令楊光，憲之賓客，在官貪殘，並不宜處位。書奏，吏與光故舊，因以告之【一四】。光報憲，憲奏弘大臣漏泄密事。帝詰讓弘，收上印綬。弘自詣

【一四】因以告之　「告」原作「害」，據《後漢書·鄭弘傳》改。

廷尉，詔勑出之，因乞骸骨歸，未許。病篤，上書陳謝，并言竇憲之短。帝省章，遣醫視弘病，比至已卒。其所立有可稱者，若鄧彪雖爲時所宗，方竇氏驕縱，彪不能有所匡正，又嘗奏免御史中丞周紆，紆前失竇氏旨，故頗以此致譏【一五】，非復弘之比矣。今以袁安、任隗事列于後。

元和三年五月，以袁安爲司空。代第五倫。章和元年，爲司徒。代桓虞。

孝和永元元年，竇憲將擊匈奴，安及太尉宋由、司空任隗及九卿詣朝堂上書諫，以爲「匈奴不犯邊塞，而無故勞師遠涉，損費國用，徼功萬里，非社稷之計」。書連上，輒寢，宋由懼，遂不敢復署議，而諸卿稍自引止。唯安、隗守正不移，至免冠朝堂固爭者十上，太后不聽，衆皆爲之危懼，安、隗正色自若。

竇氏兄弟驕縱，而執金吾景尤甚，奴客緹騎强奪人財貨，篡取罪人妻，略婦女。商賈閉塞，如避寇讎。又擅發緣邊諸郡突騎有才力者，有司莫敢舉奏，安乃劾景「擅發邊兵，驚惑吏民。二千石不待符信而輒承景檄，當伏顯誅」，又奏「司隸校尉、河南尹阿附貴戚，不舉劾，請免官案罪」，並寢不報。

竇憲既立大功，威名益盛，以耿夔、任尚等爲爪牙，鄧疊、郭璜爲腹心，班固、傅毅之徒典文章，刺史、守、令，多出其門，競賦斂吏民，共爲賂遺。司徒袁安、司空任隗舉奏諸二千石并所連及貶秩免官者四十餘人，竇氏大恨。但安、隗素行高，亦未有以害之。按：魏相廉正，故霍氏不能誣；安、隗行高，故竇氏無以害。爲大臣者，其可不以正己爲本哉？

【一五】致譏　「譏」原作「議」，據《後漢書・鄧彪傳》改。

初，北單于既亡，其弟右谷蠡王於除鞬自立爲單于，將衆數千人止蒲類海，遣使款塞。竇憲請遣使立於除鞬爲單于，置中郎將領護，如南單于故事。事下公卿議，宋由等以爲可許。袁安、任隗奏以爲「光武招懷南虜，非謂可永安内地，正以權時之算，可得捍禦北狄故也。今朔漠既定，宜令南單于反其北庭，并領降衆，無緣復更立於除鞬以增國費」。事奏，未以時定。安懼憲計遂行，乃獨上封事曰：「南單于屯，先父舉衆歸德，自蒙恩以來四十餘年，三帝積累以遺陛下，陛下深宜遵述先志，成就其業。況屯首唱大謀，空盡北虜，輟而弗圖，更立新降，以一朝之計，違三世之規，失信於所養，建立於無功。《論語》曰：『言忠信，行篤敬，雖蠻貊行焉。』今若失信於一屯，則百蠻不敢復保誓矣。又烏桓、鮮卑新殺北單于【一六】，凡人之情，咸畏仇讎，今立其弟，則二虜懷怨。且漢故事，供給南單于費直歲一億九十餘萬，西域歲七千四百八十萬。今北庭彌遠，其費過倍，是乃空盡天下，而非建策之要也。」詔下其議，安又與憲更相難折。憲險急負勢，言辭驕訐，至詆毁安，稱光武誅韓歆、戴涉故事，安終不移。然上竟從憲策。後於除鞬遂反叛，卒如安策。安以天子幼弱，外戚擅權，每朝會進見及與公卿言國家事，未嘗不噫嗚流涕【一七】，自天子及大臣皆恃賴之。

四年三月，安薨，朝廷痛惜焉【一八】。後數月，竇氏敗，帝始親萬機，追思時議者邪正之節，乃除安子賞爲郎，策免宋由。

章和元年，任隗爲司空。隗義行内修，不求名譽，而以沈正見稱於世。和帝即位，竇

【一六】鮮卑　原脱，據《後漢書·袁安傳》補。案：下文言「二虜」，若僅言「烏桓」則不合，故當補。

【一七】噫嗚流涕　「涕」原作「悌」，據《後漢書·袁安傳》改。

【一八】朝廷痛惜　「惜」原作「情」，據《後漢書·袁安傳》改。

憲秉權，專作威福，内外朝臣莫不震懾。時，憲擊匈奴，國用勞費，隗奏議徵憲還，前後十上。獨與袁安同心畢力，持重處正，鯁言直議【一九】，無所回隱，語在《袁安傳》【二〇】。賢哉，安、隗之爲人也！使遇其時，同心畢力，雖古大臣事業，可以幾及。奈何朝廷之權不在三公，而軍國之事顓於外戚，而二臣曾不以是自沮，遏姦錞於方熾，凛正議而不回，天子大臣皆倚以爲重？安薨，不數月，憲卒就誅。雖奮由天子之獨斷，亦安、隗平時仗義守正，發其姦蠹之力也。使皆如鄧彪、朱由輩録録充位，不敢少有匡正，則人主將何賴焉？方是時，竇氏之勢如烈火，當之者鮮不焦灼，而安、隗訖以功名終，由之傅會宜保禄位，乃卒坐是以死。是故守道之君子，知盡節死職而已，禍之與福，何庸計哉？安薨，丁鴻繼爲司徒，嘗因日食上封事，曰：「臣聞日者陽精，守實不虧，君之象也；月者陰精，盈毀有常，臣之表也。故日食者，臣乘君，陰凌陽；月滿不虧，下驕盈也。昔周室衰季，皇甫之屬專權於外，黨類强盛，侵奪王勢，則日月薄食。夫威柄不以放下，利器不可假人。今大將軍雖欲勑身自約，不敢僭差，然而天下遠近皆惶怖承旨，刺史、二千石初除謁辭，求通待報，雖奉符璽，受臺勑，不敢便去，久者至數十日。背王室，向私門，此乃上威損，下權盛也。人道悖於下，效驗見於天。間者月滿先節，過望不虧，此臣驕溢背君，專功獨行也。陛下未深覺悟，故天重見戒。若勑政責躬，杜漸防萌，則凶妖銷滅【二一】，害除福湊矣。臣愚以爲左官外附之臣，依託權門，傾覆諂諛，以求容媚者，宜行一切之誅。間者大將軍再出，威振州郡，莫不賦歛吏人，遣使貢獻。大將軍雖云不受，而物不還主，故海内貪猾，競爲姦利，小民吁嗟，怨氣滿腹。臣聞天不可以不剛，不剛則三光不明；王不可以不彊，不彊則宰牧縱横。宜因大變，改政匡失，以塞天意。」書奏十餘日，帝以鴻行太尉兼衛尉【二二】，屯南、北宮。於是收竇憲大將軍印綬，憲及兄弟皆自殺。其次張酺爲司徒，以全忠聞。陳寵爲司空，雖傳法律而兼通經書，奏議精粹，號任相職。餘鮮足紀者。殤帝初，張禹爲太傅，録尚書事。於是太后臨朝，帝在襁褓，太后欲令重臣居禁内，乃詔禹舍宫中，五日一歸府。每朝見，特贊，與三公絶席，然不聞有所建明。安帝即位，太尉徐防坐災異寇賊策免。三公以災異策免，自防始。

【一九】直議　「議」原作「誠」，據《後漢書·任隗傳》改。

【二〇】袁安傳　「袁」原缺，據《后漢書·任隗傳》補。

【二一】凶妖銷滅　「妖」原作「奴」，據《後漢書·丁鴻傳》改。

【二二】帝以鴻行太尉　「以」原作「因」，據《後漢書·丁鴻傳》改。

仲長統《昌言》曰：「光武皇帝愠数世之失權，忿彊臣之竊命，矯枉過直，政不任下，雖置三公，事歸臺閣。自此以來，三公之職，備員而已，然政有不治，猶加譴責。而權移外戚之家，寵被近習之豎，親其黨類，用其私人，內充京師，外布列郡，顛倒賢愚，貨易選舉，疲駑守境，貪殘牧民，撓擾百姓，忿怒四夷，招致乖叛，亂離斯瘼，怨氣並作，陰陽失和，三光虧缺，怪異數至，蟲蝗食稼，水旱爲災。此皆戚宦之臣所致然也【二三】。反以策讓三公，至於死、免，乃足爲叫呼蒼天，號咷泣血者矣。又，中世之選三公也，務於清慤謹慎，循常習故者，是乃婦女之檢柙，鄉曲之常人耳，惡足以居斯位邪？勢既如彼，選又如此，而欲望三公勳立於國家，績加於生民，不亦遠乎？昔文帝之於鄧通，可謂至愛，而猶展申屠嘉之志。夫見任如此，則何患於左右小臣哉！至如近世，外戚、宦豎，請託不行【二四】，意氣不滿，立能陷人於不測之禍，惡可得彈正者哉！曩者任之重而責之輕，今者任之輕而責之重。光武奪三公之重，至今而加甚，不假后黨以權，數世而不行，蓋親疎之勢異也。今人主誠專委三公，分任責成，而在位病民，舉用失賢，百姓不安，爭訟不息，天地多變，人物多妖，然後可以分此罪矣。」永初中，劉愷爲太常。愷木以讓爵與弟憲，遁逃不出，和帝徵爲郎，稍遷侍中。愷之入朝，在位者莫不仰其風，累遷太常。凡有徵舉，必先巖穴。論議弘正，辭氣高雅。於是遷爲司空。元初二年，遷司徒。後以病致仕，詔優許焉【二五】。至帝親政，朝廷多稱愷之德，於是引拜太尉。後又以病乞免，許之。其次則李郃爲司空，數陳得失，有忠臣節，餘亦無足紀者。自是中常侍顯恣日甚，楊震以是死之，今特見于後。

孝安永寧元年十二月，以太常楊震爲司徒。代劉愷。

明年，鄧太后崩，內寵始横。乳母王聖，因保養之勤，緣恩放恣。聖子女伯榮扇動內外，競爲侈虐。伯榮出入禁掖，傳通姦賂。司徒楊震上疏曰：「臣聞政以得賢爲本，治以去穢爲務。是以唐、虞俊乂在官，四凶流放，天下咸服，以致雍熙。方今九德未事，嬖倖充庭。阿母王聖出自賤微，得遭千載，奉養聖躬，雖有推燥居濕之勤，前後賞惠，過報勞苦，而

【二三】戚宦之臣　「宦」原作「官」，據《後漢書·仲長統傳》改。

【二四】不行　「不」原作「下」，據《後漢書·仲長統傳》改。

【二五】詔優許焉　「詔優」原作「優詔」，據《後漢書·劉愷傳》乙正。

【二六】同産弟威　「弟」原缺，據《後漢書・楊震傳》補。

【二七】覽鏡　「覽」原作「鑒」，據《後漢書・楊震傳》改。

【二八】自往候震　「往」原無，據《後漢書・楊震傳》補。

【二九】匱乏　「乏」原作「之」，據《后漢書・楊震傳》改。

無厭之心，不知紀極。外交屬託，擾亂天下，損辱清朝，塵點日月。夫女子、小人，近之喜，遠之怨，實爲難養。宜速出阿母，令居外舍，斷絶伯榮，莫使往來，令恩德兩隆，上下俱美。」奏御，帝以示阿母等，内倖皆懷忿恚。而伯榮驕淫尤甚，通於故朝陽侯劉護從兄瓌，瓌遂以爲妻，官至侍中，得襲護爵。震上疏曰：「經制父死子繼，兄亡弟及，以防篡也。伏見詔書封故朝陽侯劉護再從兄瓌襲護爵爲侯。護同産弟威【二六】，今猶見在。臣聞天子專封封有功，諸侯專爵爵有德。今瓌無他功行，但以配阿母女，一時之間，既位侍中，又至封侯，不稽舊制，不合經義，行人諠譁，百姓不安。陛下宜覽鏡既往【二七】，順帝之則。」書奏皆不省。

延光二年冬十月，以司徒楊震爲太尉，光禄勳，東萊劉熹爲司徒。大鴻臚耿寶自往候震【二八】，薦中常侍李閏兄於震，曰：「李常侍國家所重，欲令公辟其兄，寶唯傳上意。」震曰：「如朝廷欲令三府辟召，故宜有尚書敕。」寶大恨而去。執金吾閻顯亦薦所親於震，震又不從。司空劉授聞之，即辟此二人，由是震益見怨。時詔遣使者大爲王聖脩第，中常侍樊豐及侍中周廣、謝惲等更相扇動，傾摇朝廷。震上疏曰：「臣伏念方今災害彌甚，百姓空虛，三邊震擾，帑藏匱乏【二九】，殆非社稷安寧之時。詔書爲阿母興起第舍，合兩爲一，連里竟街，雕修繕飾，窮極巧伎。攻山採石，轉相迫促，爲費巨億。周廣、謝惲兄弟，與國無肺府枝葉之屬，依倚近倖姦佞之人，與之分威共權，屬託州郡，傾動大臣。宰司辟召，承望旨意，招來海内貪汚之人，受其貨賂，至有臧錮棄世之徒復得顯用。白黑溷淆，清濁同源，天下讙譁，咸曰財貨上流，爲朝結譏。臣聞師言『上之所取，財盡則怨，力盡則叛』，怨叛之人，不可復使，惟陛下度之。」豐、惲等見震連諫不從，無所顧忌，遂詐作詔書，調發司農錢穀、大匠見徙材木【三〇】，各起家舍、園池、廬觀，役費無數。震上疏曰：「臣備臺輔，不能調和陰陽，去年十二月四日，京師地動，其日戊辰。三者皆土，位在中宮，此中臣近官持權用事之象也。臣伏惟陛下以邊境未寧，躬自菲薄，宫殿垣屋傾倚，枝柱而已，而親近倖臣，未崇斷金，驕溢踰法，盛修第舍，賣弄威福。道路讙譁，地動之變，殆爲此發。又冬無宿雪，春節未雨，百僚焦心，而繕修不止，誠致旱之徵也。唯陛下奮乾剛之德，棄驕奢之臣，奉承皇天之戒，無令威福久移於下。」震前後所言轉切，帝既不平之，而樊豐等皆側目憤怨，以其名儒，未敢加害。會河間男子趙騰上書，指陳得失。帝發怒，遂收考詔獄，結以罔上不道【三一】。震上疏救之曰：「臣聞殷、周哲王，小人怨詈，則還自敬德。今趙騰所坐激訐謗語爲罪，與手刃犯法有差。乞爲虧除，全騰之命，以誘芻蕘輿人之言。」帝不聽，騰竟伏尸都市。及帝東巡，樊豐等因乘輿在外，競脩第宅，太尉部掾高舒召大匠令史考校之【三二】，得豐等所詐下詔書，具奏，須行還上之。豐等惶怖，會太史言星變逆行，遂共譖震云：「自趙騰死後，深用怨懟，且鄧氏故吏，有恚恨之心。」壬戌，車駕行還，夜遣使者策收震太尉印綬，震於是柴門絶賓客。豐等復惡之，令大將軍耿寶奏震大臣不服罪，懷恚望，有詔遣歸本郡。震行至城西几陽亭，乃慷慨謂其諸子門人曰：「死者士之常分。

【三〇】見徙　「徙」《後漢書・楊震傳》作「徒」。

【三一】結以罔上不道　「結」原作「詰」，據《後漢書・楊震傳》改。

【三二】大匠令史　「令」原作「今」，據《後漢書・楊震傳》改。

吾蒙恩居上司，疾姦臣狡猾而不能誅，惡嬖女傾亂而不能禁，何面目復見日月！身死之日，以雜木爲棺，布單被裁足蓋形，勿歸冢次，勿設祭祀。」因飲酖而卒，時年七十餘。范氏論曰：「孔子稱：『危而不持，顛而不扶，則將焉用彼相？』誠以負荷之寄，不可以虚冒，崇高之位，憂重責深也。延、光之間，震爲上相，抗直方以臨權枉，先公道而後身名，可謂懷王臣之節，識所任之體矣【三三】。遂累葉載德，繼踵宰相。信哉，『積善之家，必有餘慶』。先世韋、平，方之蔑矣。」中子秉，少傳父業，兼明《京氏易》，博通書傳，常隱居教授。年四十餘，乃應司空辟，拜侍御史，頻出爲豫、荆、徐、兖四州刺史。自爲刺史，二千石，計日受奉，餘禄不入私門，以廉潔稱。桓帝即位，以明《尚書》徵入勸講，遷侍中、尚書。帝時微行，私過幸河南尹梁胤府舍。是日，大風拔樹，晝昏，秉因上疏諫曰：「臣聞天不言語，以災異譴告，是以孔子迅雷風烈必有變動。《詩》云：『敬天之威，不敢驅馳。』王者至尊，出入有常，警蹕而行，静室而止，自非郊廟之事，則鑾旗不駕。故《詩》稱『自郊徂宫』，《易》曰『王假有廟，致孝享也』。諸侯如臣之家，《春秋》尚列其誡，況以先王法服而私出槃游！降亂尊卑，等威無序，侍衛守空宫，紱璽委女妾，設有非常之變，上負先帝，下悔靡及。」帝不納，秉以病乞退，出爲右扶風。太尉黄瓊惜其去朝廷，上秉勸講帷幄，不宜外遷，留拜光禄大夫。是時，大將軍梁冀用權，秉稱病。六年，冀誅後，乃拜太僕，遷太常。延熹三年，白馬令李雲以諫受罪，秉爭之不能得，坐免官，歸田里。其年冬，復徵拜河南尹。以事坐輸作左校，以久旱赦出。會日食，太山太守皇甫規等訟秉忠正，不宜久抑不用。有詔公車徵秉及處士韋著，二人各稱疾不至。有司並劾秉、著大不敬，請下所屬正其罪。尚書令周景與尚書邊韶議奏：「秉儒學侍講，常在謙虚。著隱居行義，以退讓爲節。俱徵不至，誠違側席之望，然逶迤退食，足抑苟進之風。夫明王之世，必有不召之臣，聖朝弘養，宜用優游之禮。可告在所屬，喻以朝廷恩意。如遂不至，詳議其罰。」於是重徵，

【三三】所任之體矣　「矣」原作「失」，據《後漢書・楊震傳》改。

乃到，拜太常。五年冬，代劉矩爲太尉。是時宦官方熾，任人及子弟爲官，布滿天下，競爲貪淫，朝野嗟怨。秉與司空周景上言：「内外吏職，多非其人。舊典：中臣子弟不得居位秉勢，而今枝葉賓客布列職署，或年少庸人典據守宰，上下忿患，四方愁毒。可遵用舊章，退貪殘，塞災謗。」帝從之，於是秉條奏牧守以下五十餘人，或死或免，天下莫不肅然。時郡國計吏多留拜爲郎，秉上言三署見郎七百餘人，帑藏空虚，浮食者衆，宜絶横拜，以塞覬覦之端。自此計吏無留拜者。七年，南巡園陵，南陽太守張彪與帝微時有舊恩，以車駕當至，因傍發調，多以入私。秉聞之，下書責讓荆州刺史，以狀副言公府。及行至南陽，左右並通姦利，詔書多所除拜。秉復上疏諫曰：「頃者道路拜除，恩加豎隸，爵以貨成，化由此敗，所以俗夫巷議，白駒遠逝，宜割不忍之恩，以斷求欲之路。」於是詔除乃止。時中常侍侯覽弟參爲益州刺史，累有臧罪，暴虐一州。明年，秉劾奏參，檻車徵詣廷尉。參惶恐，道自殺。秉因奏覽及中常侍具瑗曰：「臣案國舊典，宦豎之官，本在給使省闥，司昏守夜，而今猥受過寵，執政操權。其阿諛取容者，則因公褒舉，以報私惠；有忤逆於心者，必求事中傷，肆其凶忿。居法王公，富擬國家，雖季氏專魯，穰侯擅秦，何以尚兹？案中常侍侯覽弟參，貪殘元惡，自取禍滅，覽顧知釁重，必有自疑之意，臣愚以爲不宜復見親近。請免送歸本郡。」書奏，尚書召對秉掾屬曰：「公府外職，而奏劾近官，經典漢制有故事乎？」秉使對曰【三四】：「傳曰：『除君之惡，唯力是視。』鄧通懈慢，申屠嘉召通詰責，文帝從而請之。漢世故事，三公之職無所不統。」尚書不能詰。帝不得已，竟免覽官，削瑗國。每朝廷有得失，輒盡忠規諫，多見納用。秉性不飲酒，又早喪夫人，遂不復娶，所在以淳白稱。嘗從容言曰：「我有三不惑：酒、色、財也。」子賜，少傳家學，篤志博聞，常退居隱約，教授門徒，不荅州郡禮命，公車徵不至。建寧初，靈帝當受學，詔太傅、三公選通《尚書》桓君章句宿有重名者，三公舉賜，乃侍講于華光殿中。遷光禄勳。熹平元年，青虵見御坐，帝以問賜，賜上封事曰：「夫善不妄來，災不空發。王者心有所惟，意有所想，雖未形顔色，而五星以之推移【三五】，陰陽爲其變度。夫皇極不建，則有蛇龍之孽。《詩》云『惟虺惟蛇，女子之祥』，故《春秋》兩蛇鬭於鄭門，昭公殆以女敗。夫女謁行則讒夫昌，讒夫昌則苞苴通，惟陛下思乾剛之道，別内外之宜，崇帝乙之制，受元吉之祉，抑皇甫之權，割艷妻之愛，則蛇變可消，禎祥立應。』二

【三四】秉使對曰　「秉」原無，據《後漢書·楊秉傳》補。

【三五】五星以之推移　「五」原作「正」，據《後漢書·楊賜傳》改。

年，代唐珍爲司空，以災異免。五年，代袁隗爲司徒。是時朝廷爵授，多不以次，而帝好微行，遊幸外苑。賜復上疏曰：「臣聞天生蒸民，不能自理，故立君長使司牧之，是以唐、虞兢業，周文日昃不暇，明慎庶官，俊乂在職，三載考績，以觀厥成。而今所序用無佗德，有形勢者，旬日累遷，守真之徒，歷載不轉。又聞數微行出幸苑囿，觀鷹犬之勢【三六】，極槃遊之荒，政事日墮，大化陵遲，而欲以望太平，是由卻行而求及前人也。宜絶慢慠之戲，念官人之重，割用板之恩，慎貫魚之次，無令醜女有四殆之歎。」後坐辟黨人免。復拜光禄大夫。光和元年，有虹蜺晝降於嘉德殿前，帝惡之，引賜及議郎蔡邕等入金商門崇德署，使中常侍曹節、王甫問以祥異禍福所在。賜仰天而歎，謂節等曰：「吾每讀《張禹傳》，未嘗不憤恚歎息，既不能竭忠盡情，極言其要，而反留意少子，乞還女婿。朱游欲得尚方斬馬劍以理之，固其宜也。吾以微薄之學，充先師之末，累世見寵，無以報國。猥當大問，死而後已。」乃書對曰：「臣聞之經傳，或得神以昌，或得神以亡。國家休明，則鑒其德；邪辟昏亂，則視其禍。今殿前之氣，應爲虹蜺，皆妖邪所生，不正之象，詩人所謂蝃蝀者也。方今内多嬖倖，外任小人，上下並怨，諠譁盈路，是以災異屢見，前後丁寧。今復投蜺，可謂熟矣。案《春秋讖》曰：『天投蜺，天下怨，海内亂。』昔虹貫牛山，管仲諫桓公無近妃宫。今妾媵嬖人閹尹之徒，共專國朝，欺罔日月，又鴻都門下，招會羣小，造作賦説，以蟲篆小技見寵於時，旬月之間，並各拔擢，樂松處常伯，任芝居納言。郄儉、梁鵠俱以便辟之性，佞辯之心，各受豐爵不次之寵，而令搢紳之徒委伏畎畝，口誦堯、舜之言，身蹈絶俗之行，棄捐溝壑，不見逮及。冠履倒易，陵谷代處，從小人之邪意，順無知之私欲，不念《板》、《蕩》之作，虺蜴之誡。殆哉之危，莫過於今！幸賴皇天垂象譴告。《周書》曰：『天子見怪則修德，諸侯見怪則修政，卿大夫見怪則修職，士庶人見怪則修身。』惟陛下慎經典之誡，圖變復之道，斥遠佞巧之臣，速徵鶴鳴之士，内親張仲，外任山甫，斷絶尺一，抑止槃游，留思庶政，無敢怠遑。冀上天還威，衆變可弭。」書奏，甚忤曹節等。蔡邕坐直對抵罪，徙朔方。賜以師傅之恩，故得免咎。其冬，代劉郃爲司徒。帝欲造畢圭靈琨苑，賜復上疏諫。帝欲止，以問侍中任芝、中常侍樂松。松等曰：「昔文王之囿百里，人以爲小。齊宣五十里，人以爲大。今與百姓共之，無害於政也。」帝悦，遂令築苑。四年，賜以病罷。居無何，拜太常。五年冬，復拜太尉。

【三六】觀鷹犬之勢　「勢」原作「埶」，據《後漢書·楊賜傳》改。

中平元年，黄巾賊起，賜被召會議詣省閤，切諫忤旨，因以寇賊免。先是，黄巾帥張角等執左道，稱大賢，以誑燿百姓，天下繦負歸之。賜時在司徒，召掾劉陶告曰：「張角等遭赦不悔，而稍益滋蔓，今若下州郡捕討，恐更騷擾，速成其患。且欲切勅刺史、二千石，簡别流人【三七】，各護歸本郡，以孤弱其黨，然後誅其渠帥，可不勞而定，何如？」陶對曰：「此孫子所謂不戰而屈人之兵【三八】，廟勝之術也【三九】。」賜遂上書言之。會去位，事留中。後帝徙南宮，閲録故事，得賜所上張角奏及前侍講注籍，乃感悟，下詔封賜臨晉侯。二年，代張温爲司空，薨。子彪，少傳家學。初舉孝廉，州舉茂才，辟公府，皆不應。熹平中，以博習舊聞，公車徵拜議郎，遷侍中、京兆尹。光和中，黄門令王甫使門生於郡界辜榷官財物七千餘萬，彪發其姦，言之司隸。司隸校尉陽球因此奏誅甫，天下莫不愜心。中平六年，代董卓爲司空，其冬，代黄琬爲司徒。明年，關東兵起，董卓懼，欲遷都以違其難。乃大會公卿議曰：「高祖都關中十有一世，光武宮洛陽於今亦十世矣。案《石包讖》，宜徙都長安，以應天人之意。」百官無敢言者。彪曰：「移都改制，天下大事，昔關中遭王莽變亂，宫室焚蕩，民庶塗炭，百不一在。光武受命，更都洛邑。今天下無虞，百姓樂安，明公建立聖主【四〇】，光隆漢祚，無故捐宗廟，棄園陵，恐百姓驚動，必有糜沸之亂。《石包室讖》，妖邪之書，豈可信用？」董卓曰：「關中肥饒，故秦得并吞六國。且隴右材木自出，致之甚易。又杜陵南山下有武帝故瓦陶竈數千所，并功營之，可使一朝而辦。百姓何足與議？若有前却，我以大兵驅之【四一】，可令詣滄海。」彪曰：「天下動之至易，安之甚難，惟明公慮焉。」卓作色曰：「公欲沮國計邪？」太尉黄琬曰：「此國之大事，楊公之言得無可思？」卓不答。司空荀爽見卓意壯，恐害彪等，因從容言曰：「相國豈樂此邪？山東兵起，非一日可禁，故當遷以圖之，此秦、漢之勢也。」卓意小解。爽私謂彪曰：「諸君堅爭不止，禍必有歸，故吾不爲也。」議罷，卓使司隸校尉宣播以災異奏免琬、彪等，詣闕謝，即拜光禄大夫。十餘日，遷大鴻臚，從入關。三年秋，代淳于嘉爲司空。興平元年，代朱儁爲太尉，録尚書事。及李傕、郭汜之亂，彪盡節衛主，崎嶇危難之間，幾不免於害。及車駕還洛陽，復守尚書令。建安元年，從東都許。時天子新遷，大會公卿，兖州刺史曹操上殿，見彪色不悦，恐於此圖之，未得讌設，託疾如廁，因出還營。彪以疾罷。時袁術僭亂，操託彪與術婚姻，誣以欲圖廢

【三七】簡别流人　「簡」原作「間」，據《後漢書·楊賜傳》改。

【三八】屈人之兵　「之」原缺，據《後漢書·楊賜傳》補。

【三九】廟勝　「廟」原作「善」，據《後漢書·楊賜傳》改。

【四〇】聖主　「主」原作「王」，據《後漢書·楊彪傳》改。

【四一】以大兵驅之　「大」原作「天」，據《後漢書·楊彪傳》改。

置，奏收下獄，劾以大逆。將作大匠孔融聞之，不及朝服，往見操曰：「楊公四世清德，海内所瞻。《周書》父子兄弟罪不相及，況以袁氏歸罪楊公。《易》稱積善餘慶，徒欺人耳。」操曰：「此國家之意。」融曰：「假使成王殺召公，周公可得言不知邪？今天下纓緌搢紳所以瞻仰明公者，以公聰明仁智，輔相漢朝，舉直厝枉，致之雍熙也。今横殺無辜，則海内觀聽，誰不解體？孔融魯國男子，明日便當拂衣而去，不復朝矣。」操不得已，遂理出彪。四年，復拜太常，十年免。十一年，諸以恩澤爲侯者皆奪封。彪見漢祚將終，遂稱脚攣不復行，積十年。後子脩爲曹操所殺，操見彪問曰：「公何瘦之甚？」對曰：「愧無日磾先見之明，猶懷老牛舐犢之愛。」操爲之改容。及魏文帝受禪，欲以彪爲太尉，先遣使示旨。彪辭曰：「彪備漢三公，遭世傾亂，不能有所補益。耄年被病，豈可贊惟新之朝？」遂固辭。乃授光禄大夫，賜几杖衣袍，因朝會引見，令彪著布單衣，鹿皮冠，杖而入，待以賓客之禮。年八十四，黄初六年卒于家。自震至彪，四世太尉，德業相繼，與袁氏俱爲東京名族云。華嶠書曰：「東京楊氏、袁氏，累世宰相，爲漢名族。然袁氏車馬衣服，極爲奢僭，能守家風爲世所貴，不及楊氏也。」胡氏曰：「安帝三公，無出楊震之右者，然大臣之義，以道事君，合則留，違則去。震先爲司徒，奏論『乳母王聖，賤微嬖倖，損辱清朝。聖女伯榮，其夫封侯，不合經義』，書奏不省，一宜去矣。遲留三歲，遷爲太尉，再言『王聖起第，爲國大費。周廣、謝惲，依倚分威，天下諠譁，勢且叛怨』，上又不納，二宜去矣。至于明年，震復上疏，彈劾近倖驕溢逾法，反被譖愬，遂致殺身。若震之爲人，忠則可尚，其未得爲仁乎？仁者，度君而後事，不事而後度也。燭理必明，而處義必精也。安帝已可知矣，震以三公之尊，兩奏一乳養老婦人而不能動，有大於此者，獨將奈何哉？故當初奏不省之時，即可引領而去，過是殊少味也。」

**孝順建康元年八月，以大司農李固爲太尉，參録尚書事。**時順帝崩，孝沖初立，年二歲，梁太后臨朝。按：固，司徒郃之子，少好學，常步行尋師，不遠千里。遂究覽墳籍，結交英賢，四方有志之士，多慕其風而來學。京師咸歎曰：「是復爲李公矣。」陽嘉二年【四二】，有地動、山崩、火災之異，公卿舉固對策，詔又特問當世之敝，爲

【四二】陽嘉二年　「二」原作「六」，據《後漢書・李固傳》改。

政所宜。固對曰：「王者父天母地，寶有山川。王道得則陰陽和穆，政化乖則崩震爲災。前孝安皇帝變亂舊典，封爵阿母，使樊豐之徒乘權放恣，侵奪主威，改亂嫡嗣【四三】，至令聖躬親遇其艱。既拔自困殆，龍興即位，天下喁喁，屬望中興，誠當沛然思惟善道。而論者猶云，方今之事，復同於前。漢興以來，十有八主【四四】，豈無阿乳之恩？然上畏天威，下案經典，知義不可，故不封也。今阿母宋娥雖有功勤，但加賞賜，足酬勞苦；至於裂土開國，實乖舊典。聞阿母體性謙虛，必有遜讓，陛下宜許其辭國之高，使成萬安之福。大妃后之家所以少全者，豈天性當然？但以爵位尊顯，專總權柄，天道惡盈，不知自損，故至顛仆。先帝寵遇閻氏，位號太疾，故其受禍，曾不旋時！今梁氏戚爲椒房，禮所不臣，尊以高爵，尚云可也。而子弟羣從，榮顯兼加，永平、建初故事，殆不如此【四五】。宜令步兵校尉冀及諸侍中還居黃門之官，使權去外戚，政歸國家，豈不美乎？又詔書所以禁侍中尚書中臣子弟不得爲吏察孝廉者，以其秉威權，容請託故也。而中常侍在日月之側，聲勢振天下，子弟禄任，曾無限極。雖外託謙嘿，不干州郡，而諂僞之徒，望風進舉。今可爲設常禁，同之中臣。昔館陶公主爲子求郎【四六】，明帝不許，賜金千萬。所以輕厚賜，重薄位者，爲官人失才，害及百姓也。竊聞長水司馬武宣、開陽城門候羊迪等，無它功德，初拜便真。此雖小失，而漸壞舊章。先帝法度，所宜堅守，政教一跌，百年不復。陛下之有尚書，猶天之有北斗也。斗爲天喉舌，尚書亦爲陛下喉舌。斗斟酌元氣【四七】，運平四時；尚書出納王命，賦政四海。誠宜審擇其人，以毗聖政。今與陛下共理天下者，外則公卿尚書，內則常侍黃門，譬猶一門之內，一家之事，安則同其福慶，危則通其禍敗。刺史、二千石，外統職事，內受法則，夫表曲者影必邪，源清者流必潔，猶叩樹本，百枝皆動。本朝號令，豈可蹉跌？間隙一開，則邪人動心。陛下宜招會羣儒，引問得失，指擿變象，以求天意。言有中理，即時施行，顯拔其人，以表能者，則聖聽日有所聞，忠臣盡其所知。宜罷退宦官，去其權重，裁置常侍二人，方直有德者，省事左右；小黃門五人，才智閑雅者，給事殿中。如此，則論者厭塞，升平可致也。」順帝覽其對，多所納用，即出阿母還第舍，諸常侍皆叩頭謝罪，朝廷肅然。以固爲議郎，而阿母宦官疾固言直，因詐飛章以陷其罪，事從中下。大司農黃尚請之於大將軍梁商【四八】，又僕射黃瓊救明固事，乃得拜議郎。出爲廣漢雒令，至白水關，

【四三】侵奪主威改亂嫡嗣　「奪」原作「亂」，「亂」原作「易」，據《後漢書·李固傳》改。

【四四】十有八主　「主」原作「生」，據《後漢書·李固傳》改。

【四五】殆不如此　「殆」原作「宜」，據《後漢書·李固傳》改。

【四六】昔館陶公主　「昔」原作「者」，據《後漢書·李固傳》改。

【四七】斗斟酌元氣　「斟」字原脱，據《後漢書·李固傳》補。

【四八】黃尚　「尚」原作「向」，據《後漢書·李固傳》改。

解印綬，還漢中，杜門不交人事。歲中，梁商請爲從事中郎。商以后父輔政，而柔和自守，不能有所整裁，災異數見，下權日重。固欲令商先正風化，退辭高滿，乃奏記曰：「夫義路閉則利門開，利門開則義路閉。前孝安皇帝内任伯榮、樊豐之屬，外委周廣、謝惲之徒【四九】，開門受賂，署用非次，天下紛然，怨聲滿道。朝廷初立，頗存清靜，未能數年，稍復墮損。左右黨進者，日有遷拜，守死善道者，滯涸窮路，而未有改敝立德之方。明將軍位尊望顯，當以天下爲憂，崇尚謙省，垂則萬方。而新營祠堂，費功億計，非以昭明令德，崇示清儉。自數年以來，災怪屢見，比無雨潤，而沉陰鬱泱，宫省之内，容有陰謀。又近者月食既於端門之側，月者，大臣之體也。夫窮高則危，大滿則溢，月盈則缺，日中則移，此四者，自然之數也。天地之心，福謙忌滿，是以賢達功成身退，全名養壽，無有怵迫之憂【五〇】。」商不能用。永和中，荆州盜賊起，彌年不定，乃以固爲荆州刺史。固到，遣吏勞問境内，赦寇盜前釁，與之更始。賊帥夏密等自縛歸首。固皆原之，遣還，使自相招集。半載，餘類悉降，州内清平。上奏南陽太守高賜等臧穢。賜等懼，遂共重賂大將軍梁冀，冀爲千里移檄，而固持之愈急，遂徙固爲太山太守。時，太山盜賊屯聚歷年，郡兵常千人，追討不能制。固到，悉罷遣歸農，但選留任戰者百餘人，以恩信招誘之。未滿歲，賊皆弭散。遷將作大匠。上疏陳事曰：「臣聞氣之清者爲神，人之清者爲賢。養身者以練神爲寶，安國者以積賢爲道。陛下初登大位，聘南陽樊英、江夏黄瓊、廣漢楊厚、會稽賀純，策書嗟歎，待以大夫之位。是以岩穴幽人，彈冠振衣，樂欲爲用。臣前在荆州，聞厚、純等以病免歸，誠以悵然，爲時惜之。一日朝會，見諸侍中並皆年少，無一宿儒大人可顧問者，誠可歎息。宜徵還厚等，以副羣望。瓊久處議郎，已且十年，人皆怪始隆崇，今更滯也。光禄大夫周舉，才謨高正，宜在常伯，訪以言議。侍中杜喬，學深行直，當世良臣，久託病，可勑令起。」又薦陳留楊倫等。是日有詔徵倫等，而還瓊、舉，以固爲大司農。先是，周舉等八使案察天下，多所劾奏，其中並宦者親屬，輒爲請乞，詔令勿考。又舊任三府選令史，光禄試尚書郎，時皆特拜，不復選試。固乃與廷尉吳雄等上疏，以爲八使所糾，宜急誅罰，選舉署置，可歸有司。帝感其言，乃更下免八使所舉刺史、二千石。自是稀復特拜，切責三公，明加考察，朝廷稱善。復與光禄勳劉宣上言曰：「頃選舉牧守，多非其人，至行無道，侵害百姓。又宜止槃遊，專心庶政。」帝納

【四九】外委周廣謝惲　「廣」原作「登」，據《後漢書·李固傳》改。

【五〇】無有　「有」原缺，據《後漢書·李固傳》補。

其言，於是下詔諸州劾奏守令以下，政有乖枉，遇人無惠者，免所居官；其姦穢重罪，收付詔獄。及沖帝即位，以固爲太尉，與梁冀參録尚書事。

永嘉元年春，正月戊戌，帝崩。梁太后以楊、徐盜賊方盛，欲須所徵諸王侯到乃發喪。李固曰：「帝雖幼少，猶天下之父。今日崩亡，人神感動，豈有臣子反共掩匿乎【五一】？昔秦皇沙丘之謀，及近日北鄉之事，皆祕不發喪，此天下大忌，不可之甚者也。」太后從之，即暮發喪。徵清河王蒜及渤海孝王鴻之子纘皆至京師。清河王爲人嚴重，動止有法度，公卿皆歸心焉。固謂大將軍冀曰：「今當立帝，宜擇長年高明有德、任親政事者，願將軍審詳大計，察周、霍之立文、宣，戒鄧、閻之利幼弱。」謂鄧太后立殤帝時，誕育百餘日，二歲而崩；又立安帝時，年十歲；閻太后立北鄉侯，其年二歲。冀不從，與太后定策禁中。丙辰，冀持節以王青蓋車迎樂安王子纘入南宮。丁巳，封爲建平侯。其日，即皇帝位，年八歲。蒜罷歸國。

將卜山陵，李固曰：「今處處寇賊，軍興費廣，新創憲陵，賦發非一【五二】。帝尚幼小，可起陵於憲陵塋内，依康陵制度。」太后從之。己未，葬孝冲皇帝于懷陵。

太后以比遭不造，委任宰輔，固所匡正，每輒從用，其黄門宦官爲惡者一皆斥遣，天下咸望治平，而梁冀猜專，每相忌疾。初，順帝時諸所除官多不以次，及固任事，奏免百餘人。此等既怨，又希望冀旨，遂共作飛章誣奏固曰：「太尉李固，因公假私，依正行邪，離間近戚，自隆支黨。大行在殯，曾無慘怛傷悴之心。山陵未成，違矯舊政，善則稱己，過則

【五一】臣子　「臣」原作「人」，據《後漢書·李固傳》改。

【五二】賦發非一　「賦」原作「賊」，據《後漢書·李固傳》改。

歸君，斥逐近臣，不得侍送，作威作福，莫固之甚。夫子罪莫大於累父【五三】，臣惡莫深於毀君。固之過釁，事合誅辟。」書奏，冀以白太后，使下其書，太后不聽。永昌太守劉君世鑄黄金爲文蛇，以獻大將軍冀。益州刺史种暠糾發逮捕，馳傳上言。冀由是恨暠。會巴郡人服直聚黨數百人，自稱「天王」，暠與太守應承討捕，不克，吏民多被傷害。冀因此陷之，傳逮暠、承。李固上疏曰：「臣伏聞討捕所傷，本非暠、承之意，實由縣吏懼法畏罪，迫逐深苦，致此不祥。比盜賊羣起，處處未絶。暠、承以首舉大姦而相隨受罪，臣恐沮傷州縣糾發之意，更共飾匿，莫復盡心。」太后省奏，乃赦暠、承罪，免官而已。金蛇輸司農，冀從大司農杜喬借觀之，喬不肯與。冀小女死，令公卿會喪，喬獨不往，冀由是銜之【五四】。

孝質帝本初元年，帝少而聰慧，常因朝會，目梁冀曰：「此跋扈將軍也。」冀聞，深惡之。閏月，甲申，冀使左右置毒於煑餅以進。帝苦煩甚，使促召太尉李固【五五】。固入前，問帝得患所由。帝尚能言，曰：「食煑餅，今腹中悶，得水尚可活。」時冀亦在側，曰：「恐吐，不可飲水。」語未絶而崩。固伏屍號哭，推舉侍醫。冀慮其事泄，大惡之。胡氏曰：「人臣之罪，無加於弑君。李固身位上公，而見梁冀靳不與之水之事，當即時請太后出御前殿，召三公、中二千石、列侯、司隸、期門、羽林士大會庭中，推舉尚食，窮問崩故，可以立得罪人，致於廷尉，凡與謀者，殺無赦焉。白建明德，策立清河，不崇朝而漢祚復隆，天下定矣。雖梁冀久握兵權，然事出倉卒，既躬爲大逆，名在弑君，其下未必人人服從，出一紙詔書，諭以逆順，衆決不動。計不出此，方且伏屍號哭，一再致書，比三日間冀策畫已立，則雖有仲尼之智，周公之才，亦無及

【五三】累父　「累」原作「毀」，據《後漢書·李固傳》改。

【五四】由是銜之　「銜」原作「御」，據《後漢書·杜喬傳》改。

【五五】使促召　「促」原作「徒」，據《後漢書·李固傳》改。

矣。吁，可歎哉！」將議立嗣，固引司徒胡廣、司空趙戒先與冀書曰：「天下不幸，頻年之間，國祚三絶。今當立帝，天下重器，誠知太后垂心，將軍勞慮，詳擇其人，務存聖明。然愚情眷眷，竊獨有懷。遠尋先世廢立舊儀，近見國家踐祚前事，未嘗不詢訪公卿，廣求羣議，令上應天心，下合衆望。傳曰：『以天下與人易，爲天下得人難。』昔昌邑之立，昏亂日滋。霍光憂愧發憤，悔之折骨。自非博陸忠勇，延年奮發，大漢之祀，幾將傾矣。至憂至重，可不熟慮？悠悠萬事，唯此爲大。國之興衰，在此一舉。」冀得書，乃召三公、中二千石、列侯，大議所立。固、廣、戒及杜喬皆以爲清河王蒜明德著聞【五六】，又屬最尊親【五七】，宜立爲嗣，朝臣莫不歸心。而中常侍曹騰嘗謁蒜，蒜不爲禮【五八】，宦者由此惡之。初，平原王翼既貶歸河間【五九】，其父請分蠡吾縣以侯之，順帝許之。翼卒，子志嗣。梁太后欲以女弟妻志，徵到夏門亭。會帝崩，梁冀欲立志。曹騰等聞之【六〇】，夜往説冀曰：「將軍累世有椒房之親，秉攝萬機，賓客縱横，多有過差。清河王嚴明，若果立，則將軍受禍不久矣。不如立蠡吾侯，富貴可長保也。」冀然其言，明日，重會公卿，冀意氣凶凶，言辭激切，自胡廣、趙戒以下莫不懾憚，皆曰：「惟大將軍令。」獨李固、杜喬堅守本議。冀厲聲曰：「罷會。」固猶望衆心可立，復以書勸冀，冀愈激怒。丁亥，冀説太后，先策免固。

杜喬。孝桓皇帝建和元年六月，光禄勳杜喬爲太尉。自李固之廢，内外喪氣，羣臣側足而立，唯喬正色無所回橈，由是朝野皆倚望焉。詔以定策功，益封梁冀萬三千户【六一】，

【五六】固廣戒　「廣」原作「度」，據《後漢書·李固傳》改。

【五七】最尊親　「最尊」原作「敢」，據《後漢書·李固傳》改。

【五八】蒜不爲禮　「蒜」原缺，據《資治通鑒》卷五十三補。

【五九】平原王翼　「翼」原作「冀」，據《資治通鑑》卷五十三改。

【六〇】曹騰等　「等」原無，據《後漢書·李固傳》補。

【六一】益封梁冀　「梁」原作「累」，據《資治通鑑》卷五十三改。

封冀弟不疑爲潁陽侯，蒙爲西平侯，冀子胤爲襄邑侯。杜喬諫曰：「陛下自藩臣即位，天人屬心，不急忠賢之禮，而先左右之封。梁氏一門，宦者微孼，並帶無功之紱，裂勞臣之土，其爲乖濫，胡可勝言！」書奏不省。

桓帝將立皇后，梁氏冀欲令以厚禮迎之，杜喬據執舊典不聽。冀屬喬舉氾宫爲尚書，喬以宫爲臧罪，不用。由是日忤於冀。九月丁卯，京師地震。喬以災異策免。宦者唐衡、左悺等共譖於帝曰：「陛下前當即位，喬與李固抗議，以爲不堪奉漢宗祀。」帝亦怨之。十一月，清河劉文與南郡妖賊劉鮪交通，妄言「清河王當統天下」，欲共立蒜。事覺，文等遂劫清河相謝暠曰：「當立王爲天子，以暠爲公。」暠駡之，文刺殺暠。於是捕文、鮪，誅之。有司劾奏蒜，坐貶爵爲尉氏侯，徙桂陽，自殺。梁冀因誣李固、杜喬，云與文、鮪等交通，請逮按罪。太后素知喬忠，不許。冀遂收固下獄，門生渤海王調貫械上書，證固之枉，河内趙承等數十人亦要鈇鑕詣闕門通訴。太后詔赦之。及出獄，京師市里皆稱萬歲。冀聞之，大驚，畏固名德終爲己害，乃更據奏前事。大將軍長史吴祐傷固之枉，與冀爭之，冀怒，不從。從事中郎馬融主爲冀作章表，融時在坐，祐謂融曰：「李公之罪，成於公手。李公若誅，卿何面目視天下人？」按：馬融失節如此，尚可足爲儒者乎？吴祐忤冀外遷，棄官灌園，終身不起。融視之，真可愧死矣。冀怒，起，入室。祐亦徑去。固遂死於獄中。臨命，與胡廣、趙戒書曰：「固受國厚恩，是以竭其股肱，不顧死亡，志欲扶持王室，比隆文、宣。何圖一朝梁氏迷謬，公等曲從，以吉爲凶，成事爲敗乎！漢家衰微，從此始矣。公等受主厚禄，顛而不扶，傾覆大事，後之良史豈有所私？固身已矣，於義得矣，夫復何言！」廣、戒得書悲慙，皆長歎流涕而已。冀使人脅杜喬曰：「早從宜，妻子可得全。」喬不肯。明日，冀遣騎至其門，不聞哭者，遂白太后收繫之，亦死獄中。范氏論曰：「順、桓之間，國統三絶，太后稱制，賊臣虎視。李固據位持重，以爭大義，確乎而不可奪。豈不知守節之觸禍？耻夫覆折之傷任也。觀其發正辭，及所遺梁冀書，雖機失謀乖，猶戀戀而不能已。至矣哉，社稷之心乎！其顧視胡廣、趙戒，猶糞土也。」按：順帝永和元年三月，太僕趙戒爲司空。漢安元年十一月，大司農胡廣爲司徒。越二年，冲帝即位，李固爲太尉。質帝本初元年閏九月，廣遷太尉，戒爲司徒，而固策免。明年當桓帝建和元年六月，廣罷，杜喬爲太尉。元月喬免，十月顧復爲司空。戒爲太尉，則李、杜之與廣、戒，實同時秉政也。《廣傳》云：「廣性温柔謹素，常遜言恭色【六二】，達練事體，明解朝章。雖無蹇直之風，屢有補闕之益。故京師謡曰：『萬事不理問伯始，天下中庸有胡公。』及共李固定策【六三】，大議不全【六四】，又與中常侍丁肅婚姻，以此譏毁於時。靈帝立，與陳蕃參録尚書事，始詔改爲太傅，總録如故【六五】。時年已八十，而心力强壯。自在公台三十餘年【六六】，歷事六帝，在位久，數丐遜位辭病，及免退田里，未嘗有所覬在外廷。有所辟命，皆天下名士。與故吏李咸、陳蕃並爲三司【六七】。蕃等每朝會，輒稱疾避廣，時人榮之。」自安、順至威、靈，政在戚宧【六八】，而廣無纖介之助；國事日謬，而廣無一語之規也。視李、杜諸賢之死，泯嘿代居其位，曾微靦於顔色，宜史氏以糞土斥之也。即此推本，殆後世馮道之匹乎！

陳蕃。桓帝延熹八年，秋七月，以太中大夫陳蕃爲太尉。代楊秉。按：蕃自幼有掃除天下之志，後舉孝廉，除郎中。遭母憂，棄官行喪。後爲周景辟别駕從事，以諫諍不合，投傳而去。後公府辟舉方

【六二】遜言恭色　「色」原作「忠」，據《後漢書・胡廣傳》改。

【六三】共李固定策　「共」原作「其」，據《後漢書・胡廣傳》改。

【六四】大議不全　「全」原作「合」，據《後漢書・胡廣傳》改。

【六五】總録如故　「總」原作「參」，據《後漢書・胡廣傳》改。

【六六】自在公台　「在」原作「任」，據《後漢書・胡廣傳》改。

【六七】與故吏李咸　「吏」原作「交」，「咸」原作「固」，據《後漢書・胡廣傳》改。

【六八】戚宧　「宧」原作「官」，據文意改。參見上文「章和元年」條所引《後漢書・仲長統傳》。

正【六九】，皆不就。太尉李固表薦，徵拜議郎，遷樂安太守。大將軍梁冀威震天下，時遣書詣蕃，有所請託，不得通。使者詐求謁，蕃怒，笞殺之，坐左轉脩武令。稍遷，拜尚書。時，零陵、桂陽山賊爲害，公卿議遣討之，蕃駁之曰：「昔高祖創業，萬邦息肩，撫養百姓，同之赤子。今二郡之民，亦陛下赤子也。致令赤子爲害，豈非所在貪虐使其然乎？宜嚴勑三府，隱覈牧守令長，其有在政失和、侵暴百姓者，即便舉奏，更選清賢奉公之人，能班宣法令、情在愛惠者，可不勞王師而羣賊弭息矣。」出爲豫章太守，性方峻，不接賓客。徵爲尚書令，遷大鴻臚，會白馬令李雲抗疏諫，桓帝怒【七〇】，當伏重誅，蕃上書救雲，坐免歸田里。復徵，升遷光祿勳。時，封賞踰制，内寵猥盛，蕃上疏諫曰：「諸侯上象四七，垂燿在天，下應分土，藩屏上國。今近習以非義授邑，左右以無功得賞，至乃一門之内，侯者數人，故象緯失度，陰陽謬序。又比年收斂，十傷五六，萬人飢寒，不聊生活，而采女數千，食肉衣綺，脂油粉黛不可貲計。鄙諺言『盜不過五女門』，以女貧家也。今後宫之女，豈不貧國乎？且聚而不御，必生憂悲之感，以致水旱。」帝頗納其言，爲出宫女五百餘人。延熹六年，車駕幸廣城校獵。蕃上疏諫曰：「皐陶戒舜『無放逸遊』，周公戒成王『無槃於遊田』，虞舜、成王猶有此戒，況德不及二主者乎？夫安平之時，尚宜有節，況今有三空之厄哉？田野空，朝廷空，倉庫空，加以兵戎未戢，四方離散，是陛下焦心待旦之時也。豈宜揚旗耀武，騁心輿馬之觀乎？」書奏不納。八年，代楊秉爲太尉。蕃讓曰：「『不愆不忘，率由舊章』，臣不如太常胡廣；齊七政，訓五典，臣不如議郎王暢；聰明亮達，文武兼姿【七一】，臣不如弛刑徒李膺。」帝不許。

時中常侍蘇康、管霸等復被任用，遂排陷忠良，共相阿媚。大司農劉祐、廷尉馮緄、河南尹李膺，皆以忤旨，抵罪。蕃因朝會，固理膺等，請加原宥，升之爵任。言之反覆，誠辭懇切。帝不聽，因流涕而起。

大學諸生與李膺、陳蕃更相褒重，學中語曰：「天下模楷李元禮，不畏强禦陳仲舉，天下俊秀王叔茂。」

【六九】後公府　「後」原誤作「殆」，據《后漢書·陳蕃傳》改。

【七〇】桓帝怒　「桓」原作「相」，據《後漢書·陳蕃傳》改。

【七一】文武兼姿　「姿」原作「資」，據《後漢書·陳蕃傳》改。

宛有富賈張汎者，與後宮有親，又善雕鏤玩好之物，頗以賂遺中官，以此得顯官位，用勢縱横。岑晊與賊曹史張牧勸成瑨收捕汎等，既而遇赦，晊竟誅之【七二】。小黄門晉陽趙津，貪横放恣，爲一縣巨患。太原太守劉瓆使郡吏王允討捕，亦於赦後殺之。於是中常侍侯覽使張汎妻上書訟冤，宦官因譖訴瑨、瓆。帝大怒，徵瑨、瓆，皆下獄。有司承旨，奏瑨、瓆罪當棄市。山陽太守翟超以郡人張儉爲東部督郵，侯覽家在防東，殘暴百姓。儉舉奏覽罪，而覽伺候遮截，章竟不上。儉遂破覽冢宅，籍没資財。徐璜兄子宣爲下邳令【七三】，暴虐尤甚【七四】，嘗求故汝南太守李暠女不能得【七五】，遂將吏卒至暠家【七六】，載其女歸，戲射殺之。東海相汝南黄浮聞之，收宣家屬，無少長，悉考之。掾史以下固諫爭【七七】，浮曰：「徐宣國賊，今日殺之，明日坐死，足以瞑目。」即案宣罪棄市。於是璜訴冤於帝【七八】，帝大怒，超、浮並坐髡鉗，輸作右校【七九】。太尉陳蕃、司空劉茂共諫，請瑨、瓆、超、浮等罪。帝不悦。有司劾奏之，茂不敢復言。蕃乃獨上疏曰：「今寇賊在外，四支之疾；内政不理，心腹之患。臣寢不能寐，食不能飽，實憂左右日親，忠言日疎，内患漸積，外難向深。陛下超從列侯，繼承天位，小家畜産百萬之資，子孫尚耻愧失其先業，况乃産兼天下，受之先帝，而欲懈怠以自輕忽乎？誠不愛己，不當念先帝得之勤苦邪？前梁氏五侯，毒徧海内，天啓聖意，收而戮之。天下之議，冀當小平；明鑒未遠，覆車如昨，而近習之權，復相扇結。小黄門趙津、大猾張汎等，肆行貪虐，姦媚左右。前太守劉瓆、南陽太

【七二】晊竟誅之　「晊」原作「瑨」，據《后漢書・黨錮列傳》改。

【七三】徐璜兄子宣　「兄」原作「兄弟」，據《後漢書・宦者列傳》改。

【七四】暴虐尤甚　「虐」原無，據《後漢書・宦者列傳》補。

【七五】李暠女　「女」原作「友」，據《後漢書・宦者列傳》改。

【七六】至暠家　「暠」原誤作「嵩」，據《後漢書・宦者列傳》改。

【七七】諫爭　「諫」原無，據《後漢書・宦者列傳》補。

【七八】璜訴冤　「璜」原作「宦官」，據《後漢書・宦者列傳》改。案：作「宦官」據《資治通鑑》卷五十五，作「璜」于義更明確。

【七九】輸作右校　「輸」原作「諭」，據《後漢書・宦者列傳》改。

守成瑨糾而戮之，雖言赦後不當誅殺，原其誠心，在乎去惡。至於陛下，有何悁悁？而小人道長，熒惑聖聽【八〇】，遂使天威爲之發怒，必加刑讁，已爲過甚，況乃重罰令伏歐刀乎？又前山陽太守翟超、東海相黄浮，奉公不橈，疾惡如讎，超没侯覽財物，浮誅徐宣之罪，並加刑坐，不逢赦恕。覽之縱横，没財已幸；宣犯釁過，死有餘辜。昔丞相申屠嘉召責鄧通，雒陽令董宣折辱公主，而文帝從而請之，光武加以重賞，未聞二臣有專命之誅。而今左右羣竪，惡傷黨類，妄相交構，致此刑譴，聞臣是言，當復啼訴【八一】。陛下深宜割塞近習與政之源，引納尚書朝省之士，簡練清高，斥黜佞邪。如是天和於上，地洽於下，休禎符瑞，豈遠乎哉？」帝不納。宦官由此疾蕃彌甚，選舉奏議，輒以中詔譴卻，長史已下多至抵罪，猶以蕃名臣，不敢加害。

九年，李膺等以黨事下獄，蕃上疏極諫，于是天子震怒【八二】，班下郡國，逮捕黨人，布告天下，使同忿疾。案經三府，太尉陳蕃卻之曰：「今所案者，皆海内人譽，憂國忠公之臣，此等猶將十世宥也，豈有罪名不章而致收掠者乎？」不肯平署。帝愈怒。及上書極諫，帝諱其言切，託以蕃辟召非其人，策免之。蕃既免，朝臣震栗，莫敢復爲黨人言者。

孝靈建寧元年春，正月壬午，以城門校尉竇武爲大將軍。前太尉陳蕃爲太傅，與武及司徒胡廣參録尚書事。時新遭大喪，國嗣未立，諸尚書畏懼，多託病不朝。陳蕃移書責之曰：「古人立節，事亡如存。今帝祚未立，政事日蹙，諸君奈何委荼蓼之苦，息偃在床，於

【八〇】熒惑　「熒」原作「營」，據《資治通鑑》卷五十五改。

【八一】啼訴　「啼」原作「號」，據《後漢書·陳蕃傳》改。

【八二】于是天子震怒　「于」原作「先」，據《資治通鑑》卷五十五改。

義安乎？」諸尚書惶怖，皆起視事。

太后以陳蕃舊德，特封高陽鄉侯。蕃上疏讓曰：「臣聞割地之封，功德是爲。臣雖無素潔之行，竊慕君子『不以其道得之，不居也』。若受爵不讓，掩面就之，使皇天震怒，災流下民，於臣之身，亦何所寄？」太后不許。蕃固讓，章前後十上，竟不受封。

初，竇太后之立也，陳蕃有力焉。及臨朝，政無大小皆委於蕃，蕃與竇武同心戮力，以獎王室，徵天下名賢李膺、杜密、尹勳、劉瑜等，皆列於朝廷，與共參政事。於是天下之士，莫不延頸想望太平。而帝乳母趙嬈及諸女尚書，旦夕在太后側，中常侍曹節、王甫等共相朋結，諂事太后，太后信之，數出詔命，有所封拜。蕃、武疾之【八三】，嘗共會朝堂，蕃私謂武曰：「曹節、王甫等，自先帝時操弄國權，濁亂海內，今不誅之，後必難圖。」武深然之，蕃大喜，以手推席而起。武於是引同志尚書令尹勳等共定計策。會有日食之變，蕃謂武曰：「昔蕭望之困一石顯，況今石顯數十輩乎？蕃以八十之年，欲爲將軍除害，今可且因日食斥罷宦官，以塞天變。」

武乃白太后曰：「故事，黄門、常侍但當給事省内門户，主近署財物耳。今乃使與政事，任重權，子弟布列，專爲貪暴。天下匈匈，正以此故，宜悉誅廢以清朝廷。」太后曰：「漢元以來故事，世有宦官，但當誅其有罪者，豈可盡廢邪？」時中常侍管霸，頗有才略，專制省内，武先白收霸及中常侍蘇康等，皆坐死。武復數白誅曹節等，太后猶豫未忍，故事久

【八三】蕃武疾之 「武」原缺，據《資治通鑑》卷五十六補。

不發。蕃上疏曰：「今京師囂囂，道路諠譁，言侯覽、曹節、公乘昕、王甫、鄭颯等，與趙夫人、諸尚書並亂天下，附從者升進，忤逆者中傷。一朝羣臣如河中木耳，汎汎東西，耽祿畏害。陛下今不急誅此曹，必生變亂，傾危社稷，其禍難量。願出臣章宣示左右，并令天下諸姦知臣疾之。」太后不納。

是月，太白犯房之上將，入太微。侍中劉瑜素善天官，惡之，上書皇太后曰：「案《占書》：宮門當閉，將相不利，姦人在主傍，願急防之。」又與武、蕃書，以星辰錯繆，不利大臣，宜速斷大計。於是武、蕃以朱寓爲司隸校尉，劉祐爲河南尹，虞祈爲雒陽令。武奏免黄門令魏彪【八四】，以所親小黄門山冰代之【八五】，使冰奏收長樂尚書鄭颯，送北寺獄。蕃謂武曰：「此曹子便當收殺，何復考爲？」武不從，令冰與尹勳、侍御史祝瑨雜考颯，辭連及曹節、王甫。勳、冰即奏收節等，使劉瑜内奏。

九月，辛亥，武出宿歸府。典中書者先以告長樂五官史朱瑀，瑀盗發武奏，罵曰：「中官放縱者，自可誅耳，我曹何罪，而當盡見族滅？」因大呼曰：「陳蕃、竇武奏白太后廢帝，爲大逆。」乃夜召素所親壯健者長樂從官史共普、張亮等十七人，歃血共盟，謀誅武等。曹節白帝曰：「外間切切，請出御德陽前殿。」令帝拔劍踊躍，使乳母趙嬈等擁衛左右，取棨信，閉諸禁門，召尚書官屬，脅以白刃，使作詔板，拜王甫爲黄門令，持節至北寺獄，收尹勳、山冰。冰疑，不受詔，甫格殺之，并殺勳。出鄭颯，還兵劫太后，奪璽綬。令中

【八四】武奏免　「武」原缺，據《資治通鑑》卷五十六補。

【八五】小黄門山冰代之　「冰」原作「水」，據《資治通鑑》卷五十六改。下同。

竭者守南宮，閉門絶複道。使鄭颯等持節及侍御史謁者捕收武等。武不受詔，馳入步兵營，與其兄子步兵校尉紹共射殺使者。召會北軍五校士數千人屯都亭【八六】，下令軍士曰：「黄門、常侍反，盡力者封侯重賞。」陳蕃聞難，將官屬諸生八十餘人，並拔刃突入承明門，到尚書門，攘臂呼曰：「大將軍忠以衛國，黄門反逆，何云竇氏不道邪？」王甫時出與蕃相遇，適聞其言，而讓蕃曰：「先帝新棄天下，山陵未成，武有何功，兄弟父子並封三侯。又設樂飲讌，多取掖廷宮人，旬日之間，貲財巨萬，大臣若此，是爲道邪？公爲宰輔，苟相阿黨，復何求賊？」使劍士收蕃，蕃拔劍叱甫，辭色逾厲，遂執蕃，送北寺獄，殺之。時護匈奴中郎將張奂徵還京師，曹節等以奂新至，不知本謀，矯制以少府周靖行車騎將軍、加節【八七】，與奂率五營士射武。夜漏盡，王甫將虎賁、羽林等合千餘人，出屯朱雀掖門，與奂等合，已而悉軍闕下，與武對陳。甫兵漸盛，使其士大呼武軍曰：「竇武反，汝皆禁兵，當宿衛宮省，何故隨反者乎？先降有賞。」營府兵素畏服中官【八八】，於是武軍稍稍歸甫，自旦至食時，兵降略盡。武、紹走，諸軍追圍之，皆自殺，梟首雒陽都亭。收捕宗親賓客姻屬，悉誅之，及侍中劉瑜、屯騎校尉馮述，皆夷其族。自公卿以下嘗爲蕃、武所舉者及門生故吏，皆免官禁錮，於是羣小得志，士大夫皆喪氣。范氏論曰：「桓、靈之世，若陳蕃之徒，咸能樹立風聲，抗論惛俗。而驅馳嶮阨之中，與刑人腐夫同朝爭衡，終取滅亡之禍者，彼非不能絜情志，違埃霧也，愍夫丗士以離俗爲高，而人倫莫相恤也。以遯世爲

【八六】屯都亭　「屯」原作「北」，據《資治通鑑》卷五十六改。

【八七】以少府　「以」原無，據《資治通鑑》卷五十六補。

【八八】營府兵　「兵」原缺，據《資治通鑑》卷五十六補。案：《后漢書·竇武傳》無「兵」字。

非義，故屢退而不去；以仁心爲己任，雖道遠而彌厲。及遭際會，協策竇武，懔懔乎伊、望之業矣！功雖不終，然其信義足以攜持民心。漢世亂而不亡，百餘年間，數公之力也。」《竇武本傳》云：「武少以經行著称，常教授大澤中，不交時事，名顯關西。延熹八年，長女選入掖庭，桓帝以爲貴人，拜武郎中。其冬，貴人立爲皇后，武遷越騎校尉，封槐里侯。明年，拜城門校尉。在位多辟名士，清身疾惡，禮賂不通，妻子衣食裁充足而已。時，國政多失【八九】，内官專寵，李膺、杜密等爲黨事考逮。永康元年，上疏諫曰：『陛下初從藩國，爰登聖祚，天下逸豫【九〇】，謂當中興。自即位以來，未聞善政。梁、孫、寇、鄧雖或誅滅，而常侍黄門續爲禍虐【九一】，敗罔陛下，競行譎詐，自造制度，妄爵非人，朝政日衰，姦臣日彊，伏尋西京放恣王氏，佞臣執政，終喪天下。今不慮前事之失，復循覆車之軌，臣恐二世之難，必將復及，趙高之變，不朝則夕。近者姦臣牢修，造設黨議，遂收前司隸校尉李膺、太僕杜密、太尉掾范滂等逮考，連及数百人，曠年拘録，事無效驗。膺等建忠抗節，志經王室，此誠陛下稷、卨、伊、吕之佐，而虚爲姦臣賊子之所誣枉【九二】，天下寒心，海内失望。惟陛下留神澄省，時見理出，以厭人鬼喁喁之心。臣聞古之明君，必須賢佐，以成政道。今臺閣近臣，尚書令陳蕃，僕射胡廣，尚書朱寓、荀緄、劉祐、魏朗、劉矩、尹勳等，皆國之貞士，朝之良佐。尚書郎張陵、嬀皓、苑康、楊喬、邊韶、戴恢等，文質彬彬【九三】，明達國典。内外之職，羣才並列。而陛下委任近習，專樹饕餮，外典州郡，内幹心膂。宜以次貶黜，案罪糾罰，抑奪宦官欺國之封，案其無狀誣枉之罪，信任忠良，平決臧否，使邪正毁譽，各得其所，寶愛天官，唯善是授。如此，咎徵可消，天應可待。』書奏，因以病上還城門校尉、槐里侯印綬，帝不許。有詔原李膺、杜密等，自黄門北寺、若盧、都内諸獄，繫囚罪輕者皆出之。其冬，帝崩，無嗣。武召侍御史河間劉儵【九四】，參問其國中王子侯之賢者，儵稱解瀆亭侯宏【九五】。武入白太后【九六】，遂徵立之，是爲靈帝。拜武爲大將軍，常居禁中。武既輔朝政，常有誅剪宦官之意，太傅陳蕃亦素有謀。時共會朝堂，蕃私謂武曰：「曹節、王甫等，自先帝時操弄國政【九七】，今不誅節等，後必難圖。」武深然之。武於是引同志尹勳爲尚書

【八九】國政多失　「多」原作「功」，據《後漢書·竇武傳》改。

【九〇】天下逸豫　「逸豫」原脱，據《後漢書·竇武傳》補。

【九一】常侍黄門　「侍」原作「等」，據《後漢書·竇武傳》改。

【九二】誣枉　「枉」原作「在」，據《後漢書·竇武傳》改。

【九三】文質彬彬　後「彬」字原脱，據文意補。

【九四】劉儵　「儵」原作「倏」，據《後漢書·竇武傳》改。下同。

【九五】解瀆亭侯　「瀆」原脱，據《後漢書·竇武傳》補。

【九六】武入白太后　「入」原作「又」，據《後漢書·竇武傳》改。

【九七】操弄國政　「操弄」原作「場并」，據《後漢書·竇武傳》改。

令，劉瑜爲侍中，馮述爲屯騎校尉。又徵天下名士廢黜者前司隸李膺、宗正劉猛、太僕杜密、廬江太守朱寓等，列於朝廷，請前越嶲太守荀翌爲從事中郎，辟潁川陳寔爲屬，共定計策。於是天下雄俊，知其風旨，莫不延頸企踵，思奮其智力。」餘見前。胡氏曰：「陳蕃位上公，竇武本兵柄，同心協力，討治閹尹而不能勝，何也？竇武貪援立之功，一家四侯，其失一也。雖徵賢才，列於朝廷，而司隸校尉、河南尹未有署置，二失也。中官罪惡顯著者，可廢可誅，其餘慰安之，孰不畏服？而欲悉去之，三失也。太后猶豫未忍，此事幾也，宜及時建白，請御殿閤，宫省門衛，迅速掩捕，而武曾不決，四失也。既收鄭颯，不即行刑，尚送北寺獄，五失也。曹節、王甫是爲元惡，必待鄭颯詞連，然後奏收，六失也。外廷新立，内豎膠固，既與爲敵，乃使之納奏，己出府宿，七失也。兵柄在手，素不爲備，事已敗露，乃始召兵，八失也。至於陳蕃聞難，將官屬諸生拔刃入尚書門，欲何爲耶？以此觀之，陳蕃公忠而短於才術，竇武無足稱矣。」南軒張氏曰：「竇武、陳蕃，雖據權位而事當至難，主弱一也。政在房闥，二也。宦者盤錯，其勢已成，三也。武等雖漸引類於朝，而植根未固，上則太后之心未明禍亂之原，下則中外之情未識朝廷之尊，而武等之謀，但欲速決爲誅小人之計。夫當時宦者雖有罪，然豈無輕重先後之倫？乃一槩欲施之，舉動草草，今日誅數輩，明日誅數輩，輕重失其權，先後失其序，非天討矣。且使之人人自疑，反締其黨與，而速其毒謀。善處大事者，顧如是邪？觀朱瑀所謂『中官放縱者，自可誅耳，我曹何罪，而當盡族滅？』使蕃、武施之有道，行之有序，則雖此曹，蓋亦有心服者矣。殲厥渠魁，脅從罔治，此待盜賊與小人之法，而亦天心也。況其自處者又自有失，方是時，非衆志允從，其何以濟事？宦者竊柄已久，人知有此曹而已，爲大臣者，要當深自刻苦，至誠惻怛，舉動無失，而後人有以孚信，而趨向於我。人心向信，則勢立而形成，然後可以消靡禍亂。而武於靈帝踐位之初，一門三侯，安自封殖如此，其誰心服？故王甫後亦得以藉口，則可見此曹平日之所竊議，而衆志之所不平者矣。及難之作，雖曰忠義，而無或應之，以張奐之賢，猶且被紿而莫知逆順之所在，則以武平日所爲未有以慰士大夫故也。蕃辭爵而不能力止武之封，是亦潔身之爲耳。任天下之重，顧止如是哉！然予每讀蕃辭爵之疏，未嘗不三復歎息，其辭達，其義正，東京之文若此者蓋鮮，亦足以見其忠義之氣也，可勝惜哉！」愚按：胡、張二先生之評至矣，然惟濟大事者，當以人才爲本，以兵柄爲要。武之所舉，皆一時志節之士，而尹勳、劉瑜最與謀畫。勳剛毅直方，平生以忠義自許，梁冀之誅也，勳爲尚書令，部分衆職，甚有方略，蕃、武使與斯謀，得其人矣。若瑜雖賢，其所長者天文圖緯之學耳，當天象示異，占爲宮門當閉，將相不利，此幾事也，而公形奏牘，白之太后，寧不生羣邪之心？以此推之，則亦不得爲善謀矣。且李膺、杜密雖列九卿，然於此舉，初無所與，何以知之？以事敗獲免而知之也。賢者雖在朝廷，而不使與參謀議，其何益乎？方是時，文武兼資，威文顯著，莫張奐若也，況其策勳凱旋，適至闕庭，爲蕃、武計，當以車騎將軍處之，俾爲己副，若霍光用張安世故事，凡宿衛爪牙之士，皆使總統，區區閹宦，何難制之有哉！舍此弗圖，顧使節、甫輩得以其黨周靖行車騎之職，而矯制紿奐，使爲己用，是於布置人材，收總兵柄，胥失之也。觀奐力辭封爵之命，申理陳、竇之冤，中心炳然如丹，使之任事，其不肯背忠賢而附凶豎必矣。此機既失，雖有深謀長算，亦無可濟之理，況未聞它有所處乎？又皇甫嵩時爲蕃、武所辟，竟不之就，義真智士也，殆必料其無成，故不欲與共事耶？然明之才不減義真，武等知遠致義真，而不知近用然明，抑又何也？且武之受封也，盧植以布衣獻書，勸其「辭大賞，以全身名」，又謂「四方未寧，盜賊伺隙，將有楚人脅比、尹氏立朝之變，宜徵王侯愛子、宗室賢才，簡其良能，隨用爵之，以爲彊幹弱支之計」。植於是時名雖未顯，而英偉卓犖之器，有不難識者，況其爲國忠慮如此！使武能留之莫府，訪以事機，當必大有裨益，而武既違其言，又棄其人，宜功烈之弗克就也。烏乎，悲夫！

**中平六年**，四月，靈帝崩，皇子辯即位。八月，并州牧董卓爲司空。九月，廢。陳留王協立，是爲獻帝。**十二月，光禄勳荀爽爲司空。**按：爽，朗陵相荀淑第六子，幼而好學，年十二，能通《春秋》、《論語》。太尉杜喬見而稱之，曰「可爲人師」。潁川爲之語曰：「荀氏八龍，慈明無雙。」延熹九年，太常趙典舉爽至孝，拜郎中。對策陳便宜，即棄官去，後遭黨錮，隱於海上，又南遁漢濱，積十餘年。黨錮解，五府並辟，司空袁逢舉有道，不應。後公車徵爲大將軍何進從事中郎，進恐其不至，迎薦爲侍中，及進敗，詔命中絶。於是董卓輔政，用尚書周毖等謀，復徵之。吏持爽急，欲遁去不得，因就拜平原相。行至宛陵，復追爲光禄勳。視事三日，進位司空。自被徵命及登台司，凡九十餘日。

爽從遷都長安，見董卓忍暴滋甚，必危社稷，其所辟舉皆取才略之士，將共圖之，亦與司徒王允及卓長史何顒等爲内謀。會病薨。　范氏論曰：「荀爽、鄭玄、申屠蟠俱以儒行爲處士，累徵並謝病不詣。及董卓當朝，復備禮召之。蟠、玄竟不屈以全其高，爽已黄髮矣【九八】，獨至焉，未十旬而取卿相。竊商其情，以爲出處君子之大致也，平運則弘道以求志，陵夷則濡跡以匡時。荀公之急急自勵，其濡跡乎？不然，何爲違貞吉而履虎尾焉？觀其遜言遷都之議，以救楊、黄之禍，及後潛圖董氏，幾振國命，所謂『大直若屈』，道固逶迤也。」按《何顒傳》：董卓秉政，顒爲長史，托疾不就，乃與荀爽、王允等共謀誅卓。會爽薨，顒以它事爲卓所繫，憂憤而卒。顒少遊學，郭林宗、賈偉節等與之相好。陳蕃、李膺敗，顒以與蕃、膺善，遂爲宦官所陷，乃變名姓，亡匿汝南間。所至皆親其豪傑，有聲荆、豫之域。袁紹慕之，私與往來，結爲奔走之友。是時，黨事起，天下多罹其難，顒常私入洛陽，從紹計議。其窮困閉厄者，爲求援救；有被掩捕者，則廣設權計，使得逃隱，全免甚衆。及黨錮解，顒辟司空府，每三府會議，莫不推顒之長；又識曹操，以爲安天下必此人，其才略亦可見矣。

孝獻初平元年，太僕守尚書令王允爲司徒，守尚書令如故。代楊彪。　按：三公兼尚書令始見於此。《允傳》云：「同郡郭林宗見而奇之，曰『王佐才也』，遂與定交。年十九，爲郡吏。時小黄門趙津貪横，允討捕殺之。而津兄弟諂事宦官，因緣譖訴，桓帝震怒，徵太守劉瓆，下獄死。允送喪還平原，終畢三年，然後歸家，復仕。允少好大節，有志於立功，常習誦經傳，朝夕試馳射。三公並辟，以司徒高第爲侍御史。中平元年，黄巾賊起，選拜豫州刺史，辟荀爽、孔融爲從事，討擊黄巾别帥，大破之。於賊中得中常侍張讓賓客書疏【九九】，與黄巾交通，允具發其姦，

【九八】爽已黄髮　「黄」原脱，據《後漢書・荀爽傳》補。

【九九】書疏　「書」原脱，據《後漢書・王允傳》補。

以狀聞。靈帝責怒讓，讓叩頭謝，竟不能罪之。而讓挾忿怨，以事中允，明年，遂傳下獄，會赦，還復刺史，旬日間，復以它罪被捕。諸從事奉藥進之，允厲聲曰：『吾爲人臣，獲罪於君，當伏大辟以謝天下，豈有飲藥求死乎？』投杯而起，出就檻車。既至廷尉，左右共促其事，朝臣莫不歎息。大將軍何進等共上疏請之，得以減死論。是冬大赦，允獨不在宥，三公咸復爲言，至明年，乃得解釋。是時，宦官横暴，睚眦觸死，允懼不免，乃變易名姓，轉側河内、陳留間。及帝崩，乃奔喪京師。時大將軍何進欲誅宦官，召允與謀事，請爲從事中郎，轉河南尹。獻帝即位，拜太僕。」三月，董卓遷都關中。「允悉收蘭臺、石室圖書祕緯要者以從。既至長安，皆分別條上。又集漢朝舊事所當施行者，皆奏之。」時董卓尚留洛陽，朝政大小，皆委之於允。允外相彌縫，内謀王室，甚有大臣之度，自天子及朝中皆倚允。允屈意承卓，卓亦雅信焉。本傳云：「允矯性屈意，每相承附，卓亦推心，不生乖疑，故得扶持王室於危亂之中，臣主内外，莫不倚恃焉。」與《通鑑》意同詞異。按：此即陳平處諸吕之術，其後温嶠處王敦事類此。

又《卓傳》云：「卓，臨洮人，性麤猛有謀。以健俠知名，爲州兵馬掾，常徼守塞下，爲羌胡所畏。桓帝末，以六郡良家子爲羽林郎，從中郎將張奂爲軍司馬，共擊漢陽叛羌，破之，拜郎中。稍遷西域戊己校尉，坐事免。後爲并州刺史、河東太守。中平元年，拜東中郎將【一〇〇】，持節，代盧植擊張角於下曲陽，軍敗抵罪。其冬，北地先零羌及枹罕河關羣盜反，刼致金城人邊章、韓遂，使專任軍政。明年春，入寇三輔，託誅宦官爲名。詔以卓爲中郎將，副左車騎將軍皇甫嵩征之。嵩以無功免歸，而章、遂等大盛。朝廷復以司空張温爲車騎將軍，拜卓破虜將軍，統於温。并諸郡兵合十餘萬，屯美陽，以衛園陵。章、遂亦進兵美陽。温、卓與戰，輒不利。十一月，夜有星如火，光長十餘丈，照章、遂營中，驢馬盡鳴。賊以爲不祥，欲歸金城。卓聞之喜，明日，乃與右扶風鮑鴻等并兵俱攻，大破之。章、遂敗走，温時亦使卓將兵三萬討先零羌，卓爲羌胡所圍，糧食乏絶，進退逼急。乃於所渡水中僞立隱【一〇一】，以爲捕魚，而潛從隱下過軍。比賊追之，決水已深，不得度。時衆軍敗退，唯卓全師而還，封斄鄉侯。三年，徵温還京師，韓遂乃殺邊章，擁兵十餘萬，進圍隴西。

【一〇〇】東中郎將　原作「中東郎將」，據《后漢書・董卓傳》乙正。

【一〇一】所渡水中　「水中」原作「中水」，據《後漢書・董卓傳》改。

太守李相如反，與遂連和，共殺涼州刺史耿鄙【一〇二】，而鄙司馬扶風馬騰，亦擁兵反叛，又漢陽王國，自號『合衆將軍』，皆與韓遂合，共推王國爲主，悉令領其衆，寇掠三輔。五年，圍陳倉。乃拜卓前將軍，與左將軍皇甫嵩擊破之。六年，徵卓爲少府，不肯就，上書言：『所將湟中義從及秦胡兵皆詣臣曰【一〇三】：牢直不畢，廩賜斷絶，妻子飢凍。牽挽臣車，使不得行。』朝廷不能制，頗以爲慮。及靈帝寢疾，璽書拜卓爲并州牧，令以兵屬皇甫嵩。卓復上言：『掌戎十年，士卒大小相狎彌久，戀臣畜養之恩，爲臣奮一旦之命。乞將之北州，效力邊垂。』於是駐兵河東，以觀時變。及帝崩，大將軍何進、司隸校尉袁紹謀誅閹宦，而太后不許，乃私呼卓將兵入朝，以脅太后。卓得召，即時就道，並上書曰：『中常侍張讓等竊倖承寵，濁亂海内。昔趙鞅興晉陽之甲，以逐君側之惡人；今臣輒鳴鐘鼓如洛陽，請收讓等，以清姦穢。』卓未至而何進敗，虎賁中郎將袁術乃燒南宮，欲討宦官，而中常侍段珪等刼少帝及陳留王夜走小平津。卓遠見火起，引兵急進，未明到城西，聞少帝在北芒，因往奉迎。帝見卓將兵卒至，恐怖涕泣。卓與語，不能辭對。與陳留王語，遂及禍亂之事。卓以王爲賢，且爲董太后所養，卓自以與太后同族，有廢立意。初，卓之入也，步騎不過三千，自嫌兵少，恐不爲遠近所服，率四五日輒夜潛出軍近營，明旦乃大陳旌鼓而還，以爲西兵復至，洛中無知者。尋而何進及弟苗先所領部曲皆歸於卓，卓又使吕布殺執金吾丁原而并其衆，卓兵士大盛。乃諷朝廷策免司空劉弘而自代之，因集議廢立，百僚大會，卓乃奮首而言曰：『大者天地，其次君臣，所以爲政。皇帝闇弱，不可以奉宗廟，爲天下主。今欲依伊尹、霍光故事，更立陳留王，何如？』公卿以下莫敢對。卓又抗言曰：『昔霍光定策，延年案劍，有敢沮大議，皆以軍法從之！』坐者震動。尚書盧植獨曰【一〇四】：『昔太甲既立不明，昌邑罪過千餘，故有廢立之事。今上富於春秋，行無失德，非前事之比也。』卓大怒，罷坐。明日復集羣僚於崇德前殿，遂脅太后，策廢少帝爲弘農王，乃立陳留王，是爲獻帝。又議太后蹴迫永樂太后，至令憂死，逆婦姑之禮，遷於永安宮，遂以弒崩。卓遷太尉，領前將軍事，更封郿侯。卓乃與司徒黄琬、司空楊彪，俱帶鈇鑕詣闕上書，追理陳蕃、竇武及武諸黨人，以從人望。於是悉復蕃等爵位，擢用子孫。尋進卓爲相國，入朝不趨，劍履上殿。是時，洛中貴戚室第相望，金帛財產，家家殷積。卓縱放兵士，突其廬舍，淫略剽虜。人情崩恐，不

【一〇二】涼州刺史　「涼」原作「連」，據《後漢書・董卓傳》改。

【一〇三】義從　「從」原作「徒」，據《後漢書・董卓傳》改。

【一〇四】盧植獨曰　「獨」原作「直」，據《後漢書・董卓傳》改。

保朝夕。虐刑濫罸，睚眦必死，羣僚内外莫能自固。卓嘗遣軍至陽城，時人會於社下，悉令就斬之，駕其車重【一〇五】，載其婦女，以頭繫車轅，歌呼而還。又壞五銖錢，更鑄小錢，悉取洛陽及長安銅人、鐘虡、飛廉、銅馬之屬，以充鑄焉，故貨賤物貴【一〇六】，穀石數萬。又錢無輪郭文章，不便人用。時人以爲秦始皇見長人於臨洮，乃鑄銅人；卓，臨洮人也，而今毁之。雖成毁不同，凶暴相類焉。卓素聞天下同疾閹官誅殺忠良，及其在事，雖行無道，而猶忍性矯情，擢用羣士。乃任吏部尚書漢陽周珌、侍中汝南伍瓊、尚書鄭公業、長史何顒等，以處士荀爽爲司空，其染黨錮者陳紀、韓融之徒皆爲列卿。幽滯之士，多所顯拔。以尚書韓馥爲冀州刺史，侍中劉岱爲兖州刺史，陳留孔伷爲豫州刺史，潁川張咨爲南陽太守。卓所親愛，並不處顯職，但將校而已。初平元年，馥等到官，與袁紹之徒十餘人，各興義兵，同盟討卓，而伍瓊、周珌陰爲内主。初，靈帝末，黄巾餘黨郭太等復起西河白波谷，轉寇太原，遂破河東，百姓流轉三輔，號爲『白波賊』。卓遣中郎將牛輔擊之，不能却。及聞東方賊起，懼，乃鴆殺弘農王，欲徙都長安。會公卿議，太尉黄琬、司徒楊彪廷爭不能得，而伍瓊、周珌又固諫之，卓因大怒曰：『卓初入朝，二子勸用善士，故相從，而諸君到官，舉兵相圖。此二君賣卓，卓何用相負【一〇七】？』遂斬瓊、珌。而彪、琬爲懼，詣卓謝曰：『小人戀舊，非欲沮國事也，請以不及爲罪。』卓既殺瓊、珌，旋亦悔之，故表彪、琬爲光禄大夫。於是遷天子西都。初，長安遭赤眉之亂，宫室營寺焚滅無餘，是時唯有高廟、京兆府舍，遂便時幸焉。後移未央宫。於是盡徙洛陽人數百萬口於長安，步騎驅蹙，更相蹈藉，飢餓寇掠，積尸盈路。卓自屯留畢圭苑中，悉燒宫廟官府居家，二百里内無復孑遺。又使吕布發諸帝陵及公卿已下冢墓，收其珍寶。時長沙太守孫堅亦率豫州諸郡兵討卓。卓先遣將徐榮、李蒙四出虜掠，榮遇堅於梁，與戰，破堅，生擒潁川太守李旻，亨之。卓所得義兵士卒，皆以布纏裹，倒立於地，熱膏灌殺之。卓諷朝廷使光禄勳宣璠持節拜卓爲太師，位在諸侯王上。乃引還長安，百官迎路拜揖，卓遂僭拟車服【一〇八】，乘金華青蓋，爪畫兩幡【一〇九】，時人號『竿摩車』，言其服飾近天子也。以弟旻爲左將軍，封鄠侯，封兄子璜爲侍中、中軍校尉，皆典兵事。於是宗族内外，並居列位。其子孫雖在髫齔，男皆封侯，女爲邑君。數與百官置酒宴會，淫樂縱恣。乃結壘於長安城東以自居，又築塢於郿，高厚七丈，

【一〇五】車重　原作「車馬」，據《後漢書・董卓傳》改。

【一〇六】故貨賤物貴　「故」原缺，據《後漢書・董卓傳》補。

【一〇七】卓何用相負　「卓」原缺，據《後漢書・董卓傳》補。

【一〇八】卓遂僭拟車服　原作「卓服」，據《後漢書・董卓傳》補。

【一〇九】幡　原作「幡」，據《後漢書・董卓傳》改。

號曰『萬歲塢』。積穀爲三十年儲，自云：『事成，雄據天下；不成，守此足以畢老。』嘗至郿行塢，公卿已下祖道於横門外。卓施帳幔飲設，誘降北地反者數百人，於坐中殺之，先斷其舌，次斬手足，次鑿其眼目，以鑊煑之，未及得死，偃轉杯案閒。會者戰慄，亡失匕箸，而卓飲食自若。諸將有言語蹉跌，便戮於前。又稍誅關中舊族，陷以叛逆。時太史望氣，言當有大臣戮死者【一一〇】，卓乃使人誣衛尉張温與袁術交通，遂笞温於市，殺之，以塞天變。前温出屯美陽，令卓與邊章等戰，無功，温召又不時應命，既到而辭對不遜。時孫堅爲温參軍，勸温陳兵斬之，温曰：『卓有威名，方倚以西行。』堅曰：『明公親帥王師【一一一】，威振天下，何恃於卓而賴之乎？堅聞古之名將，杖鉞臨衆，未有不斷斬以示威武者也，故穰苴斬莊賈，魏絳戮楊干。今若縱之，自虧威重，後悔何及！』温不能從，而卓猶懷忌恨，故及於難。温字伯慎，少有名譽，累登公卿，亦陰與司徒王允共謀誅卓，事未及發而見害。越騎校尉汝南伍孚忿卓凶毒，志手刃之，乃朝服懷佩刀以見卓。孚語畢辭去，卓起送至閤下，以手撫其背，孚因出刀刺之，不中。卓自奮得免，急呼左右執殺孚，而大詬曰：『虜欲反耶？』孚大言曰【一一二】：『恨不得磔裂姦賊於都市，以謝天地！』言未畢而斃。」按：孚忠憤激發，志除國賊，功雖不就，亦庶乎子房之風矣。

## 時司徒王允與司隸校尉黄琬、僕射士孫瑞、尚書楊瓚密謀誅卓。

按：琬，司空瓊孫，早辨慧。後以公孫拜童子郎，辭病不就，知名京師，後爲五官中郎將，時陳蕃爲光禄勳，深相敬待。舊制，光禄舉三署郎，以高功久次、才德尤異者爲茂才四行。時權富子弟多以人事得舉，而貧約守志者以窮退見遺，於是琬、蕃同心，顯用志士，遂爲權富郎所見中傷，而左右復陷以朋黨，免官禁錮幾二十年。光和末，太尉楊賜薦琬有撥亂之才，徵拜議郎，中平初，自太僕出爲豫州牧。時，寇賊陸梁，州境凋殘，琬討擊平之，威聲大振，政績爲天下表。及董卓秉政，以琬名臣【一一三】，徵爲司徒，遷太尉。卓議遷都長安，琬與楊彪同諫，不從。琬又退而駁議，時人懼卓暴怒，琬必及害，固諫之。琬曰：『昔白公作亂於楚，屈盧冒刃而前；崔杼弑君於齊，晏嬰不懼其盟。吾雖不德，誠慕古人之節。』琬竟坐免。卓猶敬其名德

【一一〇】言當有大臣　「有」原無，據《後漢書·董卓傳》補。

【一一一】親帥王師　「王」原作「三」，據《後漢書·董卓傳》改。

【一一二】孚大言曰　「孚」原作「專」，據《後漢書·董卓傳》改。

【一一三】以琬名臣　「琬」原作「宛」，據上文改。

舊族，不敢害。及徙西都，爲司隸校尉。中郎將吕布便弓馬，膂力過人。卓自以遇人無禮，常以布自隨。按：布，五原人，以驍武給并州，刺史丁原爲騎都尉，原屯河内，以布爲主簿，甚見親待。靈帝崩，原受何進召，將兵詣洛陽，爲執金吾。會進敗，董卓誘布殺原而并其兵【一一四】，卓以布爲騎都尉，誓爲父子，甚愛信之。稍遷至中郎將，封都亭侯。然卓性剛褊，嘗小失卓意，卓拔手戟擲布，布拳捷避之，而改容顧謝，卓意亦解。布由是陰怨於卓。卓又使布守中閤，而私於侍婢，益不自安。王允素善待布，布見允，自陳卓幾見殺之狀，允因以誅卓之謀告布，使爲内應。布曰：「如父子何？」曰：「君自姓吕，本非骨肉。今憂死不暇，何謂父子？擲戟之時，豈有父子情邪？」布遂許之。

夏，四月丁巳，帝有疾新愈，大會未央殿。卓朝服乘車而入，陳兵夾道，自營至宫，左步右騎，屯衛周帀，令吕布等扞衛前後。王允使士孫瑞自書詔以授布，布令同郡騎都尉李肅與勇士秦誼、陳衛等十餘人僞著衛士服，守北掖門内以待卓。卓入門，肅以戟刺之，卓衷甲，不入，傷臂，墮車，顧大呼曰：「吕布何在？」布曰：「有詔討賊臣！」卓大罵：「庸狗，敢如是邪！」布應聲持矛刺卓，趣兵斬之。主簿田儀及卓倉頭前赴其尸，布又殺之。布即出懷中詔板以令吏士曰：「詔討卓爾，餘皆不問。」吏士皆正立不動，大稱萬歲。百姓歌舞於道，長安中士女賣其珠玉衣裝市酒肉相慶者，填滿街肆。暴卓尸於市，天時始熱，卓素充肥，脂流於地，守尸吏爲大炷，置卓臍中然之，光明達曙，如是積日。以王允録尚書事，吕布爲奮威將軍、假節、儀同三司，封温侯，共秉朝政。卓之死也，蔡邕在王允坐，

【一一四】董卓誘布　「誘」原作「秀」，據《後漢書》卷一百五改。

聞之驚歎。允叱之曰：「董卓，國之大賊。君爲王臣，所宜同忿，而懷其私遇，反相傷痛！」即收付廷尉。邕曰：「乞黥首刖足，繼成漢史。」馬日磾曰：「伯喈曠世逸才，多識漢事，當續成後史，爲一代大典。」允曰：「昔武帝不殺司馬遷，使作謗書流於後世。方今國祚中衰，戎馬在郊，不可令佞臣執筆在幼主左右，既無益聖德，復使吾黨蒙其訕議。」日磾退而告人曰：「王公其無後乎！善人，國之紀也；制作，國之典也。滅紀廢典，其能久乎？」邕遂死獄中。按：邕聞董卓之誅而失声驚歎，其死乃其自取，然其言曰「不可使吾輩蒙其訕議」，是以私意殺之也。胡氏謂削而黜之足矣，其論爲當。

初，吕布勸王允盡殺董卓部曲，允曰：「此輩無罪，不可。」欲以卓財物班賜公卿、將校，允又不從。允素以劍客遇布，布負其功勞，多自誇伐，既失意望，漸不相平。允性剛稜疾惡，初懼董卓，故折節下之，卓既殲滅，自謂無後患難，頗自驕傲，以是羣下不甚附之。按本傳云：「及在際會，每乏温潤之色，杖正持重，不循權宜之計，是以云云。」允始與士孫瑞議，特下詔赦卓部曲，既而疑曰：「今若名之惡逆而赦之，恐適使深自疑。」乃止。又議悉罷其軍，或説允曰：「涼州人素憚袁氏而畏關東，今若一旦解兵開關，必人人自危。可以皇甫義真爲將軍，就領其衆，因使留陝以安撫之，而徐與關東通謀，以觀其變。」允曰：「不然。關東舉義兵者，皆吾徒也，今若距險屯陝，雖安涼州，而疑關東之心，甚不可也。」按：此事當與皇甫義真輩謀之，必有至當之説，使涼州、關東俱安，允乃自決於己，宜其誤事。時百姓訛言當悉誅涼州人，卓故將校遂轉相恐動，皆擁兵自守，更相謂曰：「蔡伯喈但以董公親厚，尚從坐，今既不赦我曹而欲使解兵，今日解兵，明日當復爲魚肉矣。」呂布使李肅至陝，以詔命誅牛輔，輔等逆與肅戰，肅敗，走弘農，布誅殺之。輔懼怯失守，會營中無故自驚，輔欲走，爲左右所殺。李傕等還，輔已死，傕等無所依，遣使詣長安求赦。王允曰：「一歲不可再赦。」不許。按：允之始不赦也，以謂不欲名之以惡逆而赦之，此意本厚，然卓之部曲，何由知之？若能明降詔書，謂卓已誅矣，其部曲將士莫非王臣，脅於凶威，不能自拔，今當回事卓之心，以事帝室，前日之愆一切不問，而又擇其才俊撫而用之，則卓之部曲，孰不幡然爲國盡力？既不赦其罪，又無以慰其心，安得不畔亂耶？傕等益懼，不知所爲，欲各解散，間行歸鄉里。討虜校尉賈詡曰：「諸君若棄軍單行【一一五】，則一亭長能束君矣。不如相率而西，以攻長安，爲董公報仇。事濟，奉國家以正天下，若其不合，走未後也。」傕等然之。按：詡始教李傕等攻長安，終輔曹操移鼎祚，可謂漢之大賊矣。乃相與結盟，率軍數千，晨夜西行。王允以胡文才、楊整脩皆涼州大人，召使東，解釋之，不假借以温顔，按：此又其大失也。謂曰：「關東鼠子，欲何爲邪？卿往呼之！」於是二人往，實召兵而還。傕隨道收兵，比至長安，已十餘萬，與卓故部曲樊稠、李蒙等合圍長安城，城峻不可攻，守之八日。呂布軍有叟兵内反，六月戊午，引傕衆入城，放兵虜掠。布與戰城中，不勝，將數百騎，以卓頭繫馬鞍出走，駐馬青瑣門外，招王允同去。允曰：「若蒙社稷之靈，上安國家，吾之願也。如其不獲，則奉身以死之。朝廷幼少，恃我而已，臨難苟免，吾不忍也。努力謝關東諸公，勤

【一一五】諸君　「君」原作「軍」，據《資治通鑑》卷六十改。

以國家爲念。」太常种拂曰：「爲國大臣，不能禁暴禦侮，使白刃向宮，去將安之？」遂戰而死。傕、汜屯南宮掖門，殺太僕魯馗、大鴻臚周奂、城門校尉崔烈、越騎校尉王頎。吏民死者萬餘人，狼藉滿道。王允扶帝上宣平門避兵，傕等於城門下伏地叩頭，曰：「董卓於忠陛下，無故爲吕布所殺，臣等爲卓報讎，非敢爲逆也。事畢詣廷尉受罪。」傕等圍門樓，共表請司徒王允出，問：「太師何罪？」允窮蹙，乃下見之。按：允死則死耳，何必自下見賊，使之甘心耶？若种拂之死，則善也。己未，赦天下，以李傕爲揚武將軍，郭汜爲揚烈將軍，樊稠等皆爲中郎將【一一六】。傕等收司隸校尉黄琬，下獄，殺之。士孫瑞以允自專討卓之勞，故歸功不侯，所以獲免於難。按：陳平既平諸吕之難，以元功遜周勃，而自處其下。允視之何如哉？故平以功名終，而允旋踵被禍，豈非後來之戒哉！

初，王允以宋翼爲左馮翊，王宏爲右扶風，傕等欲殺允，恐二郡爲患，乃先徵翼、宏。宏遣使謂翼曰：「郭汜、李傕以我二人在外，故未危王公，今日就徵，明日俱族，計將安出？」翼曰：「雖禍福難量，然王命所不得避也。」宏曰：「關東義兵鼎沸，欲誅董卓，今卓已死，其黨與易制耳【一一七】。若舉兵共討傕等，與山東相應，此轉禍爲福之計也。」翼不從，宏不能獨立，遂俱就徵。甲子，傕收允及翼、宏，并殺之。宏臨命詬曰：「宋翼豎儒，不足議大計！」傕尸王允於市，莫敢收者。按：宋翼以賊命【一一八】。聽之，備知其大義，遵履法度，言不戲謔，端坐徹日，懍無武將之體。

【一一六】中郎將　「將」原缺，據《資治通鑑》卷六十補。

【一一七】易制耳　「制」原脱，據《資治通鑑》卷六十補。

【一一八】此後原有缺頁。

# 乙下之十二

漢獻帝建安十二年初，琅邪諸葛亮字孔明。寓居襄陽隆中，躬耕隴畝，好爲《梁父吟》。按：其吟今存，專譏晏子以二桃殺三士，或謂譏曹操之殺孔融輩，雖未必然，要亦有所爲也。每自比管仲、樂毅，時人莫之許也。惟潁川徐庶、博陵崔州平與亮友善，謂爲信然。劉備在荊州，按：是時，先主來依劉表，表以上賓禮待之，益其兵，使屯新野。訪士於襄陽司馬徽，徽曰：「儒生俗士，豈識時務？識時務者，在乎俊傑。此間自有伏龍、鳳雛。」備問爲誰，曰：「諸葛孔明、龐士元也。」徐庶見備於新野，備器之。庶謂備曰：「諸葛孔明，臥龍也，將軍豈願見之乎？」備曰：「君與俱來。」庶曰：「此人可就見，不可屈致也，將軍宜枉駕顧之。」備由是詣亮，凡三往，乃見，因屏人曰：「漢室傾頹，姦臣竊命，主上蒙塵。孤不度德量力，欲信大義於天下，而智術淺短，遂用猖蹶，至于今日，然志猶未已，君謂計將安出？」按：孟子曰：「故將大有爲之君，必有不可召之臣。其尊德樂道，不如是不足與有爲也。故湯之於伊尹、桓公之於管仲，皆不敢召。」孔明其以伊、管自處歟？若先主者，真可與大有爲矣。亮曰：「自董卓以來，豪傑並起，跨州連郡者，不可勝數。曹操比於袁紹，則名微而衆寡，然操遂能克紹，以弱爲彊者，非惟天時，亦人謀也。今操已擁百萬之衆，挾天子而令諸侯，此誠不可與爭鋒。孫權據有江東，已歷三世，堅、策、權也。國險而民附，賢能爲之用，此可與爲援而不可圖也。荆州北據漢、沔，利盡南海，東連吴會，西通巴蜀，此用武之國，而其主不能守，此殆天所以資將軍也。按：是時，劉表猶在，孔明已逆知其不能守，可謂善覘人之國矣。益州險塞，沃野千里，天府之土。劉璋闇弱，焉子。張魯在北，米賊。民殷國富而不知存恤，智能之士思得明君。將軍既帝室之胄，信義著於四海，摠攬英雄，思賢如渴。若跨有荆、益，保其巖阻，西和諸戎，南撫夷越，外結好孫權，内脩政理。天下有變，則命一上將將荆州之軍，以向宛、洛，將軍身率益州之衆，出於秦川，百姓孰不簞食壺漿，以迎將軍者乎？誠如此，則霸業可成，漢室可興矣。」備曰：「善。」或言孔明不當勸先主取荆、益。愚謂荆、益，漢之荆、益也，漢不能有而二人據之；先主，漢之胄也，取之以興漢，其名義豈不甚正乎？於是與亮情好日密，關羽、張飛不悦，備解之曰：「孤之有孔明，猶魚之有水也。願諸君勿復言。」羽、飛乃止。司馬徽，清雅有知人之鑑，同縣龐德公素有重名，徽兄事之，諸葛亮每獨拜牀下。德公從子統，少時樸鈍，未有識者，惟德公與徽重之。德公常謂孔明爲卧龍，士元爲鳳雛，德操爲水鑑，德操，徽字。故德操與劉備語而稱之。《魏略》曰：「建安初，亮與潁川石廣元、徐元直、汝南孟公威俱游學，三人務於精熟，而亮獨觀其大略，每晨夜從容【一】，常抱膝長嘯，謂三人曰：『卿諸人仕進可至郡守刺史也。』三人問其所志，但笑而不言。」《襄陽記》沔南名士黄承彦謂亮：「聞君擇婦，身有醜女，才堪相配。」亮許，即載送之。時人爲之諺曰：「莫學孔明擇婦，正得阿承醜女。」本傳又云：「劉表長子琦，亦深器亮。表受後妻之言，愛少子琮，不悦於琦。琦每欲與亮謀自安之術，亮輒拒塞。琦乃將亮共上高樓，令人去梯，因謂亮曰：『可以

【一】晨夜　原作「辰夜」，據《三國志·諸葛亮傳》改。

言未？』亮曰：『君不見申生在内而危，重耳在外而安乎？』琦意感悟，陰規出計，遂得出爲江夏太守。」　胡氏曰：「三國人才之盛，後世鮮及，然諸葛孔明，則高邁獨出，眉山蘇子以爲『巍然三代之佐，未易以世論』，斯言當矣。孔明可亞於伊、傅，而以管、樂自許者，謙志也。才與仲父等，而德則過之。或曰：『方諸子房，如何？』曰：『是殆難以優劣論也。然志士尚友，願希孔明，而未必爲子房，非謂葛賢於張，亦非子房不逮孔明也，此可爲智者道耳。君子有言，劉備敏於曹操，世多未喻。以言起兵，則備最在後；以言成事，則操先定都。劉曄善料彼此者，亦稱玄德有度而遲也。愚謂英雄豪傑，周遊中土，莫不以人才爲急務。方曹操下荆州，所得者韓嵩、蒯起、和洽、王粲之徒，而天下第一流乃爲玄德所有，吳、魏諸臣，無能與對，備敏於操，殆謂是耶？」

十三年，秋七月，曹操南擊劉表。會表卒，琮立。操軍至，九月琮舉州降。備在樊聞之，遂將其衆去。過襄陽，諸葛亮説劉備攻琮，荆州可有。備曰：「吾不忍也。」操以江陵有軍實，恐劉備據之，乃釋輜重，輕軍到襄陽，聞備已過，操將精騎五千急追之，及於當陽之長坂。備棄妻子，與諸葛亮、張飛、趙雲等數十騎走，操大獲其人衆輜重。操自江陵將順江東下，諸葛亮謂劉備曰：「事急矣，請奉命求救於孫將軍！」時權擁軍在柴桑，觀望成敗，亮説權曰：「海内大亂，將軍起兵據有江東，劉豫州收衆漢南，與曹操並爭天下。今操芟夷大難，略已平矣，遂破荆州，威震四海。英雄無所用武，故豫州遁逃至此，願將軍量力而處之。若能以吳、越之衆與中國抗衡，不如早與之絶；若不能，何不按兵束甲，北面而事之？今將軍外託服從之名，而内懷猶豫之計，事急而不斷，禍至無日矣！」按：此所以激發權也。權曰：「苟如君言，劉豫州何不遂事之乎？」亮曰：「田横，齊之壯士耳，猶守義不辱，況劉豫州王室之冑，英才蓋世，衆士慕仰，若水之歸海。若事之不濟，此乃天也，安能復爲之下乎！」重激發之。權勃然曰：「吾不能舉全吴之地，十萬之衆，受制於人。吾計決矣！非劉豫州莫可以當曹操者，然豫州新敗之後，安能抗此難乎？」亮曰：「豫州軍雖敗於長阪，今戰士還者及關羽水軍精甲萬人，劉琦合江夏戰士亦不下萬人。曹操之衆，遠來疲敝，聞追豫州，輕騎一日一夜行三百餘里，此所謂『彊弩之末，勢不能穿魯縞』者也。故兵法忌之，曰：『必蹶上將軍。』且北方之人，不習水戰；又荊州之民附操者，偪兵勢耳，非心服也。今將軍誠能命猛將統兵數萬，與豫州協規同力，破操軍必矣。操軍破，必北還，如此則荊、吴之勢彊，鼎足之形成矣。成敗之機，在於今日。」權大悦，即遣周瑜、程普、魯肅等水軍三萬，隨亮詣備，并力拒操。曹公敗于赤壁，引軍歸鄴。備遂收江南，以亮爲軍師中郎將，使督零陵、桂陽、長沙三郡，調其賦税，以充軍實。

十四年，孫權以劉備領荊州牧。周瑜分南岸地以給備，備立營於油口，改名公安。十五年，刘表故吏士多歸備，備以瑜所給地少，不足以容其衆，乃自詣孫權求都督荊州。瑜上疏於權曰：「劉備以梟雄之姿而有關羽、張飛熊虎之將，必非久屈爲人用者。愚謂宜徙備置吴，爲築宫室，多其美女玩好，以娱其耳目。分此二人，各置一方，使如瑜者得挾之攻戰，大事可定也。今猥割土地以資業之，聚此三人俱在疆場，恐蛟龍得雲雨，終非池中物也。」吕範亦勸留之。權以曹操在北，方當廣攬英雄，不從。備還公安，久乃聞之，歎曰：「天下智謀之士，所見略同。時孔明諫孤莫行，其意亦慮此也。」魯肅勸權以荊州借備，與共拒操，從之。　胡氏曰：「周瑜雖有智謀，而爲孫權畫此策，何不知人之甚也！劉玄德天下驍雄，豈美女玩好所能淹留移惑哉？正使孫權用其説，然孔明、飛、羽輩俱在外，肯使主公落人掌握，而無術以得之耶？且瑜所虞者，雲長、益德，而不及孔明；又以見孔明，雖來往吴中而未嘗見奇於公瑾，不爲所虞，其智大矣。瑜欲挾關、張而用之，不料關、張不爲己下。是則四人者，瑜智皆不足以知之也。」

十六年，益州牧劉璋遣法正迎劉備，使擊張魯。璋從事張松説璋迎備，璋然之，遣法正行。餘見法正事中。乃留諸葛亮、關羽等守荆州，備將步卒數萬人入益州。

十八年，諸葛亮留關羽守荆州，與張飛、趙雲領衆泝江分定州縣。備進圍成都，亮等引兵來會，璋開城出降。備遷璋于公安，備領益州牧。於是董和、黄權、李嚴等，本璋之所授用也；吴懿、費觀等，璋之婚親也；彭羕，璋之所擯棄也；劉巴，宿昔之所忌怨也：備皆處之顯任，盡其器能，有志之士，無不競勸，益州之民以是大和。按：劉巴，零陵人。曹操入荆州，先主奔江南，荆楚羣士從之如雲，而巴北詣操，操辟爲掾，招納長沙、零陵、桂陽。會先主略有三郡，巴不得反，遂適交阯，後從交阯入蜀。劉璋迎先主，巴諫曰：「備，雄人也，入必爲害，不可内也。」既入，巴復諫曰：「若使備討張魯，是放虎於山林也。」璋不聽，巴閉門稱疾。先主攻成都，令軍中曰：「害巴者，誅三族。」及得巴，甚喜。巴辭謝罪負，先主不責，而諸葛亮數稱薦之，先主辟爲西曹掾。先主嘗曰：「子初才智絶人。」亮亦曰：「運籌策於帷幄之中，吾不如子初遠矣。」初據成都，軍用不足，先主憂之，巴曰：「易耳。但當鑄直百錢，平諸物價，令吏爲官幣。」先主從之。數月之間，府庫充實。先主爲漢中王，巴爲尚書，後爲尚書令，躬履清儉，非公事不言。彭羕，廣漢人，仕州爲書佐，有毁於劉璋者，璋髡鉗之，先主入蜀，羕欲納説先主，乃往見龐統，共語經日，統大善之。法正宿自敬羕，遂並致之先主。先主亦以爲奇，數令宣傳軍事，指授諸將，奉使稱意。先主領益州牧，拔羕爲治中從事。羕起徒步，一朝處州人之上，形色囂然自矜。諸葛亮外雖接待羕，而内不能善，屢密言羕心廣志大，難可保安。先主既敬信亮，加察羕行事，意以稍踈，左遷江陽太守，後以怨謗誅。觀孔明稱劉巴之語，真所謂「其心休休然，其如有容焉」者也，豈真不如巴者哉！後之君子宜以爲法。

成都平，亮爲軍師將軍，署左將軍府事【二】。備外出，亮常鎮守成都，足兵足食。按：此即高祖任蕭何之意。

亮佐備治蜀，頗尚嚴峻。法正謂亮曰：「昔高祖入關，約法三章，秦民知德。今君假借威力，跨據一州，初有其國，未垂惠撫。願緩刑弛禁，以慰其望。」亮曰：「君知其一，未知其二。秦以無道，政苛民怨，匹夫大呼，天下土崩，高祖因之，可以弘濟。劉璋暗弱，自焉已來，有累世之恩，文法羈縻，互相承奉，德政不舉，威刑不肅。蜀土人士專權自恣，君臣之道漸以陵替。寵之以位，位極則賤；順之以恩，恩竭則慢。所以致敝實由於此。吾今威之以法，法行則知恩；限之以爵，爵加則知榮。榮恩並濟，上下有節，爲治之要，於斯而著矣。」

二十年，魏公操至陽平，張魯舉漢中降丞相。主簿司馬懿言於操曰：「劉備以詐力虜劉璋，蜀人未附，而遠爭江陵，此機不可失也。今克漢中，益州震動，進兵臨之，勢必瓦解。聖人不能違時，亦不可失時也【三】。」劉曄曰【四】：「劉備，人傑也，有度而遲，得蜀日淺。今破漢中，蜀人震恐，其勢自傾，以公之神明，因其傾而壓之，無不克也。若小緩之，諸葛亮明於治國而爲相，關羽、張飛勇冠三軍而爲將，蜀民既定，據險守要，則不可犯矣。」操不從。居七日，蜀降者言：「蜀中一日數十驚。」操問曄曰：「今尚可擊否？」曄曰：「今已小定，未可擊也。」

【二】左將軍　「左」原作「外」，據《三國志·諸葛亮傳》改。

【三】劉備……失時也　此段文字原缺，據《資治通鑑》卷六十七補。

【四】劉曄曰　三字原脱，據《資治通鑑》卷六十七補。

乃還。按，是時，孫權求荆州於備，不許，遣吕蒙襲奪長沙、零陵、桂陽三郡，備引兵下公安，故曹操因此定漢中。非亮守蜀，則蜀亦危矣。

二十三年，劉備屯陽平關，按，是時備與孫權連和而歸，進兵漢中。急書發益州兵，諸葛亮以問從事犍爲楊洪，洪曰：「漢中，益州咽喉，存亡之機會，若無漢中，則無蜀矣，此家門之禍也，發兵何疑？」時法正從備北行，亮於是表洪領蜀郡太守，衆事皆辦，遂使即真，頃之，轉爲益州治中從事。初，犍爲太守李嚴辟洪爲功曹，嚴未去犍爲而洪已爲蜀郡。洪舉門下書佐何祇有才策，洪尚在蜀郡，而祇已爲廣漢太守。是以西土咸服諸葛亮能盡時人之器用也。《益都耆舊傳》：「何祇爲人寬厚通濟，爲汶山太守，民夷信服。遷廣漢，後夷反叛，辭：『令得前何府君，乃能安我爾。』」

二十四年，夏五月，曹操引兵還長安，劉備遂有漢中。秋七月，備自稱漢中王。操與備相持積月，魏軍士多亡，遂悉引出漢中。是年，孫權稱藩於操，使吕蒙襲殺關羽於荆州。

二十五年，將軍孟達屯上庸【五】，與副軍中郎將劉封不協，封侵陵之，達叛降魏。封，本羅侯寇氏之子，漢中王初至荆州，養之爲子。諸葛亮慮封剛猛，易世之後，終難制御，勸漢中王因此除之；遂賜封死。是年正月，魏王操薨，子丕襲位。冬十月，漢帝禪位于魏，奉漢帝爲山陽公。

二十六年，《通鑑》以建安二十五年即爲魏黄初元年，今仍用漢年號。三月，蜀中傳言漢帝已遇害，漢中王發喪制服。羣下勸漢中王稱尊號，先主未許。諸葛亮説曰：「今曹氏篡漢，天下

【五】將軍孟達　「孟」原作「馬」，據《資治通鑑》卷六十九改。

無主，大王劉氏苗族，紹世而起，今即帝位，乃其宜也。」夏四月丙子，漢中王即皇帝位，改元章武，以亮爲丞相。

秋七月，漢主率諸軍東征孫權，權使求和於漢。南郡太守諸葛瑾遺漢主牋曰：「陛下以關羽之親，何如先帝？荆州大小，孰與海内？俱應仇疾，誰當先後？若審此數，易於反掌矣。」漢主不聽。時或言瑾别遣親人與漢主相聞者，權曰：「孤與子瑜，有死生不易之誓，子瑜之不負孤，猶孤之不負子瑜也。」然謗言流聞於外，陸遜表明瑾必無此，宜有以散其意。權報曰：「子瑜與孤從事積年，恩如骨肉。玄德昔遣孔明至吴，孤嘗語子瑜曰：『卿與孔明同産，且弟隨兄，於義爲順，何以不留孔明？孔明若留從卿者，孤當以書解玄德。』子瑜荅言：『弟亮已失身於人，委質定分，義無二心。弟之不留，猶瑾之不往也。』其言足貫神明，今豈當有此乎！」權以鎮西將軍陸遜爲大都督、假節，督將軍朱然等五萬人拒漢。

章武二年，吴陸遜大破漢主軍。漢主還魚復，改魚復曰永安。漢主不豫。

三年二月，丞相亮自成都至永安。是年，魏黄初四年。魏帝問賈詡曰：「吾欲伐不從命，以一天下，吴、蜀何先？」對曰：「吴、蜀雖蕞尔小國，依山阻水；刘備有雄才，諸葛亮善治國；孫權識虚實，陸遜見兵勢；據險守要，汎舟江湖，皆難卒謀也。用兵之道，先勝後戰，量敵論將，故舉無遺策。臣竊料羣臣無備、權對，雖以天威臨之，未見萬全之勢也。」帝不從，兵果無功。

初，漢漢嘉太守黄元爲諸葛亮所不善，聞漢主疾病，懼有後患，故舉郡反。時亮東行省疾，成都單虚，元益無忌憚。益州治中從事楊洪，啓太子遣將軍陳曶、鄭綽討元。衆議以爲元若不能圍成都，當由越巂據南中。洪曰：「元素性凶暴，無他恩信，何能辦此！

不過乘水東下，冀主上平安，面縛歸死；如其有異，犇吳求活。但敕習、綽於南安峽口邀遮，即便得矣。」元軍敗，果順江東下，習、綽生獲，斬之。按：洪即前領蜀郡太守者也。亮雖出，而僚屬有人足任後事，故黄元雖叛，而洪能以計除之。亮之知人能任如此。漢主病篤，命丞相亮輔太子，以尚書令李嚴爲副。漢主謂亮曰：「君才十倍曹丕，必能安國，終定大事。若嗣子可輔，輔之；如其不才，君可自取。」亮涕泣曰：「臣敢不竭股肱之力，效忠貞之節，繼之以死！」漢主又爲詔敕太子曰：「勉之，勉之！勿以惡小而爲之，勿以善小而不爲。惟賢惟德，可以服人。汝父德薄，不足効也。汝與丞相從事，事之如父。」又云：「聞丞相爲寫《申》、《韓》、《管子》、《六韜》一通已畢，未送，道亡，可自更求聞達。」夏四月癸巳，漢主殂於永安，謚曰昭烈。丞相亮奉喪還成都。五月，太子禪即位，時年十七。陳壽評曰：「先主之弘毅寬厚，知人待士，蓋有高祖之風焉。及其舉國託孤於諸葛亮，而心神無貳，誠君臣之至公，古今之盛軌也。」胡氏曰：「或謂昭烈自知劉禪之不才，羣臣無出孔明之右者，不能保孔明之必與禪也，故於臨終正言之，冀亮德己而不忍取。嗚呼！可謂以小人之腹度君子之心矣。玄德襟度夷曠，磊磊落落，與孔明兼君臣師友之契，三代以還，未見其比，夫豈以欺詐相待，如市道之交乎？」

建興元年，封亮武鄉侯，開府治事。頃之，又領益州牧，政事無巨細，咸決於亮。亮發教羣下曰：「夫參署者，集衆思，廣忠益也。若遠小嫌，難相違覆，曠闕損矣。違覆而得中，猶棄敝蹻而獲珠玉。然人心苦不能盡，惟徐元直處兹不惑。又，董幼宰參署七年，事有不至，至于十反，來相啓告。苟能慕元直之十一，幼宰之勤渠，有忠於國，則亮可以少過矣。」又曰：「昔初交州平，屢聞得失；後交元直，勤見啓誨；前參事於幼宰，每言則盡；後從事於偉度，數有諫止。雖資性鄙暗，不能悉納，然與此四子終始好合，亦足以明其不疑於直言也。」幼宰，名和，嘗與亮同署左將軍府。偉度，亮主簿胡濟也。按：徐元直於荆州破，已降曹操，二人皆亮之友，非官僚也。亮嘗自校簿書，主簿楊顒直入，諫曰：「爲治有體，上下不可相侵。請爲明公以作家譬之：今有人，使奴執耕稼，婢典炊爨，雞主司晨，犬主吠盜，牛負重載，馬涉遠路，私業無曠，所求皆足。忽一旦盡欲以身親其役，不復付任，勞其體力，爲此碎務，形疲神困，終無一成。豈其智之不如奴婢雞狗哉？失爲家主之法也。是故古人稱『坐而論道，謂之王公；作而行之，謂之士大夫』。故丙吉不問横道死人而憂牛喘，陳平不肯知錢穀之數，云『自有主者』，彼誠達於位分之體也。今明公爲治，乃躬自校簿書，流汗終日，不亦勞乎？」亮謝之。及顒卒，亮垂泣三日。臨川王氏詩曰：「慟哭楊顒爲一言，遺風今日悵無傳。區區庸蜀支吴、魏，不是虚心豈得賢！」胡氏曰：「求言與納説二道：信而後諫，量而後入，合則進，否則退，納説者宜如是也；虚心屈己，惟善之欲用，兼聽並觀，惟過之欲知，求言者宜如是也。當重任，受大寄，豈可易而爲之？惡正直之人，疾議論之士，其有懇懇思報效者，反以交淺彊聒責人。夫交淺言深，古人所戒，在進言者自處可也，豈在上者所以處人之道乎？若其可爲，孔明何乃望違覆於左右，懼曠闕之及己，而求士反之益乎？嗚呼！若孔明者，真百世之師歟！」

漢尚書鄧芝言於亮曰：「今主上幼弱，初即尊位，宜遣大使重申吴好。」亮曰：「吾思之久矣，未得其人耳，今日始得之。」芝問：「爲誰？」亮曰：「即使君也。」乃遣芝以中郎將脩好於吴。冬十月，芝至吴。時吴王猶未與魏絶，狐疑，不時見芝。芝乃自表請見曰：「臣今來，亦欲爲吴，非但爲蜀也。」吴王見之曰：「孤誠願與蜀和親，然恐蜀主幼弱，國小勢偪，爲魏所乘，不自保全耳。」芝對曰：「吴、蜀二國，四州之地。大王命世之英，諸葛亮亦一時之傑也。蜀有重險之固，吴有三江之阻，合此二長，共爲脣齒，進可并兼天下，退可鼎足而立，此理之自然也。大王今若委質於魏，魏必上望大王之入朝，下求太子之内侍。若不從命，則奉辭伐叛，蜀亦順流見可而進。如此，江南之地非復大王之有也。」吴王默然良久曰：「君言是也。」遂絶魏，專與漢連和。

二年春，初，益州郡耆帥雍闓殺太守正昂，以附於吴，又執太守張裔以與吴，吴以闓爲永昌太守。永昌功曹吕凱、府丞王伉率吏士閉境拒守，闓不能進，使郡人孟獲誘扇諸夷，諸夷皆從之。牂柯太守朱褒、越嶲夷王高定皆叛應闓。亮以新遭大喪，皆撫而不討，務農殖穀，閉關息民，民安食足，而後用之。

魏司徒華歆、尚書令陳羣等，各有書與亮，陳天命人事，欲使舉國稱藩。亮不報書，作《正議》曰：「昔世祖創迹舊基，奮羸卒數千，摧强旅四十萬於昆陽之郊。據道討淫，不在衆寡。按：亮此言古今之名言也。《軍誡》曰：『萬人必死，横行天下。』昔軒轅氏整卒數萬，制四方，定海内，而況以數十萬之衆，據正道而臨有罪，可得而干擬哉！」歆等皆漢大臣，而委質於漢之賊，不知自愧，乃妄陳天命，欲使孔明效己之所爲，是教鳳凰爲梟鴟也。孔明不報其書，而著論如此，至今讀者猶爲悚然也。是歲，吴王使張温聘於漢，自是吴、蜀信使不絶，時事所宜，吴王常令陸遜語，諸葛亮復遣鄧芝聘吴。《吴志·張温傳》：「温使蜀，權謂曰：『卿不宜遠出，恐諸葛孔明不知吾所以與曹氏通意，以故屈卿行。』温對曰：『諸葛亮達見計數【六】，必知神慮屈伸之宜。推亮之心，必無疑貳。』温至蜀，詣闕拜章，稱美蜀政。蜀甚貴其才，還。頃之，權既陰銜温，又嫌其聲名太盛，遂因暨豔事發舉。豔爲選曹郎，至尚書，乃温所引，好爲清議，欲臧否區別，賢愚異貫，彈射百僚，覈選三署，率皆貶高就下。於是怨憤積而浸潤之譖行，競言豔專用私情憎愛，豔坐自殺。温宿與豔同意，權下令斥温還本郡。初，餘姚虞俊歎曰：『張惠恕才多智少，幸而不留，怨之所聚，有覆家之禍，吾見其兆矣。』諸葛亮聞之，意未之信。及温放黜，亮未知其故，思之數日曰：『吾已得之矣。其人於清濁太明，善惡太分。』即亮此言，可見其於清濁之間必不存已甚之察，故賢愚皆樂於爲用云。」

三年春，亮率衆討雍闓等，參軍馬謖送之數十里，亮曰：「雖共謀之歷年，今可更惠良規。」按：此亦集衆思廣忠益之一事也。謖曰：「南中恃其險遠，不服久矣；雖今日破之，明日復反耳。今公方傾國北伐以事彊賊，彼知官勢内虚，其叛亦速。若殄盡遺類以除後患，既非仁者之情，且又不可倉卒也。夫用兵之道，攻心爲上，攻城爲下；心戰爲上，兵戰爲下。願公服其心而已。」亮納其言。秋七月，亮至南中，所在戰捷，亮由越嶲入，斬雍闓及高定。使庲降督益州李恢由益州入，門下督巴西馬忠由牂柯入，擊破諸縣，復與亮合。按：此乃兵家分合法。孟獲收闓餘衆以拒亮。獲素爲夷、漢所服，亮募生致之，既得，使觀於營陳之間，問曰：「此軍何如？」獲曰：「向者不知虛實，故敗。今蒙賜觀營陳，若祗如此，即定易勝耳。」亮笑，縱使更戰。七縱七禽而亮猶遺獲，獲止不去，曰：「公，天威也，南人

【六】計數　「數」原作「敵」，據《三國志·張温傳》改。

不復反矣。」亮遂至滇池。益州、永昌、牂柯、越巂四郡皆平，亮即其渠率而用之。或以諫亮，亮曰：「若留外人，則當留兵，兵留則無所食，一不易也。加夷新傷破，父兄死喪，留外人而無兵者，必成禍患，二不易也。又，夷累有廢殺之罪，自嫌釁重，若留外人，終不相信，三不易也。今吾欲使不留兵，不運糧，而綱紀粗定，夷、漢粗安故耳。」亮於是悉收其俊傑孟獲等以爲官屬，出其金銀、丹漆、耕牛、戰馬，以給軍國之用。乃治戎講武，以俟大舉。自是終亮之世，夷不復反。按：此用馬謖攻心之説，其效如此。又《張嶷傳》云：「初，越巂郡自丞相亮討高定之後，叟夷數反，殺太守龔禄、焦璜，是後太守不敢之郡，只住安定縣，去郡八百餘里。嶷爲越巂太守【七】，將所領往之郡，誘以恩信，蠻夷皆服，頗來降附。」然則亮歿之後，夷遂復反，特終亮之世而已。是年，魏黄初七年，夏五月魏文帝殂，太子叡即位，是爲明帝，改元太和。

五年春三月，亮率諸軍北駐漢中，後主詔曰：「諸葛丞相弘毅忠壯，忘身憂國，先帝託以天下，以勗朕躬。今授之以旌鉞之重，付之以專命之權，恭行天罰，克復舊都，在此行也。」亮使長史張裔、參軍蔣琬統留府事。臨發，上疏曰：「先帝創業未半，而中道崩殂，今天下三分，益州疲弊，此誠危急存亡之秋也。然侍衛之臣不懈於內，忠志之士忘身於外者，蓋追先帝之殊遇，欲報之於陛下也。誠宜開張聖聽，以光先帝遺德，恢弘志士之氣；不宜妄自菲薄，引喻失義，以塞忠諫之路也。宮中、府中，俱爲一體，陟罰臧否，不宜異同。若有作姦犯科及爲忠善者，宜付有司論其刑賞，以昭陛下平明之理，不宜偏私，使內外異

【七】嶷爲越巂太守　「爲」原作「郡」，據《三國志·張嶷傳》改。

法也。按：宫、府一體，惟成周爲然。自漢有中朝、外朝之分，於是近習之權重於宰相矣。侍中、侍郎郭攸之、費禕、董允等，此皆良實，志慮忠純，是以先帝簡拔以遺陛下。愚以爲宫中之事，事無大小，悉以咨之，然後施行，必能裨補闕漏，有所廣益。將軍向寵，性行淑均，曉暢軍事，試用於昔日，先帝稱之曰能，是以衆議舉寵爲督。愚以爲營中之事，悉以咨之，必能使行陳和睦，優劣得所。親賢臣，遠小人，此先漢所以興隆也；親小人，遠賢臣，此後漢所以傾頽也。先帝在時，每與臣論此事，未嘗不歎息痛恨於桓、靈也。侍中、尚書、長史、參軍，此悉端良死節之臣【八】，願陛下親之信之，按：《蜀志》不言侍中等爲誰，《文選》注云：侍中尚書謂陳震，長史參軍謂蔣琬，然是時震爲尚書，不爲侍中，琬爲參軍，不爲長史。又君前不稱臣名，亦所未諭。則漢室之隆，可計日而待也。臣本布衣，躬耕南陽，苟全性命於亂世，不求聞達於諸侯。先帝不以臣卑鄙，猥自枉屈，三顧臣於草廬之中，諮臣以當世之事，由是感激，遂許先帝以驅馳。後值傾覆，受任於敗軍之際，奉命於危難之間，爾來二十有一年矣。裴松之曰："劉備以建安十三年敗，遣亮使吴，至建興五年，整二十年。備、亮相遇，在前一年也。先帝知臣謹慎，故臨崩寄臣以大事也。受命以來，夙夜憂歎，恐託付不效，以傷先帝之明，故五月渡瀘，深入不毛。今南方已定，兵甲已足，當獎率三軍，北定中原，庶竭駑鈍，攘除姦凶，興復漢室，還于舊都，此臣所以報先帝，而忠陛下之職分也。至於斟酌損益，進盡忠言，則攸之、禕、允之任也。按：當時有此數人，故孔明得以專討賊之任，所謂張仲孝友也。願陛下託臣以討賊興復之效，不效則治臣之罪，以告先帝之靈。

【八】端良　此據《資治通鑑》卷七十。《三國志·諸葛亮傳》作「貞良」。

責攸之、禕、允等之慢，以彰其咎。陛下亦宜自謀，以諮諏善道，察納雅言，深追先帝遺詔，臣不勝受恩感激！今當遠離，臨表涕零，不知所言。」遂行屯于沔陽。蘇氏曰：「諸葛孔明不以文章自名，而《出師》一表，與《伊訓》、《説命》相爲表裏。」胡氏曰：「孔明，一代之英，遠謀宏議，無不售者，至其自明之語，曰『謹慎』而已，何其細也！孔明於是乎有翼翼之小心矣。彼刘禪凡庸，何足以當元臣如此其敬？而孔明事之，靡不盡道，握國魁柄，總御六師，而無專意恣行，毫末可指者，非盛德孰能臻此？使曹操聞孔明奉幼主之規，得不羞愧入地乎！」愚按：孔明所陳，於君子、小人之際，猶致意焉。其後孔明既殁，而公琰、文禕諸賢相繼任政，蜀賴以安，此親君子之效也。三賢既没，而黄皓以孌倖用事，蜀遂以亡，此親小人之效也。孔明知後主有桓、靈之資，故豫陳之以爲殷監，其言至深切也，禪乃忽而不省，哀哉！

六年正月，亮在漢中，將出兵攻魏，與羣下謀之，丞相司馬魏延曰：「聞夏侯楙，主壻也，怯而無謀。今假延精兵五千，負糧五千，直從褒中出，循秦嶺而東，當子午而北，不過十日，可到長安。楙聞延奄至，必棄城逃走，長安中惟御史、京兆太守耳。橫門邸閣與散民之穀，足周食也。比東方相合聚，尚二十許日，而公從斜谷來，亦足以達。如此，則一舉而咸陽以西可定矣。」亮以爲此危計，不如安從坦道，可以平取隴右，十全必克而無虞，故不用延計。胡氏曰：「兵行詭道，求勝而已。延之計可謂甚明，而孔明不從。或謂孔明長於治國而短於將略，或謂孔明疑延，不敢委之，是皆不然。曹操既死，天下無孔明對，使天而昌漢，則孔明由斜谷出，自足禽叡而馘懿矣。魏延行險以僥倖者也，孔明節制之師，其止如山，其進退如風，何以僥倖爲？以此一事觀之，使孔明從漢高入關，則與秦將連和，啗以利，因其懈怠而擊之之事，必不爲矣。此可爲明道正義者言之，非急於近功小利之人所能解也。」亮揚聲由斜谷道取郿【九】，使鎮東將軍趙雲、揚武將軍鄧芝爲疑軍，據箕谷。亮身率大軍攻祁山，戎陳整齊，號令明肅。始，魏以漢昭烈既死，數歲寂然無聞，是以略無備豫，而卒聞亮出，朝野恐懼。於是天水、南安、安定皆叛應亮【一〇】，關中響震，朝臣未知計所出，魏主曰：「亮阻山爲固，今者自出，正合兵書致人之術，破亮必矣。」乃西鎮長安，勒兵馬步騎五萬，遣右將軍張郃督之，西拒亮。　初，越巂太守馬謖才器過人，好論軍計，亮深加器異。漢昭烈臨終謂亮曰：「馬謖言過其實，不可大用，君其察之！」亮猶謂不然，以謖爲參軍，每引見談論，自晝達夜。及出軍祁山，以謖督諸軍在前，與郃戰于街亭。謖違亮制度，舉措煩擾，舍水上山，不下據城。張郃絕其汲道，擊，大破之，士卒離散。亮進無所據，乃拔西縣千餘家還漢中。蜀人以此賀亮，亮愀然曰：「普天之下，莫非漢人。國家威力未舉，使百姓墜於塗炭，一夫有死，皆亮之罪，以此相賀，能不愧乎！」收馬謖下獄，殺之。亮自臨祭，爲之流涕，撫其遺孤，恩若平生。蔣琬謂亮曰：「昔楚殺得臣，文公喜可知也。天下未定而戮智計之士，豈不惜乎？」亮流涕曰：「孫武所以能制勝於天下者，用法明也，是以揚干亂法，魏絳戮其僕。四海分裂，兵交方始，若復廢法，何用討賊邪？」胡氏曰：「先主、孔明器識相上下，一時遇合，真君臣也。先主因水鑑以知卧龍，可謂超世之見矣，而失於龐統、蔣琬。孔明器使羣材，各盡其用，而失於馬謖。故知人之難，堯、舜猶病也。惟不護己短，不庇私交，大明賞罰，馬謖雖死而無怨，則人之所難也。」南軒張氏曰：「亮以馬謖爲大將，猶今以參謀爲都統也，可乎哉？」愚按：南軒此言，蓋懲魏公用呂祉之故。

【九】亮揚聲　「亮」原脱，據《資治通鑑》卷七十一補。

【一〇】皆叛　「叛」原脱，據《資治通鑑》卷七十一補。

上疏曰：「臣以弱才，叨竊非據，親秉旄鉞，以厲三軍，不能訓章明法，臨事而懼，至有街亭違命之闕，箕谷不戒之失，咎皆在臣授任無方。臣明不知人，恤事多闇，《春秋》責帥，臣職是當。請自貶三等，以督厥咎。」漢主以亮爲右將軍，行丞相事。或勸亮更發兵者，亮曰：「大軍在祁山、箕谷，皆多於賊，而不能破賊，乃爲賊所破，此病不在兵少也，在一人耳。今欲減兵省將，明罰思過，校變通之道於將來，若不能然者，雖兵多何益？自今以後，諸有忠慮於國者，但勤攻吾之闕，則事可定，賊可死，功可蹻足而待矣。」於是考微勞，甄壯烈，引咎責躬，布所失於境内，厲兵講武，以爲後圖，戎事簡練，民忘其敗矣。胡氏曰：「街亭之敗，罪由馬謖；箕谷之敗，咎自鄧芝。而諸葛公以爲病在一人，引咎責己，布于羣聽，能使民忘其敗，大矣哉！其爲道也，後之君子有志於功業者，可以得師矣。」案傳曰：「善敗者不亡」，袁紹因敗致亡，所謂不善敗者也。吴諸葛恪，實孔明兄子，嘗聞叔父之風矣，徒以戰勝輕敵，違衆出兵，以重至於敗，旋師而歸，不知自克，詰責同列，改易宿衛，强愎肆行，以殞其身。夫勝負兵家之常，不幸處此者，當以武侯爲法，而以元遜爲戒。

是歲十一月，亮聞曹休敗，按：曹休，魏揚州牧也，時爲吴陸遜所敗。魏兵東下，關中虛弱，欲出兵擊魏，羣臣多以爲疑。亮上言於漢主曰：「先帝深慮以漢、賊不兩立，王業不偏安，故託臣以討賊。以先帝之明，量臣之才，固當知臣伐賊，才弱敵彊也。然不伐賊，王業亦亡，惟坐而待亡，孰與伐之？是故託臣而弗疑也。臣受命之日，寢不安席，食不甘味，思惟北征，宜先入南，故五月渡瀘，深入不毛。臣非不自惜也，顧王業不可偏全於蜀都，故冒危難以奉先帝之遺意也，而議者謂爲非計。今賊適疲於西，又務於東，兵法乘勞，此進趨之時也。謹陳其事如左：高帝明並日月，謀臣淵深，然涉險被創，危然後安。今陛下未及高帝，謀臣不如良、平，而欲以長計取勝，坐定天下，此臣之未解一也。劉繇、王朗各據州郡，論安言計，動引聖人，羣疑滿腹，衆難塞胸，今歲不戰，明年不征，使孫策坐大，遂并江東，此臣之未解二也。曹操智計殊絶於人，其用兵也，髣髴孫、吴，然困於南陽，險於烏巢，危於祁連，偪於黎陽，幾敗伯山，殆死潼關，然後僞定一時耳。況臣才弱，而欲以不危定之，此臣之未解三也。曹操五攻昌霸不下，四越巢湖不成，任用李服而李服圖之，委夏侯而夏侯敗亡。先帝每稱操爲能，猶有此失，況臣駑下，何能必勝？此臣之未解四也。自臣到漢中，中間朞年耳，然喪趙雲、陽羣、馬玉、閻芝、丁立、白壽、劉郃、鄧銅等及曲長、屯將七十餘人，突將、無前、賨叟、青羌、散騎、武騎一千餘人，皆數十年之内，所糾合四方之精鋭，非一州之所有。若復數年，則損三分之二，當何以圖敵？此臣之未解五也。今民窮兵疲，而事不可息，事不可息，則住與行，勞費正等，而不及虚圖之，欲以一州之地與賊持久，此臣之未解六也。夫難平者事也，昔先帝敗軍於楚，當此時，曹操拊手，謂天下已定。然後先帝東連吴、越，西取巴、蜀，舉兵北征，夏侯授首，此操之失計而漢事將成也。然後吴更違盟，關羽毁敗，秭歸蹉跌，曹丕稱帝。凡事如是，難可逆見。臣鞠躬盡力，死而後已，至於成敗利鈍，非臣之明所能逆覩也。」胡氏曰：「勤者，聖人之盛德，而君子之賢行也。其爲人多暇日，則出入不遠矣。舜、禹、文王達而在上，孔、孟窮而在下，未嘗不勤，猶天行日運，誠不厭，健不息，而況於下乎？周公、孔、孟者，當何如哉【一一】？曹孟德略平中土，鄴下已有臺觀之樂，孫仲謀中身亦漸荒怠，惟先主、武侯勤勞躬親，以至没世，此其遠繼前哲，不獨三國稱雄也。凡人鮮能無所好者，有志於道德，則功名不足以累其心；有志於功名，則富貴不足以累其心；苟志於富貴，則無所不至。孔明蹈道秉德，不得已而應聘，初無富貴之念【一二】，功名從而日新，宜其所立卓爾，後世莫能及也。」

十二月，亮引兵出散關，圍陳倉，陳倉已有備，亮不能克。糧盡引去，魏將王雙追之，亮擊斬雙。

七年春，亮遣其將陳戒攻武都、陰平二郡，雍州刺史郭淮引兵救之。亮自出至建威，淮退還，亮遂拔二郡以歸。漢主策曰：「街亭之役，咎由馬謖，而君引愆，深自貶抑。重違君意，聽順所守。前年曜師，馘斬王雙，今歲爰征，郭淮遁走。降集氐、羌，威震凶暴，功烈著明。今天下騷擾，元惡未梟，君受大任幹國之重，而久自挹損，非所以光揚鴻烈也。今復君丞相，君其勿辭。」吴主使以並尊二帝之議往告于漢。漢人以爲交之無益而名體弗順，宜顯明正義，絶其盟好。亮曰：「權有僭逆之心久矣，國家所以略其釁情者，求掎角之援也。今若加顯絶，讎我必深，當更移兵東戍【一三】，與之角力，須并其土，乃議中原。彼賢才尚多，將相輯穆，未可一朝定也。頓兵相持，坐而須老，使北賊得計，非算之上者。昔孝文卑辭匈奴，先帝優與吴盟，皆應權通變，弘思遠益，非若匹夫之忿者也【一四】。今議者咸以權利在鼎足，不能并力，且志望已滿，無上岸之情，推此，皆似是而非也。何

【一一】當何如哉　「當何如」原脱，據《讀史管見》卷六補。

【一二】初無富貴之念　「初」原作「治」，據《讀史管見》卷六改。

【一三】當更　原作「更當」，據《資治通鑑》卷七十一改。

【一四】匹夫之忿　「忿」原作「分」，據《資治通鑑》卷七十一改。

者？其智力不侔，故限江自保。權之不能越江，猶魏賊之不能渡漢，非力有餘而利不取也。若大軍致討，彼高當分裂其地以爲後規，下當略民廣境，示武於内，非端坐者也。若就其不動而睦於我，我之北伐，無東顧之憂，河南之衆不得盡西，此之爲利，亦已深矣。權僭逆之罪，未宜明也。」乃遣衛尉陳震使吴，賀稱尊號。吴與漢約，中分天下。

十二月，亮徙府營於南山下原上，築漢城於沔陽，築樂城於成固。

八年秋七月，魏大司馬曹真請由斜谷伐漢，諸將數道並進，可以大克。魏主從之，命大將軍司馬懿泝漢水由西城入，與真會漢中，諸將或由子午谷、或由武威入。八月，亮聞魏兵至，次於成固赤坂以待之，會天大雨三十餘日，棧道斷絶。九月，魏詔曹真等班師，亮使司馬魏延西入羌中，大破魏將費瑶、郭淮於陽谿。

九年，亮命李嚴以中都護署府事。嚴更名平。亮率諸軍，圍祁山，以木牛運。魏主命司馬懿西屯長安，督將軍張郃、費曜、戴陵、郭淮等以禦之。亮分兵留攻祁山，自逆懿于上邽。郭淮、費曜等徼亮，亮破之，因大芟刈其麥，與懿遇于上邽之東。懿斂軍依險，兵不得交，亮引還。懿等尋亮後至于鹵城。張郃曰：「亮孤軍食少，亦行去矣。」懿不從，故尋亮。既至，又登山掘營，不肯戰。賈詡、魏平數請戰，因曰：「公畏蜀如虎，奈天下笑何？」懿病之。諸將咸請戰。夏五月辛巳，懿乃使張郃攻無當監何平於南圍，自案中道向亮。時蜀兵更下者十二，魏軍始陳，幡兵適交【一五】，參佐俱言賊衆盛，宜權停衆更卒，

【一五】幡兵　「幡」原作「番」，據《三國志·諸葛亮傳》注改。

張助聲勢。亮曰：「吾統武行師，大信爲本，得原失信，古人所惜。去者束裝以待期【一六】，妻子鶴望而計日，雖臨征難，義所不廢。」督遣令行。於是去者感悦，願留一戰，止者憤踴，思致死命。亮使魏延、高翔、吴班逆戰，魏兵大敗。六月，亮以糧盡退軍，司馬懿遣張郃追之。郃與亮戰，蜀人乘高布伏，弓弩亂發，飛矢中郃而卒。亮之攻祁山也，李平留後，主督運事。會天霖雨，平恐運糧不繼，遣參軍狐忠等喻指，呼亮來還。亮承以退軍，平聞軍退，乃更陽驚，説：「軍糧饒足，何以便歸？」欲以解己不辦之責，顯亮不進之愆，又表漢主，説「軍僞退，欲以誘賊與戰」。亮具出其前後手筆書疏，本末違錯。平辭窮情竭，首謝罪負。於是亮表平前後過惡，免官，削爵土，徙梓潼郡。復以平子豐爲中郎將、參軍事，出教敕之曰：「吾與君父子戮力以獎漢室，此神明所聞，非但人之知也。表都護典漢中，委君於東關，謂至心感動，終始可保，何圖中乖乎？昔楚卿屢詘，亦乃克復，思道則福，應自然之數也。願寬慰都護，勤追前闕。若都護思負一意，君與公琰推心從事，否可復通，逝可復還也。詳思斯戒，明吾用心，臨書長嘆，涕泣而已。」亮勸農講武，作木牛、流馬，運米集斜谷，治斜谷邸閣，息民休事【一七】，三年而後用之。

十二年春，二月，亮悉大衆十萬，由斜谷出，以流馬運，遣使約吴同時大舉。四月，亮至郿，軍於渭水之南，司馬懿引軍渡渭【一八】，背水爲壘以拒之，謂諸將曰：「亮若出武功，依山而東，誠爲可憂。若西上五丈原，諸將無事矣。」亮果屯五丈原。亮以前者數出，皆

【一六】去者束裝　「去」原作「更」，據《三國志·諸葛亮傳》注改。

【一七】休事　《資治通鑑》卷七十二作「休士」。

【一八】渡渭　「渡」原作「度」，據《資治通鑑》卷七十二改。

以運糧不繼，使己志不伸，乃分兵屯田爲久駐之基，耕者雜於渭濱居民之間，而百姓安堵，軍無私焉。胡氏曰：「司馬懿之言譎也，實畏孔明屯五丈原，又憚於逆擊，故爲此語以安其下耳。孔明此舉，蓋不復爲退計矣，親統大衆，入他人境久駐，而魏師不敢攻，雜耕而居，民無所苦。三代之兵若時雨，孔明庶幾矣。或譏其短於將略，不亦過乎！」司馬懿與亮相守百餘日，亮數挑戰，懿不出。亮乃遺懿巾幗婦人之服，懿怒，上表請戰。帝使衛尉辛毗杖節爲軍師以制之。護軍姜維謂亮曰：「辛佐治杖節而到，賊不復出矣。」亮曰：「彼本無戰情，所以固請戰者，以示武於其衆耳。將在軍，君命有所不受，苟能制吾，豈千里而請戰邪？」亮遣使者至懿軍，懿問其寢食及事之煩簡，不問戎事。使者對曰：「諸葛公夙興夜寐，罰二十已上，皆親覽焉。所噉食不至數升。」懿告人曰：「諸葛孔明食少事煩，其能久乎？」亮病篤，漢主使尚書僕射李福省侍，因諮以國家大計。福至，與亮語已，别去。數日復還，亮曰：「孤知君還意，近日言語雖彌日，有所不盡，更來求決耳。公所問者，公琰其宜也。」福謝：「前實失不諮請，如公百年後，誰可任大事者，故輒還耳。乞復請蔣琬之後，誰可任者？」亮曰：「文偉可以繼之。」又問其次，亮不答。亮密授長史楊儀、司馬費禕、護軍姜維等以身殁之後退軍節度。八月，亮卒。《晉陽秋》曰：「有星赤而芒角，自東北西南流，投于亮營，三投再還，往大還小，俄而亮卒。」儀等按亮成規，整軍而出，百姓奔告司馬懿，懿追之，姜維令儀反旗鳴鼓，若將向懿者，懿歛軍退，不敢偪。於是儀結陳而去，入谷然後發喪。百姓爲之諺曰：「死諸葛走生仲達。」懿聞之，笑曰：「吾能料生，不能料死故也。」懿案行亮之營壘處所，歎曰：「天下奇才也！」胡氏曰：「世之論者，往往以司馬、諸葛不及一戰以決勝負爲恨，此殆以形求而不察理也。五丈原之師，正與赤壁之役等。然曹公大敗於赤壁，謀拒之者衆，其勢亦搶攘傾側。會天方佐佑孫、刘，故孟德以八十万人，爲十艘油葦所發，幾不得免。一時之勝，誠快意於無窮也。若夫五丈原之師，深入客地，耕田積穀，聲勢震薄，而意思安閑；司馬仲達奸雄善兵，慴不敢動，請戰示武，情見势窮，甘受巾幗之辱，殊無他計，但快孔明食少，幸其早斃，固不俟兵刃之交，而懿已披靡大敗矣。惟漢不復興，孔明亟死，故以形迹觀者，謂魏勝而蜀負。雖杜甫善評，亦有『嘔血酸辛』之嘆。向使孔明未死，豈但禽懿，長安以東，破竹而下矣！至此然後可以歸之於天。孔明云云，則知漢室之決不興也。夫成敗之利害，係於一時，而理之得失，事之是非，雖千載而不泯。當此時，蜀喪元帥，慘戚而歸，魏師歡欣，奏凱振旅，一榮一悴，存亡關焉。時運不留，世代遷革，向之成敗利鈍，皆爲陳迹，而青史所載，赫赫若前日事。孔明忠義之行，節制之兵，皆可反覆觀考，使人懦氣激昂，因以興起。而曹操、司馬懿欺人孤兒寡婦，狐媚以取天下，羯奴猶羞而不取，然則雖誇奪雄伯於俄頃間，何足道哉！以是知古今一心，理無間斷，志士以遠大自期，則本心正理常不屈於天下矣。」

初，漢前軍師魏延，勇猛過人，善養士卒，每隨亮出，輒欲請兵萬人，與亮異道會於潼關，如韓信故事，亮制而不許。延常謂亮爲怯，歎恨己才用之不盡。楊儀爲人幹敏，亮每出軍，儀常規畫分部，籌度糧穀，不稽思慮，斯須便了，軍戎節度，取辦於儀。延性矜高，當時皆避下之，唯儀不假借延，延以爲至忿，有如水火。亮深惜二人之才，不忍有所偏廢也。費禕使吴，吴主問禕曰：「楊儀、魏延，牧豎小人，雖常有鳴吠之益，若一朝無諸葛亮，必爲禍亂矣。諸君憒憒，不知防慮於此，豈所謂貽厥孫謀乎？」禕對曰：「儀、延之不協，起於私忿耳，而無彭、韓難御之心也【十九】。今方掃除彊賊，混一函夏，功以才成，業由才廣，若捨此不任，防其後患，是猶備有風波而逆廢舟檝，非長計也。」亮病困，與儀等作退軍節度，令延斷後，姜維次之。若延或不從命，軍使自發。亮卒，儀祕不發喪，令禕往揣延意指。延曰：「丞相雖亡，吾自見在。府親官屬，便可將喪還葬，吾自當率諸軍擊賊，云何以一人死廢天下之事邪？且魏延何人，當爲楊儀所部勒，作斷後將乎？」自與禕共作行留部分【二〇】，延遣人覘儀等，欲諸營相次引軍還，大怒，率所領徑先南歸，所過燒絶閣道。延、儀各相表叛逆，一日之中，羽檄交至。漢主以問侍中董允、留府長史蔣琬，琬、允咸保儀而疑延。儀等令槎山通道，晝夜兼行，亦繼延後。延先至，遣兵逆擊儀等，儀等令將軍何平於前禦延。平叱先登曰：「公亡，身尚未寒，汝輩何敢乃爾！」延士衆知曲在延，莫爲用命，皆散。延獨與其子逃，犇漢中，儀遣將追斬之。始，延欲殺儀等，冀時論以己代諸葛輔政，故不北降魏而南還擊儀，實無反意也。儀後亦以恨望而誹謗坐誅。諸軍還成都，謚亮曰忠武侯。亮遺命葬漢中定軍山，因山爲墳，冢足容棺，斂以時服，不須器物。初，亮表於漢主曰：「成都有桑八百株，薄田十五頃，子弟衣食自有餘饒。臣在外任，無別調度，隨身衣食悉仰於官，不別治生，以長尺寸。若臣死之日，不使內有餘帛，外有贏財，以負陛下。」及卒，如其所言。

胡氏曰：「孔明身都將相，手握强兵，專制一隅，勢通四海，亦何所求而不得？而三十年間，止有桑八百株，田十五頃，逮其死也，內無餘帛，外無贏財，其靈臺湛然，不累於物如此，賢哉遠矣！夫勢力可以專利而不專利，則利之所覃者廣

【十九】彭韓　《資治通鑑》卷七十二作「黥韓」。案：「彭」指彭越，「黥」指黥布。

【二〇】共作行留部分　「作」原脱，據《三國志·魏延傳》補。

而受惠者多，復以法制行之，則可使匹夫匹婦均被堯、舜之澤。亮既死，蜀人久而歌之，猶《甘棠》之思召公，此其効也。有志功業者，盍以武侯爲矜式乎？」初，長水校尉廖立，自謂才名宜爲亮之副，常以職位游散，怏怏怨謗無已。亮廢立爲民，徙之汶山。及亮卒，立垂泣曰：「吾終爲左衽矣！」李平聞之，亦發病死。平常冀亮復收己，得自補復，策後人不能故也。晉習鑿齒論曰【二一】：「昔管仲奪伯氏駢邑三百，没齒而無怨言，聖人以爲難。諸葛亮之使廖立垂泣，李平致死，豈徒無怨言而已哉！夫水至平而邪者取法，鑑至明而醜者亡怒。水、鑑之所以能窮物而無怨者，以其無私也。水、鑑無私，猶以免謗，況大人君子樂懷生之心，流矜恕之德，法行於不可不用，刑加乎自犯之罪，爵之而非私，誅之而不怒，天下有不服者乎？亮可謂能用刑矣，秦漢以來【二二】，未之有也。」按：先主領荆州牧，以武陵廖立爲從事。先主入蜀，諸葛亮鎮荆土，孫權遣使通好於亮，因問士人誰相經緯者，亮答曰：「龐統、廖立，楚之良才，當贊興世業者也。」先主爲漢中王，以爲侍中；後主襲位，徙長水校尉。李嚴，少以材幹稱，劉璋以爲成都令，有能名。建安中，署爲護軍，拒先主於綿竹。嚴率衆降，成都定，爲犍爲太守。賊馬秦等數萬人到資中，時先主在漢中，嚴率將郡士五千人討之，斬秦等首，枝黨星散，悉復民籍。又越嶲夷率高定遣軍圍新道縣，嚴馳往赴，賊皆破走。章武二年，先主召嚴詣永安宫，拜尚書令。三年，先主疾病，嚴與諸葛亮並受遺詔，輔少主。亮嘗曰：「部分如流，趣舍罔滯，正方性也。」其見貴重如此。愚謂亮於二人素所推許，使其未死，必不終棄。此二人所以痛恨至於殞命也。」亮性長於巧思，損益連弩，木牛流馬，皆出其意。推演兵法，作《八陣圖》，咸得其要。言教書奏多可觀云。《魏氏春秋》曰：「亮作八務、七戒、六恐、五懼，皆有條章，以訓厲臣子。又損益連弩謂之元戎，以鐵爲矢，矢長八寸，一弩十矢俱發。」《八陣圖》説別見。景耀六年春，詔爲亮立廟於沔陽。亮初亡，所在各求爲立廟，朝議以禮秩不聽，百姓遂因時節私祭於道陌上。言事者或以謂可聽立

【二一】習鑿齒　「習」原脱，據《資治通鑑》卷七十二補。

【二二】秦漢以來　「漢」原作「薄」，據上下文意改。

廟於成都，後主不從。步兵校尉習隆等共上表曰【一二三】：「臣聞周人懷召伯之德，甘棠爲之不伐；越王思范蠡之功，鑄金以存其像。自漢興以來，小善小德，而圖形立廟者多矣，況亮德範遐邇【一二四】，勳蓋季世，王室之不壞，寔斯人是賴，而蒸嘗止於私門，廟象闕而莫立，使百姓巷祭，戎夷野祀，非所以存德念功、述追在昔者也。今若盡順民心，則黷而無典，建之京師，又偪宗廟，此聖懷所以惟疑也。今臣愚以爲宜因近其墓，立之於沔陽，使所親屬以時賜祭，凡其故吏欲奉其祠者，皆限至廟，斷其私祀，以崇正禮。」從之。後鍾會伐蜀至漢川，祭亮之廟，令軍士不得於亮墓所左右芻牧樵採。

《諸葛氏集》開府作牧至軍令，二十四篇。臣壽等言：「亮少有逸羣之才，英霸之器，身長八尺，容貌甚偉。遭漢末擾亂，隨叔父玄避難荊州，躬耕于野，不求聞達。時左將軍劉備以亮有殊量，三顧於草廬之中。亮深謂備雄姿傑出，遂解帶寫誠，厚相結納。及魏武南征荊州【一二五】，劉琮舉州委質，而備失勢衆寡，無立錐之地。亮時年二十七，乃建奇策，身使孫權，求援吳會。權既宿服仰備，又覩亮奇雅，甚敬重之，即遣兵助備，大破其軍，乘勝克捷，江南悉平。後備西取益州，繼稱尊號，拜亮爲相。及備殂没，嗣子幼弱，事無鉅細，亮皆專之。於是外連東吳，內平南粵，立法施度，整理戎旅【一二六】，工械技巧，物究其極，科教嚴明，賞罰必信，至於吏不容姦，人懷自厲，道不拾遺，強不侵弱，風化肅然也。當是之時，亮之素志，進欲龍驤虎視，包括四海，退欲跨陵邊疆，震蕩宇內。然亮之才於治戎爲長，奇謀爲短，理民之幹，優於將略。而所與對敵，或值人傑，加衆寡不侔，攻守異體，故雖連年動衆，未能有克。按：壽此評皆非知亮者，胡氏諸說備之。後出武功，分兵屯田，爲久駐之

【一二三】步兵校尉　「兵」原作「斥」，據《三國志·諸葛亮傳》注引《襄陽記》改。

【一二四】遐邇　「遐爾」原作「邇遐」，據《三國志·諸葛亮傳》注引《襄陽記》乙正。

【一二五】南征荊州　「荊州」原脱，據《三國志·諸葛亮傳》補。

【一二六】整理戎旅　「戎」原作「戒」，據《三國志·諸葛亮傳》改。

基，乃以病卒。黎庶追思，以爲口實，至今梁、益之民，咨述亮者，言猶在耳，雖《甘棠》之詠召公，鄭人之歌子産，無以遠譬也。孟子曰：『以逸道使民，雖勞不怨。以生道殺人，雖死不忿。』信矣！論者或怪亮文彩不豔，而過於丁寧周至。臣愚以爲咎繇大賢也，周公大聖也，考之《尚書》，咎繇之謨略而雅，周公之誥煩而悉。何則？咎繇與舜、禹共譚，周公與羣下矢誓故也。亮所與言，盡衆人凡士，故其文指不及得遠也。然其聲教遺言，皆經事綜物，公誠之心，形于文墨云。」子瞻，歷侍中、尚書僕射、軍師將軍，蜀人追思亮，咸愛其才敏，每朝廷有一善政佳事，雖非瞻所建，百姓皆傳相告曰：「葛侯之所爲也。」鄧艾伐蜀，遺書誘瞻曰：「若降者必表爲琅琊王。」瞻怒，斬艾使，遂戰，臨陳死。子尚，與瞻俱没。干寶曰：「瞻雖智不足以扶危，勇不足以拒敵，而能外不負國，内不改父之志，忠孝存焉。」《華陽國志》曰：「尚歎曰：『父子荷國重恩，不早斬黄皓，以致傾敗，用生何爲？』乃馳赴魏軍而死。」

亮《戒子書》曰：「君子之行，靜以脩身，儉以養德，非澹泊無以明志，非寧靜無以致遠。夫學須靜也，才須學也。非學無以廣才，非靜無以成學。慆慢則不能研精，險躁則不能理性。」按：亮此語朱子取之，以載于小學之書，真格言也。

陳壽評曰：「諸葛亮之爲相國也，撫百姓，示儀軌，約官職，從權制，開誠心，布公道。盡忠益時者雖讎必賞，犯法怠慢者雖親必罰，服罪輸情者雖重必釋，游辭巧飾者雖輕必戮。善無微而不賞，惡無纖而不貶。庶事精練，物理其本，循名責實，虚僞不齒。終於邦域之内，咸畏而愛之，刑政雖峻而無怨者，以其用心平而勸戒明也。可謂識治之良才，管、蕭之亞匹矣。然連年動衆，未能成功，蓋應變將略，非其所長歟？」《漢晉春秋》曰：「樊建爲給事中，晉武帝問諸葛亮之治國，建對曰：『聞惡必改而不吝，賞罰之信足感神明。』」建故漢尚書令也。 或問：「亮何如人也？」袁子曰：「亮受六尺之孤，攝一國之政，事凡庸之君，專權而不失禮，行君事而國人不疑，行法嚴而國人悅服，用民盡其力而下不怨。及其兵出入如賓，其用兵也止如山，進退如風，兵出之日，天下震動，而人心不憂。」又曰：「亮之行軍，安靜而堅重，安靜則易動，堅重則可以進退。」又曰：「亮率數萬之衆【二七】，其所興造若數十萬之功。所至營壘井竈，藩籬障塞，下至圊溷，皆應繩墨。一月之行，去之如始至。」又曰：「亮治實而不治名，志大而所欲遠，非求近速者也。」又曰：「亮之治蜀，田疇辟，倉廩實，器械利，蓄積饒，朝會不譁【二八】，路無醉人。夫本立故末治，有餘力而後及小事。」 河汾王氏曰：「諸葛亮而不死，禮樂其有興乎！」 程子曰：「孔明庶幾禮樂。」又曰：「諸葛武侯有儒者氣象。」又曰：「孔明有王佐之心，道則未盡。王者如天地之無私心焉，行一不義而得天下，不爲。孔明必求有成，而取劉璋。聖人寧無成耳，此不可爲也。若劉表子琮，將爲曹公所并，取而興劉氏可也。」或問：「諸葛孔明無足取也。夫殺一不辜而得天下，君子不爲，亮之殺戮多矣。」曰：「不然。所謂殺一不辜，非此之謂也。亮以天下之命，討天下之賊，雖多何害？」 朱子曰：「子房用智之過，有微近譎處，小者如躡足之類，其大則挾漢以爲韓，而終身不以語人也。若武侯，即名義俱正，無所隱匿，其爲漢復讎之志，如青天白日，人人得而知之，有補於天下後世，非子房比也。蓋爲武侯之所爲則難，而子房投間乘隙，得爲即爲，故其就之爲易耳。頃見延平李先生亦言：『孔明不若子房之從容，而子房不若武侯之正大也。』」 南軒張氏曰：「三代衰，五伯起，而功利之説盈天下，謀國者不復知正義明道之爲貴。二老董公獨得宏綱以告漢高帝，惜高帝未能盡其用也。武侯當漢祚之季，乃能執其機而用之，其言曰：『漢、賊不兩立，臣鞠躬盡力，死而後已。至於成敗利鈍，非臣之明所能逆覩。』嗚呼！此夏少康四十年經營宗祀，而卒以配天之本心也。若侯者，可謂有正大之體矣。自幼讀書，獨觀大略，晨夜從容，抱膝長嘯，其胸中所見，豈淺識所能窺哉！高臥隆中，不求聞

【二七】率數萬之衆 「率」原作「師」，據《三國志·諸葛亮傳》注引《袁子》改。

【二八】朝會不譁 「譁」《三國志·諸葛亮傳》注引《袁子》作「華」。

達，蓋將終身焉。昭烈，漢室之冑也，而三顧之於草庐，名義既正，好賢之意又篤，安得不以身許之？昭烈與侯相周旋，一以道義而忘勢，受遺之際，君臣肝膽相照，無纖芥形迹，何其盛也！侯恢復規摹，先務爲根本之計。方建興初，務農訓兵，内治國事，國事既定，北向致討。軍旅將發，拳拳之心，實在後主，拜表納忠，反復曲折，專以宫中、府中之事爲言，且陳親賢人、遠小人之義，薦郭攸之等使在左右。一篇之中，三四致意焉，而其終章，尤爲切至。侯之慮抑深且遠矣！即侯行事而觀之，絶姑息之私意，本常理之大公，如明鏡洞然，四達無間；聽言惟恐不及，見善若出諸己，用人各盡其能。至或有罪，雖入幕上賓如馬謖，流涕誅之而弗釋也，故李平、廖立既被廢放，没齒懷德，蓋侯於斯世，所欲不存焉。娶婦沔南，惟賢是取，人之訕笑，不復顧也。身都將相三十年間，及其既没，内無餘帛，外無嬴財，視天下無一足以動其中者。其事後主，小心恭恪，一国之柄，舉出其手，而人不知其有權。彼懷奸稔逆，竊竊窺人宗祀者雨雪見晛，而謂侯敵哉。侯之規模，至使耕者雜於渭濱而軍無私焉，輿圖之復，已恢恢然在目中矣，不幸薨謝，匪天數然歟？或謂侯勸昭烈取荆州爲不義，不知劉琮既已迎降於操，則荆州固魏之荆州矣。于以取之，豈不正乎？惜昭烈之失此機也。又或謂魏延之策，惜侯不用。不知夫天將昌漢，以侯之舉措掃禽亂賊，直餘事爾。行險僥倖，非侯志也。嗚呼！秦漢以來，士狃於戰國之餘習，張子房爲拔出者，而猶未免乎雜以伯術。若侯真豪傑之士，無文王猶興者耶？然使侯得游於洙泗之間，講學以終之，則其所至，又非予所知也。予每恨陳壽私且陋，凡侯經略次第與夫燭幽消患、治國用人、馭軍行師之要，悉闇而不彰，幸雜見於他傳及裴松之所注，因裒而集之，不敢飾辭以忘其眞，其妄載非實者則削之，庶幾讀書者可以得侯之心。近世鉅公作史書編年，乃以魏年號接漢獻之統，故其所書名不正而言不順，予謂獻帝雖廢，而昭烈以正義立於蜀，武侯輔之，漢統未墜地也。要尽後主末年，始係魏之年號爲正。始侯在隆中，《傳》稱以管、樂自許，予謂侯蓋師慕王者之佐，其步趨則然，豈與管、樂同在功利之域者？意其傳者之誤，故不復云。」又爲後論曰：「予既作侯傳，以示新安朱元晦。元晦以予不當不載以管、樂自許事，謂侯爲後主寫《申》、《韓》、《管子》、《六韜》之書，及勸昭烈取荆、益以成伯業，可見其所學未免駁雜。其説亦美矣，而予意有未盡者。侯之所不足者，學也。予固謂使侯得游於洙泗之門，講學以終之，則所至又非予所知，不無深意矣。然侯胸中所存，誠非三代以下人物可睥睨，豈管、樂之流哉！時有萬變，而事有大綱，大綱正，則其變乃可得而理。方曹氏篡竊之際，孰爲天下之大綱乎？其惟誅賊以復漢室而已。侯既以身從帝室之英胄，不顧强弱之勢，允執此綱，終始不渝，管、樂其能識之乎？使侯當齊桓之時，必能率天下明尊王之義，協相王室，期復西周，其肯務自富其國而忘天下之大綱乎？使侯當燕昭之時，必能正名定國，撫其民人，爲天吏而討有罪，以一天下之志，其肯趨一時之近效，志在土地、珍寶而自以爲功乎？是其心度與侯絶相遼邈，故不欲書以惑觀聽，拔本塞原之意也。予讀《出師表》，見侯所以望其君者，殊非刻核陰謀之説，故於手寫《申》、《韓》等書之事亦疑之，疑則可闕也。侯在草廬，一見昭烈，遂定取荆、益之計，蓋侯之心，欲昭烈以興復漢室爲己任；以興復漢室爲己任，則天下諸侯内懷它圖者，吾固得以正名而討之矣。時昭烈未有駐足之地也，歷觀諸國，劉氏不能守荆、益【一九】，是誠天所資也。若昭烈以荆、益無志討賊，坐務自大，正其罪而伐之，則夫誰敢不服？然昭烈之爲人，徇於小不忍而妨大計，故劉琮降操，荆、益可取而不取，是侯之策，昭烈猶有未能盡從者也。及狼狽而遁，雖藉吴之力敗操赤壁，然終迫於吴，乃始入蜀，以譎計取之。予知侯於此時，蓋亦有黽勉不得已焉者，非草廬所以告昭烈之本意也。嗟乎！五伯以來，功利之説盈天下，大義榛塞，幸而有若侯者堅守其正，不以一時利鈍易不共戴天之心，庶其可以言王道者。故予推明其本心，證以平生大節，而削史之説有近於伯術者，區區妄意扶正息邪，而不自知其過也。然侯之於學爲未足者，奈何？知有未至也。知有未至，則心爲未盡；未能盡其心，則於天下之事物有所不能偏該而以一貫之也。故昭烈譎取劉璋，於行一不義、殺一不辜之道終爲有愧。侯當此時，處之亦有未盡焉。若夫開國建后，大事也，而奉册所立者，乃亡國之宗婦。以日易月，後世之大失也，而昭烈之喪、冢宰所贊者，乃因謬之禮，兹可見其學之未至歟。然則當斷之曰『若侯者，體至大而學未至者也』。故備列於此，以與朋友共講焉。」　又曰：「唐太宗《政要》載孔明語云：『吾心如秤，不能爲人作輕重。』此真孔明口中語。」　按：先賢之評武侯者，至矣！詩人如杜甫，亦曰「伯仲之間見伊、吕」，此論爲的。愚嘗竊謂，自昔人臣居重位、秉大權者，雖或遇知於明君，未必不致疑於庸主；雖取信於君子，或不能不見忌於小人；

【一九】劉氏不能守荆益　「荆」原脱，據《後漢書》卷七下補。

同類懷其恩，未必無以召異己者之怨；國人欽其行，未必有以服夷狄之情；一時賴其功，或見詘於後世之公議。而侯也，不惟先主託以幼孤而不疑，雖劉禪之庸，亦舉國聽之而弗忌；不惟公琰、文偉諸賢盡心而爲之用，雖楊儀、魏延之悍戾，亦皆捐軀效命而弗辭；不惟器能受任者競勸以答其知，雖流徙放逐之徒，亦没身懷思而弗怨；不惟舉國信之，當時尊之，而瀘夷之約束、沔陽之廟祀，至于今不廢。侯何以得此哉？曰：開誠心，布公道而已。誠之與公，天地鬼神有不能違者，而況於人乎？今讀侯之傳，而想其爲人，事君如親，待諸賢如朋友，撫羣下如子弟，襟懷洞然，與物無間。形之表、奏，則忠懇足以悟上；發之教令，則感激足以動人心。其所存，無一之非誠也。至於生殺廢置，雖出其手，然爵不以無功濫，刑不以貴勢撓，盡忠者雖讎必賞，犯法者雖親必戮。持心之平，無異衡石，用法之信，可質神明。其所爲，無一而非公也。惟誠惟公，終始一致，故上不求於君而君信之，下不蘄於人而人服之。侯之大節，略盡於此。至以四事考之，則又無一之不備，而於用人尤爲可法。今具列于左，使覽者得詳焉。

龐統，襄陽人，少時樸鈍，未有識者。司馬徽稱統當爲南州士之冠冕，由是漸顯。後郡命爲功曹。性好人倫，勤於長養，每所稱述，多過其才，時人怪而問之，統答曰：「當今天下大亂，雅道陵遲，善人少而惡人多。方欲興風俗，長道業，不美其譚，即聲名不足慕企，而爲善者少矣。今拔十失五，猶得其半，而可以崇邁世教，使有志者自勵，不亦可乎？」按：士元以一功曹，而奬進人才如此，使其獲居相位，則於天下之士長養成就當如何耶？其言可爲後世法，而居人才衰少之日者，尤所當知，故録焉。先主領荆州，統以從事守耒陽令，在縣不治，免官。吴將魯肅遺先主書曰：「龐士元非百里才也，使處治中、别駕之任，始當展其驥足耳。」諸葛亮亦言之於先主，先主見與善譚，大器之，親待亞於諸葛亮，遂與亮並爲軍師、中郎將。按：備新得統，而親待亞於孔明，且遽使之同列，而孔明不以爲嫌，子房甘爲叔孫之貳，亦此意也。統説備曰：「荆州荒殘，人物殫盡，東有吴孫，北有曹氏，鼎足之計難以得志。益州國富民强，户口百萬，四部兵馬，所出必具，寶貨無求於外，今可權借以定大事。」備曰：「今與吾爲水火者，曹操也。操以急，吾以寬；操以暴，吾以仁；操以譎，吾以忠：每與操反，事乃可成耳。今以小故而失信義於天下者，吾所不服也。」統曰：「權變之時，固非一道所能定也，兼弱攻昧，五霸之事。逆取順守，報之以義，事定之後，封以大國，何負於信？今日不取，終爲人利耳。」備遂行，統隨從入蜀。劉璋與先主會，龐統進策曰：「今因此會，便可執之，則將軍無用兵之勞，而坐定一州也。」先主曰：「初入他國，恩信未著，此不可也。」璋欲還成都，先主當爲璋北征漢中，統復説曰：「陰選精兵，晝夜兼道，徑襲成都，璋既不武，又素無備，大軍卒至，一舉便定，此上計也。楊懷、高沛，璋之名將，各杖彊兵，據守關頭，聞數有牋諫璋，使發遣將軍還荆州。將軍未至，遣與相聞，説荆州有急，欲還救之，並使裝束，外作歸形，此二子既服將軍英名，又喜將軍之去，計必乘輕騎來見，因此執之，進取其兵，乃向成都，此中計也。退還白帝，連引荆州，徐還圖之，此下計也。若沉吟不去，將致大困，不可久矣。」先主然其中計，即斬懷、沛，還向成都，所過輒克，進圍雒縣。統率衆攻城，爲流矢所中，卒。先主痛惜，言則流涕。按：統之名亞於諸葛氏，然其爲先主謀者，皆戰國權譎之術，此非孔明之匹者也。

法正，右扶風郿人。建安初，入蜀依劉璋，不任用。後令正迎先主，使討張魯，正獻策先主取益州，先主然之。進圍成都，蜀郡太守許靖將踰城降，事覺，不果。先主以此薄靖不用，正説曰：「天下有獲虚譽而無其實者，許靖是也。然今主公始創大業，天下之人不可户説，靖之浮稱，播流四海，若其不禮，天下之人以是謂主公爲賤賢也。」先主於是乃厚待靖。以正爲蜀郡太守，外統都畿，内爲謀主，一餐之德，睚眦之怨，無不報復，擅殺毁傷己者數人。或謂諸葛亮曰：「法正於蜀郡太縱横，宜啓主公，抑其威福。」亮答曰：「主上之在公安，北畏曹公之彊，東憚孫權之逼，近則懼孫夫人生變於肘腋。當斯之時，進退狼跋，法孝直爲之輔翼，令翻然翱翔，不可復制，如何禁止使不得行其意耶？」亮知先主雅愛信正，故其言如此。後正説先主曰：「曹操一舉而降張魯，定漢中，不因此勢以圖巴、蜀，而留夏侯淵、張郃屯守，身遽北還，此非其智不逮而力不足也，必將内有憂偪故耳。今策淵、郃才略【三〇】，不勝國之將帥，舉衆往討，必可克之。克之日，廣農積穀，觀釁伺隙，上可以傾覆寇敵，尊獎王室；中可以蠶食雍、凉，廣拓境土；下可以固守要害，爲持久之計【三一】。此蓋天以與我，時不可失也。」先主善其策，乃率諸將進兵漢中，正亦從行，大破淵軍。先主立爲漢中王，以正爲尚書令。按：孔明之不抑制法正，孫盛議其非，蓋嘗思之孝直前獻策以取益州，後獻策以取漢中，先主立國巴、蜀，根本乎此，其智謀若是，豈易得哉？其報復恩讎，過於明白，誠非厚德之士，而專權擅殺，其罪尤所當誅，然當草昧之時須才以濟，則固不得而遽廢也。故孔明權其重輕，姑略其過，使展盡其

【三〇】今策淵郃才略　「策」原作「笑」，據《三國志・法正傳》改。

【三一】爲持久之計　「爲」原脱，據《三國志・法正傳》補。

才，此執經守文之士所不識也。亮與正雖好尚不同，以公義相取。亮每奇正智術。先主將東征孫權以復關羽之耻，羣臣多諫，一不從。軍敗，還住白帝。亮歎曰：「法孝直若在，必能制主上東行，就令東行，必不傾危矣。」正時已卒。陳氏評曰：「龐統思謀，法正策畫，擬之魏臣，統其荀彧之仲叔，正其程郭之儔儷邪？」愚按：士元、孝直，其材略誠不在荀彧、程昱、郭嘉之下，而皆不壽，統死於先主圍雒城之際，而正没於得漢中之明年。使二人不死，與孔明更相佐佑，其功業何可勝計！天不祚漢，真可惜哉！

董和，南郡枝江人，劉璋用爲益州太守。先主定蜀，徵爲掌軍中郎將，與諸葛亮並署左將軍府事，獻可替否，共爲歡交。自和居官食禄，外牧殊域，内幹機衡，死之日家無儋石之儲。亮後爲丞相，下教曰：「董幼宰參署七年，事有不至，至于十反云。」幼宰，和字。以上三人，皆與亮同爲謀臣，而亮所推重者也。

蔣琬，零陵湘鄉人，以州書佐隨先主入蜀，除廣都長。先主嘗因游觀奄至廣都，見琬衆事不理，時又沈醉，先主大怒，將加罪戮。軍師將軍諸葛亮請曰：「蔣琬，社稷之器，非百里之才也。其政以安民爲本，不以脩飾爲先，願主公重加察之。」先主雅敬亮，乃不加罪，但免官而已。建興元年，丞相亮開府，辟琬爲東曹掾，遷爲參軍。五年，亮住漢中，琬與長史張裔統留府事。八年，代裔爲長史，加撫軍將軍。亮數外出，琬常足食足兵以相供給。亮每言：「公琰託志忠雅，當與吾共贊王業者也。」密表後主曰：「臣若不幸，後事宜以付琬。」亮卒，以琬爲尚書令，遷大將軍，録尚書事。時，新喪元帥，遠近危悚，琬出類拔萃，處羣僚之右，既無戚容，又無喜色，神守舉止，有如平日，由是衆望漸服。延熙元年，詔琬「摠帥諸軍屯住漢中，須吳舉動，東西掎角，以乘其釁」。明年，就加大司馬。東曹掾楊戲素性簡略，琬與言論，時不應答。或欲搆戲於琬曰：「公與戲語而不見應，戲之慢上，不亦甚乎？」琬曰：「人心不同，各如其面；面從後言，古人所誡。戲欲贊吾是耶，則非其本心；欲反吾言，則顯吾之非：是以默然，是戲之快也。」又督農楊敏曾毀琬曰：「作事憒憒，誠不及前人。」或以告琬，主者請推治敏，琬曰：「吾實不如前人，無可推也。」主者乞問其憒憒之狀，琬曰：「苟其不如，則事不當理；事不當理，則憒憒矣。復何問邪？」後敏坐事繫獄，衆人猶懼其必死，琬心無適莫，得免重罪。其好惡存道【三二】，皆此類也。

按：此二事，可謂真宰相之度，有武侯之風矣。楊戲後隨大將軍姜維出軍，戲素心不服維，酒後言笑，每有傲弄之辭，維外寬内忌，意不能堪。有司承旨奏戲，免爲庶人。維之度量，其不及琬遠矣，宜其致敗也。

費禕，江夏鄳人，遊學入蜀。先主定蜀，遂留益土。先主立太子，禕與董允俱爲舍人，後主踐位，爲黄門侍郎。丞相亮南征還，羣寮於數十里逢迎，年位多在禕右，而亮特命禕同載，由是衆人莫不易觀。亮以初從南歸，以禕爲昭信校尉使吳。孫權性滑稽，嘲啁無方，諸葛恪、羊衜等才博果辯，論難鋒至，禕辭順義篤，據理以答，終不能屈。權甚器之。還，爲侍中。亮北住漢中，請禕爲參軍。後爲司馬，值軍師魏延與長史楊儀相憎惡，每至並坐爭論，延或舉刃擬儀，儀泣涕橫集。禕常入坐其間【三三】，諫喻分別，終亮之世，各盡



【三二】好惡存道　「惡」原作「意」，據《三國志·蔣琬傳》改。

【三三】入坐其間　原作「入其坐間」，據《三國志·費禕傳》改。

延、儀之用者，禕匡救之力也。亮卒，禕爲後軍師。頃之，代蔣琬爲尚書令。于時戰國多事，公務煩猥，禕識悟過人，每省讀書記，舉目暫視，已究其意旨，終亦不忘【三四】。常以朝晡聽事，其間接納賓客，飲食嬉戲，加之博弈，每盡人之歡，事亦不廢。後董允代禕爲尚書令，欲效禕，旬日之中，事多愆滯。允乃歎曰：「人才力相縣若此甚遠，此非吾之所及也。」乃聽事終日，猶有不暇焉。遷大將軍，録尚書事。延熙七年，魏軍次于興勢，假禕節，率衆往禦之。光禄大夫來敏至禕許别，求共圍棊。于時羽檄交馳，人馬擐甲，嚴駕已訖，禕與敏留意對戲，色無厭倦。敏曰：「向聊觀試君耳，君信可人，必能辦賊。」禕至，敵遂退。按：是時，魏邵陵厲公正始五年也。夏侯玄、李勝等欲大將軍曹爽立威名於天下，勸使伐蜀。爽至西長安，發卒十餘萬人，與玄自駱谷入漢中。漢主遣禕督諸軍救之。爽兵不得進，引還。禕進據三嶺以截爽，爽爭險苦戰，僅乃得過，失亡甚衆，關中爲之虚耗。封成鄉侯。琬固讓州職，禕復領益州刺史。禕當國功名，略與琬比。十一年，出住漢中。自琬至禕，雖身在外，慶賞威刑，皆遥先諮斷乃行，其推任如此。十六年歲首大會，魏降人郭循在坐。禕歡飲沈醉，爲循所害，謚敬侯。虞喜論曰：「昔魏人伐蜀，蜀人禦之，精嚴垂發，而費禕方與來敏圍棊。敏以爲必能辦賊，言其明略内定，貌無憂色也。況長寧以爲君子臨事而懼，好謀而成，蜀爲蕞爾之國，而方向大敵，所規所圖，惟守與戰，何可矜己有餘，晏然無戚？斯乃禕性之寬簡，不防細微，卒爲降人所害。豈非兆見於彼，而禍成於此哉？」

漢嘗大赦，大司農孟光於衆中責禕曰：「大赦者，偏枯之物，非明世所宜有也。衰敝窮極，必不得已，然後乃可權而行之耳。今主上仁賢，百僚稱職，何有旦夕之急而數施

【三四】終亦不忘　「亦」原作「日」，據《三國志·費禕傳》改。

非常之恩，以惠姦宄乎？」禕但顧俯，踧踖而已。初，丞相亮時，有言公惜赦者，亮答曰：「治世以大德，不以小惠，故匡衡、吳漢不願爲赦。先帝亦言：『吾周旋陳元方、鄭康成間，每見啓告治亂之道悉矣，曾不語赦也。若劉景升父子，歲歲赦宥，何益於治？』」由是蜀人稱亮之賢，知禕不及焉。禕雅性謙素，家不積財，兒子皆令布衣素食，出入不從車騎。陳氏評曰：「蔣琬方整有威重，費禕寬濟而博愛，咸承諸葛之成規，因循而不革，是以邊境無虞，邦家和一也。」

董允，和子，先主立太子，允以選爲舍人【三五】。後主襲位，遷黄門侍郎。丞相亮將北征，慮後主富於春秋，朱紫難别，以允秉心公亮，欲任以宫省之事。上疏以爲：「宫中之事，事無大小，悉以咨之，必能有所廣益。」允尋遷侍中，領虎賁中郎將，統宿衛親兵。獻納之任，允皆專之，處事爲防制，甚盡匡救之理。後主常欲采擇以充後宫，允以爲天子后妃之數不過十二，今嬪嬙已具，不宜增益，終執不聽。後主益嚴憚之。蔣琬領益州，上疏讓費禕及允。後主漸長大，愛宦人黄皓，皓便僻佞慧，欲自容入。允常上則正色匡主，下則數責於皓，皓畏允，不敢爲非，終允之世，皓位不過黄門丞。允嘗與費禕、胡濟共期游宴，嚴駕已辦，而郎中董恢詣允，恢年少官微，見允停出，逡巡求去，允不許，曰：「本所以出者，欲與同好游談也，今君已自屈，方展闊積，捨此之談，就彼之宴，非所謂也。」乃命解驂。其守正下士，凡此類也。按：後主欲增嬪御而允爭之，欲親嬖倖而允裁之，此古大臣事業也。至以一士澹泊之譚而輟衆賢遊宴之樂，此立心根本所在，尤當玩焉。　延熙七年，以侍中守尚書令，爲大將軍費禕

【三五】允以選爲舍人　「允」原脱，據《三國志·董允傳》補。

副貳。九年卒，居位凡三年。《華陽志》曰：「時蜀人以諸葛亮、蔣琬、費禕及允爲四相，一號四英。」允卒，陳祗代爲侍中，與黄皓互相表裏，皓始預政事。祗上承主指，下接閹豎，深見信愛。後皓爲中常侍，操弄威柄，終至覆國。蜀人無不追思允者。自祗有寵，後主追怒允日深，由祗媚兹一人，皓構間浸潤故耳。按《後主傳》：「景耀元年，宦人黄皓始專政。」時允卒十餘年矣。又《姜維傳》注：「維惡黄皓恣擅，啓後主欲殺之，後主曰：『皓趨走小臣，且往董允切齒，吾常恨之，君何足介意？』維見皓枝附葉連，懼於失言，遜辭而出。」以上三人，皆亮所薦引，相繼爲政者也。亮相二主十有四年，而琬繼之。琬任政十年，而禕録尚書事，與琬同掌朝政。又三年，琬卒而禕代之。禕任政七年而卒。允雖貳禕日淺，其事業亦有可觀。蓋亮没之後凡二十載，内正朝綱，外禦强敵，區區蜀漢猶能自立，蓋三人之功，亦亮儲蓄汲引之效也。其視管仲之殁未幾而國已大亂者，不可同日而語矣。

王連，南陽人，劉璋時入蜀，爲梓潼令。先主起事葭萌，進軍來南，連閉城不降，先主義之，不彊偪也。成都平，以連爲什邡令，遷司鹽校尉，較鹽鐵之利，利入甚多，有裨國用，於是簡取良才以爲官屬，若吕乂、杜祺、劉幹等，終皆至大官，自連所拔也。建興元年，領丞相長史，時南方諸郡不賓，亮將自征之，連諫以爲：「此不毛之地，疫癘之鄉，不宜以一國之望，冒險而行。」亮慮諸將才不及己，意欲必往，而連言輒懇至，故停留者久之。會連卒。按：此亦廣忠益文一事也。

向朗，襄陽宜城人，代王連領長史。亮南征，朗留統後事。後以與馬謖善，免官。數年爲光禄勳。初，朗少時雖涉獵文學，然不治素檢，以吏能見稱。自去長史，優游無事，乃更潛心典籍，孜孜不倦。年逾八十，猶手自校書，開門接賓，誘納後進，但講論古義，不干時事，時皆敬焉。

張裔，成都人，幹理敏捷，亮以爲參軍，署府事。亮出駐漢中，領留府長史，常稱曰：「公賞不遺遠，罰不阿近，爵不可以無功取，刑不可以貴勢免，此賢愚所以僉忘其身也。」

楊洪，犍爲武陽人，爲犍爲太守李嚴功曹，嚴欲徙郡治舍，洪固諫不聽，遂辭功曹。嚴薦於州，爲蜀部從事。發兵及黄元事，已見前。後轉益州治中從事。建興五年，亮北住漢中，欲用張裔爲留府長史，問洪何如，洪對曰：「裔天姿明察，長於治劇，才誠堪之，然性不公平，不可專任，不如留向朗。朗情僞差少，裔隨從目下，效其器能，於事兩善。」洪少不好學，而忠清款亮，憂公如家。餘已見前。

杜微，涪人，爲劉璋從事，以疾去官。及先主定蜀，微常稱聾，閉門不出。丞相亮領益州牧，妙簡舊德，以秦宓爲别駕，五梁爲功曹，微爲主簿。微固辭，轝而致之。亮以微不聞人語，於坐上與書曰：「服聞德行，饑渴歷時，猥以空虚，統領益州，德薄任重，慘慘憂慮。主上天姿仁敏，愛德下士。天下之人思慕漢室，欲與君因天順民，輔此明主，以隆季興之功。」微自乞老病求歸。亮又與書曰：「曹丕簒弑自立，欲與羣賢因其邪僞，以正道滅之。怪君未有相誨，便欲求還山野。丕又大興勞役，以向吴、楚。今因丕多務，且以閉境勤農，育養民物，大治甲兵，以待其挫，然後伐之，可使兵不戰、民不勞而天下定也。按：此數語可見孔明規摹次第，固有之矣。君但當以德輔時，不責君軍事，何爲汲汲欲求去乎？」其敬微如此，拜爲諫議大夫，以從其志。按：微以劉璋故吏，不肯復事先主，託疾杜門，其節高矣。孔明加之優禮，所以表名節而厲風俗也。觀其求賢自助之辭，琅琅如此，真所謂開誠心者耶。

秦宓，廣漢綿竹人，少有才學，爲益州從事、祭酒。先主將東征，宓諫天時必無其利，坐下獄，貸出。亮領牧，選爲別駕。吴使張温來聘，百官皆餞而宓未往，亮累遣使促之。温問：「何人？」亮曰：「益州學士。」及至，答問如響，温大敬服。陳氏評曰：「宓專對有餘，文藻壯美，可謂一時之才士。」然觀張温以天爲問，宓之占對有同戲劇，及他所論議，亦多踳駁，孔明選備寮屬，抑專取其應對之長歟？然先主征吴不聞諫者，而宓獨以天時未利爲言，則其智識亦有可尚者，此孔明之所以選用之也。」

五梁者，犍爲南安人，以儒學節操稱。

尹默，梓潼人，益部多貴今文而不崇章句，默乃遠游荆州，從司馬德操等受古學。通諸經史，又專精於《左氏春秋》。先主定益州，以爲勸學從事，後以《左氏傳》授太子。丞相亮住漢中，請爲軍祭酒。

譙周，巴西人，耽古篤學，家貧未嘗問産業，誦讀典籍，欣然獨笑，以忘寢食。研精六經，尤善書札。性朴素，推誠不飾，無造次辯論之才，而潛識内敏。丞相亮領益州牧，命爲勸學從事。《蜀記》曰：「周初見亮，左右皆笑。既出，有司請推笑者，亮曰：『孤尚不能忍，況左右乎！』」亮之以恕及人如此。後主立太子，以周爲家令。後主頗出游觀，增廣聲樂。周上疏諫以爲：「四時之祀，或有不臨；池苑之觀，乃或仍出；臣之愚滯，私不自安。夫憂責在身者，不暇盡樂，先帝之志，堂構未成，誠非盡樂之時。願省減樂官、後宫所增造，爲子孫節儉之教。」于時軍旅數出，百姓彫瘁，周作《仇國論》，略曰：「處大無患者常多慢，處小有憂者恒思善；多慢則生亂，思善則生治，理之常也。故周文養民【二六】，以少致多；句踐卹衆，以弱斃强。此其術也。」又

【二六】周文養民　「文」原作「人」，據《三國志・譙周傳》改。

曰：「夫民疲勞，則騷擾之兆生；上慢下暴，則瓦解之形起。時可而後動，數合而後舉，故湯、武之師不再戰而克，誠重民勞而度時審也。如遂極武黷征，土崩勢生，雖有智者不能爲之謀矣。」後遷光禄大夫，雖不與政事，以儒行見禮，時訪大議，輒據經以對。　後魏鄧艾入陰平，後主使羣臣會議，或謂宜可奔吴，惟周以爲再辱之恥何與一辱？後主遂降。孫盛譏其不能陳國君死社稷之義，此言當矣。陳壽稱其「詞理淵通，爲世碩儒」，豈其然哉？

霍弋，南陽枝江人，父峻有功於國，卒葬成都。先主親臨弔祭，以弋爲太子舍人。丞相亮駐漢中，請爲記室，使與子喬共周旋游處【三七】。後主立太子璿，以弋爲中庶子，璿好騎射，出入無度，弋援引古義，盡言規諫，甚得切瑳之體。

姚伷爲廣漢太守，亮屯沔陽，辟伷爲掾。伷並進文武之士，亮稱之曰：「忠益莫大於進人，進人者各務其所尚。今姚掾並存剛柔，以廣文武之用，可謂博雅矣。願諸掾各希此事，以屬其望。」　按：文吏好文，武吏好武，大抵各隨所尚以取人，此其所以偏也。伷能並進剛柔，可謂知務者，其爲孔明所重，亦宜哉。

楊戲，犍爲武陽人，少知名，亮深識之，辟爲屬主簿。後爲蔣琬治中從事。餘見琬事中。

以上皆亮所引以爲掾屬者也。

關羽，河東解人，亡命奔涿郡。先主於鄉里合徒衆，而羽與張飛爲之禦侮。先主爲平原相，以羽、飛爲別部司馬，分統部曲。先主與二人寢則同牀，恩若兄弟。而稠人廣衆，侍立終日，隨先主周旋，不避艱險。後爲曹公所禽，立效報曹公，復歸先主，從先主就劉表。曹操定荆州，先主自樊將南渡江，別遣羽乘舡數百艘會江陵。操追至當陽長阪，先主斜趣

【三七】周旋游處　「游」原脱，據《三國志·霍弋传》補。

漢津，適與羽船相會。孫權遣兵佐先主拒操，操軍敗退歸。先主收江南諸郡，以羽爲襄陽太守。先主西定益州，拜羽董督荆州事。羽聞馬超來降，以書與諸葛亮，問超人才可誰比類。亮知羽護前，乃答之曰：「孟起兼資文武，雄烈過人，一世之傑，黥、彭之徒。當與益德並驅爭先，猶未及髯之絶倫逸羣也。」羽省書大悦，以示賓客。後在荆州，爲吕蒙所敗，死。

張飛，涿人，少與關羽俱事先主。曹操入荆州，先主奔江南，操追之，及於當陽之長阪。先主聞操卒至，使飛將二十騎拒後，飛據水斷橋，瞋目横矛，無敢近者，故遂得免。先主入益州，還攻劉璋，飛與諸葛亮等泝流而上，分定郡縣，所過戰克，與先主會于成都。後爲帳下所殺。

黄忠，南陽人，從先主入蜀。自葭萌受任，還攻劉璋，忠常先登陷陣，勇毅冠三軍。益州既定，拜爲討虜將軍。後於漢中定軍山擊夏侯淵，淵衆甚精，忠推鋒必進，一戰斬淵。是歲先主爲漢中王，欲用忠爲後將軍，諸葛亮説先主曰：「忠之名位，素非關、馬之倫也。今便令同列，馬、張在近，親見其功，尚可喻指，關遥聞之，恐必不悦，得無不可乎？」先主曰：「吾自當解之。」以上三人皆爲將，定荆、益、漢中，與侯同事先主者也。以其事有相關，故載其略云。

趙雲，真定人，從先主爲主騎。先主入蜀，雲留荆州。先主攻劉璋，召諸葛亮，亮率雲與張飛等西上，至江州，分遣雲從外水上江陽，與亮會成都。益州定，爲翊軍將軍。夏侯淵敗，曹操爭漢中地，運米北山下，黃忠以爲可取，雲兵隨忠取米。忠過期不還，雲將數十騎輕行迎視忠等，值操揚兵大出，雲前突其陣，且鬭且却。時沔陽長張翼在圍内【三八】，欲閉門拒守，而雲入營更大開門，偃旗息鼓。操軍疑有伏引去。雲雷鼓震天，以戎弩於後射操軍，操軍驚駭，自相蹂踐，墮漢水中死者甚衆。孫權襲荆州，先主大怒，欲討權，雲諫曰：「國賊乃曹操，非孫權也，且先滅魏，則吳自服。」先主不聽。建興元年，隨諸葛亮駐漢中。明年，亮出軍，揚聲由斜谷道【三九】，曹真遣大衆當之。亮令雲與鄧芝往拒，而身攻祁山。雲、芝兵弱敵强，失利於箕谷，然斂衆固守，不至大敗。軍退，貶爲鎮軍將軍。亮曰：「街亭軍退，兵將不復相録，箕谷軍退，兵將初不相失，何故？」芝曰：「雲身自斷後，軍資什物，略無所棄，兵將無緣相失。」雲有軍資餘絹，亮使分賜將士。雲曰：「軍事無利，何爲有賜？其物請悉入赤岸府庫，須十月爲冬賜。」亮善之。陳氏評曰：「關羽、張飛皆萬人之敵，爲世虎臣。羽報效曹公，飛義釋嚴顔，並有國士之風。黃忠、趙雲强摯壯猛，並作爪牙，其灌、滕之徒歟！」

魏延，茂陽人，以部曲隨先主入蜀，數有戰功。先主爲漢中王，遷治成都，當得重將以鎮漢川，衆論以爲必在張飛，飛亦以心自許。先主乃拔延爲督，領漢中太守，一軍盡驚。建興五年，諸葛亮駐漢中，以延督前部，領丞相司馬。八年，使延西入羌中，破魏將郭淮等，遷前軍師。餘見前。

向寵，宜城人，爲先主牙門將。秭歸之敗，寵營特完。建興中，爲中部督，典宿衛兵。

【三八】張翼　「張」原誤作「陽」，據《三國志·趙雲傳》注改。

【三九】揚聲由斜谷道　「揚聲」原無，據《三國志·趙雲傳》補。

諸葛亮當北行，表後主「營中之事，請悉咨之」，遷中領軍。後征漢嘉蠻夷，遇害。

黄權，閬中人，爲劉璋主簿。時別駕張松建議宜迎先主，權諫，不聽，出爲廣漢長。及先主襲取益州，將帥分下郡縣，皆望風景附，權閉城堅守，須璋服，乃降。先主假權偏將軍。徐衆評曰：「權既忠諫於主，又閉城拒守，得事君之禮。先主假權偏將軍，善矣，然猶未足彰忠義之節也。」先主據漢中，皆權本謀。先主欲東伐吴，權諫曰：「吴人悍戰，又水軍順流，進易退難，臣請爲先驅以嘗寇，陛下宜爲後鎮。」先主不從，以權督江北軍。及南軍敗績，先主引退，而道隔絶，權降于魏。有司白收權妻子，先主曰：「孤負黄權，權不負孤也。」待之如初。蜀降人或云誅權妻子，文帝詔令發喪，權答曰：「臣與劉、葛推誠相信，明臣本志。疑惑未實，請須後問。」後果如所言。按：權雖本忠義，然始降先主，後又降魏，不得爲純臣矣。今所以載者，蓋欲見先主、武侯誠信之孚於羣下如此，故黄權抑其明己本志，必不加以孥戮也。又孟達既叛歸魏，有王冲者，爲達言諸葛公切齒，欲誅其妻子，達曰：「諸葛見顧有本末，終不爾也。」達知武侯之不爾者，豈非以其一人之罪而戮及妻子，故背誕者信之。此豈一日之積哉！

李恢，建寧俞元人。章武元年，爲庲降都督。裴松之曰：「庲降，地名。去蜀二千餘里。」先主薨，高定恣睢於越巂，雍闓跋扈於建寧，朱褒反叛於牂柯。丞相亮南征，先由越巂，而恢案道向建寧。諸縣大相糾合，圍恢軍於昆明。時恢衆少敵倍，以計給敵，出擊，大破之，追犇逐北，南至槃江，東接牂柯，與亮聲勢相連。南土平定，恢軍功居多。

呂凱，永昌人，爲郡功曹。時雍闓反，降於吴，吴遥署闓爲永昌太守，凱與府丞王伉帥厲吏民，閉境拒闓。凱威恩内著【四〇】，故能全其節。丞相亮南征，上表曰：「永昌郡吏呂凱、府丞王伉等，執忠絶域，十有餘年，雍闓、高定偪其東北，而凱等守義不與交通。臣不意永昌風俗敦直乃爾！」以凱爲雲南太守，王伉爲永昌太守，皆封亭侯。按：武侯此舉足以作忠義之氣矣。

馬忠，閬中人，亮開府，以忠爲門下督。亮入南，拜忠牂柯太守。朱褒亂後，忠撫育卹理，甚有恩惠。亮出祁山，忠詣亮所，經營戎事。軍還，督將軍張嶷等討汶山叛羌。後南夷反，忠討平之。忠爲人寬濟，有度量，處事能斷，威恩並立，是以蠻夷畏而愛之。及卒，莫不流涕，爲立廟祀。

王平，宕渠人，爲先主裨將軍。建興六年【四一】，屬參軍馬謖先鋒。謖舍水上山，舉錯煩擾，平連規諫，謖不能用，大敗於街亭。衆盡星散，惟平所領千人鳴鼓自持，魏將張郃疑其伏兵，不往偪也。於是平徐徐收合諸營遺迸，率將士而還。亮既誅謖及將軍張休、李盛，奪將軍黄襲等兵，平特見崇顯，加拜參軍，統五部，進位討寇將軍，封亭侯。九年，亮圍祁山，平别守南圍。魏將司馬懿攻亮，張郃攻平，平堅守不動，郃不能克。後亮卒於武功，軍還，魏延作亂，一戰而敗，平之功也。後統漢中，卻曹爽，亦其策也。平生長戎旅，手不能書，使人讀《史》、《漢》諸記傳，聽之，備知其大義。遵履法度，言不戲謔，端坐徹日，憺

【四〇】威恩内著 「著」原作「署」，據《三國志·呂凱傳》改。

【四一】建興六年 「六」原作「元」，據《三國志·王平傳》改。

無武將之體。

張嶷，南充人，爲縣功曹。先主定蜀之際，山寇攻縣，縣長捐家逃亡，嶷冒白刃，擕負夫人，夫人得免，由是顯名。建興五年，丞相亮北住漢中，廣漢、綿竹山賊張慕等鈔盜軍資，刼略吏民，嶷以都尉將兵討之。嶷度其鳥散，難以戰禽，乃詐與和親，克期置酒。酒酣，嶷身率左右，斬慕等五十餘級，渠帥悉殄。尋其餘類，旬日清泰。後討汶山叛羌，有功。又出隴西，與魏將徐質交鋒，臨陣殞身，然所殺傷，亦過倍。嶷慷慨壯烈，人多貴之。初見費禕，姿性汎愛，待信新附太過，嶷書戒之曰：「昔岑彭率師，來歙杖節，咸見害於刺客，今明將軍位尊權重，宜鑒前事，少以爲警。」後禕果爲魏降人所害。

姜維，天水冀人。亮軍向祁山，諸郡響應，太守疑維等有異心，閉門不納。維乃詣亮，辟爲倉曹掾，嘗稱曰：「姜伯約忠勤時事，思慮精密，考其所有【四二】，永南、季常諸人不及也。」又謂其「敏於軍事，深解兵意，心存漢室，而才兼於人」。後遷征西將軍。亮卒，維還成都，爲右監軍，後爲衛將軍，與大將軍費禕共録尚書事。自以練西方風俗，兼負其才武，欲誘諸羌胡人爲羽翼，謂自隴以西可斷而有也。每欲興軍大舉，費禕常裁制不從，與其兵不過萬人。禕嘗謂維曰：「吾等不如丞相遠矣，丞相猶不能定中夏，況吾等乎？不如保國治民，敬守社稷，如其功業，以俟能者，無爲儌倖而決成敗於一舉，若不如志，悔之何及！」禕卒，維率數萬人出石營，糧盡退還。明年，復出隴西，後又出狄道，俱破魏兵。還

【四二】考其所有「考」原作「者」，據《三國志·姜維傳》改。

爲大將軍，爲魏將鄧艾所破，星散流離，死者甚衆，衆庶由是怨讟。維本羈旅託國，累年攻戰，功績不立，而宦臣黄皓等弄權於内，右大將軍閻宇與皓協比，而皓陰欲廢維樹宇。維亦疑之，故自危懼，不復還成都。維聞鍾會治兵關中，欲規進取，表後主宜並遣張翼、廖化督諸軍分護陽安關口、陰平橋頭以防未然。皓徵信鬼巫，謂敵終不自致，啓後主寢其事。及鍾會將向駱谷，鄧艾將入沓中，然後乃遣化等爲諸圍外助。會長驅而前，化等皆退保劍閣。鄧艾自陰平入破諸葛瞻，後主請降，勑維放甲，將士咸怒，拔刀斫石。

鄧芝，新野人，爲諸葛亮中監軍，後爲大將軍二十餘年，賞罰明斷，善卹士卒。身之衣食資仰於官，不治私産，妻子不免饑寒，死之日家無餘財。

張翼，犍爲武陽人。建興中，爲庲降都督，持法嚴，不得殊俗之歡心。耆率劉胄背叛，翼舉兵討之，未破，會被徵當還，羣下咸以爲宜馳騎即罪，翼曰：「不然。吾以蠻夷蠢動，不稱職故還耳。然代人未至，吾方臨戰場，運糧積穀，爲滅賊之資，豈可以黜退之故而廢公家之事乎？」於是統攝不懈，代到乃發。馬忠因其成基以破殄胄，丞相亮聞而善之。亮出武功，以翼爲前軍都督。

吕乂，南陽人，遷巴西太守。諸葛亮連年出軍，調發諸郡，多不相救，乂募兵五千詣亮，慰喻檢制，無逃竄者。徙漢中太守，兼領督農，供繼軍糧。亮卒，累遷廣漢、蜀郡太守。蜀郡一都之會，户口衆多，又亮卒之後，士伍亡命，更相重冒，姦巧非一。乂到官，爲之防禁，開喻勸導，數年之中，漏脱自出者萬餘口。自趙雲以下，皆亮所用以任守將、典征伐、禦寇敵者也。吕乂專董糧餉，附焉。

馬良，宜城人，爲先主掾。後遣使吴，良謂諸葛亮曰：「今銜國命，協穆二家，幸爲良介於孫將軍。」亮曰：「君試自爲文。」良即爲草云云，權敬待之。先主東征吴，遣良入武陵招納五溪蠻夷，其渠帥皆受印號，咸如意指。

陳震，南陽人，隨先主入蜀。建興中，奉命使吴。孫權稱尊號，以震爲衛尉，賀權踐阼。諸葛亮與兄瑾書曰：「孝起忠純之性，老而益篤，及其贊述東西，歡樂和合，有可貴者。」震入吴界，移關候曰：「獻子適魯，犯其山諱，《春秋》譏之。望必啓告，使行人睦焉。」震到武昌，孫權與震升壇歃盟，交分天下。

費詩，犍爲南安人，爲益州前部司馬。先主爲漢中王，遣詩拜關羽爲前將軍，羽聞黄忠爲後將軍，怒曰：「大丈夫終不與老兵同列！」不肯受拜。詩謂羽曰：「夫立王業者，所用非一。昔蕭、曹與高祖少小親舊，而陳、韓亡命後至，論其班列，韓最居上，未聞蕭、曹以此爲怨。今漢王以一時之功，隆崇於漢室，然意之輕重，寧當與君侯齊乎？且王與君侯，譬同一體，同休等戚，禍福共之，愚謂君侯不宜計官號之高下、爵禄之多少爲意也。僕一介之使，銜命之人，君侯不受拜，如是便還，但相爲惜此舉動，恐有後悔耳。」羽大感悟，遽即受拜。

鄧芝脩好孫權，已見前。後復令芝重往，權謂芝曰：「若天下太平，二主分治，不亦樂乎？」芝對曰：「天無二日，土無二王，并魏之後，戰爭方始耳。」權大笑曰：「君之誠款，乃當爾耶？」權與亮書曰：「和合二國，唯有鄧芝。」

宗預，南陽安衆人，爲丞相亮主簿參軍。及亮卒，吴慮魏或承衰取蜀，增巴丘守兵萬人。蜀聞之，亦益永安之守。預使吴，孫權問曰：「東之與西，譬猶一家，而聞更增白帝之守，何也？」預對曰：「臣以爲東益巴丘之戍，西增白帝之守，皆事勢宜然，俱不足以相問也。」權大笑，嘉其抗直【四三】，甚愛待之，見敬亞於鄧芝、費禕。後復聘吴，語權曰：「蜀土僻小，雖云鄰國，東西相賴，吴不可無蜀，蜀不可無吴，惟重垂神慮。」權握手泣别曰：「君每銜命結二國之好，今君年長，孤亦衰老，恐不復相見！」遺預大珠一斛。以上皆亮爲政日所用以將命四方者也。以區區一隅之蜀，而能抗衡吴、魏者，豈非毛髮絲粟之材莫不畢用故耶？故略載其人，以備參考云。

**右叙蜀漢輔臣事業** 按：三國魏爲大，吴次之，蜀又次之。然曹氏以篡弑得國，荀攸、賈詡輩號稱元臣，而所規畫大抵輔曹以傾漢而已。吴雖自立江左，然嘗稱藩于魏，其名義已不正矣。雖有周瑜、魯肅諸臣，要皆以將略稱其事，自見《丙記》，惟張昭、顧雍粗有事君之節，今撮其大概，著于此。至晉氏登基，人材最盛，然其君臣所爲，是亦一曹魏爾，何足録哉！獨張華、裴頠之事，有可爲世戒者，故附見焉。

張昭，彭城人，漢末南渡江，孫策創業，爲長史，升堂拜母，如比肩之舊，文武之事，一以委昭。昭每得北方士大夫書疏，專歸美於昭，昭欲默而不宣，則懼有私，宣之則恐非宜，進退不安。策聞之，歡笑曰：「昔管子相齊，一則仲父，二則仲父，而桓公爲霸者宗。今子布賢，我能用之，其功名獨不在我乎？」策臨亡，以弟權託昭，昭率

【四三】嘉其抗直　「直」原作「盡」，據《三國志·宗預傳》改。

羣僚立而輔之。權每田獵，常乘馬射虎，昭曰：「夫爲人君者，謂能駕御英雄，驅使羣賢，豈謂馳逐於原野，校勇於猛獸者乎？如有一旦之患，如天下笑何？」權於武昌，臨釣臺，飲酒大醉。權使人以水灑羣臣，曰：「今日酣飲，惟醉墮臺中，乃當止耳。」昭正色不言，出外車中坐。權遣人呼昭還，謂曰：「爲共作樂耳，公何爲怒乎？」昭對曰：「昔紂爲糟丘酒池、長夜之飲，當時亦以爲樂，不以爲惡也。」權默然，有慙色，遂罷酒。昭每朝見，辭氣壯厲，義形於色，曾以直言逆旨，中不進見。後蜀使來，稱蜀德美，而羣臣莫拒，權歎曰：「使張公在坐，彼不折則廢，安復自誇乎？」明日，遣中使勞問，因見昭，昭避席，權跪止之，昭坐定，仰曰：「昔太后、桓王不以老臣屬陛下，而以陛下屬老臣，是以思盡臣節，以報厚恩，而意慮淺短，違逆盛旨，自分幽淪，長棄溝壑，不圖復蒙引見，得奉帷幄。然臣愚心所以事國，志在忠益，畢命而已；若乃變心易慮，以偷榮取容，此臣所不能也。」權辭謝焉。昭容貌矜嚴，有威風，權常曰：「孤與張公言，不敢妄也。」舉邦憚之。　愚按：東坡蘇氏之論，以昭與漢汲黯、唐魏鄭公並稱。今考其行事，信乎其然也。　顧雍，事權爲尚書令，封陽遂鄉侯，拜侯還寺，而家人不知，後聞乃驚。雍爲人寡言語，舉動時當，權常歎曰：「顧君不言，言必有中。」至飲宴歡樂之際，左右恐有酒失而雍必見之，是以不敢肆情。權亦曰：「顧公在坐，使人不樂。」其見憚如此。自太常爲丞相，領尚書事，其所選用文武將吏各隨能所任，心無適莫。時訪逮民間，及政職所宜，輒密以聞，若見納用，則歸之於上，不用，終不宣泄。權以此重之。然於公朝有所陳列，辭色雖順而所執者正。權嘗咨問得失，張昭因陳法令太稠，刑罰微重，宜有所蠲損，權顧問雍曰：「君以爲何如？」雍對曰：「臣之所聞，亦如昭所陳。」於是權乃議獄輕刑。權嘗令中書郎詣雍有所咨訪，若合雍意，事可施行，即與相反覆究而論之，爲設酒食；如不合意，雍即正色改容，默然不言，無所施設，即退告權。權曰：「顧公歡悅，是事合宜也；其不言者，是事未平也。孤當重思之。」其見敬信如此。江邊諸將，各欲立功自效，多陳便宜，有所掩襲。權以訪雍，雍曰：「臣聞兵法戒於小利，此等所陳，欲要功名而爲其身，非爲國也。陛下宜禁之，苟不足以曜威損敵，所不宜聽也。」權從之。軍國得失，行事可否，自非面見，口未嘗言之。爲相十九年，卒。

晉武帝太康元年，王濬等直指建業，吴主皓降。初，帝與羊祜潛謀伐吴，羣臣多以爲不可，唯張華贊成其計。及將大舉，以華爲度支尚書，乃量計運漕，決定廟算，詳見《丙記》。及吴滅，進封廣武縣侯。按本傳：華學業優博，辭藻朗贍多通，圖緯、方技之書莫不詳覽。少自脩謹，造次必以禮度。勇於赴義，篤於周急。器識弘曠，時人罕能測之。華名重一世，衆所推服，晉史及儀禮憲章並屬於華，多所損益。當時詔誥皆所草定，聲譽益盛，有台輔之望焉。而荀勗自以大族，恃帝恩深，憎疾之，每伺間隙，欲出華外鎮。會帝問華：「誰可託寄後事者？」對曰：「明德至親，莫如齊王攸。」既非上意，間言遂行，乃出華都督幽州諸軍事。撫納新舊，戎夏懷之。東夷馬韓、新彌諸國依山帶海，歷世未附者二十餘國，並遣使朝獻。於是遠夷賓服，西境無虞，士馬强盛。朝議將欲徵華入相。初，華毁徵士馮恢於帝，紞即恢之弟也，深有寵於帝。紞嘗侍帝，從容論鍾會事，稽首曰：「陛下既然微臣之言，宜思堅冰之漸，無使如會之徒復致覆敗。」帝曰：「當今豈有如會者乎？」紞曰：「陛下謀謨之臣，著大功於天下，據方鎮、摠戎馬之任者，皆在陛下聖慮矣。」帝默然。頃之，徵華爲太常。以太廟屋棟折，免官。遂終帝之世，以列侯朝見。按：馮紞之所以中傷華，其計甚巧，詳見《乙記·辯邪正》篇。惠帝即位，華以德望爲楊駿所忌，不與朝政。及駿誅後，將廢皇太后，會羣官於朝堂，議者皆承望風指，以爲《春秋》絶文姜，今太后自絶於宗廟，亦宜廢黜。惟華議以爲「皇太后非得罪於先帝者也。今黨其所親，爲不母於聖世。宜依漢廢趙太后爲孝成后故事，貶皇太后之號，還稱武皇后，居異宮，以全貴終之恩」。不從，遂廢太后爲庶人。按：楊太后初無可廢之罪，華之議已不爲全直，而孝惠猶不能從。當是時也，三綱已絶，士君子無可立朝之理矣，而華竟進居相位，後日之不免，宜也。

楚王瑋受密詔殺太宰亮、太保衛瓘等【四四】，内外兵擾，朝廷大恐，計無所出。華白帝以「瑋矯詔擅害二公，將士倉卒，謂是國家意，故從之耳。今可遣騶虞幡使外軍解嚴，理必風靡。」上從之，瑋兵果敗。瑋誅，華以首謀有功開府，固辭。

元康元年，賈后專朝，委任親黨，以賈模爲散騎常侍，加侍中。賈謐與后謀，以張華庶姓，無逼上之嫌，而儒雅有籌略，爲衆望所依，欲委以朝政。疑未決，以問裴頠，頠深贊其事。華遂盡忠匡輔，彌縫遺闕，雖當暗主虐后之朝，而海内晏然，華之功也。按：明年春，故楊太后卒于金墉城。是時，太后同有侍御十餘人，賈后悉奪之，絶膳八日而卒。賈后恐太后有靈，或訴寃於先帝，乃覆而殯之，施諸厭劾符書、藥物等。此逆理亂倫之大者，華皆無所正救，然則所謂彌縫遺闕者，果何事也？

九年，賈后淫虐日甚，賈模恐禍及己，甚憂之。裴頠與模及張華議廢后，立謝淑妃。模、華皆曰：「主上自無廢黜之意，而吾等專行之，儻上心不以爲然，將若之何？且諸王方彊，朋黨各異，一旦禍起，身死國危，無益社稷。」頠曰：「誠如公言，然中宮逞其昏虐，亂可立待也。」華曰：「卿二人於中宮皆親戚，言可見信，宜爲陳禍福之戒，庶無大悖，則天下尚未至於亂，吾曹得優游卒歲而已。」頠旦夕説其從母廣城君，令戒諭賈后以親厚太子，賈模亦數爲后言禍福。后不能用，反以模爲毁己而疏之。模憂憤而卒。秋，八月，以

【四四】殺太宰亮太保衛瓘等　「殺」「衛」二字原脱，據《晉書·張華傳》補。

裴頠爲尚書僕射。頠雖賈后親屬，然雅望素隆，四海唯恐其不居權位。或謂頠曰：「君可以言，當盡言於中宮。言而不從，當遠引而去。儻二者不立，雖有十表，難以免矣。」頠慷然久之，竟不能從。帝爲人戇騃，時天下荒饉，百姓餓死，帝聞之曰：「何不食肉糜？」由是權在羣下，政出多門，勢位之家，更相薦托，有如互市。賈、郭恣横，貨賂公行，南陽魯褒作《錢神論》以譏之。裴頠薦平陽韋忠於張華，華辟之，忠辭疾不起，人問其故，忠曰：「張茂先華而不實，裴逸民欲而無厭，棄典禮而附賊后，此豈大丈夫之所爲哉？逸民每有心託我，我常恐其溺於深淵而餘波及我，況可褰裳而就之哉？」關内侯索靖知天下將亂，指洛陽宫門銅駝嘆曰：「會見汝在荆棘中耳！」按：是時亂形已具，華方欲與同列優游卒歲，其先見之明不如韋忠、索靖遠矣。及賈后謀廢太子，左衛率劉卞爲太子所信遇，每會宴，卞必預焉，屢見賈謐驕傲，太子恨之，形于言色，謐亦不能平。卞以賈后謀問華，華曰：「不聞。」卞曰：「卞自須昌小吏受公成拔，以至今日。士感知己，是以盡言，而公更有疑於卞邪？」華曰：「假令有此，君欲如何？」卞曰：「東宮俊乂如林，四率精兵萬人。公居阿衡之任，若得公命，皇太子因朝入録尚書事，廢賈后於金墉城，兩黄門力耳。」華曰：「今天子當陽，太子人子也，吾又不受阿衡之命，忽相與行此，是無君父而以不孝示天下也。雖成，猶不免罪，況權戚滿朝，威柄不一，而可以安乎？」賈后常使親黨微服聽察於外，頗聞卞言，乃遷卞雍州刺史。卞知言泄，飲藥死。胡氏曰：「以事之形迹論之，舉東宮兵廢皇后，是五刑莫大之罪也。以理之輕重斷之，國本將摇，大臣計安宗廟，廢孽后以全儲君，是三綱不紊之功也。昔周惠王以愛欲易太子，齊小白糾合諸侯，會盟于首止，以定襄王之位。孔子稱之曰：「一匡天下，民到于今受其賜矣。」夫父欲易子，聖人猶以大義裁之，而取管仲以著齊侯之功，況賈氏淫虐無道，親弒其姑，又誘陷太子致于有過，乃因以爲罪，而欲廢之？張華爲國大臣，大臣定國大事，大事莫大於太子之廢立矣。偏召公卿，大會殿廷，密飭衛兵，嚴爲儆守，建白中宫弒姑害子，危及宗社，請行廢黜，以安國家，不終朝而禍亂息矣。乃拘於小義，以失大機。本華之心，倚后自固，而不知理所不可，勢安足憑？卒之屈於張林之言，無以自解，其有以取之哉！」十二月，賈后詐稱帝不豫，召太子入。既至，后不見，以帝命賜之酒，使盡飲，大醉后，使黄門侍郎潘岳作書，以紙筆及草，因太子醉，稱詔使書之。云云。詳見《丙記》。其字半不成，后補成之，以呈帝。壬戌，帝幸式乾殿，召公卿入，以太子書示之曰：「遹書如此，今賜之死。」諸王公莫有言者。張華曰：「此國之大禍，自古以來，常因廢黜正嫡以致喪亂，且國家有天下日淺，願陛下詳之。」裴頠以爲宜先檢校傳書者，又請比校太子手書，不然，恐有詐妄。后見華等意堅，懼事變，乃表免太子爲庶人。永康元年三月，尉氏雨血，妖星見南方，太白晝見，中台星坼【四五】。張華少子韙勸華遜位，華不從，曰：「天道幽遠，不如靜以待之。」胡氏曰：「天道固遠，使初無變動，或偶有小小者焉，猶可以緩儆懼之心，乃一月之中，大異四見，亦既逼矣，而尚曰『天道遠』，何張華之愚哉！華以博物名，能辯龍肉鮓、蛇化雉、臨平石鼓、豐城寶劍，然上則不識天象，下則不悟人理，何用博物爲哉？以愚觀之，華蓋姦人爾。以文學才謀，早得時名，及致位公台，耽於榮貴，密結賈后以固爵禄，微諫廢儲以竊公譽，意欲優游卒歲，而不知禍之至此也！臨死之言，自謂『中心如丹』，而史亦稱其盡忠帝室，世之相蒙，可勝道耶！是故君子務知其遠者、大者，苟博物如張茂先，至神如何平叔，終無救於殺身之禍也。」太子既廢，衆情憤怨，右衛督

【四五】中台星坼　「坼」原作「拆」，據《晉書·張華傳》改。

司馬雅【四六】、常從督許超，皆嘗給事東宮，與殿中中郎士猗等謀廢賈后【四七】，復太子。以張華、裴頠安常保位，難與行權，右將軍趙王倫執兵柄，性貪冒，可假以濟事。乃説孫秀，使言於倫。倫納焉。事將起，孫秀言於倫曰：「不若遷延緩期，賈后必害太子，然後廢后，爲太子報讎，豈徒免禍，乃更可以得志。」倫然之。因勸謐等早除太子，以絶衆望。癸未，賈后使黄門孫慮殺太子。夏，四月，倫、秀將討賈后，使司馬雅告張華，華拒之，雅怒曰：「刃將加頸，猶爲是言邪？」不顧而出。倫、秀遂矯詔數中宫賈謐等殺太子之罪，遂廢后爲庶人。倫陰與秀謀篡位，欲先除時望，且報宿怨，乃執張華、裴頠等於殿前。華謂張林曰：「卿欲害忠臣邪？」林稱詔詰之曰：「卿爲宰相，太子之廢，不能死節，何也？」華曰：「式乾之議，臣諫事具存，可覆按也。」林曰：「諫而不從，何不去位？」華無以對。遂皆斬之，仍夷三族。閻纘撫張華尸慟哭，曰：「早語君遜位而不肯【四八】，今果不免，命也！」按：世之論華者，皆曰式乾之諫不從而不去，此其所以及禍也。愚謂不然，夫陰陽之消長莫不以漸，世之治亂亦然，故履霜則知堅冰之將至。方楊太后之廢也，三綱五典於焉掃地，華嘗諫矣，而不見從，於是時引身而去，乃全進退之節。華方安然進居相位，坐視楊后見弑而不能救，逆天悖理，孰甚於此！孔子稱由、求爲具臣，而曰弑父與君，亦不從也。賈后凶虐，至弑其姑，而華從之，是又具臣之不如也。姑猶可弑，太子其不可廢乎？愍、懷之事，不待卜筮可豫知其必有矣。故曰華之當去，在楊太后見廢之時，不在愍懷見廢之日矣。

【四六】右衛督　「右」原作「有」，據《資治通鑑》卷八十三改。

【四七】殿中中郎　原作「殿中郎」，據《資治通鑑》卷八十三改。

【四八】早語君遜位　「早」原作「旦」，據《資治通鑑》卷八十三改。

# 乙下之十三

晉惠帝永興二年，以琅邪王睿爲平東將軍，監徐州諸軍事，留鎮下邳。睿請王導爲司馬。初，導參東海王越軍事，與睿素相親善。導知天下已亂，遂傾心推奉，潛有興復之志，睿亦雅相器重，契同友執。睿之在洛陽也，導每勸令之國，會睿出鎮，請爲司馬，軍謀密策，知無不爲。

懷帝永嘉元年七月，以睿爲安東將軍，都督揚州江南諸軍事、假節，鎮建業。睿名論素輕，吴人不附，居久之，士大夫莫有至者，導患之。會睿出觀禊，導使睿乘肩輿，具威儀，導與諸名勝皆騎從。吴人紀瞻、顧榮皆江南之望，覘之，咸驚異，相帥拜於道左。導因進計曰：「古之王者，莫不賓禮故老，存問風俗，虚己傾心，以招俊乂【一】，況天下喪亂，九州分裂，大業草創，急於得人者乎？顧榮、賀循，此土之望，宜引之以結人心。二子既至，則無不來矣。」睿乃使導躬造循、榮，二人皆應命而至。以循爲吴國内史，榮爲軍司，加散騎常侍，凡軍府政事，皆與之謀議。又以紀瞻爲軍祭酒，卞壼爲從事中郎，周玘爲倉曹屬，琅邪劉超爲舍人，張闓及魯國孔衍爲參軍。由是吴會風靡，百姓歸心焉。自此之後，漸相推奉，君臣之禮始定。時荆、揚晏安，户口殷實，導爲政務在清静，每勸睿剋己勵節，匡主寧

校勘記

【一】以招俊乂　「乂」原作「又」，據《晉書·王導傳》改。

邦。於是尤見委仗，情好日隆，號爲「仲父」。睿初至，頗以酒廢事，導以爲言，睿命酌，引觴覆之，自此遂絶。《通鑑》云：「導勸睿謙以接士，儉以足用，以清静爲政，撫綏新舊，故江東歸心焉。」

時海内大亂，獨江東差安，中國士民避亂者多南渡江。導説睿收其賢俊，與之共事，睿從之，辟掾屬百餘人，時人謂之「百六掾」。以前潁川太守渤海刁協爲軍諮祭酒，前東海太守王承、廣陵相卞壼爲從事中郎，江寧令諸葛恢、歷陽參軍陳國陳頵爲行參軍，前太傅掾庾亮爲西曹掾。愚按：自古創業中興之君，必有元臣爲之輔翼，其所建畫，亦必有以迓天命而收人心者。美其民以致賢人者，蕭何策也；延攬英雄務悦民心者，鄧禹之謀也。二人所以爲兩漢元功之首者，以此焉爾。晉氏渡江之初，茂弘實爲謀主，觀其獻説於元帝者，一則招俊乂以從人望，二則務清静以安人心，與酇侯高密不約而合，其爲江左名臣之冠，亦宜哉！

前騎都尉譙國桓彝避亂過江【一】，見朝廷弱，謂周顗曰：「我以中州多故，來此求全，而單弱如此，將何以濟？」既而見王導，共論世事，退，謂顗曰：「向見管夷吾，無復憂矣。」按《温嶠傳》亦有此言。諸名士相與登新亭遊宴，周顗中坐歎曰：「風景不殊，舉目有江山之異。」因相視涕泣。惟導愀然變色曰：「當共戮力王室，克復神州，何至作楚囚對泣耶？」衆皆收淚謝之。陳頵遺王導書曰：「中華所以傾弊者，正以取才失所，先白望而後實事，浮競驅馳，互相貢薦，言重者光顯，言輕者後叙，遂相波扇，乃至陵遲。加有莊、老之俗，傾惑朝廷，養望者爲弘雅，政事者爲俗人，王職不恤，法物墜喪。夫欲制遠，先由近始。

【一】桓彝　「桓」原作「相」，據《晉書·王導傳》改。

今宜改張，明賞信罰，拔卓茂於密縣，顯朱邑於桐鄉，然後大業可舉，中興可冀耳。」導不能從。胡氏曰：「茂弘建立江左百年之業，功無與輩。其可恨者，創業之初，宜革前弊，而不能用陳頵之言，此爲大失。導固江左人物之傑，推其源流，殆亦自清談中拔迹，雖不習老、莊，亦不深非之也。或曰：『瑯琊得國日淺，基業未固，理當寬弘，而後能濟。』曰：『審如是，則孔明之不能蜀久矣，何以得《甘棠》之思乎？』」

愍帝建興四年，丞相睿聞長安不守，出師露次，刻日北征。以漕運稽期，丙寅，斬督運令史淳于伯。刑者以刀拭柱，血逆流上，至柱末二丈餘而下【三】，觀者咸以爲冤。右將軍王導等上疏引咎，請解職。睿曰：「政刑失中，皆吾闇塞所致。」一無所問。胡氏曰：「孟子曰：『五伯假仁者也。反躬而仁者，不可得而見矣。得見有假者，斯可矣。久假而不歸者，不可得而見矣，得見暫假者，斯可矣。』瑯琊才具不優，志器非遠，感激東海與己揚州之惠，固自以建鄴爲瑯琊之京邑也。愍帝詔使進軍，睿以方定江東爲辭。祖逖説以恢復，睿素無北伐之志，此其情實也。及聞長安不守，出師露次，躬擐甲冑，移檄四方，刻日北征，審有此心者，當爲之有素。選擇將帥，訓練軍旅，儲峙糇糧，其規摹措畫，無非北向之計，一日奮發，尚恐大事之緒未易就也。今既倉卒而舉，本末不應，發於行事，其心孔彰。乃歸罪督運之稽，斬戮無罪，刀拭柱上，其血逆流，拂理違天，亦云酷矣。今去之千歲，讀其史，味其事，猶使人拂鬱而重歎，則當時爲如何？此所謂假仁而行，猶未能者也。王導爲睿謀臣，使濫刑至此，雖上疏引咎解職，曷若諫止於未然之爲善乎？」

元帝建武元年三月，瑯琊王即晉王位，有司請立太子。王愛次子宣城公裒，欲立之，謂王導曰：「立子當以德。」導曰：「世子、宣城俱有朗儁之美，而世子年長。」王從之。丙辰，立世子紹爲王太子，封裒爲瑯琊王，以王敦爲大將軍、江州牧。揚州刺史王導爲驃騎

【三】至柱末二丈餘而下　「至」、「而下」原脱，據《資治通鑑》卷八十九補。

將軍、都督中外諸軍事。導以敦統六州，辭中外都督。按：敦，導之從兄。時軍旅不息，學校未修，導上書曰：「夫風化之本在於正人倫，人倫之正存乎設庠序。庠序設，五教明，德禮洽通，彝倫攸序，而有恥且格，父子兄弟夫婦長幼之序順，而君臣之義固矣。《易》所謂『正家而天下定』也。故聖王蒙以養正，少而教之，使化霑肌骨，習以成性，遷善遠罪而不自知，行成德立，然後裁之以位。雖王之世子，猶與國子齒，使知道而後貴。其取才用士，咸先本之於學。故《周禮》卿大夫獻賢能之書于王【四】，王拜而受之，所以尊道而貴士也。人知士之貴由道存，則退而脩其身以及家，正其家以及鄉學，於鄉以登朝，反本復始，各求諸己。敦樸之業著，浮僞之競息，教使然也。故以之事君則忠，以之莅下則仁，孟軻所謂『未有仁而遺其親，未有義而後其君』者也。自頃皇綱失統，頌聲不興，于今二紀。干戈日尋，俎豆不設，先王之道彌遠，華僞之俗遂滋，非所以端本靖末之謂也。今戎虜扇熾，國恥未雪，若聿遵前典，興復道教，擇朝之子弟並入于學，選明博脩禮之士而爲之師，化成俗定，莫尚於斯。」上甚納焉。按：時戎事方興，而導首以興崇學校爲請，可謂有經遠之識矣。按：本傳記此於辭都督後，《通鑑》不載。

大興元年三月，愍帝凶問至建康，百官請上尊號。王即皇帝位，百官陪列。帝命王導升御牀共坐，導固辭，曰：「若太陽下同萬物，蒼生何由仰照？」帝乃止。

夏四月，加王導驃騎大將軍，開府儀同三司。導遣八部從事行揚州郡國，還，同時俱

【四】卿大夫獻賢能之書　「卿」原作「鄉」，「之」原脫，據《晉書·王導傳》改補。

見。諸從事各言二千石官長得失，獨顧和無言，導問之，和曰：「明公作輔，寧使網漏吞舟，何緣採聽風聞，以察察爲政邪？」導咨嗟稱善。胡氏曰：「江東草創，正須慎擇牧守令長，以撫循百姓，爲國基本，若一郡一縣或非其人，則受害者衆矣。然則守令得失，正宰相所當知也。不以察察爲政，以此待赤子可耳，爲民上者，姦暴貪汙容而不治，顧曰網漏吞舟，不亦謬乎？且風聞不可聽者，謂誣罔者也。若按其舉措之虚實而加刑賞焉，又何惡於風聞？且宰相於天下，安得物物而目覩之哉！顧和之言，若臧而否，愚所不取也。」

太山太守徐龕反，帝訪可以鎮撫河南者，導舉太子左衛率羊鑒，龕之州里冠族，必能制之。鑒深辭「才非將帥」，郗鑒亦表鑒非才，不可使。導不從。秋八月，以鑒爲征虜將軍、征討都督，督徐州刺史蔡豹等討之。

三年，羊鑒討徐龕頓兵下邳，不敢前。尚書令刁協劾奏鑒，免死除名，以蔡豹代領其兵。王導以所舉失人，乞自貶，帝不許。按：導此舉有媿於蕭何之識韓信，鄧禹之知寇恂矣。其中興之業不究，宜哉。然導亦非懵於知人者，若徐馥之叛，周續亦聚衆應之。元帝議欲加討，導以爲：「兵少則不足制寇，多遣則根本空虚，黄門侍部周莚忠烈至到，爲一郡所敬。意謂直遣莚，足能殺續。」果如其謀。續，莚之從兄也。使導於擇將凡皆若此，豈不偉哉！時中興草創，未置史官，導始啓立，於是典籍頗具。

帝之始鎮江東也，王敦與從弟導同心翼戴，帝亦推心任之。敦總征討，導專機政，羣從子弟布列顯要，時人爲之語曰：「王與馬，共天下。」後敦自恃有功，帝畏而惡之，乃引劉隗、刁協以爲腹心，稍抑損王氏之權，導亦漸見疎外。中書郎孔愉陳導忠賢，有佐命之勳，宜加委任。帝出愉爲司徒左長史。導能任真推分，澹如也，議者皆稱其善處興廢焉。

而敦益懷不平，遂構嫌隙。胡氏曰：「元帝欲稍抑王氏之權者，正心以正朝廷，動無失德，舉無過事，所以自正也。身無不正，人欲叛之心十去四五矣。精擇賢材，布在有位，所以正朝廷也，朝廷既正，人欲叛之心十去七八矣。正使姦凶不忌，恃强而反，而衆正在我，不正在彼，其勝負之機已判於一堂之上矣。帝乃引刁、劉二人爲腹心，是欲却豺虎而投之以肉也。茂弘當噬嗑之際，欲去其間，其惟起敬起忠【五】，信以發志，乃可感動帝心。雖曰推分澹如，然處仲初舉，導無深拒之意，得非亦有介然不平存於中乎？噫，衆人跋疐前卻之時，己獨安行猶平日然，此赤舄几几，所以爲周公之聖而格成王之孚者也。獨導不知此，惜哉！」

四年七月，以驃騎將軍王導爲侍中、司空、假節、録尚書，領中書監。帝以敦故，并疎忌導。御史中丞周嵩上疏，以爲「導忠素竭誠，輔成大業，不宜聽孤臣之言，惑疑似之説，放逐舊德，以佞伍賢，虧既往之恩，招將來之患」。帝頗感悟，導由是得全。

永昌元年春正月，王敦舉兵於武昌，上疏罪狀劉隗。二月，帝徵戴淵、劉隗入衛建康。隗至，百官迎于道，及入見，與刁協勸帝盡誅王氏。帝不許，隗始有懼色。司空導帥其從弟中領軍邃、左衛將軍廙、侍中侃、彬及諸宗族二十餘人，每旦詣臺待罪。周顗將入，導呼之曰：「伯仁，以百口累卿！」顗直入不顧。既見帝，言導忠誠，申救甚至，帝納其言。顗喜酒，至醉而出，導猶在門，又呼之。顗不與言，顧左右曰：「今年殺諸賊奴，取金印如斗大，繫肘後。」既出，又上表明導無罪，言甚切至。導不之知，甚恨之。帝命還導朝服，召見之。導稽首曰：「逆臣賊子，何代無之，不意今者近出臣族！」帝跣而執其手，曰：「茂弘，方寄卿以百里之命，是何言邪！」三月，以導爲前鋒大都督，詔曰：「導以大義滅親，

【五】起敬起忠　後「起」原脱，據《讀史管見》卷七補。

可以吾爲安東時節假之。」征虜將軍周札素矜險好利，帝令都督石頭諸軍事。敦至石頭，以杜弘爲前鋒，攻之，札開門納弘，敦據石頭。初，西都覆没，四方皆勸進於帝。敦欲專國政，忌帝年長難制，欲更議所立，王導不從。及敦克建康，謂導曰：「不用吾言，幾至覆族。」導猶執正議，敦無以能奪。敦從容問導曰：「周、戴南北之望，當登三司無疑也。」導不答。又曰：「若不三司，止應令僕邪？」又不答。敦曰：「若不爾，正當誅爾。」又不答。丙子，敦遣部將陳郡鄧岳收顗及淵，殺之。導後料檢中書故事，乃見顗救己之表，執之流涕曰：「吾雖不殺伯仁，伯仁由我而死。幽冥之中，負此良友！」胡氏曰：「言之不可不慎也！曰『省表，事佳耳。時乎時乎【六】，會當有變時』，此崔琰之所以死也。曰『願陛下勿憂，大臣有罪者，臣謹即行誅』，此劉洎之所以死也。皆以疑似之言，可以兩曉故也。周伯仁所謂賊奴者，指王敦、錢鳳、沈充之徒耳。既不諾茂弘所請，而揚『殺賊奴、取金印』之言，茂弘意其謂己，所以不能忘懷者也。當茂弘懇之之時，顗若對曰『此蓋非愚所敢任，上禮貌大臣，忠邪自當有別』，如此既無布恩之嫌，又無失言之禍，兩得之矣。伯仁既失之於口，茂弘又失之於心，王敦問所以處周，戴者，至于再三，導竟不答，志在於殺也。清遠之量，於是乎狹隘，而君子所不由也矣。」

十一月，帝憂憤成疾。閏月己丑，崩。司空王導受遺詔輔政。

明帝太寧元年，王敦謀簒位，諷朝廷徵己。帝手詔徵之。敦移鎮姑孰，以司空導爲司徒，敦自領揚州牧。敦從子允之，方總角，敦愛其聰警，常以自隨。敦常夜飲，允之辭醉先卧。敦與錢鳳謀爲逆，允之悉聞其言。會其父舒拜廷尉，允之求歸省父，悉以敦、鳳之謀白舒，舒與王導俱啓帝，陰爲之備。

【六】時乎時乎　句末之「乎」原脱，據《三國志・崔琰傳》補。

二年夏五月，王敦疾甚，矯詔拜王應爲武衛將軍以自副。六月，加司徒導大都督，領揚州刺史。導聞敦疾篤，帥子弟爲敦發喪，衆以爲敦信死，咸有奮志。秋，七月，導遺王含書曰【七】：「近承大將軍困篤，或云已有不諱。尋知錢鳳大嚴，欲肆姦逆。謂兄當抑制不逞，還藩武昌，今乃與犬羊俱下。兄之此舉，謂可得如大將軍昔年之事乎？按：導此言可謂謬矣。含之舉固爲逆矣，不知敦昔年之事，得爲順乎？昔年佞臣亂朝，人懷不寧，如導之徒，心思外濟。按：此可見導本志欲借敦勢以去刁、劉明矣。今則不然。大將軍來屯于湖，漸失人心，君子危怖，百姓勞罷。臨終之日，委重安期，應小字。安期斷乳未幾日，又乏時望，便可襲宰相之迹邪？自開闢以來，頗有宰相以孺子爲之者乎？諸有耳者皆知將爲禪代意，非人臣之事也。先帝中興，遺愛在民，聖主聰明，德洽朝野。兄乃欲妄萌逆節，凡在人臣，誰不憤歎！導門户小大受國厚恩，今日之事，明目張膽，爲六軍之首，寧爲忠臣而死，不爲無賴而生矣！」含不答。是月，含兵敗。敦尋卒，應秘不發喪，錢鳳、沈充繼被殺，敦黨悉平，司徒導等皆以討敦功受封賞。有司奏：「王彬等敦之親族，皆當除名。」詔曰：「司徒導以大義滅親，猶將百世宥之【八】，況彬等皆公之近親乎！」悉無所問。冬十月，以司徒導爲太保、領司徒，加殊禮。

三年春二月，贈故譙王承、甘卓、戴淵、周顗、虞望、郭璞、王澄等官。周札故吏爲札訟冤，尚書卞壼議以爲：「札守石頭，開門延寇，不當贈謚。」司徒導以爲：「往年之事，敦姦

【七】王含　「王」原無，據《資治通鑑》卷九十三補。

【八】百世宥之　「宥」原作「有」，據《資治通鑑》卷九十三改。

逆未彰，自臣等有識以上，皆所未悟，與札無異。既悟其姦，札便以身許國，尋取梟夷。臣謂宜與周、戴同例。」郗鑒以爲：「周、戴死節，周札延寇，事異賞均，何以勸沮？如司徒議，謂往年有識以上皆與札無異，則譙王、周、戴皆應受責，何贈謚之有？今三臣既褒，則札宜受貶明矣。」導曰：「札與譙王、周、戴，雖所見有異同，皆人臣之節也。」鑒曰：「敦之逆謀，履霜日久，緣札開門，令王師不振。若敦前者之舉，義同桓、文，則先帝可爲幽、厲邪？」然卒用導議，贈札衛尉。胡氏曰：「王導抑卞壼之議，賞周札之忠，是何言與？王敦再舉，導與王含書曰：『昔年佞臣亂朝，人懷不寧，如導之徒，心思外濟。』然則敦初據石頭之時，茂弘不以爲非，實有芥蔕于中。史氏美其善處廢興，任真推分，大不然矣。今又於札眷眷如此，且以人臣之節許札，謂與周、戴同心，郗鑒正言，終不省納，益驗前志。是非皎皎，終古不渝，不知茂弘何必而爲此邪？」愚按：敦之舉兵，雖以誅劉隗爲名，其實欲危晉室，導寧不知之耶？特以刁、劉軋己，故以敦舉兵爲快，而忘其逆耳。故於石頭之舉，終始不以爲非。播糠眯目，天地爲之易位，人其可有私意哉？《晉史·札傳》謂「札開門應敦，故王師敗績，敦轉爲光禄勳，尋補尚書，頃之遷右將軍、會稽内史」，皆貴其從己也，後忌其一門五侯，貴盛莫比。又錢鳳進説，然後圖之，非以忠於王室之故也。導黨姦之罪，於是乎不可贖矣。

閏七月，壬午，帝引太宰羕、司徒導、尚書令卞壼、車騎將軍郗鑒、護軍將軍庾亮、領軍將軍陸曄、丹楊尹温嶠，並受遺詔輔太子。丁亥，降遺詔。戊子，帝崩。己丑，太子即皇帝位，生五年矣。羣臣進璽，司徒導以疾不至。卞壼正色於朝曰：「王公豈社稷之臣邪？大行在殯，嗣皇未立，寧是人臣辭疾之時也？」導聞之，輿疾而至。九月，庾太后臨朝稱制，以司徒導録尚書事，與中書令庾亮、尚書令卞壼參輔朝政。然事之大小皆決於亮。傳又曰：「王導稱疾不朝而私送郗鑒，壼奏導虧法從私。」

成帝咸和元年，時貴遊子弟多慕王澄、謝鯤爲放達，壼厲色於朝曰：「悖禮傷教，罪莫大焉！中朝傾覆，實由於此。」欲奏推之，王導、庾亮不聽，乃止。

初，王導輔政，以寬和得衆。及庾亮用事，任法裁物，頗失人心。二年，亮以蘇峻在歷陽，終爲禍亂，欲下詔徵之，訪於司徒導，導曰：「峻猜險，必不奉詔，不若且包容之。」卞壼亦爭之。亮不從。峻不應命，遣參軍徐會推崇祖約，共討庾亮。十一月，尚書左丞孔坦，司徒司馬丹楊陶回言於王導【九】，請「及峻未至，急斷阜陵界，守江西當利諸口，彼少我衆，一戰決矣。若峻未來，可往逼其城。今不先往，峻必先至，峻至則人心危駭，難與戰矣。此時不可失也。」導然之，庾亮不從。

三年春正月，蘇峻濟自横江。二月，峻兵入臺城，司徒導謂侍中褚翜曰：「至尊當御正殿，君可啓令速出。」翜即入上閤，躬自抱帝登太極前殿。導及光禄大夫陸曄、荀崧、尚書張闓共登御床擁衛。峻稱詔大赦，以導有德望，猶使以本官居己之右。峻自爲驃騎將軍，録尚書事。峻逼遷帝於石頭，導固爭不從【一〇】。帝哀泣升車，宫中慟哭。初，蘇峻遣尚書張闓權督東軍，司徒導密令以太后詔諭三吴吏士，使起義兵救天子。會稽内史王舒以庾冰爲奮武將軍【一一】，使將兵一萬，西渡浙江。於是吴興太守虞潭、吴國内史蔡謨等皆舉兵應之。陶侃使毛寶攻祖約【一二】，約敗。蘇峻腹心路永、匡術、賈寧恐事不濟，勸峻

【九】丹楊　「楊」原作「陽」，據《資治通鑑》卷九十三改。

【一〇】導固爭不從　「爭」原作「羊」，據《資治通鑑》卷九十四改。

【一一】會稽内史　「稽内」原作「給由」，據《資治通鑑》卷九十四改。

【一二】毛寶　「寶」原作「實」，據《資治通鑑》卷九十四改。

盡誅司徒導等諸大臣，更樹腹心。峻雅敬導，不許。永等更貳於峻，導使參軍袁耽潛誘永使歸順。九月，戊申，導攜二子與永皆奔白石。壘名，陶侃將李根所築也。八月，侃兵斬峻，峻衆立峻弟逸爲主。

四年，諸軍擊斬蘇逸，司徒導入石頭，令取故節。陶侃笑曰：「蘇武節似不如是。」導有慙色。

是時，宫闕灰燼，温嶠欲遷都豫章，三吴之豪請都會稽，二論紛紜未決。司徒導曰：「孫仲謀、劉玄德俱言『建康王者之宅』，古之帝王，不必以豐儉移都，苟務本節用，何憂彫弊？若農事不修，則樂土爲墟矣。且北寇游魂，伺我之隙，一旦示弱，竄於蠻越，求之望實，懼非良計。今特宜鎮之以静，羣情自安。」由是不復徙都。以褚翜爲丹楊尹，時兵火之後，民物彫殘，翜收集散亡，京邑遂安。胡氏曰：「建立都邑，必占形勢，握輕重之權；必據要津，觀方來之會。故自古都于北者，未有不跨越河華，而都于南者，未有不經營建康。建康北限淮、泗，東連甌、吴，西通荆、蜀，利盡南海，水舟陸車，道里均適，山川形勝，真一都會。劉玄德周流天下，亦言『建康王者之宅』。故六朝作邑，堅守不動，雖大盜屢起，而根本常存。王導之於東晉，自引衆才，布之中外，又定大議，不肯遷都，茲其爲元功之首歟？温平南豫章之計劣矣，三吴豪傑請都會稽，何異坎蛙誇恃缺甃，未知東海者歟？」導善於因事，雖無日用之益而歲計有餘。時帑藏空竭，庫中惟有練數千端，鬻之不售而國用不給，導患之，乃與朝賢俱制練布單衣。於是士人翕然競服之，練遂踊貴，乃令主者出賣，端至一金。其爲時所慕如此。

路永、匡術、賈寧，皆峻之黨也，峻未敗，永等去峻歸朝廷，王導欲賞以官爵。温嶠曰：「永等皆峻之腹心，首爲亂階，罪莫大焉，晚雖改悟，未足以贖前罪。得全首領，爲幸多矣，豈可復褒寵之哉？」導乃止。

朝議欲留温嶠輔政，嶠以王導先帝所任，固辭還藩。庾亮泥首謝罪，欲闔門投竄山海。帝手詔慰諭曰：「此社稷之難，非舅之責。」亮乃求外鎮自效，出爲都督豫州、揚州之江西、宣城諸軍事，鎮蕪湖。陶侃、温嶠之討蘇峻也，移檄征、鎮，使各引兵入援。湘州刺史卞敦擁兵不赴，又不給軍糧，遣督護將數百人隨大軍而已，朝野莫不怪歎。及峻平，陶侃奏敦沮軍【一三】，顧望不赴國難，請檻車收付廷尉【一四】。王導以喪亂之後，宜加寬宥。轉敦安南將軍、廣州刺史，病不赴，徵爲光禄大夫、領少府。敦憂愧而卒，追贈本官，加散騎常侍，謚曰敬。司馬氏曰：「庾亮以外戚輔政，首發禍機，國破君危，竄身苟免。卞敦位列方鎮，兵糧俱足，朝廷顛覆，坐觀勝負。人臣之罪，孰大於此？既不能明正典刑，又以寵禄報之，晉室無政，亦可知矣。任是責者，豈非王導乎？」

夏四月，以平南軍司劉胤爲江州刺史。陶侃、郗鑒皆以胤非方伯才，司徒導不從。或謂導子悦曰：「今大難之後，紀綱頓弛，自江陵至建康三千餘里，流民萬計，布在江州。江州，國之南藩，要害之地，而胤以忲侈之性，卧而對之，不有外變，必有内患矣。」悦曰：「此温平南之意也。」胤矜豪日甚，專務商販，積財百萬，縱酒酣樂，不卹政事。冬十二月，詔徵後將軍郭默爲右軍將軍【一五】。默樂爲邊將，不願宿衛，以情愬於胤。胤曰：

【一三】沮軍　「沮」原作「阻」，據《資治通鑑》卷九十四改。

【一四】請檻車　「請」原脱，據《資治通鑑》卷九十四補。

【一五】右軍將軍　前「軍」字原脱，據《資治通鑑》卷九十四補。

「此非小人之所及也。」默將赴召，求資於胤，胤不與，默由是怨胤。會有司奏：「今朝廷空竭，百官無禄，惟資江州運漕，而胤商販繼路，以私廢公，請免胤官。」書下，胤不即歸罪，方自申理。有謂郭默曰：「劉江州不受免，密有異圖，惟忌郭侯一人，欲先除之。」默帥其徒襲胤，稱詔斬之，傳首京師。

五年，春正月，劉胤首至建康。司徒導以郭默驍勇難制，以默爲江州刺史。太尉侃聞之，投袂起曰：「此必詐也。」即將兵討之。發使上表言狀，且與導書曰：「郭默殺方州即用爲方州，害宰相便爲宰相乎？」導答侃書曰：「默據上流之勢，加有船艦成資，故苞含隱忍，使有其地，朝廷得以潛嚴。俟足下軍到，風發相赴，豈非遵養時晦以定大事者耶？」侃笑曰：「是乃遵養時賊也。」夏五月，默將縛默出降。侃斬之，傳首建康。愚按：導前失之於羊鑒，後失之於劉嗣，知人之明於是有媿矣。況怙己愎諫，於失之中，又重失焉。而郭默之用，失之非小者也。非陶侃輩以討賊自任，其禍寧有既乎！

八年，春正月，趙石勒遣使來修好，詔焚其幣。胡氏曰：「中國之爲中國，以有仁義也。仁莫大乎愛親，義莫大乎尊君，仁義立，然後人理存、天道順。若子不顧其親，臣不顧其君，惟利害是論，苟利於己則從之，是以小人夷狄自處，何以治小人而服夷狄哉？石勒攻陷京師，因執天子，東晉嗣世，乃不戴天之讎。張賓爲勒謀臣，猶有『擢髮不足數罪』之言，則晉之待勒，不言可喻矣。設受勒幣而與通好，忘宗國之憤，棄君父之怨，則人之大倫滅矣。於夷狄又何難焉？處是事者，非王導而誰？嗚呼，善哉！此亦其爲元功之一事也。」

咸康元年，咸和盡九年，改今元，帝加元服。司徒導以羸疾，不堪朝會。帝幸其府，拜導并拜其妻，《傳》又云：「後令輿車入殿，其見敬如此。」有同家人。孔坦切諫。及帝已加元服，猶委政於導，坦每發憤，以國事爲己憂，嘗從容言曰：「陛下春秋已長，聖敬日躋，宜博納朝臣，諮諏善道。」導聞而惡之，出坦爲廷尉。坦不得意，以疾去職。胡氏曰：「導雖三朝元老、佐命功臣，然事幼少之君，君臣之分尤不可不謹。所以師表百辟，嚴朝廷，辨上下，定民志也。成帝初即位，羣臣進璽而導不至，于以取譏。既卧疾居家而私送郗鑒，又遭奏劾。詔稱「皇恐」而導不知辭，見必下拜而導不知避，乃孔坦正諫，導反惡而出之，豈其病昏歟，何志之荒也？昔者畢公弼亮四世，而克勤小物；衛武九十入相，而以禮自防。茂弘未至是也，雖病，可不勉勉於恭敬之德哉？」丹楊尹桓景，爲人諂巧，導親愛之。領軍將軍陶回常慷慨謂景非正人，不宜親狎，會熒惑守南斗，導謂回曰：「斗，揚州之分，吾當遜位以厭天譴。」回曰：「公以明德作輔，當親忠真，遠邪佞，而與桓景造膝，熒惑何由退舍？」導深愧之。按：陶回之言，可謂忠切矣。導雖媿其言而不能用，忠言之難聽，佞人之難遠也，如是哉！導於是乎不足觀已。導辟太原王濛爲掾，王述爲中兵屬。述性沈静，每坐客辨論蠭起，而述處之恬如也。年三十，尚未知名，人謂之癡。導以門地辟之。既見，唯問江東米價，述張目不答。導曰：「王掾不癡，人何言癡也？」嘗見導每發言，一坐莫不贊美，述正色曰：「人非堯、舜，何得每事盡善？」導改容謝之。

趙王虎南遊，臨江而還。有游騎十餘至歷陽，太守袁耽表上之，不言騎多少，朝廷震懼，司徒導請出討之。夏四月，加導大司馬、假黃鉞、都督征討諸軍事。帝觀兵廣莫門，分命諸將。郗鑒使廣陵遺兵入衛京師。俄聞趙騎至少，又已去。戊午，解嚴，導解大司馬。胡氏曰：「東晉立國，至是垂二十年，雖内難三作，而北寇不深，蘇峻既平，邊備亦弛。周撫信覘者逃遁而失襄陽，袁耽見遊騎騰奏而震朝野，至於上相仗鉞，天子觀兵，分遣將臣，出捍人衛，而石虎初未嘗攻侵，又已去矣。《春秋》書：『公追齊師至酅，弗及。』以譏爲國無武備，啓戎心，危道也。向使石虎掩吾不戒，爲疾雷之舉，建康其殆哉！」愚按：此導之罪也。

四年五月，以司徒導爲太傅，都督中外諸軍事。六月，以導爲丞相，罷司徒官以并丞相府。導性寬厚，委任諸將趙胤、賈寧等，多不奉法，大臣患之。庾亮與太尉郗鑒牋曰：「主上自八九歲以及成人，入則在宫人之手，出則唯武官、小人，讀書無從受章句，顧問未嘗遇君子。秦政欲愚其黔首，天下猶知不可，況欲愚其主哉！人主春秋既盛，宜復子明辟。不稽首歸政，甫居師傅之尊，多養無賴之士。公與下官並荷付託之重，大姦不掃，何以見先帝於地下乎？」欲共起兵廢導，鑒不聽。南蠻校尉陶稱，以亮謀語導。或勸導密爲之防，導曰：「吾與元規休戚是同，悠悠之談，宜絶智者之口。則如君言，元規若來，吾便角巾還第，復何懼哉？」又與稱書，以爲「庾公帝之元舅，宜善事之」，於是讒間遂息。按：稱，侃子也，後爲庾亮所殺。征西參軍孫盛密諫亮曰：「王公常有世外之懷，豈肯爲凡人事邪？此必佞邪之徒欲間内外耳。」亮乃止。是時亮雖居外鎮，而遙執朝廷之權，既據上流，擁彊兵，趣勢者多歸之。導内不能平，常遇西風塵起，舉扇自蔽，徐曰：「元規塵污人。」胡氏曰：「王導固有失，然庾亮安得而廢之？王敦稱兵，非導啓釁；蘇峻犯闕，由亮召禍。惟己無瑕，乃可戮人，亮安得而廢導哉？既並爲輔相，欲詔教君德，内外一也，何不言於朝廷，薦進儒士，使侍講讀？乃以欲愚其主，歸過茂弘，所謂加罪之辭者也。亮雖有重權，導以中制外，豈可遽廢？一聞陶稱爲備之譏，即起角巾還第之興，以此一事觀王、庾二公，賢否判矣。正使元規在朝，能引士人談經勸學，殆亦虚名無實之徒，又何益於上德？詳庾亮行事，一無可稱，徒以風流相推，得美名耳，論篤君子，所不與也。」　愚按：庾亮書詞所以聲導之失者，往往過實，然所謂讀書無從授章句，顧問未嘗遇君子」等語，則必非盡誣之也。蓋秦、漢以下，爲大臣者大抵以經營事功爲急，而以養成君德爲迂。雖導之賢，亦不免此，宜其爲庾亮所呵也。若亮所謂「秦政欲愚黔首猶且不可，況欲愚其主哉」，此則天下之名言。雖導之用心不至於是，實深中古今姦臣之心髓。若趙高之於二世，張讓、趙忠之於漢靈，仇士良之於唐穆、敬，皆用愚之之術，傳所謂「屏王之耳目，使不聰明者」是也。夫忠臣之心主於爲國，故惟恐人君之不智，不智則不能聽納，而己之道不得行。姦臣之心主於爲己，故惟患人主之不愚，不愚則不可蔽欺，而己之惡不得肆。然使人主而果愚，固非君子之所欲，亦豈小人之利哉？二世亡而趙高戮，漢靈敗而讓、忠誅，然則姦臣之自利，亦祇以自禍歟？嗚呼！便嬖媟近之臣猶不可愚其主，況大臣與國同體，其可忌人主之智而必思有以愚之乎？然姦臣之情變幻多端，其不使之親近儒生、講論今古者，固愚其主之術也。布置私人日侍帷幄，名爲勸講，而所陳皆眩惑之言；名爲輔導，而實委以覘伺之任，此愚其君之尤甚者也。要其歸，是亦自愚而已，果何益哉？

五年，秋七月，始興文獻公王導薨，年六十四。喪葬之禮視漢博陸侯及安平獻王故事，參用天子之禮。導簡素寡欲，輔相三世，倉無儲穀，衣不重帛。初，導與亮共薦丹楊尹何充於帝，請以爲己副，且曰：「臣死之日，願引充内侍，則社稷無虞矣。」由是加吏部尚書。及導薨，徵庾亮爲丞相，固辭。以充爲護軍將軍【一六】，亮弟冰爲中書監、揚州刺史，參録

【一六】護軍將軍　「將軍」原脱，據《資治通鑑》卷九十六補。

尚書事。冰既當重任，經綸時務，不舍晝夜，賓禮朝賢，升擢後進，朝野翕然，稱爲賢相。初，王導輔政，每從寬恕，冰頗任威刑，丹楊尹殷融諫之，冰曰：「前相之賢，猶不堪其弘，況如吾者哉！」史臣曰：「典午之興，本乎陵寡，無德在時。九土未宅其心，四夷已乘其弊。既而中原蕩覆，時無思晉之士，輔佐中宗，艱哉甚矣！王敦內侮，蘇峻連兵，賴元臣匪石之心，潛運忠謨，竟以翦寇。觀其開設學校，存乎沸鼎之中；爰立章程，在乎櫛風之際。雖世道多故，而規模弘遠矣。」愚按：茂弘相三主二十有三年，以四事考之，清素寡欲，無聚斂積實之私，蓋庶幾乎季文子、諸葛武侯之風。末年志漸驕怠，遂至疎直而喜佞，諱過而拒言，其於累德不少，是正己之道猶有未盡也。平時規諫主闕，惟元帝嗜酒一事，它無聞焉。明帝敏悟機斷，幾於英主；成帝甫六歲，能折庾亮顓殺之非，方之漢昭，尤爲蚤慧。以二君之資，使其輔導有方，雖聖哲可學而至，茂弘於此，乃未嘗少致意焉。明帝既享國不遐，成亦不聞進德，至使入親婦寺，出近小人，爲同列所譏呵，則於正君之道，蓋蔑然矣。其謀國，則於渡江之初，招延時望，固結人心，最爲江左立國根本。它所建置，亦有可觀，若不以寇難徙都，不與夷狄交好，尤爲卓偉。然其規摹，不過區區自立而已，規恢興復，蓋非其任。若乃用人，則一時名流，多其所引，晚薦何充，他日登庸，果能以社稷爲己任。惟於用將，則數失之，而辟置掾屬，間取清談之士，則亦未爲得也。大抵後世人材之不如古，由其以天資用事，而無問學日新之益，故隨其所長，或能有爲，徇其所短，亦以致弊。茂弘之所長者，寬和簡靜也；所短者，不以學輔其資，卒不免於正始清虛之餘習。故其相業僅止於此，其亦可惜也哉！

顧榮，吳人，仕吳爲黃門侍郎。吳平，與陸機諸人同入洛，後爲齊王冏主簿。冏擅權驕恣，榮懼及禍，終日昏酣，不綜府事，以情告友人馮熊，得轉中書侍郎。後廣陵相陳敏反，假榮右將軍，丹楊內史。敏欲誅諸士人，榮説云云。敏納其言，悉引諸豪族委任之。

按：此所以爲討敏之地也。敏遣甘卓出横江，堅甲利器盡以委之。榮私於卓曰：「若江東之事可濟，當共成之。然卿觀事勢，當有濟理否？敏既常才，本無大略，政令反覆，計無所定，而其子弟各已驕矜，其敗必矣。吾苟安然受其官禄，事敗之後，使江西諸軍函首送洛陽，曰逆賊顧榮、甘卓之首，豈惟一身顛覆，辱及萬世，可不圖之？」卓從之。明年，周玘與榮及甘卓、紀瞻潛謀起兵攻敏【一七】。榮廢橋【一八】，斂舟於南岸，敏率衆出，不獲濟，榮麾以羽扇，其衆潰散。事平，還吴。元帝鎮江東，以榮爲軍司，凡所謀畫，皆以諮之。時帝所幸鄭貴嬪有疾，以祈禱廢事，榮上牋：「顧沖虚納下，廣延儁彦，思畫今日之要【一九】，塞鬼道淫祀，則開泰有期。」時南土之士未盡才用，榮又言：「陸士光貞正清貴，甘季思忠款盡誠，殷慶元質略有明規【二〇】，族兄公讓明亮守節，及楊彦明、謝行言等，皆南金也。」皆納之。六年卒，帝臨喪盡哀。按：士光，玩字【二一】。季思，卓字。以下，未詳。導既引榮，榮又引諸人，一時材名之士莫不收用，此江左所以興也。

紀瞻，秣陵人，少以方直知名。大安中，與顧榮共誅陳敏。元帝爲安東將軍，引爲軍諮祭酒。帝親幸瞻宅，與之同乘而歸。帝踐位，拜侍中、尚書，上疏諫諍，多所匡益，帝嘉其忠。時，郗鑒據鄒山，屢爲石勒等所侵，瞻以鑒有將相材，恐朝廷棄而不恤，上疏請徵之。瞻才兼文武，朝廷稱其忠亮雅正，轉領軍將軍，六軍敬憚之。及王敦之逆，明帝使謂瞻曰：「卿雖病，爲朕卧護六軍，所益多矣。」賜布千匹，瞻不以歸家，分賞將士。

【一七】周玘　「玘」原作「圮」，據《晉書·顧榮傳》改。

【一八】廢橋　「廢」原作「發」，據《晉書·顧榮傳》改。

【一九】思畫今日之要　「畫」原作「盡」，據《晉書·顧榮傳》改。

【二〇】有明規　原缺，據《晉書·顧榮傳》補。

【二一】士光玩字　案：此處有誤。士光非陸玩之字，乃其兄陸曄之字，陸玩字士瑶，見《晉書·陸曄傳》。

賀循，山陰人，操尚高厲，言行進止，必以禮讓。舉秀才，除陽羨令，以寬惠爲本。後爲武康令，政教大行，陸機上疏薦循，謂「其德量邃茂，才鑒清遠，服膺道素，風操凝峻」。久之，召補太子舍人。趙王倫篡位，轉侍御史，辭疾去職。賊李辰起兵江夏，征鎮不能討。辰別帥石冰略有揚州，逐會稽相張景。前南平内史王矩等唱義，傳檄州郡以討之，循亦合衆應之，一郡悉平。循迎景還郡，即謝遣兵士，杜門不出，論功報賞，一不豫焉。及陳敏之亂，詐稱詔書，以循爲丹陽内史，循辭以足疾，又服寒食散，露髪袒身，示不可用，敏不敢逼。元帝爲安東將軍，復上循爲吴國内史，後遷爲軍司，代顧榮。循稱疾，帝遺之書，有「望必屈臨，以副傾遲」之語，循猶不起。及帝承制，復以爲軍諮祭酒。不得已，乃輿疾至。帝親幸其舟，諮以政道。時廷尉張闓將奪左右近宅以廣其居，乃私作都門，早閉晏啓，人多患之，訟於州府，皆不見省。會循出【一二】，連名詣循質之，循曰：「見張廷尉，當及之。」闓聞而遽毁其門，詣循致謝。爲世敬服如此。按：唐楊綰事類此。建武初，拜太常。朝廷疑滯【一三】，皆諮之於循。循輒依經禮而對【一四】，爲當世儒宗。俄以循行太子太傅【一五】，循以枕疾，累表固讓。帝以循體德率物，有不言之益，勉厲備至，命皇太子親往拜焉。

周玘，陽羨人，孝侯處之子，彊毅沉斷，有父風。閉門潔己，不妄交游，士友咸望風敬憚，故名重一方。舉秀才，除議郎。太安初，妖賊張昌等聚衆江夏，百姓從之，別率石冰略有揚土。玘潛結前南平内史王矩及江東人士，共起義兵，攻冰於建康。冰北走，投昌別率

【一二】會循出「會」原脱，據《晋書·賀循傳》補。

【一三】朝廷 原作「明廷」，據《晋書·賀循傳》改。

【一四】依經禮而對「經禮」原作「禮經」，據《晋書·賀循傳》改。

【一五】太傅「太」原脱，據《晋書·賀循傳》補。

封雲，雲司馬張統斬雲、冰以降，徐、揚並平。玘不言功賞，散衆還家。陳敏反于揚州，以玘爲安豐太守，玘稱疾不行，與顧榮、甘卓等以兵攻敏，敏衆奔潰【二六】，追獲斬之。元帝初鎮江左，以玘爲倉曹屬。建威將軍錢璯反，來寇玘縣，玘復率合鄉里義衆，討璯，斬之。玘三定江南，開復王略，帝嘉其勳，以玘行建威將軍、吳興太守，封烏程縣侯。時寇亂之後，百姓饑饉，盜賊公行，玘甚有威惠，百姓敬愛之。帝以玘頻興義兵，勳誠並茂，爲義興郡以彰其功焉。玘宗族彊盛，人情所歸，帝疑憚之。于時中州人士佐佑王業，而玘自以不得調，内懷怨望，復爲刁協所輕，恥恚愈甚，乃與鎮東祭酒王恢陰謀誅諸執政，事泄，帝秘之，召爲鎮東司馬，未到，改授南郡太守，又下令以爲軍諮祭酒，玘憂憤卒。按，玘之忠烈，而不能以功名自終，亦可惜也已。

王承，渾弟湛之子，弱冠知名，王衍比之樂廣。永寧初，爲驃騎參軍。值天下將亂，乃避亂南下，東海王越以爲記室參軍，雅相知重，勑其子毗曰：「王參軍人倫之表，汝其師之。」遷東海太守，政尚清靜，不爲細察。小吏有盜池中魚者，綱紀推之，承曰：「文王之囿與衆共之，池魚何足惜邪？」有犯夜者，爲吏所拘，承問其故，答曰：「從師受書，不覺日暮。」承曰：「鞭撻寗越以立威名，非政化之本。」使吏送令歸家。其從容寬恕若此。尋去官，東渡江。是時道路梗澁，人懷危懼，承每遇艱險，處之夷然，雖家人，不見其有憂喜之色。及至建鄴，爲元帝從事中郎，甚見優禮。承少有重譽，而推誠接物，盡弘恕之理，衆

【二六】敏衆奔潰　「敏」原脱，據《晉書·周玘傳》補。

咸親愛焉。渡江名臣王導、衛玠、周顗、庾亮之徒，皆出其下，爲中興第一。卒，朝野痛惜之。

甘卓，丹楊人，爲東海王越參軍，補離狐令。卓見天下大亂，棄官東歸，與陳敏相過歷陽，深相結託。會周玘唱義，玘與顧榮共邀説卓，卓素服榮，共滅敏。元帝初渡江，授卓前鋒都督、歷陽内史。其後討周馥，征杜弢，屢經苦戰，多所擒獲，以功進封南鄉侯。後事見《丙記》王敦事中。以上皆渡江初辟召以爲掾屬者也，其間多導所薦引。

卞壼，弱冠有名譽。元帝鎮建鄴，召爲從事中郎，委以選舉，甚見親仗。王含之難，加中軍將軍；含滅，以功封建興縣公。明帝不豫，領尚書令，與王導等俱受顧命，輔幼子。餘見前，後事見《丙記》蘇峻事中。

温嶠，性聰敏，有識量，平北大將軍劉琨請爲參軍，將兵討石勒，屢有戰功。琨遷司空，以嶠爲右司馬。時并土荒殘，寇盗羣起，石勒、劉聰跨帶疆埸，嶠爲之謀主，琨所憑焉。屬二都傾覆，元帝初鎮江左，琨誠繫王室，謂嶠曰：「晉祚雖衰，天命未改，吾欲立功河朔，使卿延譽江南，子其行乎？」對曰：「嶠雖無管、張之才，而明公有桓、文之志，欲建匡合之功，豈敢辭命？」乃以爲左長史，檄告華夷，奉表勸進。嶠既至，引見，具陳琨忠誠，志在效節，因説社稷無主，天人係望，辭旨慷慨，舉朝屬目，帝器焉。王導、周顗、庾亮等與親善。時江左草創，綱維未舉【二七】，嶠殊以爲憂。及見王導，共談歡然，曰：「江左自有管夷吾，吾復何慮？」屢求反命，不許。後歷驃騎王導長史，遷太子右庶子，太子與爲布

【二七】綱維未舉　「綱」原作「綗」，據《晉書・温嶠傳》改。

衣之交，數陳規諷，又獻《侍臣箴》，甚有弘益。後事見王敦、蘇峻事中。明帝疾篤，與王導、郗鑒、庾亮、陸曄、卞壼等同受顧命。

郗鑒，以儒雅著名，趙王倫辟爲掾，知倫有不臣之志，稱疾去職。及倫篡，其黨皆至大官，而鑒閉門自守，不染逆節。惠帝反正，參司空軍事。及京都不守，寇難鋒起，鑒陷於陳午賊中。午以鑒有名，將逼爲主，逃而獲免。鑒得歸鄉里，州中之士素有感其恩義者，相與資贍，鑒復分所得，以恤宗族及鄉曲孤老，賴其獲濟者甚多，遂共推鑒爲主，舉千餘家俱避難嶧山。元帝初鎮江左，假鑒龍驤將軍、兖州刺史，鎮鄒山。时徐龕、石勒左右交侵，日尋干戈，外無救援，百姓饑饉，或掘野鼠蟄燕而食之，終無叛者。三年間，衆至數萬。永昌初，徵拜領軍將軍。後事見王敦、蘇峻事中。

庾亮，性好莊、老，風格峻整，動由禮節，時人以爲夏侯太初、陳長文之倫。元帝爲鎮東時，辟西曹掾，甚器重之。中興初，侍講東宫，與温嶠俱爲太子布衣之好。時帝方任刑法，以《韓子》賜皇太子，亮諫以申、韓刻薄傷化，不足留聖心，太子納焉。明帝即位，以爲中書監，以外戚辭。王敦既有異志，内深忌亮，而外崇重之，亮懼，以疾去官。及敦舉兵，加亮左衛將軍，事平，以功封永昌縣公。帝疾篤，與王導受遺詔輔幼主，太后臨朝，政事一決於亮，任法裁物，頗失人心。餘見《内記》蘇峻事中。陶侃薨，遷亮都督江、荆等六州諸軍事，鎮武昌。時王導輔政，主幼時艱，務存大綱，不拘細目，委任趙胤、賈寧等諸將，並不奉法，大臣患之。陶侃嘗欲起兵廢導，而郗鑒不從，乃止。至是亮又欲率衆黜導，鑒又不許，故其事得息。餘見《丙記》。　以上皆與導同時輔政者也。

劉隗，少有文翰，元帝以爲從事中郎。隗雅習文史，善求人主意，帝深器遇之，遷丞相司直，委以刑憲。南中郎將王含以貴驕自恣，一請參佐及守長二十餘人，多非其才。隗劾奏，事雖寢，王氏深忌疾之，而隗之彈奏不畏彊禦，皆此類也。丞相府斬督運令史淳于伯而血逆流，隗又奏其冤。大興初，爲丹楊尹，與尚書令刁協並爲元帝所寵，欲排抑豪强。諸刻碎之政，皆云隗、協所建。隗雖在外，萬機秘密皆豫聞之。王敦作亂，以討隗爲名。餘見《丙記》王敦事中。敦剋石頭，隗奔石勒，爲太子太傅，卒。

刁協，博聞彊記，永嘉初，避難渡江，元帝以爲軍諮祭酒。中興建，拜尚書左僕射，時朝廷草創，憲章未立，朝臣無習舊儀者。協久在中朝，諳練舊事，凡所制度，皆禀於協。太興初，遷尚書令。協性剛悍，與物多忤，每崇上抑下，故爲王氏所疾。又使酒放肆，侵毁公卿，見者莫不側目。然悉力盡心，志在匡救，帝甚信任之。以奴爲兵，取將吏客使轉運，皆協所建也，衆庶怨望之。及王敦構逆，上疏罪協，帝使協出督六軍。既而王師敗績，帝執協、隗手，流涕，勸令避禍。協曰：「臣當守死，不敢有貳。」帝曰：「今事逼矣，安可不行？」乃令給協、隗人馬，令自爲計。協老，不堪騎乘，素無恩紀，從者皆委之。行至江乘，爲人所殺，送首於敦。按：史臣論二人，以爲同惡相濟，使賢宰見疎，致物情解體，是爲得之。然二人之罪黜廢可也，何至於舉兵以討之乎？敦志在簒逆，故借之以舉事爾。至於謀人之國，國危而苟免；見昵於主，主辱而圖生，史臣譏之當矣。隗甘心臣事胡羯，尤無足議云。

戴淵，少好遊俠，不拘操行，遇陸機赴洛，船裝甚盛，與其徒掠之，機察知非常人，遥謂之曰：「卿才器如此，乃復作劫耶？」淵感悟，因流涕，投劍就之。機與言，深加賞異，遂定交焉。後舉孝廉，機薦之於趙王倫，倫乃辟之。同郡潘京名知人，稱其有公輔之才。後爲元帝鎮東司馬。中興建，爲中護軍，出爲征西將軍，都督兖、豫、幽、冀、雍、并六州諸軍事。王敦舉兵，詔淵還鎮京都。後事見王敦事中。淵有重望，既爲敦所害，四海之士莫不痛惜焉。

周顗，少有重名，元帝初鎮江左，請爲軍諮祭酒，後轉尚書左僕射，以荒醉失儀，爲有司所奏。初，顗以雅望獲海内盛名，後爲僕射，略無醒日，時人號爲三日僕射。庾亮曰：「周侯末年，所謂鳳德之衰也。」王導甚重之，嘗枕顗膝而指其腹，曰：「卿此中何所有也？」答曰：「此中空洞無物，然足容卿輩數百人。」導亦不以爲忤。後事見王敦事中。以上二人，皆爲敦所殺，而導不救者也。

劉超，少有志，爲縣小吏，稍遷琅邪國記室掾。以忠謹清慎爲元帝所拔，常親侍左右，遂從渡江，轉安東府舍人，專掌文檄，相府建，又爲舍人。于時天下擾亂，伐叛討貳，超自以職在近密，而書跡與帝手筆相類，乃絶不與人交書。時出休沐，閉門不通賓客。中興建，爲中書舍人。時臺閣初建，超職典文翰，而畏慎靜密，彌見親待。加以處身清苦，衣不重帛，家無儋石之儲，每帝所賜，皆固辭。後王敦稱兵，領安東上將軍。尋六軍敗散，唯超案兵直衛。及錢鳳構禍，超招合義士，從明帝征鳳，事平，以功封零陵伯，出爲義興太守。穆后臨朝，遷射聲校尉。時軍校無兵，義興人多義隨超，因統其衆以宿衛，號爲「君子營」。遭母憂去官，衰服不離身，朝夕號泣，朔望輒步至墓所，哀感路人。餘在蘇峻事中。

鍾雅，好學有才志，元帝以爲丞相記室參軍，後爲宣城内史。錢鳳作逆，廣德縣人周玘爲鳳起兵攻雅，雅退據涇縣，收合士庶，討斬之。鳳平，徵拜尚書左丞。明帝崩，遷御史中丞。時國喪未朞，而尚書梅陶私奏女妓，雅劾奏宜加放黜，穆后臨朝，特原不問。雅直法繩違，百僚皆憚之。餘見蘇峻事中。

張闓，少有志操，薛兼進之元帝，言闓才幹真固，當今之良器，即引爲安東參軍。帝踐祚，補晉陵内史，在郡有威惠。後爲大匠卿。蘇峻之役，闓與王導俱入宮侍衛。餘見蘇峻事中。

褚翜，以才藝楨幹稱。元帝爲晉王，以翜爲散騎郎。成帝初，爲左衛將軍。餘見蘇峻事中。以上皆與導同處蘇峻之難者也。

孔愉，建興初參丞相軍事。蘇峻反，愉爲太常，以朝服守宗廟。峻平，温嶠執愉手流涕曰：「天下喪亂，忠孝道廢，能持古人之節，歲寒不凋者，唯君一人耳。」陳王導忠誠與諫導用趙胤事，皆見前。

孔坦，少方直，有雅望。元帝爲晉王，以坦爲世子文學【二八】。後棄官歸會稽，久之，除領軍司馬，會王敦反，與右衛將軍虞潭俱在會稽起義，而討沈充。事平，揚州刺史王導請爲別駕。餘見蘇峻事中及前。

陶回，爲王導司馬。蘇峻之役，回與孔坦言於導，請早出兵守江口。餘在蘇峻事中。回性雅正，不避彊禦。餘見前。以上皆嘗規切導而不見從者也。又導妻曹氏，性妬，導憚之，乃密營別館，以處衆妾。曹氏知，將往焉，導遽令命駕，以所執麈尾柄驅牛而進。司徒蔡謨戲之，導怒謂人曰：「吾往與羣賢共游洛中，何曾聞有蔡克兒也？」此亦可見導之褊，然同列有過不正言，而以謔語及之，亦謨之失也。

何充，王導妻之姊子，少與導善，嘗詣導，導以麈尾指床呼充共坐，曰：「此是君座也。」導繕揚州廨舍，顧而言曰：「正爲次道耳。」後爲丹楊尹。王導、庾亮並言於成帝，已見前。由是加吏部尚書。後與庾冰參録尚書事。庾冰兄弟以舅氏輔王室，權侔人主，慮易世之後，戚屬轉踈，將爲外物所攻，每説帝以國有彊敵，宜須長計【二九】，帝從之。充建議曰：「父子相傳，先王舊典，忽妄改易，懼非長計。故武王不授聖弟，即其義也。昔漢景亦欲傳祚梁王，朝臣咸以爲虧亂典制，據而弗聽。今琅邪踐祚，如孺子何？社稷宗廟，將其危乎！」冰等不從，既而康帝立，冰、充侍坐。帝曰：「朕嗣鴻業，二君之力也。」充對曰：「陛下龍飛，冰之力也。若如臣議，不覩升平之世。」帝有慙色。帝疾篤，冰、翼意在簡文，而充建議立皇太子，奏可。及帝崩，充奉遺旨，立太子，是爲穆帝。冰、翼深恨之。

【二八】以坦爲世子文學　原作「以坦爲之學」，據《晉書·孔坦傳》改補。

【二九】宜須長計　「計」，《晉書·何充傳》作「君」。

冰、翼尋卒，充專輔幼主。翼臨終，表以後任委息爰之。于時議者並以諸庾世在西藩，人情所歸，宜依翼所請，以安物情。充曰：「不然。荆楚國之西門，北帶强胡，西鄰勁蜀，得賢則中原可定，勢弱則社稷同憂，豈可以白面年少猥當此任哉？桓温英略過人，有文武識度，西夏之任，無出温者。」議者又曰：「庾爰之肯避温乎？如令阻兵，耻懼不淺。」充曰：「温足以制之，諸君勿憂。」乃使温西，爰之果不敢爭。充居宰相，雖無澄正改革之能，而彊力有器局，臨朝正色，以社稷爲己任，凡所選用，皆以功名爲先，不以私恩樹親戚，談者以此重之。然所昵庸雜，信任不得其人，而性好釋典，崇修佛寺，供給沙門以百數，糜費巨億而不吝也【三〇】。親友至於貧乏，無所施遺，以此獲譏於世。此導所舉使繼己輔政者也。觀其持議据正，亦不忝所舉矣。而佞佛之失，則沉溺於流俗，莫能自返，此不學之過也。按成帝時，彭城王紘上言，樂賢堂有先帝手畫佛像，經歷寇難，而此堂猶存，宜勑作頌。蔡謨曰：「佛者，夷狄之俗，非經典之制。先帝多才多藝，聊因暇而爲之，至於雅好佛道，則所未聞。今欲發王命勑史官，上稱先帝好佛之志，下爲夷狄作一象之頌，於義有疑焉。」於是遂寢。觀謨此議，賢於充遠矣，又其它所謀議與進退之節，亦多可觀，未聞導嘗汲引之也。《傳》稱：「謨性方雅，丞相王導作女伎，施設牀席。謨先在坐，不悦而去，導亦不止之。」然則謨之爲人蓋與導素多不合，非但短轅麈尾之戲以逢其怒而已。吁，以導之德量，而於同異好惡之間如此，由學力未至之故耳。後之君子，其可不自勉耶？

穆帝升平四年，初謝安少有重名，前後徵辟皆不就，寓居會稽，以山水文籍自娱，雖爲布衣，時人皆以公輔期之，士大夫至相謂曰：「安石不出，當如蒼生何？」安每遊東山，常以妓女自隨，司徒昱聞之曰：「安石既與人同樂，必不得不與人同憂，召之必至。」安妻，劉

【三〇】糜費　原作「縻費」，據《晉書·何充傳》改。

惔之妹也，見家門貴盛【三一】，而安獨靜退，曰：「丈夫不如此也。」安掩鼻曰：「恐不免耳。」及弟萬廢黜，安始有仕進之志。時已年四十餘。征西大將軍桓温請爲司馬，安乃赴召，温大喜，深禮重之。本傳：安年四歲，桓彝見而歎曰：「此兒風神秀澈，後當不減王東海。」弱冠，詣王濛，清言良久。濛語子脩曰：「向客亹亹，爲來逼人。」王導亦深器之。初辟司徒府，除佐著作郎，並以疾辭。揚州刺史庾冰必欲致之，不得已赴召，月餘告歸。吏部尚書范汪舉爲吏部郎，安以書拒絶之。有司奏安被召，歷年不至，禁錮終身，遂棲遲東土。常往臨安山中，坐石室，臨濬谷，悠然歎曰：「此去伯夷何遠【三二】？」其後桓温請爲司馬，將發新亭，朝士咸送，中丞高崧戲之曰：「卿屢違朝旨，高卧東山，諸人每相與言，安石不肯出，將如蒼生何？蒼生今亦如卿何？」安有媿色。温當北征，會萬病卒，安投牋求歸。尋除吴興太守，在官無當時譽，去後爲人所思。

簡文帝咸安元年，自升平四年至此，歷哀帝、海西公三主十一年。大司馬温恃其材略位望，陰蓄不臣之志，欲立功河朔，以收時望，還受九錫。及枋頭之敗，事在海西公太和四年，爲燕慕容垂所敗。威名頓挫。與參軍郗超定議，諷褚太后廢帝爲東海工，立丞相會稽王昱。温出次中堂，分兵屯衛。温有足疾，詔乘輿入殿。侍中謝安見温遥拜，温驚曰：「安石，卿何事乃爾？」安曰：「未有君拜於前，臣揖於後。」

十二月，大司馬温奏：「東海王宜依昌邑故事。」詔封海西公。温威振内外，帝雖處尊位，拱默而已，常懼廢黜。郗超以温故，朝中皆畏事之。謝安嘗與左衛將軍王坦之共詣超，日旰未得前，坦之欲去，安曰：「獨不能爲性命忍須臾耶？」胡氏曰：「或謂安石爲郗超屈者，安石非圖富貴持禄求容也，正惟心在王室故爾。王允之屈意於董卓，温嶠之屈意於王敦，謝安之屈意於桓温，皆不爲

【三一】家門　「門」原作「明」，據《晉書·謝安傳》改。

【三二】此去伯夷何遠　「去」原作「亦」，據《晉書·謝安傳》改。

私。君子與之，與其心也。」

二年，秋七月，帝不豫，急召大司馬温入輔，温辭不至。遺詔：「温依周公居攝故事。」又曰：「少子可輔者輔之，如不可，君自取之。」侍中王坦之持詔入，於帝前毁之，曰：「天下，宣、元之天下，陛下何得專之？」帝乃使坦之改詔曰：「家國事一稟大司馬，如諸葛武侯、王丞相故事。」是日，帝崩。羣臣疑惑，未敢立嗣，或曰：「當須大司馬處分。」尚書僕射王彪之正色曰：「天子崩，太子代立，大司馬何容獨異【三三】？」朝議乃定。太子即皇帝位。崇德太后令：以帝冲幼，加在諒闇，令温依周公居攝故事。事已施行，王彪之曰：「此異常大事，大司馬必當固讓，使萬機停滯，稽廢山陵，未敢奉令，謹具封還。」事遂不行。温望簡文臨終禪位於己，不爾便當居攝，既不副所望，甚憤怨，與弟冲書曰：「遺詔使吾依武侯、王公故事耳。」温疑王坦之、謝安所爲，心銜之。詔謝安徵温入輔，温又辭。本傳云：「簡文帝疾篤，相温上疏薦安宜受顧命。」《通鑑》不載。

孝武帝寧康元年二月，大司馬温來朝，詔吏部尚書謝安、侍中王坦之迎于新亭。是時，都下人情洶洶，或云欲誅王、謝，因移晉室。坦之甚懼，安神色不變，曰：「晉祚存亡，決於此行。」温既至，百官拜於道側。温大陳兵衛，延見朝士，有位望者皆戰慴失色。坦之流汗霑衣，倒執手版。安從容就席，坐定，謂温曰：「安聞諸侯有道，守在四鄰，明公何須壁後置人邪？」温笑曰：「正自不能不爾。」因命左右撤之，與安笑語移日。郗超常爲

【三三】何容獨異　「獨」，《資治通鑑》卷一百三作「得」。

温謀主，安與坦之見温，使超卧帳中聽其言。風動帳開，安笑曰：「郗生可謂入幕之賓矣。」時天子幼弱，外有彊臣，安與坦之盡忠輔衛，卒安晉室。胡氏曰：「晉世取虚名之士，不旋踵至卿相，如庾元規、殷深源之徒，败国殄民，死不償責，世因謂取士勿取虚名，而愚非之。且三代之王，猶必先其令聞，故君子欲早有譽於天下，《中庸》取之。士在窮約中，既無美名，人何從而知？在上何從而取？夫矯譽沽名者，苟能詢事考言，明試以功，則莫能眩矣。殷浩聞桓温至武昌則大懼，欲去位以避之，聞桓温欲處以尚書令則大喜，亟作書以謝之，其情致卑鄙，殊與虚名不類。後此二三年，温勢益强，心益肆，擅廢立之威，而窺覦神器，朝廷惕息，當什百於深源之時。而安石視温如敵己，然意象安閑，不爲少懾，從容談笑，而温氣自沮，如擾龍馭虎者。安石初亦以虚名取也，其德度才器乃爾，故人在覈實而已矣。」按：本傳，坦之與安初齊名，至是方知坦之之劣。時孝武帝富於春秋，政不自己，温威振中外，人情噂嗒，互生異心。安與坦之盡忠匡翼，終能輯穆。與《通鑑》意同，文小異。

秋七月，南郡宣武公桓温薨。初，温疾篤，諷朝廷求九錫，屢使人趣之。謝安、王坦之故緩其事，使袁宏具草。宏以示王彪之，彪之歎其文辭之美，因曰：「卿固大才，安可以此示人？」謝安見其草，輒改之，由是歷旬不就。宏密謀於彪之【三四】，彪之曰【三五】：「聞彼病日增，亦當不復支久，自可更小遲迴。」宏從之。會温薨，錫命遂寢。按：温之求九錫也【三六】，安以計緩之，是矣。儻温未即死，安將何以處之乎？曰：九錫者，禪代之漸也。温求九錫而得之，則必復求禪代矣。以安之賢，而二王佐之，使温未死，則九錫之議，必將以死爭之，决不肯與，使爲求禪之階也。何以知之？曰：以居攝之事而知之也。夫居攝者，即真之漸，諸公既拒之於前矣，九錫乃禪代之漸，諸公其肯許之乎？愚知其必以死爭之也。然则果以何计寢之也？曰：此非陰謀密畫所能止也。不過以晉德雖衰、天命未改而告曉之，使温能退

【三四】彪之　「之」原脱，據《資治通鑑》卷一百三補。

【三五】彪之曰……錫命遂寢　此段文字原置於下文「三年夏五月」條下，當爲錯簡，今據《資治通鑑》卷一百三移置於此。

【三六】按温之求九錫也……使爲求禪之階也　此段注文原置於「錫命遂寢」下，今據文意移置於此。

聽，固甚善也。設或忿懟而至於舉兵，則安與二王謀之廟堂，外藩諸將率師入衛，逆順既明，曲直有在，敦、峻之鑒，近在前朝，温未必能□移王室也。萬一天不祚晉，温勢遂成，大臣之誼，以身徇國，惟有一死而已，必不肯以社稷輸人而冀其悦己也。安石於此，固已了然於胸中矣，況有二賢爲之助乎？其後范弘之論温之罪，謂其逼脅袁宏，使作九錫，惟謝安、王坦之以死守之，故得稽留，斯言爲得其實。愚故曰：使温不死，則九錫之議必將以死而爭，決不予之，使爲求禪之階也。

謝安以天子幼沖，新喪元輔，欲請崇德太后臨朝。王彪之曰：「前世人主幼在襁褓，母子一體，故可臨朝。太后亦不能決事，要須顧問大臣。今上年出十歲，垂及冠婚，反令從嫂臨朝，示人君幼弱，豈所以光揚聖德乎？」安不欲委任桓沖【三七】，故使太后臨朝，己得以專獻替裁決，遂不從彪之之言。八月，太后復臨朝攝政。按：沖，温之弟也。时代温居任，盡忠王室，然安不欲委任之者，政在私門，終非可久之道故也。

是月，以王彪之爲尚書令，謝安爲僕射，領吏部，共掌朝政。安每歎曰：「朝廷大事，衆所不能決者，以諮王公，無不立決。」

二年二月，以王坦之爲都督徐、兖、青三州諸軍事，徐、兖二州刺史，鎮廣陵。詔謝安總中書。安好聲律，朞功之慘，不廢絲竹，士大夫效之，遂以成俗。王坦之屢以書苦諫之曰：「天下之寶，當爲天下惜之。」安不能從。本傳云：「王坦之出爲徐州，安總關中書事。安義有輔導，雖會稽王道子亦賴弼諧之益。」

三年，夏五月，藍田獻侯王坦之卒，臨終與謝安、桓沖書，惟以國家爲憂，言不及私。

桓沖以謝安素有重望，欲以揚州讓之，自求外出。桓氏族黨皆以爲非計，莫不扼腕苦

【三七】謝安以天子幼沖……安不欲委任桓沖　原作「任桓沖」，語義不全，其餘文字原置於下文，當爲錯簡。今據《資治通鑑》卷一百三移置於此。

諫，郗超亦深止之，冲皆不聽。詔以冲都督徐、豫、兖、青、揚五州諸軍事，徐州刺史，鎮京口，以安領揚州刺史，並加侍中【三八】。是年，素相王猛卒。

九月，帝講《孝經》，始覽典籍，延儒士。謝安薦東莞徐邈補中書舍人，每被顧問，多所匡益。帝或宴集、酣樂之後，好爲手詔詩章以賜侍臣，或文詞率爾，所言穢雜，邈應時收斂，還省刊削，皆使可觀，經帝重覽，然後出之。時議以此多邈。

太元元年春正月，加謝安中書監、録尚書事。二年秋七月，以尚書僕射謝安爲司徒，讓不拜。復加侍中、都督揚、豫、徐、兖、青五州諸軍事。初，中書郎郗超自以其父愔位遇應在謝安之右，而安入掌機權，愔優游散地，常憤邑形於辭色，由是與謝氏有隙。是時朝廷以秦寇爲憂，詔求文武良將可以鎮禦北方者，謝安以兄子玄應詔。超聞之，歎曰：「安之明，乃能違衆舉親；玄之才，足以不負所舉。」衆咸以爲不然。超曰：「吾嘗與玄共在桓公府，見其使才，雖履屐間未嘗不得其任，是以知之。」玄募驍勇之士，得彭城劉牢之等數人，以牢之爲參軍，常領精鋭爲前鋒，戰無不捷，時號「北府兵」，敵兵畏之。按：安能舉玄，玄能舉牢之，相與將皆知人，如此，功其有不成者乎？

護軍將軍、散騎常侍王彪之卒。初，謝安欲增修宫室，彪之曰：「中興之初，即東府爲宫，殊爲儉陋【三九】。蘇峻之亂，成帝止蘭臺都坐，殆不蔽寒暑，是以更營新宫。比之漢、魏，則爲儉，比之初過江則爲侈矣。今寇敵方彊，豈可大興功役，勞擾百姓邪？」安

【三八】以安領揚州刺史並加侍中　原作「以安之」，「之」乃衍文，其餘文字原置下文，當爲錯簡。今據《資治通鑑》卷一百三補改。

【三九】儉陋　「儉」原作「險」，據《資治通鑑》卷一百四改。

曰：「宮室弊陋，後世謂人無能。」彪之曰：「凡任天下之重者，當保國寧家，緝熙政事，乃以修室屋爲能邪？」安不能奪其議，故終彪之之世，無所營造。

三年，春二月，作新宮。本傳云：「是時，宮室毀壞，安欲繕之，王彪之等以外寇爲諫，安不從，竟獨决之。宮室用成，皆仰模玄象，合體辰極，而役無勞怨。」與《通鑑》少異。胡氏曰：「安石非勞民動衆，作無益者。君子嘗論之曰：『東晉是時，氣勢微弱，奄奄欲盡。安石爲此，所以鎮安人心耳。』若意不出於此，是誠無説。」

秦王堅遣子丕等寇襄陽，又遣將俱難等寇淮陽、盱眙，彭超攻彭城。

四年，梁州刺史朱序屢出戰，破秦兵，引退稍遠，序不設備。二月，丕攻襄陽，克之。已而，超據彭城，難克淮陰。五月，難、超拔盱眙，秦兵六萬圍幽州刺史田洛于三阿，去廣陵百里，朝廷大震，臨江列戍，征虜將軍謝石帥舟師屯涂中。今滁州。石，安之弟也。兖州刺史謝玄自廣陵救三阿，難、超戰敗，退保盱眙。六月，玄與田洛帥衆進攻盱眙，難、超又敗，退屯淮陰。玄遣舟師夜焚淮橋，難、超退屯淮北。玄與諸將追之，戰於君川，復大破之。難、超北走，僅以身免。謝安爲宰相，時彊敵寇境，邊書續至，梁、益不守，樊、鄧陷没，安每鎮以和靖，御以長算，德政既行，文武用命，不存小察，弘以大綱，威懷外著，人皆比之王導，謂文雅過之。嘗與王羲之登冶城，悠然遐想，有高世之志。羲之曰：「夏禹勤王【四〇】，手足胼胝。文王旰食，日不暇給。今四郊多壘，宜思自效，而虚談廢務，浮文妨要，恐非當今所宜。」安曰：「秦任商鞅，二世而亡，豈清言致患邪？」此一段取本傳云。

【四〇】夏禹勤王　「勤」原作「動」，據《晉書·謝安傳》改。

五年，朝廷以秦兵之退爲謝安、桓冲之功，拜安衛將軍，與冲皆開府儀同三司。胡氏曰：「安與冲能克敵，善矣，然彭城、襄陽相繼陷没，未能收復，則取盱眙、走東三將未足以贖喪地之咎。當如諸葛武侯請貶三等可也，而以功受賞，豈未之思乎？」《傳》又言：「時玄象失度，亢旱彌年，安奏興滅繼絶，求晉初佐命功臣後而封之。」《通鑑》不書。又云：「苻堅强盛，疆埸多虞，諸將敗退相繼。安遣弟石及兄子玄等隨機征討，所在尅捷云云。」

六年，春正月，帝初奉佛法，立精舍於殿内，引諸沙門居之。尚書左丞王雅表諫，不從。

七年，冬十月，秦王堅會羣臣，議曰：「自吾承業，垂三十載，四方略定，唯東南一隅，未霑王化。吾欲自將以討之，何如？」尚書僕射權翼曰：「晉道雖微，未聞喪德，君臣和穆，上下同心，謝安、桓冲，江表偉才，晉有人焉，未可圖也。」苻融亦深言不可。堅少子中山公詵諫曰：「陽平公國之謀主，而陛下違之，晉有謝安、桓冲，而陛下伐之，臣深惑焉。」太子宏亦曰：「晉主無罪，人爲之用，謝安、桓冲兄弟，皆一方儁才，君臣戮力，未可圖也。」堅弗從。按：苻堅兵力之雄，豈晉所能當？而羣臣以爲不可伐者，徒以安石、幼度二人故耳【四一】。詩曰「無競維人」，詎不信哉？

八年，秦王堅下詔大舉入寇。詔以尚書僕射謝石爲征虜將軍、征討大都督，以徐、兖二州刺史謝玄爲前鋒都督，與輔國將軍謝琰、西中郎將桓伊等衆共八萬拒之。龍驤將軍胡彬以水軍五千援壽陽。琰，安之子也。是時，秦兵既盛，都下震恐。謝玄入，問計於謝

【四一】幼度　「度」原作「子」，不通。案：破秦軍之主帥爲謝玄，玄字幼度，謝安兄奕之子。故此處「子」當爲「度」之誤，今據以改。

安，安夷然，答曰：「已別有旨。」既而寂然。玄不敢復言，乃令張玄重請。按：張玄，字伯希，當時名士也。安遂命駕出遊山墅，親朋畢集，與玄圍棊賭墅。安棊常劣於玄，是日，玄懼，便爲敵手而又不勝。安遂游陟，至夜乃還，指授將帥各當其任。桓沖深以根本爲憂，遣精鋭三千人入援京師，謝安固卻之曰：「朝廷處分已定，兵甲無闕，西藩宜留以爲防。」沖對佐吏歎曰：「謝安石有廟堂之量，不閑將略。今大敵垂至，方游談不暇，遣諸不經事少年拒之，衆又寡弱，天下事已可知【四二】，吾其左衽矣！」胡氏曰：「死生驚懼不入乎胸中者，聖人誠之也，君子明之也，英雄豪傑之人輕之也，悍勇愚猛之人寘之也。苻堅南伐，以秦臨晉，何啻泰山之於一卵哉？人人惴恐，安石獨否，所謂明之者也。安石何明乎？晉室雖微，正朔所在，君不失道，人心所歸，將相調和，士卒豫附，加以長江之限，主客殊勢，以此待敵，勝負已分。又況苻堅志驕氣盈，貪欲無厭，不思其本夷狄也，方將陵跨江淮，爲石勒、劉曜之事，於理逆矣。正使强弱相懸，直當以宗社存亡爲決，此安石了了於方寸者，所以處置優游，静而不擾歟？史稱其矯情鎮物者，夫惟言語可以修飾而出之，若情與貌不可矯也。矯情於内，則貌形於外，飾貌於外，則情動於中，不能相應也。使安石而矯情，則與玄賭墅，棊必不勝。玄宜勝而負，安石宜負而勝，安石之天定矣，識者固知其必勝也。」

冬十一月，謝玄等大敗秦兵。説見《内記》。謝安得驛書，知秦兵已敗，時方與客圍棊，攝書置牀上，了無喜色，圍棊如故。客問之，徐答曰：「小兒輩遂已破賊。」既罷，還内，過户限，不覺屐齒之折。本傳：「其矯情鎮物如此。」胡氏曰：「折屐齒之事，淺丈夫或以誚安石，謂其矯情鎮物，而天機之動有不可掩者，非也。方秦師大至，江南之人，孰不憂者？謝公以宗社存亡決之，盡人事，聽天命，蓋無遺策矣。秦兵大敗，捷音鼎來，王室既危而復安，人臣之喜孰有大於此者乎？此而不喜，則亦不近人情矣。謝公固以安社

【四二】已可知　「已」原作「其」，據《資治通鑑》卷一百五改。

稷爲悦者，其折屐齒固宜也。小人不樂成人之美，好訾議賢者，大抵如此爾。」愚謂屐齒之折，蓋亦偶然，未必歡喜之故。《晉史》安議，蓋多此類。王臨川詩云：「彼哉斗筲人，得喪易矜怯。安言屐齒折，吾欲刊史牒。」

十二月，大赦，以謝安爲尚書令。

謝安壻王國寶，坦之之子也。安惡其爲人，每抑而不用，以爲尚書郎。國寶自以望族，故事唯作吏部，不爲餘曹，固辭不拜，由是怨安。國寶從妹爲會稽王道子妃，帝與道子皆嗜酒，狎昵邪諂，國寶乃譖安於道子，使離間之於帝。安功名既盛，而險詖求進之徒多毁短安，帝由是稍踈忌之。按《桓伊傳》：孝武末年，嗜酒好内，而道子昏醟尤甚，惟狎昵諂邪【四三】，於是國寶讒諛之計稍行於主相之間，嫌隙遂成。帝召伊飲讌，安侍坐。帝命伊吹笛，伊一弄畢，撫箏而歌《怨詩》曰：「爲君既不易，爲臣良獨難。忠信事不顯，乃有見疑患。周旦佐文、武，《金縢》功不刊。推心輔王政，二叔反流言。」聲節慷慨，俯仰可觀。安泣下沾襟，乃越席而就之，捋其鬚曰：「使君於此不凡。」帝甚有媿色。胡氏曰：「謝安於晉，其功不在王導、温嶠之下。氐苻未亡，步摇復興，中原淪於左衽，日以深遠，此正君臣協心，思羣策以事進取之時【四四】。而武帝心已盈滿，捷書之至，曾不閲月，遽用讒口，踈忌賢臣。武帝於是失君道矣。」

九年，桓冲以謝玄等有功，自以失言，慙恨成疾。二月，卒。冲既卒，荆、江二州並缺，物論以玄勳望，宜以授之。安以父子皆著大勳，恐爲朝廷所疑；又懼桓氏失職，桓石虔復有沔陽之功，慮其驍猛，在形勝之地，終或難制。乃以桓石民爲荆州，改桓伊於中流，石虔爲豫州。既以三桓據三州，彼此無怨，各得所任。其經遠無競，皆若此。按：石虔、石民皆豁子，石虔有才幹，趫捷絶倫，從温入關。冲爲苻健所圍，垂没，石虔躍馬赴之，拔冲於數萬衆之中而還，莫敢抗者。三

【四三】狎昵　「狎」原作「坤」，據《晉書·桓伊傳》改。

【四四】思羣策　「思」原作「屈」，據《讀史管見》卷八改。

軍歎息，威震敵人。苻堅入寇淮南，詔石虔爲南平太守。堅將梁成寇竟陵，石虔與弟石民拒之。賊屯管城，石虔設計夜渡水，既濟，賊始覺，力戰破之，進尅管城。又進據樊城，此所謂沔陽之功也。石民爲謝安參軍，後領襄城太守，與石虔攻苻堅將梁成於竟陵。明年，又破苻堅將慕容垂等於漳口。冲卒，詔以石民監荆州軍事、荆州刺史。桓氏世莅荆土，石民兼以才望，甚爲人情所仰。苻堅子丕僭號河北【四五】，石民遣將討之，臨陣斬丕，傳首京師。桓伊，宣之子，與謝玄等俱破堅於肥水。伊性謙素，雖有大功，而始終不替。在豫州十年，綏撫荒雜，甚得物情。及還江州，以邊境無虞，宜以寬卹爲務，乃上疏并合小縣，除諸郡逋米，隨宜振撫，百姓賴焉。三人之功、之才，皆足以當方面之寄，故安使分任三鎮，其所布置允合物情，非但欲其無怨而已。若才不足任而徒以平怨爲事，未見其可也。

三月，以衛將軍謝安爲太保。八月，安奏請乘苻氏傾敗，開拓中原，以徐、兗二州刺史謝玄爲前鋒都督，帥豫州刺史桓石虔等伐秦，玄至下邳。秦徐州刺史趙遷棄城走，玄進據彭城。九月，謝玄使彭城内史劉牢之攻秦兗州刺史張崇，崇棄鄄城奔燕。牢之據鄄城，河南城保皆來歸附。太保安自求北征，加安都督揚、江等十五州諸軍事。胡氏曰：「治功禍亂，皆以君臣一心而後能成，苟爲不然，則所就不至於深遠久長也。淮淝之績，晉朝憂亡，正如人擊其身，而頭目手足同力扞衛，是以易也。安石勳望既高，武帝已受人譖愬，此噬嗑之時，内間不去，而欲從事於外，心有憂虞，慮不精審，以此濟者鮮矣。苻氏傾敗于關中，慕容再集于河北，以事幾論之，所謂難逢之會也。然宣王有『六月戎車』之志，吉甫無『張仲孝友』之助，安能『薄伐玁狁而奏膚公』乎？或曰使安石不爲此，則兗、青、司、豫【四六】，豈再入于版圖？功雖不終，不猶愈於下舉耶？曰：僥倖小利近功則可爾。周公伐管、蔡，大何足以勞久役者？然二年而後克，非以伐而克之爲難，以固而安之爲難也。中原淪没，于兹七八十年矣，晉師不百日而復河南四州，求論進取，姑欲保守，不爲夷狄所侵者，其人材計略，豈鹵莽可辦也？君、相既不和於内，諸將又踈遠不相及，以得之之易，即知失之遠也。然則安石宜如何？

【四五】河北　「河」原作「阿」，據《晉書・桓石民傳》改。

【四六】兗青司豫　「青」原作「責」，據《讀史管見》卷八改。

治自内而及外，噬嗑則亨矣。」

安常疑劉牢之不可獨任，又知王味之不宜專城。牢之既以亂終，而味之亦以貪敗，由是識者服其知人。

十年，會稽王道子專權，而姦諂頗相扇搆，與安有隙。會苻堅來求救，請自往救之。安出鎮廣陵之步丘，築壘曰新城而居之。胡氏曰：「孔子曰：『大臣以道事君，不可則止。』安石上既不獲於武帝，下又見疾於相王，於是乎浩然去之，則東山之志真可謂終始不渝矣。顧乃因苻堅請救而出，名既不正，非所謂以微罪行，又築壘而居，不自疑於費郈之保固、專禄之周旋，豈晚節末路之難，行百里而半九十乎！以安石高情雅度，往古鮮儷，尚不免此，况汙俗之衆人乎？」安雖受朝寄，然東山之志始末不渝，每形於言色。及鎮新城，盡室而行，造汎海之裝，欲須經略粗定，自江道還東。雅志未就，遂遇疾篤。上疏請量宜旋旆，并召子征虜將軍琰解甲息徒，命龍驤將軍朱序進據洛陽，前鋒都督玄抗威彭沛，委以董督。若二賊假延，來年水生，東西齊舉。詔遣侍中慰勞，遂還都。八月，建昌文靖公謝安薨，詔贈太傅。時贈禮有異同之議，惟徐邈、王獻之明其忠勳，乃加殊禮。史臣曰：「文靖始居塵外，蕭然有陵霞之致。暨于去衡泌而踐丹墀，於是庶績用康，彝倫載穆。苻堅百萬之衆已瞰吳江，桓温九五之心將移晉鼎，衣冠易慮，遠邇崩心。從容而杜姦謀，宴衎而靖羣寇，斯爲盛矣。然激繁會於朞服之辰，敦一歡於百金之費，廢禮於媮薄之俗，崇侈於耕戰之秋，適以扇頹風，淪雅道，國之儀刑不若是也。」程子説見王允事中。南軒張氏曰：「嗟乎，國之所恃者人才耳！以當時晉室之勢，獨任一謝安，足以當苻秦百萬之師。以予觀之，非特安方略之妙，抑其所存忠義純固，負荷國事，直欲與晉室同存亡，故能運用英豪，克成勳業，誠與才合故也。大抵立大事者，非誠與才合，不足以濟。若安者，其東晋人才之傑出者哉！」愚按：安石秉政十有六年，始則遏强臣簒竊之謀，終則挫强敵并吞之鋭，其功偉矣！方諸平、勃之定吕難，瑜、肅之破操兵，其難倍之，然安石初心蓋未嘗爲功名計也。其高情雅度，庶幾乎子房、孔明之風，而所不及者，二公超然無物欲之累，而安石留情於讌賞聲妓之間，此王文度輩所爲惓惓者也。然其乃心王室，不爲死生禍福轉移，而有置人才，調娱衆務，靡不曲盡其至，故能容濟艱難，消弭變故，江東宰輔未有能及之者。□王茂弘元勳宿老，以行事本未考之，殆有媿焉。至於養成君德，則與茂弘同在可憾之域。方孝武躬親政事，威權己出，有人君之度，使安能並進忠賢，迪之以二帝三王之道，則智識日明，德器日充，必無沈溺酒色之過，必無崇信浮圖之惑，而姦邪讒佞之徒，亦不得逞矣。觀安所薦，惟徐邈一人，粗能效獻替之益。范甯剛正，又過於邈，不聞安嘗援引之也。後雖與邈同侍左右，屢進讜言，竟爲道子所排，黜守遠郡。雖一徐邈，豈能獨抗羣邪？道子之執日專，國寶之姦愈肆，君臣之間相與酣醟，僧尼宦女交弄朝權，貨賂公行，政刑繆亂，事雖熾於安石既薨之後，其實兆於安石秉政之時。孝武留連後宫，卒殞於婦人之手，由是心先蠹故也。輔導之功不素，非安石其誰咎哉？推原本始，蓋自清談中來，故於大人格心之業有所未講，而其功烈亦僅止於斯。愚故謂爲人臣者不可以不知《人學》。

王坦之，述子。弱冠有重名，時人爲之語曰「江東獨步王文度」。坦之有風格，尤非時俗放蕩，不敦儒教，著《廢莊論》。後與謝安共輔幼主，俄出鎮廣陵。將之鎮，上表謂：「君道以孝敬爲本，委任爲貴。恭順無違【四七】，則盛德日新；親仗賢能，則政道邕穆。昔周成、漢昭，並以幼年纂承大統，天下未爲無難，終能顯揚祖考，保安社稷，蓋尊尊親親，信納大臣之所致也。陛下春秋尚富，涉道未廣，方須訓導以成天德。皇太后仁淑之體，過於三母，先帝奉事積年，每稱聖明。臣願奉事之心，自同孝宗。昔成、康幼冲，事無大小，必諮

【四七】無違　《晋書・王坦元傳》作「無爲」。

丞相導，所以克就聖德。今僕射臣安、中軍臣沖，人望具瞻，社稷之臣，愚謂周旋舉動，皆應諮此二臣。二臣之於陛下，周之旦、奭，漢之霍光，顯宗之王導也。沖雖在外，路不云遠，事容信宿，必宜參詳，然後情聽獲盡，庶事可畢。又天聽雖聰，不啓不廣【四八】，羣情雖忠，不引不盡【四九】，宜數引侍臣，詢求讜言。平易之世，有道之主，猶尚誡懼，日昃不倦，況今之艱難乎？」帝納之。餘見前。

王彪之，彬子。時當南郊，會稽王昱執政，訪彪之應有赦否，答曰：「中興以來，郊祀往往有赦，愚意常謂非宜。何者？黎庶不達其意，將謂郊祀必赦，凶愚之輩將生心於僥倖矣。」遂從之。桓温欲北伐，屢詔不許。或勸殷浩引身告退，彪之言於昱曰：「此非保社稷爲殿下計，皆自爲計耳。若殷浩去職，人情崩壞，天了獨坐。當有任其責者，非殿下而誰？」又謂浩曰：「彼抗表問罪，卿爲其首。事任如此，猜釁已構，欲作匹夫，豈有全地邪？且當靜以待之。令相王與手書，示以款誠，陳以禍福，當必旋旆。若不順命，即遣中詔。如復不奉，乃當以正義相裁。無故匆匆，先自猖獗。」浩曰：「決大事正自難，聞卿此言，意乃得了。」温奉帝旨，果不進。既而長安人雷弱兒、梁安等詐云殺苻健、苻眉，請兵應接。時殷浩鎮壽陽，便進據洛，營復山陵，彪之言於昱曰：「陳弱兒等容有詐僞，浩未應輕進。」尋而弱兒果詐，姚襄反叛，浩大敗，退守譙城。昱笑謂彪之曰：「果如君言。自頃以來，君謀無遺策，張、陳復何以過之？」轉領軍將軍，遷尚書僕射，不拜，徙太常。或

【四八】不啓不廣　「啓」原作「容」，據《晉書·王坦之傳》改。

【四九】不引不盡　「引」原作「啓」，據《晉書·王坦之傳》改。

謂昱曰：「武陵第中大脩器仗，將謀非常。」昱以問彪之，彪之曰：「武陵王志意盡於馳騁田獵耳。願深静之，以懷異同者【五〇】。」昱甚悦。復轉尚書僕射，豫州刺史謝奕卒，簡文使彪之舉可以代奕者，且曰：「人有舉桓雲者，君謂如何？」彪之曰：「雲未必非才，然温居上流，割天下之半，其弟復處西藩，兵權盡在一門，非深根固蒂之宜耳。」昱曰：「君言是也。」後爲會稽内史，居郡八年，權豪歛迹，亡户歸者三萬餘口。桓温下鎮姑孰，威勢震主，四方脩敬，皆遣上佐綱紀。彪之獨曰：「大司馬誠爲尊貴，若遣綱紀，致貢天子何以過之？」竟不遣。温以事上免彪之，又檻收下吏。會赦，免。頃之復爲僕射。是時温將廢海西公【五一】，百寮震慄，温亦色動，莫知所爲。彪之知温不臣之迹已著，理不可奪。乃謂温曰：「公阿衡皇家，便當依傍前代耳。」命取《霍光傳》。禮度儀制，定於須臾。按：彪之此舉，議者多短。以愚觀之，彪之非阿附者，蓋以杜温自取之意耳。蓋温之志，本在不臣，彪之以霍光故事示之，欲其止於廢昏立明，不更失臣節也。不然，則彪之雖不能力爭，顧豈弗能引而遠之，不預其議耶？温又廢武陵王遵，以事示彪之，彪之曰：「武陵親尊，未有顯罪，不可以猜嫌之間便相廢徙。公建立聖明，遐邇歸心，當崇獎王室，與伊、周同美。此大事，宜更深詳。」按：此語亦所以杜其不臣之志。温曰：「此已成事，卿勿復言。」餘已見前。

以上二人，皆安石所與共輔大政而處桓温之事者也。以安之才，尚賴同列之助，乃能宏濟多艱，况才不及安者乎？觀安之與二人，情義相與，始終無閒，言雖不能盡從，而未嘗以爲忤，其有孔明之風者乎！

【五〇】異同者 「者」原無，據《晉書·王彪之傳》補。

【五一】將廢海西公 「公」原脫，據《晉書·王彪之傳》補。

謝玄，少潁悟，爲叔父安所器重。安嘗戒約子姪，因曰：「子弟亦何豫人事，正欲使其佳。」玄曰：「譬如芝蘭玉樹，欲使其生於庭階耳。」及長，有經國才略，屢辟不起。後與王珣俱被桓温辟爲掾，並禮重之。餘見前及《丙記》。

石，字石奴，淮淝之役，以將軍假節征討大都督，與兄子玄、琰破苻堅。時學校陵遲，石上疏請興復國學，以訓胄子，班下州郡，普修鄉校。孝武納焉。後進位開府儀同三司。石無他才望，直以宰相弟兼有大勳，遂居清顯，而聚斂無饜，取議當世。既卒，禮官議謚，博士范弘之議謚曰襄墨【五二】。朝議不從，單謚曰襄。

琰，安子，以貞幹稱，累遷侍中。苻堅之役，以琰有軍國才用，出爲輔國將軍，以精卒八千，與從兄玄俱陷陳破堅。其後孫恩作亂，以琰爲會稽内史，都督五郡諸軍事。琰既以資望鎮越土，議者謂無復東顧之虞，及至郡，無綏撫之能，而不爲武備，將帥皆諫曰：「彊賊在海，伺人形便，宜振揚仁風，開其自新之路。」琰曰：「苻堅百萬，尚送死淮南【五三】，況孫恩奔衄歸海，何能復出？」遂不從其言。恩後果寇浹口，入餘姚，破上虞，琰兵敗績，被害。以上皆安之子弟，所使以破苻堅者也。就三人論之，玄其最優者乎！

劉牢之，沉毅多計畫，淮淝之役，見前。後王恭將討王國寶，引牢之爲府司馬，領南彭城内史，加輔國將軍。恭本以才地陵物，及檄至京師，朝廷戮國寶、王緒，自謂威德已著，雖仗牢之爲爪牙，但以行陣武將相遇，禮之甚薄，牢之負其材能，深懷耻恨。及恭之後舉，元

【五二】范弘之議謚　「之」原作「文」，「議謚」原空缺，據《晉書·謝石傳》改補。

【五三】尚送死淮南　「死」原無，據《晉書·謝琰傳》補。

顯遣人説牢之使叛恭，事成，當即其位號，牢之許焉。恭參軍何澹之以其謀告恭【五四】。牢之與澹之有隙，故恭疑而不納。乃置酒請牢之於衆中，拜爲兄，精兵利器悉以配之，使爲前鋒。行至竹里，牢之背恭歸朝廷。恭既死，遂代恭位。元興初，朝廷將討桓玄，以牢之爲前鋒。玄遣人説之，乃復與玄交通。俄令其子敬宣降玄，玄大喜。元顯敗，玄以牢之爲會稽太守。牢之歎曰：「始爾，便奪我兵，禍將至矣！」將北奔廣陵，據江北以拒玄，集衆大議。參軍劉襲曰：「事不可者莫大於反，將軍往年反王兖州，近日反司馬郎君，今復欲反桓公。一人三反，其能立乎？」語畢，出。佐吏多散去。乃縊而死。此安石所疑，以爲不可專任者也。知人，宰相之首務，此所以能成功名也歟？

**右叙東晉輔臣事業** 自晉而下，若秦之王猛、燕之慕容恪、元魏之崔浩、後周之蘇綽、北齊之楊遵彦、隋之高熲，皆以功業著稱。然所事者，非夷狄之主，即篡竊之朝，大本不正，雖有功業，尚奚足觀？故悉略之。其兵謀可取，自見《丙記》。

【五四】以其謀 「以」原脱，據《晉書·劉牢之傳》補。

## 乙下之十四

隋義寧元年，唐公淵子燉煌公世民徇渭北，隰城尉房玄齡杖策上謁軍門，一見如舊，署記室參軍，引爲謀主。玄齡亦自以遇知己，罄竭心力，知無不爲。玄齡父彥謙事隋，歷司隸刺史【一】。玄齡幼警敏，貫綜墳籍。開皇中，天下混壹，皆謂隋祚方永，玄齡密白父曰：「上無功德，徒以周近親，妄誅殺，攘神器有之，不爲子孫立長久計，淆置嫡庶，競侈僭，相傾闃，終當內相誅夷。視今雖平，其亡，跬可須也。」彥謙驚曰：「無妄言！」年十八，舉進士，後補隰城尉。漢王諒反，坐累，徙上郡【二】。顧中原方亂，慨然有憂天下志。

唐高祖武德元年，世民爲秦王，即授玄齡爲府記室，封臨淄侯。征伐未嘗不從，衆爭取怪珍，玄齡獨收人物致幕府，與諸將密相申結，人人願盡死力。王嘗曰：「漢光武得鄧禹，門人益親。今我有玄齡，猶禹也。」居府出入十年，軍符府檄，或駐馬即辦，文約理盡，初不著稾。高祖曰：「若人機識，是宜委任。每爲吾兒陳事，千里外猶對面語。」初，王引隆陽尉杜如晦爲府參軍，如晦少英爽，喜書以風流自命，內負大節，及是臨機輒斷。隋大業中，補隆陽尉，棄官去。府屬多外遷，王患之。玄齡曰：「去者雖多，不足吝，如晦王佐才也。大王若終守藩，無所事。必欲經營四方，捨如晦無共功者。」王驚曰：「非公言，我幾失之。」因表留幕府，從征伐，常參帷幄機祕。方多事，裁處無留。

### 校勘記

【一】歷司隸刺史　「司」原作「任」，據《新唐書》卷九十六改。

【二】徙上郡　「徙」原誤作「徒」，據《新唐書》卷九十六改。

四年，上以秦王世民功大，特置天策上將，位在王公上。冬十月，以世民爲之。世民以海内浸平，乃開館於宫西，延四方文學之士，出教以王府屬杜如晦、記室房玄齡等，並以本官兼文學館學士，分爲三番，更日直宿，朝謁公事之暇，輒至館中引諸學士討論文籍，或夜分乃寢，號十八學士。

九年六月，秦王世民殺太子建成、齊王元吉，以世民爲皇太子。秋七月，以玄齡爲中書令，如晦爲兵部尚書。玄齡爲行臺考功郎。時建成、元吉日夕譖訴世民於上，上信之，將罪世民，陳叔達諫乃止。後元吉又密請殺秦王，不應。玄齡謂長孫無忌：「莫若勸王行周公之事以安國家。」無忌乃入白世民，世民召玄齡謀之，玄齡乃與府屬杜如晦共勸世民誅建成。計既定，世民令無忌密召玄齡、如晦入謀之。六月四日，世民殺建成、元吉。

八月，上傳位太子，即皇帝位。范氏曰：「建成雖無功，太子也。秦王雖有功，藩王也。太子君之貳，父之統也。而殺之，是無君父也。」胡氏曰：「太宗不能以義制命，而爲先發制人之事，又不欲如自己興戎者，故以猶豫不爲之形，激謀臣猛將之心，辭避再三，亦有不得已而後動，此固破宋老生、薛仁杲、劉黑闥之餘策也。司馬乃謂其爲羣下所迫，則誤矣。長孫、尉遲之徒懇懇速之者，正猶張儀在蘇秦術内而不知耳。然則房、杜亦勸成之，何也？曰：能知太宗之舉異乎周公，非知道者亦不能。房、杜雖賢，非知道者也，魏徵亦然。」

上面定勳臣長孫無忌等爵邑，淮安王神通曰：「臣舉兵關西，首應義旗，今房玄齡、杜如晦等專弄刀筆，功居臣上，臣切不服。」上曰：「玄齡等運籌帷幄，坐安社稷，論功行賞，固宜居叔父之先。」諸將乃服。本傳云：「玄齡等有決勝帷幄、定社稷功，此蕭何所以先諸將也。」按：

安社稷，蓋指九年六月之事而言。吁，使房、杜而無此，不失爲社稷之臣。不幸而有此，故以事業而論，則爲一時之元功；以義理而論，則爲千古之罪人矣。

貞觀元年，上謂房玄齡等曰：「爲政莫若至公。昔諸葛亮竄廖立、李嚴於南夷，亮卒，而立、嚴皆悲泣，有死者，非至公能如是乎？又高熲爲隋相，公平識治體，隋之興亡，繫熲之存没。朕既慕前世之明君，卿等不可不法前世之賢相也。」

三月，頡利發兵攻突利，事見《丙記》。突利遣使來求救，上謀於大臣曰：「朕與突利爲兄弟，有急不可不救。然頡利亦與之有盟，奈何？」兵部尚書杜如晦曰：「戎狄無信，終當負約，今不因其亂而取之，後悔無及。夫取亂侮亡，古之道也。」

三年，春二月，以房玄齡爲左僕射，杜如晦爲右僕射，仍領選。如晦先攝吏部尚書。與玄齡共筦朝政，引士賢者，下不肖，咸得職，當時浩然歸重。监察御史陳師合上《拔士論》，謂：「人之思慮有限，一人不可摠數職，如晦奏似論臣等。」帝曰：「玄齡、如晦不以勳舊進，特其才可與治天下者，師合欲以此離間吾君臣邪？」斥嶺表。此事見孫氏《唐論》，《通鑑》不載。按：太宗專任大臣，而惡小臣之間善矣。然使師合詆房、杜爲非人，則固所當治，今其言謂一人不可摠數職爾，未見其有離間之意也，斥之嶺表，則爲太過。後世宰相專權，而群臣莫敢議，未必非此啓之。以房、杜之賢，而於師合之貶不知救，豈未之思乎？《杜如晦傳》云：陰剴諷如晦等【三】，無如晦奏云云。

夏四月，謂侍臣曰：「中書、門下，機要之司，詔敕有不便者，皆應論執。比來唯睹順從，不聞違異。若但行文書，誰不可爲，何必擇才也？」房玄齡等皆頓首謝。故事：凡軍

【三】陰剴諷如晦等　「剴」原無，據《新唐書》卷九十六補。

國大事，則中書舍人各執所見，雜署其名，謂之「五花判事」。中書侍郎、中書令省審之，給事中、黄門侍郎駮正之。上始申明舊制，由是鮮有敗事。

十二月，杜如晦以疾遜位，上許之。

四年三月，蔡成公杜如晦疾篤，上遣太子問疾，又自臨視之。甲申，薨。上每得佳物，輒思如晦，遣使賜其家。久之，語及如晦，必流涕，謂房玄齡曰：「公與如晦同佐朕，今獨見公，不見如晦矣。」本傳云：「後忽夢如晦若平生，明日爲玄齡言之，敕所御饌往祭。」

上問房玄齡、蕭瑀曰：「隋文帝何如主也？」對曰：「文帝勤於爲治，每臨朝，或至日昃，五品已上，引坐論事，衛士傳飱而食。雖性非仁厚，亦勵精之主也。」上曰：「公得其一，未知其二。文帝不明而喜察，不明則照有不通，喜察則多疑於物。事皆自決，不任羣臣，此所以二世而亡也。朕則不然，擇天下賢才，寘之百官，使思天下之事，關由宰相，審熟便安，然後奏聞。有功則賞，有罪則刑，誰敢不竭心力以修職業？何憂天下之不治哉？」因敕百司：「自今詔敕行下，有不使者，皆應執奏，毋得阿從，不盡己意。」范氏曰：「《書》曰：『元首明哉，股肱良哉，庶事康哉。』又曰：『元首叢脞哉，股肱惰哉，萬事墮哉。』此舜、皋陶所以賡歌而相戒也。夫君以知人爲明，臣以任職爲良。君知人，則賢者得行其所學；臣任職，則不賢者不得苟容於朝：此庶事所以康也。若夫君行臣職，則叢脞矣；臣不任君之事，則惰矣：此萬事所以墮也。當舜之時，禹平水土，稷播百穀，土、穀之事，舜不親也。契敷五教，皋陶明五刑，教、刑之事，舜不治也。伯夷典禮，夔典樂，禮樂之事，舜不學也。益爲虞，垂作共工，虞工之事，舜不知也。禹爲一相，總百官，自稷以下，分職以聽焉。君人者，如天運於上，而四時寒暑各司其序，則不勞而萬物生矣。君不可以不逸也，所治者大，所司者要也。臣不可以不勞也，所治者寡，所職者詳也。不明之君不能知人，故務察而多疑，欲以一人之身，代百官之所爲，則雖聖智，亦日力不足矣。故其臣下，事無大小，皆歸之君，政有得失，不任其患，賢者不得行其志，而持禄之士，得以保其位，此天下所以不治也。是以隋文勤而無功，太宗逸而有成，彼不得其道，而此得其道故也。」

十年，夏六月，皇后長孫氏疾篤。時房玄齡以譴歸第，后言於上曰：「玄齡事陛下久，小心愼密，奇謀祕計，未嘗宣泄，苟無大故，願勿棄之。」后崩，乃召玄齡使復其位。

房玄齡等先受詔定律令，以爲「舊制，兄弟異居，蔭不相及，而謀反連坐皆死。祖孫有蔭，而止應配流。據法論情，深爲未愜。今定律，祖孫兄弟從坐者俱配役」，從之。自是比古死刑，除其太半，天下稱頼焉。玄齡等定律五百餘條，立刑名二十等，比隋律減大辟九十二條，減流入徒者七十一條，凡削煩去蠹，變重爲輕者，不可勝紀。又定令一千五百九十餘條。武德舊制，釋奠於太學，以周公爲先聖，孔子配饗，玄齡等建議停祭周公，以孔子爲先聖，顔回配饗。又删武德以來敕格，定留十百條，至是頒行之。又定枷、杻、鉗、鏁、杖、笞，皆有長短廣狹之制。

十二年，三月丙子，以皇孫生，宴五品以上於東宫。上曰：「貞觀以前，從朕經營天下，玄齡之功也。貞觀以來，繩愆糾繆，魏徵之功也。」皆賜之佩刀。

十三年，正月戊午，加左僕射房玄齡太子少師。玄齡自以居端揆十五年，男遺愛尚上女高陽公主，女爲韓王妃，深畏滿盈，上表請解機務。上不許。玄齡固請不已，詔斷表，乃就職。太子欲拜玄齡，設儀衛待之，玄齡不敢謁見而歸，時人美其有讓。玄齡以度支繫天下利害，嘗有闕，求其人未得，乃自領之。

十六年，秋七月，以房玄齡爲司空，仍總朝政。玄齡固辭。帝遣使謂曰：「讓，誠美德也。然國家相眷賴久，一日去良弼，如亡左右手，顧公筋力未衰，毋多讓。」

十八年，車駕征遼東，以房玄齡留守京師，詔曰：「公當蕭何之任，朕無西顧憂矣。」數上書勸帝願毋輕敵，久事外夷。

十九年，上之發京師也，命房玄齡得以便宜從事，不復奏請。或詣留臺稱有密，玄齡問密謀所在，對曰：「公則是也。」玄齡驛送行在。上聞留守有表送告密人，怒，使人持長刀於前而後見之，問告者爲誰，曰房玄齡。上曰：「果然。」叱令腰斬。璽書讓玄齡以不能自信，「更有如是者，可專決之。」

二十年，蕭瑀言於上曰：「房玄齡與中書門下衆臣，朋黨不忠，執權膠固。陛下不詳知，但未反耳。」上曰：「卿言得無太甚！人君選賢才以爲股肱心膂，當推誠任之，不可以求備，必捨其所短，取其所長。朕雖不能聰明，何至頓迷臧否，乃至於是！」房玄齡嘗以微譴歸第，褚遂良上疏，以爲：「玄齡自義旗之始翼贊聖功，武德之季冒死決策，貞觀之初選賢立政，人臣之勤，玄齡爲最。自非罪在不赦，不可遐棄。陛下若以其衰老，亦當諷諭使之致仕，退之以禮。不可以淺鮮之過，棄數十年之勳舊。」上遽召出之。頃之，玄齡復避位還家。久之，上幸芙蓉門，玄齡敕子弟汛掃門庭，曰：「乘輿且至。」有頃，上果幸其第，同載玄齡還宫。

二十一年，上幸翠微宫。六月，以司農卿李緯爲户部尚書。時玄齡留守京師，有自京師來者，上問：「玄齡何言？」對曰：「玄齡聞緯拜尚書，但云李緯美鬚鬢。」帝遽改緯洛州刺史。

二十二年，司空梁文昭公房玄齡留守京師，疾篤，上徵赴玉華宫，肩輿入殿，至御坐側乃下，相對流涕，因留宫。上聞其小愈，則喜形於色，加劇則憂悴。玄齡謂諸子曰：「吾受上厚恩，今天下無事，惟東征未已，羣臣莫敢諫，吾知而不言，死有餘責。」乃上表諫，以爲：「老子曰：『知足不辱，知止不殆。』陛下威名功德亦可足矣，拓地開疆亦可止矣。且陛下每決一重囚，必令三覆五奏，進素膳、止音樂者，重人命也。今驅無罪之士卒，委之鋒刃之下，使肝腦塗地，獨不足愍乎？向使高麗違失臣節，誅之可也；侵擾百姓，滅之可也；它日能爲中國患，除之可也。今無此三條而坐煩中國，内爲前代雪恥，外爲新羅報讎，豈非所存者小，所損者大乎？願陛下許高麗自新，焚陵波之船，罷應募之衆，自然華夷慶賴，遠肅邇安【四】。臣旦夕入地，儻蒙録此哀鳴，死且不朽。」玄齡子遺愛尚上女高陽公主，上謂公主曰：「彼病篤如此，尚能憂我國家。」上自臨視，握手與訣，悲不自勝。癸

【四】遠肅邇安　「肅」原作「蕭」，據《舊唐書》卷六十六改。

卯，蕘。

玄齡嘗誡諸子以驕奢沉溺，不可以地望淩人，故集古今聖賢家誡，書於屏風，令各取一具，謂曰：「若能留意，足以保身成名。」又云：「袁氏累葉忠節，是吾所尚，汝宜師之。」子遺直襲爵，次子遺愛，尚太宗女高陽公主，有寵於太宗，故遺愛特承恩遇，與諸婿禮秩絶異。主既驕恣，謀黜遺直，而奪其封爵，永徽中誣告遺直無禮於己。高宗令長孫無忌鞫其事，因得公主與遺愛謀反之狀。遺愛伏誅，主賜自盡，諸子配流嶺表。遺直以父功，除名爲庶人。如晦子荷尚城陽公主，貞觀中，與太子承乾謀反，誅。李勣訓其子曰：「我見房、杜辛苦立門户，皆爲不肖子敗之。」胡氏曰：「取天下者以義爲之，則天理所佑；以利爲之，則神道所虧。唐起晉陽，裴、劉之謀也。太宗承統，房、杜之策也。是皆乘風雲之會，依日月之光，當與有唐相爲終始，而禍敗之及，或在其身，或在其子孫，殊不與周、召、蕭、曹比，是何也？裴寂以貧賤爲嘆，文静在縲紲之中，贊唐公父子起事，非有拯亂匡時之略，亦欲自免，因圖富貴耳。雖太宗志在安天下，而裴、劉初心，則爲己而發斯念也。天地鬼神其知之矣，故天下歸唐，而文静不能自全，寂雖僅全其身，至其孫亦殆矣。房、杜之賢，固非裴、劉所敢班，然太白經天之際，密進籌書，圖取成、吉，使太宗手剪兄弟，并殺其子十人，此陳平無後之慮也，而房、杜蹈之，其宗嗣不延，宜哉！皆管鮮、蔡度、霍處挾武庚以畔，周公殺鮮、囚度而降處。三叔欲危周公，以間王室，得罪於天下，故周公治之如此，或殺、或囚、或降，視輕重也。管叔罪重，又無子，故不爲置後，設若有子，亦存之矣。蔡叔罪不至死，而其子賢，故復邦諸蔡。霍叔爲庶人不齒者三年，過三年則齒矣，此周公治親之法也。若隱息、巢剌謀害太宗耳，又未發，非得罪於天下者，太宗既已殺之，乃盡除其子，其與周公不亦異之甚歟！太宗之子孫幾殲于武氏，杜荷、房遺愛爲宰相子，又尚帝女，積習驕侈而闕於義方，交通逆謀，兩族遂隕。是故以人治言之，則立事建功可掩愆咎；以天道言之，則善惡之積，各以類應。貞觀君臣其德業被世，固爲光榮，而出反之事，酷毒亦甚。然後知聖人行一不義、殺一不辜而得天下不爲者，豈徒然哉？」

《文中子》：房玄齡問正主庇民之道，子曰：「先遺其身。夫能遺其身，然後能無私；無私，然後能至公；至公，然後能以天下爲心矣。」按：《文中子世家》謂房玄齡、魏徵等咸稱師，北面受王佐之道。又《論禮樂録》曰：貞觀中，魏文公有疾，仲父太原府君問疾焉，留宿宴語，中夜而歎。太原府君曰：「何歎也？」魏公曰：「大業之際，徵也與諸賢侍。文中子謂徵及房、杜曰：『先輩雖聰明特達，然非董、薛、程、仇之比。雖逢明王，必愧禮樂。』徵于時有不平之色。文中子笑曰：『久久臨事，當自知之。』及貞觀之始，徵與房、李、温、杜獲攀龍鱗，朝廷大議未嘗不參預焉。上臨軒謂羣臣曰：『朕雖德非徇齊，明謝濬哲，至於聞義則服，庶幾乎古人矣。諸公若有久長之策，一一陳之，無有所隱。』房、杜等奉詔舞蹈，讚揚帝德。上曰：『止。』引羣公内宴。酒方行，上曰：『設法施化，貴在經久。秦漢以下，不足襲也。三代損益，何者爲當？』是時羣公無敢對者，徵爲房、杜所目，因越席而對曰：『夏、殷之禮既不可詳，忠敬之化，空聞其説。孔子曰：周監於二代，郁郁乎文哉！吾從周。《周禮》，公旦所裁；《詩》、《書》，仲尼所述。雖紀綱頽缺，而節制具焉。孟、荀陳之於前，董、賈伸之於後，遺談餘義，可舉而行。若陛下重張皇墳，更造帝典，則非駑劣所敢議及；若擇前代憲章，發明王道，則臣請以《周典》唯所施行。』上大悦。翌日，又召房、杜及徵俱入，上曰：『朕昨夜讀《周禮》，真聖作也。首篇曰：惟王建國，辨方正位，體國經野，設官分職，以爲人極。誠哉深乎！』良久謂徵曰：『朕思之，不封建，不肉刑，而欲行周公之道，不可得也。』因詔宿中書省，會議數日，卒不能定。而徵尋請退，上雖不復揚言，而閑宴之次，謂徵曰：『禮壞樂崩，朕甚憫之。有志不就，古人攸悲。』徵曰：『非陛下不能行。蓋臣等無素業爾，何愧如之！』上曰：『時難得而易失，朕所以皇皇也。』徵與房、杜等並慙慄，再拜而出。房謂徵曰：『玄齡與公竭力輔國，然言及禮樂，則非命世大才，不足以望清光矣。昔文中子不以禮樂賜予，良有以也。』」愚按：文中子之書，先儒以爲福畤兄弟多所增飾【五】，然所以告玄齡者，實至論，故附見焉。太宗禮樂之問，不見於史，儻誠有之，非獨房、杜輩所學之未至，亦仲淹所以教之者未得其道也。夫所謂禮樂之本，果何從出哉？敬與和而已矣。

【五】福畤　「畤」原作「時」，據史經改。案：王通有二子，長曰福郊，次曰福畤，見《文中子序》。

人君以禮治身，無時而不敬；以樂治心，無時而不和：此禮樂之本也。其本繫於一人之身，推之於家國，於□□□□□而民志定，禮之所由興也。風俗□而民志樂，樂之所由興也。至於制作之文，則酌古今之宜，務適其當而已耳。貞觀之治，可謂盛矣！然太宗之一身，所以爲禮樂之本者，果何如哉？父子、兄弟、夫婦之間，類多慙德，故雖身致升平，而風俗終有愧於古。雖夜讀《周禮》，有感於民極之言，而不知人君一身，即天下之極也。先儒嘗言：有《關雎》、《麟趾》之意，然後可行《周官》之法度，不知太宗於《二南》所謂正始之道、王化之基者，其能少有合乎？縱使一時諸儒能任制作之事，不過如叔孫通、曹褒輩，區區於儀章品數之間、鏗鏘鼓舞之末而已。所謂防民之僞而教之中，防民之情而教之和者，必非所及也。文中子一世大儒，自任甚重，使房、杜輩果從其游，受王佐之道，則當以孔、孟爲師，使知脩身、齊家之序，正君、定國之要，此則禮樂之本也。前後問答，未嘗一言及此，則所謂王佐之道者，果何在耶？嗚呼！道不行，千載無善治；道不傳，千載無真儒。豈不然哉！

史臣贊曰：「太宗取孤隋，攘羣盜，天下已平，用玄齡、如晦輔政。興大亂之餘，紀綱彫弛，而能興仆植僵，使號令典刑粲然罔不完，雖數百年猶蒙其功，可謂名宰相。然求所以致之之蹟，逮不可見，何哉？唐柳芳有言：『帝定禍亂，而房、杜不言功；王、魏善諫，而房、杜讓其直；英、衛善兵，而房、杜濟以文：持衆美效之君。是後，新進更用事，玄齡身處要地，不吝權，善始以終，此其成令名者。』諒其然乎！如晦雖任事日淺，觀玄齡許與及帝所親欵，則謀謨果有大過人者。方君臣明良，志叶議從，相資以成，固千載之遇，蕭、曹之勛，不足進焉。雖然，宰相所以代天者也，輔贊彌縫而藏諸用，使斯人由而不知。彼揚己取名，瞭然使户曉者，殆房、杜之細耶！」孫氏曰：「或問房、杜之相，謀議施爲，不見赫赫之事，何也？曰：宰相之功，何必赫赫？顧時事如何耳。即貞觀時事之治，二相之功可見矣。」　蘇氏論《書》之《秦誓》曰：「人之有技，若己有之。人之有技，媢疾以惡之。前一人似房玄齡，後一人似李林甫。」又曰：「漢之文、景，紀無可書之事。唐之房、杜，傳無可載之功。」　愚按：梁文昭公佐太宗定天下，及終相位，凡三十二年。以四事考之，其持身也敬，其謀國也忠，蓋庶幾乎古大臣之風矣。至於用人，則委諫爭於王、魏，付征伐於英、衛，使衆善畢集於君，退然若無所能者。此一節，蓋秦、漢以來，未有能及之者。史謂「新進更用事，玄齡不吝權」，以年表考之，武德九年，玄齡始相，自是二十餘年間，若長孫無忌、蕭瑀、李靖、高士廉輩，或舊人，或勳戚，同預大政，固其宜也。若王珪、魏徵，則太宗之讎臣，實與玄齡先後進用；而温彦博、戴胄、劉洎、岑文本、馬周、褚遂良之徒，皆新進之士也。當玄齡柄國之時，更迭與政，各得以功名自見，未聞梁公有貪權忌能之意也。吁，梁公之休休有容如此，亦豈秦、漢以來所能及哉？彼姦邪如李林甫、盧杞輩，顧視同列一有得君者，必擠而去之，其所引用必己之私黨，欲使國家大柄不在其身則在其黨。舉朝之士，無一人能與己分權，無一人能與己立異，然後富貴榮寵，可保於無窮。其卒也，未有如所欲者。後之君子，其於梁公之用心，當端拜而師之，而於林甫、杞之行事，以爲刻骨之戒，則庶乎其得之。

**武德九年，以魏徵、王珪爲諫議大夫。**　按本傳：徵爲太子建成洗馬，見秦王功高，陰勸太子早爲計。太子敗，王責之，謂曰：「爾閲吾兄弟奈何？」答曰：「太子早從徵言，不死今日之禍。」王器其直，無恨意。即位，拜諫議大夫。《珪傳》：「高祖入關，李綱薦署世子府咨議。建成爲太子，授中書舍人，遷中允，禮遇良厚。太子與秦王有隙，帝責珪不能輔導，流嶲州。太子已誅，太宗召爲諫議大夫。」　范氏曰：「建成爲太子，且兄也，秦王爲王，且弟也。王、魏受命爲東宮之臣，則建成其君也，豈有人殺其君，而可北面爲之臣乎？王、魏不事太宗可也。」　按：程子因論管仲之事，以王、魏不死建成之難爲害義，後雖有功不足贖。而朱子則謂管仲有功而無罪，故聖人獨稱其功。王、魏先有罪而後有功，則不以相掩可也。愚謂先儒之論，朱子爲當。

詔：近封故太子建成爲息王，謚曰隱；齊王元吉爲海陵王，謚曰剌。以禮改葬。葬日，上哭於宜秋門，甚哀。魏徵、王珪表請陪送至墓所，上許之，命宮府舊僚皆送葬。

上厲精求治，數引魏徵入卧內，訪以得失，知無不言，上皆欣然嘉納。本傳云：「徵自以不世遇，乃展盡底蘊，無所隱，凡二百餘奏，無不剴切當帝心者。由是拜尚書右丞，兼諫議大夫。」上遣使點兵，封德彝奏：「中男雖未十八，其軀幹壯大者，亦可並點。」上從之。敕出，魏徵固執以爲不可，不肯署敕，至于數四。上怒，召而讓之曰：「中男壯大者，乃姦民詐妄以避征役，取之何害，而卿固執至此？」對曰：「夫兵在御之得其道，不在衆多。陛下取其壯健，以道御之，足以無敵於天下，何必多取細弱以增虚數乎？且陛下每云『吾以誠信御天下，欲使臣民皆無欺詐』，今即位未幾，失信者數矣。」上愕然曰：「朕何爲失信？」對曰：「陛下初即位，下詔云：『逋負官物，悉令蠲免。』有司以爲負秦府、國司者，非官物，徵督如故。陛下以秦王升爲天子，國司之物，非官物而何？又曰：『關中免二年租調，關外給復一年。』既而繼有敕云：『已役已輸者，以來年爲始。』散還之後，方復更徵，百姓固已不能無怪。今既徵得物，復點爲兵，何謂來年爲始乎？又陛下所與共治天下者，在於守宰，居常簡閲，咸以委之。至於點兵，獨疑其詐，豈所謂以誠信爲治乎？」上悦曰：「曏者朕以卿固執，疑卿不達政事，今卿論國家大體，誠盡其精要。夫號令不信，則民不知所從，天下何由而治乎？朕過深矣。」乃不點中男，賜徵金甕一。

貞觀元年正月，帝嘗曰：「正主御邪臣，不可以致治。正臣事邪主，亦不可以致治。唯君臣同德，則海内安。朕雖不明，幸諸公數相諫正，庶致天下於平。」珪進曰：「古者有爭臣七人，諫不用，則相繼以死。今陛下開聖德，收采芻言，臣願竭狂瞽，佐萬分一。」帝可，乃詔諫官隨中書、門下及三品官入閤。珪推誠納善，每存規益，帝益任之。孫氏曰：「太宗之任諫官，真得其道。夫天下之務至廣也，軍國之機至要也，雖明主聽斷，賢相謀議，思慮之失，亦不能免一失，則爲害不細，必藉忠良之士諫正。夫忠良之士，論治体，補國事，乃其志爾。能密有所助，則亦志伸而道行，豈必彰君過而取高名哉？當君相議事之際，使諫官預聞，得以關説；或有闕失，從而正之。天下但覩朝政之得宜，不知諫者之何言，上下誠通，國体豈不美乎？况大臣論事，以諫官規正於人君之前，安有不公之議？兹亦制御大臣，使之無過之術爾。若以諫官小臣，不可預聞國議，必衆知闕失，方許諫正，事或已行而不可救，過或已彰而不可言，故剛直之臣，有激訐不顧以爭之者，君從之，猶掩其過，君或不從，則君之過、大臣之罪愈大矣。太宗任諫官，可謂得其道。」

嶺南酋長馮盎等迭相攻擊，久未入朝，諸州奏稱盎反，前後以十數。上命發江、嶺數十州兵討之。魏徵諫曰：「中國初定，嶺南瘴癘險遠，不可以宿大兵。且盎反狀未成，未宜動衆。」上曰：「告者道路不絶，何云未成？」對曰：「盎若反，必分兵據險，攻掠州縣。今兵不出境，此不反明矣。諸州既疑其反，陛下又不遣使鎮撫，彼畏死，故不敢入朝。若遣信臣示以至誠，彼喜於免禍，可不煩兵而服。」上乃罷兵，遣使持節慰諭之，盎遣其子智戴隨使者入朝。上曰：「魏徵令我發一介之使，而嶺表遂安，勝十萬之師，不可不賞。」賜絹五百疋。

或告右丞魏徵私其親戚，上使御史大夫温彦博按之，無狀。彦博言於上曰：「徵不存形迹，遠避嫌疑，心雖無私，亦有可責。」上令彦博讓徵，且曰：「自今宜存形迹。」他日，徵入見，言於上曰：「臣聞君臣同體，宜相與盡誠。若上不仁存形迹，則國之興衰尚未可知，臣不得奉詔。」上瞿然曰：「吾已悔之。」徵再拜曰：「臣不得奉事陛下，願使臣爲良臣，勿爲忠臣。」上曰：「忠、良有以異乎？」對曰：「稷、契、皋陶，君臣協心，俱享尊榮，所謂良臣。龍逄、比干，面折廷諍，身誅國亡，所謂忠臣。」上悦，賜絹五百疋。胡氏曰：「忠良一道也，未有優於忠而劣於良，亦未有偏於良而短於忠者。魏公之言，過於分别矣。不若曰：臣願爲稷、契、皋陶，諫行言聽，不願如龍逄、比干。所謂易地則皆然者也。後世事君者，柔和獻納，不敢强諫，曰：吾效稷、契、皋陶。苟有犯顔苦諫者，則曰：爾何乃以桀、紂事吾君？則魏公之説啓之矣。」

上謂黄門侍郎王珪曰：「國家本置中書、門下以相檢察，中書詔敕或有差失，則門下當行駁正。人心所見，互有不同，苟論難往來，務求至當，捨己從人，亦復何傷？卿曹各當徇公忘私，勿雷同也。」胡氏曰：「古者論一相而止，至成王時，雖以周公位冢宰，然亦與召公同相爲左右，此《尚書》之序，孔子之言也。何者？周公不敢自聖，獨專相事，又將訓後世爲人心不同，而大賢難得，則參错並行，猶驅車，猶植屋，兼取衆力相輔相正，歸於無失而已矣。故自漢以來，或置左右丞相，或並置三公，不拘一相之文。至唐而法意尤密，既有左右僕射，又有侍中、中書、尚書兩令、左右丞。及以官未及而人可用者，參預朝政，而其大綱，則俾中書出令，門下審駁，分爲二省，而尚書受成，放之有司。當貞觀之時，君明臣忠，朝希秕政，不數年坐致太平，其集材並用之效如此。諸葛武侯曰：『參署者，集衆思，廣忠益也。若難相違覆，曠闕損矣。違覆而得中，猶棄弊屬而獲珠玉也。』嗚呼！爲君如太宗，爲臣如武侯，公心望治，可爲後世法也。若棄數百年成規，合三省爲一，以一相專之，而官屬如故，略無可否，見姓署名，是中書門下之名存，而基命駁正之實亡矣，豈非侮文便私之甚哉！」

上謂侍臣曰：「吾聞西域賈胡得美珠，剖身以藏之，有諸？」侍臣曰：「有之。」上曰：「人皆知笑彼之愛珠，而不愛其身也。吏受賕抵法，與帝王徇奢欲而亡國者，何以異於彼胡之可笑邪？」魏徵曰：「昔魯哀公謂孔子曰：『人有好忘者，徙宅而忘其妻。』孔子曰：『又有甚者，桀、紂乃忘其身。』亦猶是也。」上曰：「然。朕與公輩宜戮力相輔，庶免爲人所笑也。」

上問魏徵曰：「人主何爲而明？何爲而暗？」對曰：「兼聽則明，偏信則暗。昔堯清問下民，故有苗之惡得以上聞。舜明四目，達四聰，故共、鯀、驩兜不能蔽也。秦二世偏信趙高，以成望夷之禍【六】。梁武帝偏信朱异，以取臺城之辱。隋煬帝偏信虞世基，以致彭城閣之變。是故人君兼聽廣納，則貴臣不得擁蔽，而下情得以上通也。」上曰：「善。」范氏曰：「善哉，太宗之問！魏徵之對也，可謂得其要矣。夫聖人以天下爲耳目，故聰明。庸君以近習爲耳目，故暗蔽。明暗之分，惟在於遠近小大而已矣。」

上謂侍臣曰：「人言天子至尊，無所畏憚。朕則不然，上畏皇天之監臨，下憚羣臣之瞻仰，兢兢業業，猶恐不合天意，未副人望。」魏徵曰：「此誠致治之要，願陛下慎終如始，則善矣。」

【六】以成望夷之禍　「之」原作「族」，據《資治通鑒》卷一百九十二改。

上謂侍臣曰：「朕觀《隋煬集》，文辭奥博，亦知是堯、舜而非桀、紂，然行事何其反也？」魏徵曰：「人君雖聖哲，猶當虚己以受人。煬帝恃其俊才，驕矜自用，故口誦堯、舜之言，而身爲桀、紂之行，曾不自知，至於覆亡也。」上曰：「前事不遠，吾屬之師也。」胡氏曰：「太宗之問，豈獨煬帝爲然？凡聖讀而庸行者，皆是也。魏徵當因此力陳堯、舜所以爲堯、舜者，使其君有修進企及之方，則其益大矣。顧言虚己受人與恃才自用，以爲聖愚之異，何其見堯、舜之淺邪？」

貞觀二年，冬十月，交州都督、遂安公壽以貪得罪，上以瀛州刺史盧祖尚才兼文武，廉平公直，徵入朝，諭以「交趾久不得人，須卿鎮撫」。祖尚拜謝而出，既而悔之，辭以舊疾。上遣杜如晦等諭旨曰：「匹夫猶敦然諾，奈何既許朕而復悔之？」祖尚固辭。戊子，上復引見，諭之，祖尚固執不可。上大怒曰：「我使人不行，何以爲政？」命斬於朝堂，尋悔之。它日，與侍臣論：「齊文宣帝何如人？」魏徵對曰：「文宣狂暴，然人與之爭，事理屈則從之。有前青州長史魏愷使於梁還，除光州長史，不肯行，楊遵彦奏之。文宣怒，召而責之。愷曰：『臣先任大州長史還，有勞無過，更得小州，此臣所以不行也。』文宣顧謂遵彦曰：『其言有理，卿赦之。』此其所長也。」上曰：「然。曏者盧祖尚雖失人臣之義，朕殺之亦爲太暴，由此言之，不如文宣矣。」命復其官蔭。徵容貌不逾中人，而有膽略，善回人主意，每犯顔苦諫；或逢上怒甚，徵神色不移，上亦爲之霽威。嘗謁告上冢，還，言於上曰：「人言陛下欲幸南山，外皆嚴裝已畢，而竟不行，何也？」上笑曰：「初實有此心，畏卿嗔，故中輟耳。」上嘗得佳鷂，自臂之，望見徵來，匿懷中。徵奏事固久不已，鷂竟死懷中。十二月，以黄門侍郎王珪爲守侍中。上嘗閒居，與珪語，有美人侍側，上指示珪曰：「此廬江王瑗之姬也，瑗殺其夫而納之。」珪避席曰：「陛下以廬江納之爲是邪，非邪？」上曰：「殺人而取其妻，卿何問是非？」對曰：「昔齊桓公知郭公之所以亡，由善善而不能用，然棄其所言之人，管仲以爲無異於郭公。今此美人尚在左右，臣以爲聖心是之也。」上悦，即出之，還其親族。

上使太常少卿祖孝孫教宫人音樂，不稱旨，上責之。温彦博、王珪諫曰：「孝孫雅士，今乃使之教宫人，又從而譴之，臣切以爲不可。」上怒曰：「朕寘卿等於腹心，當竭忠直以事我，乃附下罔上，爲孝孫遊説邪？」彦博拜謝。珪不拜，曰：「陛下責臣以言，豈私曲邪？此乃陛下負臣，非臣負陛下。」上默然而罷。明日，上謂房玄齡曰：「自古帝王納諫誠難，朕昨責温彦博、王珪，至今悔之。公等勿爲此不盡言也。」

三年二月，以尚書右丞魏徵守祕書監，參預朝政。同日，以房、杜爲左右僕射。

房玄齡、王珪掌内外官考，治書侍御史權萬紀奏其不平，上命侯君集推之。魏徵諫曰：「玄齡、珪皆朝廷舊臣，素以忠直爲陛下所委，所考既多，其間豈無一二人不當？察其情，終非阿私。萬紀比在考堂，曾無駁正，及身不得考，乃始陳論。此正欲激陛下之怒，非竭誠徇國也。使推之得實，未足裨益朝廷；若其本虚，徒失陛下委任大臣之意。臣所愛者治體，非敢苟私二臣。」上乃釋不問。

四年二月，以守侍中王珪爲侍中。

突厥既亡，其部落降唐者十萬口，詔羣臣議區處之宜。朝士多言：「北狄自古爲中國患，今幸而破亡，宜悉徙之河南兗、豫之間，分其種落，散居州縣，教之耕織，可以化胡虜爲農民，永空塞北之地。」魏徵以爲：「突厥世爲寇盜，百姓之讎也。今幸而破亡，陛下以其降附，不忍殺，宜縱之使還故土，不可留之中國。夫戎狄人面獸心，弱則請服，彊則叛亂，固其常性。今降者衆近十萬，數年之後，蕃息倍多，必爲腹心之疾。晉初諸胡與民雜居中國，郭欽、江統皆勸武帝驅出塞外以絶亂階，武帝不從。後二十餘年，伊、洛之間遂爲氈裘之域。此前事之明鑑也。」温彦博曰：「王者之於萬物，天覆地載，靡有所遺。今突厥窮來歸，我奈何棄之而不受乎？」上卒用彦博策。詳見《丙記》。范氏曰：「先王之制，戎狄荒服，夷不亂華，所以辨族類，別内外也。孔子美齊桓之功，曰：『微管仲，吾其被髮左衽矣。』聖人之懲戎狄如此。太宗既滅突厥，而引諸戎入中國，使殊俗醜類與公卿大夫雜處於朝廷，苟欲冠帶四夷，以夸示天下，而不知亂華亦甚矣。然則中國幾何不胥而爲夷也，是以唐室世有戎狄之亂，豈非太宗之所啓乎？其後十三年四月，上幸九成宫，突厥突利可汗之弟結社率陰結故部落犯行宫，踰四重幕，弓矢亂發，衛士死者數十人。折衝孫武開等帥衆奮擊，久之，乃退，馳入御廐，盗馬二十餘疋，北走，渡渭，欲奔其部落，追獲，斬之。言事者多云突厥留河南不便，詔以右武候大將軍李思摩爲可汗，突厥及胡在諸州安置者，並令渡河【七】，還其舊部，俾世作藩屏。上謂侍臣曰：『中國根幹也，四夷枝葉也，割根幹以奉枝葉，草木安得滋榮？朕不用魏徵言，幾致狼狽。』」

【七】渡河　原作「度河」，據《資治通鑑》卷一百九十五改。

十二月，高昌王麴文泰入朝。西域諸國咸欲因文泰遣使入貢，上遣文泰之臣厭怛紇干往迎之。魏徵諫曰：「昔光武不聽西域送侍子，置都護，以爲不以蠻夷勞中國。今天下初定，前者文泰之來，所過勞費已甚，今借使十國入貢，其徒旅不減千人。邊民荒耗，將不勝其弊。若聽其商賈往來，與邊民交市，則可矣。儻以賓客遇之，非中國之利也。」上遽止之。

諸宰相侍宴，上謂王珪曰：「卿識鑒精通，復善談論，玄齡以下，卿宜悉皆品藻，且自謂與數子何如？」對曰：「孜孜奉國，知無不爲，臣不如玄齡。才兼文武，出將入相，臣不如李靖。敷奏詳明，出納惟允，臣不如温彦博。處繁治劇，衆務畢舉，臣不如戴胄。恥君不及堯、舜，以諫爭爲己任，臣不如魏徵。至於激濁揚清，嫉惡好善，臣於數子，亦有微長。」上深以爲然，衆亦服其確論。

上之初即位也，嘗與羣臣語及教化，上曰：「今承大亂之後，恐斯民未易化也。」魏徵對曰：「不然。久安之民驕佚，驕佚則難教。經亂之民愁苦，愁苦則易化。譬猶飢者易爲食，渴者易爲飲也。」上深然之。封德彝非之曰：「三代以還，人漸澆訛，故秦任法律，漢雜霸道，蓋欲化而不能，豈能之而不欲邪？魏徵書生，未識時務，若信其虚論，必敗國家。」徵曰：「五帝三王，不易民而化，行帝道而帝，行王道而王，顧所行何如爾。昔黄帝征蚩尤，顓頊誅九黎，湯放桀，武王伐紂，皆能身致太平，豈非承大亂之後邪？若謂古人淳樸，漸致澆訛，則至于今日，當悉化爲鬼魅矣，人主安得而治之？」上卒從徵言。

元年，關中饑，米斗直絹一匹。二年，天下蝗。三年，大水。上勤而撫之，民雖東西就食，未嘗嗟怨。是歲天下大稔，流散者咸歸鄉里。米斗不過三四錢，終歲斷死刑纔二十九人。東至于海，南及五嶺，皆外户不閉，行旅不賫糧，取給於道路焉。上謂長孫無忌曰：「貞觀之初，上書者皆云：『人主當獨運威權，不可委之臣下。』又云：『宜震耀威武，征討四夷。』唯魏徵勸朕『偃武脩文，中國既安，四夷自服』，朕用其言【八】。今頡利成擒，其首長並帶刀宿衛，部落皆襲衣冠，徵之力也，但恨不使封德彝見之耳。」本傳云：「帝曰：『此徵勸我行仁義，既效矣，惜不令德彝見之。』」徵再拜謝曰：「突厥破滅，海内康寧，皆陛下威德，臣何力焉？」上曰：「朕能任公，公能稱所任，則其功豈獨在朕乎？」范氏曰：「太宗可謂能審取舍矣。魏徵仁義之言也，欲順天下之理而治之。封德彝刑罰之言也，欲咈天下之性而治之。夫民莫不惡危而欲息，以仁義治之則順，以刑罰治之則咈矣。故治天下在順之而已，咈之而能治者，未之聞也。太宗從魏徵，而不從德彝，行之四年，遂致太平，仁義之效如此其速也。故治道在人主所力行耳，孰不可爲太宗乎？及其成功，復歸美於下，此前世帝王之所不及也。」

五年，權萬紀與侍御史李仁發，俱以告訐有寵於上，由是諸大臣數被譴怒。魏徵諫曰：「萬紀等小人不識大體，以訐爲直，以讒爲忠。陛下非不知其無堪，蓋取其無所避忌，欲以警策羣臣耳。而萬紀等挾恩依勢，逞其姦謀，凡所彈射，皆非有罪。陛下縱未能

【八】朕用其言　「用」原作「惟」，「其」原作「慎」，據《資治通鑑》卷一百九十三改。

舉善以厲俗，奈何昵姦以自損乎？」上默然，賜絹五百匹。久之，萬紀等姦狀自露，皆得罪。

初，上令羣臣議封建，魏徵議以爲：「若封建諸侯，則卿大夫咸資俸禄，必致厚斂。又，京畿歲賦税不多，所資畿外，若盡以封國邑，經費頓闕。又，燕、秦、趙、代俱帶外夷，若有警急，追兵内地，難以奔赴。」詳見《丙記·上》。

上謂侍臣曰：「治國如治病，病雖愈，猶宜將護【九】，儻遽自放縱，病復作，則不可救矣。今中國幸安，四夷俱服，誠自古所希，然朕日慎一日，唯懼不終，故欲數聞卿輩諫諍也。」魏徵曰：「内外治安，臣不以爲幸，唯幸陛下居安思危耳。」

是年，林邑獻五色鸚鵡，新羅獻美女二人。魏徵以爲不宜受，上喜曰：「鸚鵡猶能自言苦寒，思歸其國，況二女遠别親戚乎！」并鸚鵡各付使者而歸之。

六年，正月朔，日有食之。文武官復請封禪，上曰：「卿輩皆以封禪爲帝王盛事，朕意不然。若天下乂安，家給人足，雖不封禪，庸何傷乎？」羣臣猶請之不已，上亦欲從之，魏徵獨以爲不可。上曰：「公不欲朕封禪者，以功未高邪？」曰：「高矣。」「德未厚邪？」曰：「厚矣。」「中國未安邪？」曰：「安矣。」「四夷未服邪？」曰：「服矣。」「年穀未豐邪？」曰：「豐矣。」「符瑞未至邪？」曰：「至矣。」「然則何爲不可？」對曰：「陛下雖有此六者，然承隋末大亂之後，户口未復，倉廩尚虚，而車駕東巡，千乘萬騎，其供頓勞

【九】猶宜將護　「猶」原作「尤」，據《資治通鑑》卷一百九十三改。

費，未易任也。且陛下封禪，則萬國咸集，遠夷君長，皆當扈從。今自伊、洛以東至于海、岱，煙火尚希，灌莽極目，此乃引戎狄入腹中，示之以虛弱也。況賞賚不貲，未厭遠人之望；給復連年，不償百姓之勞；崇虛名而受實害，陛下將焉用之？」會河南、北數州大水，事遂寢。胡氏曰：「自孟子没，聖學不傳，學者以天人爲二致，不能監觀休咎之符，凡天事常象，往往推以道遠難知，置於冥漠而不省也。昧者無足異矣，以太宗之明，房、杜、王、魏並侍左右，正旦日食，天變爲災，不聞胥訓告教誨，以消陰沴，復陽德，而羣臣獻諛，侈蕩上心，請登泰山，明示得意。太宗口雖不允，實欲從之，至稱功高德厚，中國安，四夷伏，偃然自足。徵雖以空虛勞費爲言，若非河南、北數州大水，亦未必爲止也。夫大水者，陰氣沴也；日食者，陽德微也。較之二者，日食君象，尤當儆懼者，而不知戒焉，豈非以天人爲二致，不學不知道之過耶？」

長樂公主將出降，上以公主皇后所生，特愛之，敕有司資送倍於永嘉長公主。魏徵諫曰：「昔漢明帝欲封皇子，曰：『我子豈得與先帝子比？』皆令半楚、淮陽。今資送公主，倍於長主，得無異於明帝之意乎？」上然其言，入告皇后。后歎曰：「妾亟聞陛下稱重魏徵，不知其故，今觀其引禮義以抑人主之情，乃知真社稷臣也。妾與陛下結髮爲夫婦，曲承恩禮，每言必先候顔色，不敢輕犯威嚴，況以人臣之疎遠，乃能抗言如是，陛下不可不從也。」因請遣中使賷錢四百緡、絹四百匹以賜徵，且語之曰：「聞公正直，乃今見之，故以相賞。公宜常秉此心，勿轉移也。」上嘗罷朝，怒曰：「會須殺此田舍翁。」后問爲誰，上曰：「魏徵每廷辱我。」后退，具朝服立于庭，上驚問其故。后曰：「妾聞主明臣直。今魏徵直，由陛下之明故也，妾敢不賀？」上乃悦。按：太宗内有賢后，外有直臣，表裹交輔，雖欲無治，得乎？此所以致貞觀之盛也。

閏七月乙卯，上宴近臣於丹霄殿，長孫無忌曰：「王珪、魏徵，昔爲仇讎，不謂今日得同此宴。」上曰：「徵、珪盡心所事，故我用之。然徵每諫，我不從，我與之言，輒不應，何也？」魏徵對曰：「臣以事爲不可，故諫。若陛下不從而臣應之，則事遂施行，故不敢應。」上曰：「且應而復諫，庸何傷？」對曰：「昔舜戒羣臣：『爾無面從，退有後言。』臣心知其非而口應陛下，乃面從也，豈稷、契事舜之意邪？」上大笑曰：「人言魏徵舉止踈慢，我視之更覺嫵媚，正爲此耳。」徵起，拜謝曰：「陛下開臣使言，故臣得盡其愚。若陛下拒而不受，臣何敢數犯顔色乎？」

十二月，帝與侍臣論安危之本，温彦博曰：「伏願陛下常如貞觀初，則善矣。」帝曰：「朕比來怠於爲政乎？」魏徵曰：「貞觀之初，陛下志在節儉，求諫不倦。比來營繕數多，諫者頗有忤旨，此其所以異耳。」帝拊掌大笑曰：「誠有是事。」

上謂魏徵曰：「爲官擇人，不可造次。用一君子，則君子皆至；用一小人，則小人競進矣。」對曰：「然。天下未定，則專取其才，不考其行。喪亂既平，則非才行兼備不可用也。」范氏曰：「太宗以治亂在庶官，欲進君子，退小人，此王者之言也。而魏徵之所謂才行者，不亦異乎？夫才，有君子之才，有小人之才。古之所謂才者，君子之才也，後世之所謂才者，小人之才也。高陽氏有子八人，天下以爲才，其所以爲才者，曰齊聖廣淵，明允篤誠。高辛氏有子八人，天下以爲才，其所以爲才者，曰忠肅恭懿，宣慈惠和。周公制禮作樂，孔子以爲才。然則古之所謂才者，兼德行而言也。後世之所謂才者，辯給以禦人，詭詐以用兵，僻邪險詖，趨利就事，是以天下多亂，職斯人之用於世也。」在《易·師》之上六曰：『開國承家，小人勿用。』《象》曰：『小人勿用，必亂邦也。』《未濟》曰：『高宗伐鬼方，三年克之，小人勿用。』王者創業垂統，敷求哲人，以遺後嗣，故能長世也，豈以天下未定而可專用小人之才歟？夫有才無行之小人，無時而可用，退之猶懼其或進也，豈可先用而後廢，乃取才行兼備之人乎？證之學駁而不純，故所以輔導其君者，卒不至於三王之治也。」

七年春正月，更名《破陳樂》曰《七德舞》，宴三品已上及州牧、蠻夷酋長於玄武門，奏《七德》、《九功》之舞。魏徵欲上偃武脩文，每侍宴，見《七德舞》輒俛首不視，見《九功舞》則諦觀之。

三月，侍中王珪坐漏泄禁中語，左遷同州刺史，以祕書監魏徵爲侍中。本傳云：「尚書省滯訟不決者【一〇】，詔徵平治。徵素不習法，但存大體，處事以情，人人悅服。」按：此可見魏公非獨有正君之節，且有□□之才，當時□臣鮮能及也。

上問魏徵曰：「羣臣上書可采，及召對多失次，何也？」對曰：「臣觀百司奏事，數日思之，及至上前，三分不能道一。況諫者咈意觸忌，非陛下借之辭色，豈敢盡其情哉？」上由是接羣臣辭色愈温。

八年，上欲分遣大臣爲諸道黜陟大使，未得其人。李靖薦魏徵。上曰：「徵箴規朕失，不可一日離左右。」乃命靖等十三人分行天下，「察長吏賢不肖，問民間疾苦。」帝聘隋

【一〇】滯訟不決者　「決」原作「安」，據《新唐書》卷九十七改。

通事舍人鄭仁基女爲充華，詔已行，册使將發，魏徵聞其嘗許嫁士人陸爽，遽上表諫。帝聞之，大驚，手詔深自克責，命停册使。房玄齡等奏稱：「許嫁陸氏，無顯狀，大禮既行，不可中止。」爽亦表言初無昏姻之議。帝謂徵曰：「羣臣或容希合，爽亦自陳，何也？」對曰：「彼以陛下爲外雖捨之，或陰加罪譴，故不得不然。」帝笑曰：「外人意或當如是。朕之言不能使人必信如此邪？」本傳，徵諫曰：「陛下處臺榭【一一】，即欲民有棟宇【一二】；食膏粱，則欲民有飽適；顧嬪御，則欲民有室家。今鄭已約昏，陛下取之，豈爲民父母意？」

中牟丞皇甫德參上言：「修洛陽宮，勞人。收地租，厚歛。俗好高髻，蓋宮中所化。」上怒，謂房玄齡曰：「德參欲國家不役一人，不收斗租，宮人皆無髮，乃可其意邪？」欲治其謗訕之罪。魏徵諫曰【一三】：「賈誼當漢文帝時，上書云『可爲痛哭者一，可爲流涕者二』。自古上書，不激切不能動人主之心，所謂狂夫之言，聖人擇焉，唯陛下裁察！」上曰：「朕罪斯人，則誰復敢言？」乃賜絹二十匹。他日，徵奏言：「陛下近日不好直言，雖勉强含容，非曩時之豁如。」上乃更加優賜，拜監察御史。

九年，上謂魏徵曰：「齊後主、周天元皆重歛百姓，厚自奉養，力竭而亡【一四】。譬如饞人自噉其肉，肉盡而斃，何其愚也！然二主孰爲優劣？」對曰：「齊後主懦弱，政出多門；周天元驕暴，威福在己：雖同爲亡國，齊主尤劣也。」

十年，侍中魏徵屢以目疾求爲散官，上不得已，以爲特進，仍知門下事，朝章國典，參

【一一】臺榭　「榭」原作「謝」，據《新唐書》卷九十七改。

【一二】棟宇　「棟」原作「陳」，據《新唐書》卷九十七改。

【一三】魏徵諫曰　「徵」原作「證」，據上下文意改。

【一四】力竭而亡　「而」原作「爲」，據《資治通鑑》卷一百九十四改。

議得失，徒流以上罪，詳事聞奏，其祿賜及吏卒並同職事。本傳云：「徵多病辭職。帝曰：『公獨不見金在鑛何足貴耶？善鍛冶而爲器【一五】，人乃宝之。朕方自比於金，以公爲良匠而加礪焉。卿虽疾，未及衰，庸得便爾？』徵懇請愈牢，乃云云。」

長孫后崩，冬十一月葬昭陵。上念后不已，於苑中作層觀以望昭陵，嘗引魏徵同登，使視之。徵熟視之曰：「臣昏眊，不能見。」上指示之，徵曰：「臣以爲陛下望獻陵若昭陵，則臣固見之矣。」上泣，爲之毁觀。范氏曰：「魏徵可謂能以義正君矣。造次不忘納之於善，恐其薄於孝而厚於愛也。孟子曰『唯大人，爲能格君心之非。』若魏徵近之矣。」

上欲立皇子明母楊氏爲后。楊氏，巢剌王之妃也，有寵於上。魏徵諫曰：「上方比德唐、虞，豈宜以辰嬴自累？」乃止。

魏王泰有寵於上，或言三品以上多輕魏王。上怒，引三品以上，作色讓之曰：「隋文帝時，一品以下皆爲諸王所頓躓。」房玄齡等皆惶懼，流汗拜謝，徵獨正色曰：「臣竊計當今羣臣，必無敢輕魏王者。在禮，臣、子一也。《春秋》：王人雖微【一六】，序於諸侯之上。三品以上皆公卿【一七】，陛下所尊禮，若紀綱大壞，固所不論。聖明在上，魏王必無頓辱羣臣之理。隋文帝驕其諸子，使多行無禮，卒皆夷滅，又足法乎？」上悦，曰：「理到之語，不得不服。朕以私愛忘公義，嚮者之忿，自謂不疑，及聞徵言，方知理屈。人主發言何得容易乎？」

【一五】鍛冶　「冶」原作「治」，徑改。《新唐書》卷九十七作「冶鍛」。

【一六】王人雖微　「微」原脱，據《資治通鑑》卷一百九十四補。

【一七】三品以上　「上」原作「下」，據《資治通鑑》卷一百九十四改。

十一年，上作飛仙宫【一八】。庚子，魏徵上疏以爲：「煬帝恃其富强，不虞後患，窮奢極欲，使百姓困窮，以至身死人手，社稷爲墟。陛下撥亂反正，宜思隋之所以失，我之所以得，撤其峻宇，安於卑宫。若因基而增廣，襲舊而加飾，此則以亂易亂，殃咎必至。難得易失，可不念哉！」

上至顯仁宫，官吏以闕儲偫，有被譴者。魏徵諫曰：「陛下以儲偫譴官吏，臣恐承風相扇，異日民不聊生，殆非行幸之本意也。昔煬帝諷郡縣獻食，視其豐儉以爲賞罰，故海内叛之。此陛下所親見，奈何欲效之乎？」上驚曰：「非公不聞此言。」退，又上疏曰：此下按本傳。「夫刑賞之本，在乎勸善而懲惡，帝王所以與天下畫一，不以親疏貴賤而輕重者也。今之刑賞，或由喜怒，或出好惡，喜則矜刑於法中，怒則求罪於律外，好則鑽皮出羽，惡則洗垢索瘢。蓋刑濫則小人道長，賞謬則君子道消。小人之惡不懲，君子之善不勸，而望刑錯治安，非所聞也。且暇豫而言，皆敦尚孔、老；至於威怒，則專法申、韓。故道德之旨未弘，而鍥薄之風先摇。昔州犂上下其手，而楚法以敝；張湯輕重其心，而漢刑以繆。况人主而自高下乎？頃者罰人，或以供帳不贍，或不能從欲，皆非致治之急也。」

帝燕羣臣積翠池，酣樂賦詩。徵賦《西漢》，其卒章曰：「終藉叔孫禮，方知皇帝尊。」帝曰：「徵言未嘗不約我以禮。」以禮部尚書王珪爲魏王泰師，上謂泰曰：「汝事珪當如事我。」泰見珪，輒先拜，珪亦以師道自居。王問珪：「何以爲忠孝？」珪曰：「陛下，王之

【一八】飛仙宫　「仙」，《資治通鑑》卷一百九十四作「山」。

君，事思盡忠。陛下，王之父，事思盡孝。忠孝可以立身，可以成名。」王曰：「忠孝既聞命矣，願聞所習。」珪曰：「漢東平王蒼稱：爲善最樂。願王志之。」帝聞喜曰：「兒可以無過矣。」珪子敬直尚南平公主。先是，公主下嫁，皆不以婦禮事舅姑。珪曰：「今主上欽明，動循禮法，吾受公主謁見，豈爲身榮，所以成國家之美耳。」乃與其妻就席坐，令公主執笲，行盥饋之禮。是後公主始行婦禮，自珪始。

夏四月，魏徵上疏，以爲：「人主善始者多，克終者寡，豈取之易而守之難乎？蓋以殷憂則竭誠以盡下，安逸則驕恣而輕物。盡下則胡越同心，輕物則六親離德。雖震之以威怒，亦皆貌從而心不服也。故人主誠能見可欲則思知足，將興繕則思知止，處高危則思謙降，臨滿盈則思挹損，遇逸樂則思撙節，在宴安則思後患，防壅蔽則思延納【一九】，疾讒邪則思正己，行爵賞則思因喜而僭，施刑罰則思因怒而濫。兼是十思，而選賢任能，固可以無爲而治，又何必勞神苦體以代百司之任哉？」

五月，魏徵上疏，以爲：「陛下欲善之志不及於昔時，聞過必改少虧於曩日，譴罰積多，威怒微厲。乃知貴不期驕，富不期侈，非虚言也。且以隋之府庫、倉廩、户口、甲兵之盛，考之今日，安得擬倫？然隋以富强動之而危，我以寡弱静之而安，安危之理，皎然在目。昔隋之未亂也，自謂必無亂；其未亡也，自謂必無亡。故賦役無窮，征伐不息，以至禍將及身而尚未之寤也。夫鑒形莫如止水，鑒敗莫若亡國。伏願取鑒於隋，去奢從約，親

【一九】壅蔽　「壅」原作「擁」，據《資治通鑑》卷一百九十四改。

忠遠佞，以當今之無事，行疇昔之恭儉，則盡善盡美，固無得而稱焉。夫取之實難，守之甚易，陛下能得其所難，豈不能保其所易乎？」本傳載此，與論刑賞同一疏。

魏徵上疏，以爲：「《文子》曰：『同言而信，信在言前；同令而行，誠在令外。』自王道休明十有餘年，然而德化未洽者，由待下之情未盡誠信故也。今立政致治，必委之君子；事有得失，或訪之小人。其待君子也敬而踈，遇小人也輕而狎；狎則言無不盡，踈則情不上通。夫中智之人，豈無小慧？然才非經國，慮不及遠，雖竭力盡誠，猶未免有敗，況内懷姦宄，其禍不深乎！雖君子不能無小過，苟不害於正道，斯可略矣。既謂之君子，而復疑其不信，何異立直木而疑其影之曲乎？陛下誠能慎選君子，以禮信用之，何憂不治？不然，危亡之期，未可保也。」上賜手詔褒美曰：「昔晉武帝平吳之後，志意驕怠。何曾位極台司，不能直諫，乃私語子孫，自矜明智，此不忠之大者也。得公之諫，朕知過矣。當置之几案以比弦、韋。」本傳云：「是歲，大雨，穀、洛溢，毀宫寺十九，漂居人六百家。徵上疏陳事曰：『爲國基於德禮，保於誠信。德禮、誠信，國之大綱，不可斯須廢也。云云。』」帝手詔嘉答，與《通鑑》意同文異。

八月，上謂侍臣曰：「上封事者皆言朕遊獵太頻。今天下無事，武備不可忘，朕時與左右獵於後苑，無一事煩民，夫亦何傷？」魏徵曰：「先王惟恐不聞其過。陛下既使之上封事，止得縱其陳述。苟其言可取，固有益於國；若其無取，亦無所損。」上曰：「公言是也。」皆勞而遣之。本傳云：「時上封事者衆，或不切事，帝厭之，欲加譴黜。徵曰：『古者立謗木，欲聞己過。

封事，其謗木之遺乎？』」餘略同。

十二年，春正月，禮部尚書王珪奏：「三品以上遇親王於路皆降乘，非禮。」上曰：「卿輩苟自崇貴，輕我諸子。」特進魏徵曰：「諸王位次三公，今三品皆九卿八座，爲王降乘，誠非所宜當。」上曰【二〇】：「人生壽夭難期【二一】，萬一太子不幸，安知諸王它日不爲公輩之主？何得輕之？」對曰：「自周以來，皆子孫相繼，不立兄弟，所以絶庶孽之窺窬，塞禍亂之源本。此爲國者所深戒也。」上乃從珪奏。

三月，上謂魏徵曰：「朕政事何如往年？」對曰：「威德比貞觀之初則遠矣【二二】，人悦服則不逮也。」上曰：「遠方畏威慕德，故來服。若其不逮，何以致之？」對曰：「陛下往以未治爲憂，故德義日新；今以既治爲安，故不逮。」上曰：「今所爲，猶往年也，何以異？」對曰：「陛下貞觀之初，恐人不諫，常導之使言，中間悦而從之。今則不然，雖勉從之，猶有難色，所以異也。」上曰：「其事可聞歟？」對曰：「陛下昔欲殺元律師，孫伏伽以爲法不當死，陛下賜以蘭陵公主園，直百萬。或云：『賞太厚。』陛下云：『朕即位以來，未有諫者，故賞之。』此導之使言也。後司户柳雄妄訴隋資，陛下欲誅之，納戴胄之諫而止。是悦而從之也。近皇甫德參上書諫修洛陽宮，陛下恚之，雖以臣言而罷，勉從之也。」上曰：「非公不能及此，人苦不自知耳。」胡氏曰：「天下之理，不進則退，不退則進。以天地日月四時之運，萬物之盈虚消長觀焉，則見矣。人之德慧術智何獨不然？太宗自謂今所爲猶往年也，是則不逮也。猶之日

【二〇】上曰　「上」原作「止」，據《資治通鑑》卷一百九十五改。

【二一】人生　原作「人主」，據《資治通鑑》卷一百九十五改。

【二二】威德　原作「武德」，據《資治通鑑》卷一百九十五改。

焉，雖在昃晡，未嘗不明；若語其嚮於熙盛，豈若未中之時乎？是故《乾》之《象》曰：『君子以自强不息。』湯之《盤銘》曰：『苟日新，日日新，又日新。』知從事於此者，惟持志存誠，以堯、舜爲必可及勉焉，日有孜孜，斃而後已。是則湯武所以反之而聖成，功不殊者，惜乎太宗之不學也。」

八月，上問：「創業、守成，孰難？」房玄齡曰：「草昧之初，與羣雄並起，角力而後臣之，創業難矣。」魏徵曰：「自古帝王，莫不得之於艱難，失之於安逸，守成難矣。」上曰：「玄齡與吾共取天下，出萬死，得一生，故知創業之難。徵與吾共安天下，常恐驕奢生於富貴，禍亂生於所忽，故知守成之難。然創業之難，既已往矣；守成之難，方當與諸公慎之。」玄齡等拜曰：「陛下及此言，四海之福也。」帝嘗問羣臣：「魏徵與諸葛亮孰賢？」岑文本曰：「亮才兼將相，非徵可比。」帝曰：「徵蹈履仁義，以弼朕躬，欲致之堯、舜，雖亮無以抗。」此據本傳。愚按：太宗以徵弼亮之益，賢於一時之功臣，故借亮爲言耳，非真以徵與亮校優劣也。

十三年，禮部尚書永寧懿公王珪薨。珪性寬裕，自奉養甚薄。於令，三品已上皆立家廟，珪通貴已久，獨祭於寢。爲法司所劾，上不問，命有司爲之立廟以愧之。

五月旱，甲寅，詔五品以上上封事。魏徵上疏，以爲「陛下志業，比貞觀之初，漸不克終者凡十條」，其間一條以爲「頃年以來，輕用民力。乃云：『百姓無事則驕逸，勞役則易使。』自古未有因百姓逸而敗【一三】、勞而安者也。此恐非興邦之至言。」上深加奬歎，云：「已列諸屏障，朝夕瞻仰，并録付史官。」仍賜徵黄金十斤，廄馬二匹。本傳云：「十三年，阿史那

【一三】自古未有　「自」原作「目」，據《資治通鑑》卷一百九十五改。

結社率作亂，雲陽石然，自冬至于五月不雨，徵上疏極言曰：『臣奉侍帷幄十餘年，陛下許臣以仁義之道，守而不失。儉約朴素，終始弗渝。德音在耳，不敢忘也。頃年以來，寖不克終。謹用條陳，裨萬分一。陛下在貞觀初，清浄寡欲，化被荒外。今萬里遣使，市索駿馬，并訪怪珍。昔漢文帝却千里馬，晉武帝焚雉頭裘。陛下居常論議，遠輩堯、舜，今所爲，更欲處漢文、晉武下乎？此不克終一漸也。子貢問治人，孔子曰：『懔乎若朽索馭六馬。』子貢曰：『何畏哉？』對曰：『不以道導之，則吾讎也，若何不畏？』陛下在貞觀初，護民之勞，煦之如子，不輕營爲。頃既奢肆，思用人力，乃曰『百姓無事則易驕，勞役則易使』，自古未有百姓逸樂而致傾敗者，何有逆畏其驕而爲勞役哉！此不克終二漸也。陛下在貞觀初，役己以利物，比來縱欲以勞人。雖憂人之言不絶於口，而樂身之事實切諸心。無慮營構，輒曰『弗爲此，不便我身』，推之人情，誰敢復爭？此不克終三漸也。在貞觀初，親君子，斥小人；比來輕褻小人，禮重君子。重君子也，恭而遠之；輕小人也，狎而近之。近之莫見其非，遠之莫見其是。莫見其是，則不待間而疏；莫見其非，則有時而昵。昵小人，疏君子，而欲致治，非所聞也。此不克終四漸也。在貞觀初，不貴異物，不作無益，而今難得之貨雜然並進，玩好之作無時而息。上奢靡而望下朴素，力役廣而冀農業興，不可得已。此不克終五漸也。貞觀之初，求士如渴，賢者所舉，即信而任之，取其所長，常恐不及。比來由心好惡，以衆賢舉而用，以一人毁而棄，雖積年任而信，或一朝疑而斥。夫行有素履，事有成迹，一人之毁未必可信，積年之行不應頓虧。陛下不察其原【一四】，以爲臧否，使讒佞得行，守道疏間。此不克終六漸也。在貞觀初，高居深拱，無田獵畢弋之好。數年之後，志不克固，鷹犬之貢，遠及四夷，晨出夕返，馳騁爲樂，變起不測，其及救乎？此不克終七漸也。在貞觀初，遇下有禮，羣情上達。今外官奏事，顔色不接，間因所短，詰其細過，雖有忠欸，而不得申。此不克終八漸也。在貞觀初，孜孜治道，常若不足。比恃功業之大，負聖智之明，長傲縱欲，無事興兵，問罪遠裔。親狎者阿旨不肯諫，疎遠者畏威不敢言。積而不已，所損非細。此不克終九漸也。貞觀初，頻年霜旱，畿内户口並就關外，攜老扶幼，來往數年，卒無一户亡去。此由陛下矜育撫寧，故死不攜貳也。比者疲於徭役，關中之人，勞弊尤甚。雜匠當下，顧而不遣。正兵番上，復別驅任。市物襁屬於塵，遞子背望於道【一五】。

【一四】陛下不察其原　「原」原作「言」，據《新唐書》卷九十七改。

【一五】遞子背望於道　「遞」原作「逅」，據《新唐書》卷九十七改。

脱有一穀不收，百姓之心，恐不能如前日之帖泰。此不克終十漸也。夫禍福無門，惟人之召，人無釁焉，妖不妄作。今旱熯之災，遠被郡國，凶醜之孽，起於轂下，此上天示戒，乃陛下恐懼憂勤之日也。千載休期，時難再得，明主可爲而不爲，臣所以鬱結長歎者也。」疏奏，帝曰：「朕今聞過矣，願改之，以終善道。有違此言，當何施顔面與公相見哉！方以所上疏，列爲屏障，庶朝夕見之，兼録付史官，使萬世知君臣之義。」因賜黄金十斤，馬二匹。按：《通鑑》所載太略，舊史亦無此篇，今取新書本傳附此。

十四年，侯君集克高昌，上欲以高昌爲州縣，魏徵諫曰：「陛下初即位，文泰夫婦首來朝，其後稍驕倨，故王誅加之。罪止文泰可矣，宜撫其百姓，存其社稷，復立其子，則威德被於遐荒，四夷皆悦服矣。今若利其土地以爲州縣，則常須千餘人鎮守，數年一易，往來死者什有三四，供辦衣資，違離親戚，十年之後，隴右虚耗矣。陛下終不得高昌撮粟尺帛以佐中國，所謂散有用以事無用。臣未見其可。」上不從。九月，以其地爲西州，以可汗浮圖城爲庭州，置安西都護府於交河城，留兵鎮之。范氏曰：「魏徵之言利害，非不明也，以太宗之智，豈不足以知之？惟其好大而喜功，不能以義制心，故忠言有所不從，而欲前世帝王莫我若也。」愚按：是時褚遂良亦諫，不從，至十七年西突厥入寇，帝悔之曰：「魏徵、褚遂良勸我復立高昌，吾不用其言，今方自咎耳。」初，議處突厥於河南，徵爭之，而帝不從，後以結社率之變而悔。後議以高昌爲郡縣，徵爭之，而帝復不從，又以西突厥之寇而悔。使早從忠言，安有是哉？然知過而能悔，此其所以興也。

高昌平，帝宴兩儀殿，歎曰：「高昌若不失德，豈至於亡？然朕亦當自戒，不以小人之言議君子，庶幾獲安也。」魏徵曰：「昔齊桓公與管仲、鮑叔牙、甯戚四人者飲，桓公謂叔牙曰：『盍起爲寡人壽？』叔牙奉觴而起曰：『願公無忘在莒時，使管仲無忘束縛於魯時，使甯戚無忘飯牛車下時。』桓公避席曰：『寡人與二大夫能無忘夫子之言，則社稷不危矣。』」帝曰：「朕不敢忘布衣時，公亦不得忘叔牙之爲人也。」

十一月，司門員外郎韋元方給給使過期稽緩，給使奏之。上怒，出元方爲華陰令。魏徵諫曰：「帝王震怒，不可妄發。前爲給使，遂夜出敕書，事如軍機，誰不驚駭？況宦者之徒，古來難養，輕爲言語，易生患害，獨行遠使，深非事宜，漸不可長，所宜深慎。」上納其言。

侯君集等還，有告薛萬均私通高昌婦人者，萬均不服，内出胡婦付大理與之辨對。魏徵諫曰：「臣聞君使臣以禮，臣事君以忠。今遣大將軍與亡國婦人對辯帷箔之私，實則所得者輕，虛則所失甚重。昔秦穆飲盜馬之士，楚莊赦絶纓之罪，況陛下道高堯、舜，而曾二君之不逮乎！」按：君集爲人總管，萬均爲副總管，伐高昌。君集之破高昌，私取其珍寶。將士知之，競爲盜竊，君集不能禁，爲有司所劾，詔下君集等獄。中書侍郎岑文本上疏，以爲「命將出帥，在於克敵。苟能克敵，雖貪可賞；若其敗績，雖廉可誅。將帥之臣，廉謹者寡，貪求者衆，是以《黄石公書》曰：『使智，使勇，使貪，使愚，故智者樂立其功【二六】，勇者好行其志，貪者急趨其利，愚者不計其死。』」伏願録其微勞，忘其大過。」文本所陳，與徵略同，蓋均爲知大體者，故附此。

魏徵上疏，以爲：「在朝羣臣，當樞機之寄者，任之雖重，信之未篤，是以人或自疑，

【二六】樂立其功　「其」原脱，據《資治通鑑》卷一百九十一補。

心懷苟且。陛下寬於大事，急於小罪，臨時責怒，未免愛憎。夫委大臣以大體，責小臣以小事，爲治之道也。今委之以職，則重大臣而輕小臣；至於有事，則信小臣而疑大臣。信其所輕，疑其所重，將求致治，其可得乎？若任以大官，求其小過，刀筆之吏，順旨承風，舞文弄法，曲成其罪。自陳，則以爲心不伏辜；不言，則以爲所犯皆實。進退惟谷，莫能自明，則苟求免禍，矯僞成俗矣。」上納之。

上謂侍臣曰：「朕雖平定天下，其守之甚難。」魏徵對曰：「臣聞戰勝易，守勝難。陛下之言及此，宗廟社稷之福也。」

上自臨治兵，以部陳不整，命大將軍張士貴杖中郎將等。怒其杖輕，下士貴吏。魏徵諫曰：「將軍之職，爲國爪牙。使之執杖，已非後法，況以杖輕下吏乎？」上亟釋之。

言事者請上親覽表奏，以防壅蔽。上以問魏徵，徵曰：「斯人不知大體，必使陛下一一親之，豈惟朝堂，州縣之事亦當親之矣。」胡氏曰：「凡表奏皆稱臣，是故徹于主聽，不可不覽者也。魏徵所對，與言者之意異矣。若内百司言于朝堂，人主取而視之，則爲越俎侵言，非治要之體也。臣下表奏而人主不之省，豈所以周事物之情乎？」

十五年，西突厥沙鉢羅葉護可汗數遣使入貢。秋七月，遣使持節即其所號立爲可汗。上又命使者多賫金帛，歷諸國市良馬。魏徵諫曰：「可汗位未定而先市馬，彼必以爲陛下志在市馬，以立可汗爲名耳。使可汗得立，荷德必淺；若不得立，爲怨實深。諸國聞之，亦輕中國。市或不得，得亦非美。苟能使彼安寧，則諸國之馬，不求自至矣。」上欣然止之。

上問魏徵：「比來朝臣何故不論事？」對曰：「陛下虛心采納，必有言者。凡臣徇國者寡，愛身者多，彼畏罪，故不言耳。」上曰：「然。人臣關説忤旨，動及刑誅，與夫蹈湯火、冒白刃者【二七】，亦何異哉？是以禹拜昌言，良爲此也。」

房玄齡、高士廉遇少府少監竇德素於路，問曰【二八】：「北門近何營繕？」德素奏之。上怒，讓玄齡等曰：「君但知南衙政事，北門小營繕，何預君事？」玄齡等拜謝，徵進曰：「臣不知陛下何以責玄齡等，而玄齡等亦何所謝。玄齡等爲陛下股肱耳目，於中外事豈有不應知者？使所營爲是，當助陛下成之；爲非，當請陛下罷之。問於有司，理則宜然。不知何罪而責，亦何罪而謝也？」上甚愧之。

十六年，上令魏王泰居武德殿，魏徵上疏，以爲：「陛下愛魏王，常欲使之安全，宜每抑其驕奢，不使處嫌疑之地。今移居此殿，乃在東宫之西，海陵昔嘗居之，時人不以爲可。雖時異事異，然亦恐魏王之心不敢安息也。」上曰：「幾致此誤。」遽遣泰歸第。按：是時泰方有寵，大開館舍，廣延時俊，門庭如市。褚遂良嘗以爲言，徵復論此。

秋七月，特進魏徵有疾，上手詔問之，且言：「不見數日，朕過多矣。今欲自往，恐益爲勞。若有聞見，可封狀進來。」徵上言：「比者弟子陵師，奴婢忽主，下多輕上，皆有爲

【二七】冒白刃者 「白」原作「曰」，據《資治通鑑》卷一百九十六改。

【二八】問曰 「問」原作「門」，據《資治通鑑》卷一百九十六改。

而然，漸不可長。」又言：「陛下臨朝，嘗以至公爲言，退而行之，未免私僻。或畏人知，横加威怒，欲蓋彌彰，竟有何益！」徵宅無堂，上命輟小殿之材以構之，五日而成，仍賜以素屏風、素褥、几杖等，以遂其所尚。徵上表謝，上手詔稱：「處卿至此，蓋爲黎元與國家，豈爲一人，何事過謝？」

時太子承乾失德，魏王泰有寵，羣臣日有疑議。上聞而惡之，謂侍臣曰：「方今羣臣，忠直無踰魏徵，我遣傳太子，用絶羣臣之疑。」九月，以徵爲太子太師。徵疾小愈，詣朝堂表辭，上手詔，諭以「周幽、晉獻，廢嫡立庶，危國亡家，漢高幾廢太子，賴四皓然後安。我今賴公，即其義也」。徵乃受詔。范氏曰：「魏徵之於太宗，知無有不言，言無有不盡。君臣之際，人莫得而間也。當是時，太子、魏王方爭，羣臣有黨，徵不知之是不明也，知而不言是隱情也。且君使之爲太子師，倚其正直以重太子也。外不聞告其君以嫡庶之別，内不聞訓太子以禍敗之戒，受君之託而無所補救，處父子兄弟疑危之際，依違而已。豈其疾而耄乎？卒之身没而見疑，讒人得以間之，惜哉！」

上嘗止樹下，愛之，宇文士及從而譽之不已。上正色曰：「魏徵嘗勸我遠佞人，我不知佞人爲誰。意疑是汝，今果不謬。」士及叩頭謝。范氏曰：「大禹曰：『何畏乎巧言令色孔壬。』孔子曰：『佞人殆。』佞人者止於諛悅順從而已，近之必至於殆，何也？彼佞人者，不知義之所在，而惟利之從故也。利在君父則從君父，利在權臣則附權臣，利在敵國則交敵國，利在戎狄則親戎狄。利之所在則從之，利之所去則違之，於君父何有哉？忠臣則不然，從義而不從君，從道而不從父，使君不陷於非義，父不入於非道，故雖有所不從其命，將以處君父於安也。君有不義，不從也，而況於權臣乎？父有不義，不從也，而況於他人乎？古之佞者，其始莫不巧言令色，未必有悖逆之心，及其患失，則無所不至，終於弑君亡國者【二九】，皆始之諛悅順從者也。是故堯、舜畏之，以比驩兜、有苗，孔子以爲殆，人君可不遠之乎？」

十七年，春正月，鄭文貞公徵寢疾，上遣使者問訊，賜以藥餌，相望於道。又遣中郎將李安儼宿其第，動静以聞。上復與太子同至其第，上撫之流涕，問所欲言。徵曰：「嫠不恤緯而憂宗周之亡。」指衡山公主，欲以妻其子叔玉。胡氏曰：「魏徵之於太宗欲壻其子也，當辭之，或以愚戇不堪尚主，或以儒素恐溺貴驕。萬一不從，猶當丁寧家人，使之懇免，則君臣之契庶乎保全矣。」後數日，上夢徵若生平，及旦而奏徵薨。按：杜如晦既没，太宗夢之若平生。徵將死，亦夢之。亦足以見太宗愛賢之誠意矣。命百官九品以上皆赴喪，給羽葆鼓吹，陪葬昭陵。其妻裴氏曰：「徵平生儉素，今葬以一品羽儀，非亡者之志。」悉辭不受，以布車載柩而葬。上登苑西樓，望哭盡哀。上自製碑文，并爲書石。上思徵不已，謂侍臣曰：「人以銅爲鏡，可以正衣冠；以古爲鏡，可見興替；以人爲鏡，可知得失。魏徵没，一鏡亡矣。朕比使人至其家，得書一紙，始半藁，其可識者曰：『天下之事，有善有惡，任善人則國安，用惡人則國弊。公卿之内，情有憎愛，憎者惟見其惡，愛者止見其善。愛憎之間，所宜詳慎。若愛而知其惡，憎而知其善，去邪勿疑，任賢勿猜，可以興矣。』其大略如此。朕顧思之，恐不免斯過。公卿侍臣可書之於笏，知而必諫也。」自「朕比使人」以下，取本傳。

徵狀貌不逾中人，有志膽，每犯顔進諫，雖逢帝甚怒，神色不徙，而天子亦爲霽威。議

【二九】終於弑君亡國者　「亡」原作「立」，據《大學衍義》卷二十四改。

者謂賁、育不能過。嘗上冢還，奏曰：「向聞陛下有關南之行【三〇】，既辦而止，何也？」帝曰：「畏卿，遂停耳。」本傳。始，喪亂後，典章湮散，徵奏引諸儒校集祕書，國家圖籍粲然完整。嘗以《小戴禮》綜彙不倫，更作《類禮》二十篇，數年而成。帝美其書，録置内府。本傳。

初，魏徵嘗薦杜正倫、侯君集有宰相才，及正倫以罪黜，君集謀反誅，上始疑徵阿黨。又有言徵自録前後諫辭以示起居郎褚遂良者，上愈不悦，乃罷叔玉尚主，而踣所撰碑，顧其家衰矣。

二十年，冬十月，上以伐遼不能成功，深悔之，歎曰：「魏徵若在，吾豈有此行邪？」命馳驛祀徵以少牢，復立所製碑【三一】，召其妻子詣行在，勞賜之。

史臣贊曰：「君臣之際，顧不難哉？以徵之忠，而太宗之睿，身殁未幾，猜譖遽行。始徵之諫，累數十萬言，至君子小人，未嘗不反復爲帝言之，以佞邪之亂忠也。久猶不免，故曰『皓皓者易汙，嶢嶢者難全』，自古所歎云。唐柳芳稱：『徵死，知不知莫不恨惜，以爲三代遺直。』諒哉！」胡氏曰：「侯君集非宰相才，徵薦之，誠失也。然徵輔太宗歲久，嘉謀忠益，朝右無二，助成平定之功，豈房、杜所能及？今以一言之失，結疑身後，罷昏、踣碑，其譴罰輕重，適與封德彝等，毋乃甚乎！以太宗、魏公君臣之契，猶不克終，況其凡乎？無世而無小人，方徵之受知，人主言聽諫行，不可間也。及其死矣，疑似之言，莫與辯者，故録諫疏示史官之譖行焉。徵雖死，遂良猶在，可以質其信否。太宗亦不問是非，與遂良併疑之也。英

【三〇】有關南之行　「關」原作「門」，據《新唐書》卷九十七改。

【三一】復立所製碑　「復」原作「後」，據《資治通鑑》卷一百九十八改。

明之君而有此，惜哉！」愚按：魏文貞公以武德末爲諫官，貞觀三年遂預朝政，自是居相位者十有五年，始終以規諫爲己任，唐史臣以爲前代爭臣，一人而已，豈不信哉！然考其學問之淵源，殆不可見。《文中子世家》謂徵嘗從游，受王佐之道。先儒疑之。觀其勸太宗以力行仁義，則其學必有所本。然嘗論之，有仁義之體，有仁義之用。正其心，修其身，而達之於國家、天下，無往而非仁義，此二帝三王之所行，兼體用之全者也。心未必正，身未必修，假仁義以行之，而不免於利欲之雜，然其愛人利物之功，禁暴止亂之效，亦有補於當世，此齊桓、晉文之所行。依倣於仁義之用而體則未純，故其用亦未盡也。太宗除隋之難，身致昇平，可謂偉矣。然由心而身，由身而家，皆有慚德。觀魏公之所論諫，即事而言者多，即心而論者少；正救於已形者多，而變化於未形者少。君臣之間，相與箴勵者，黽勉於仁義之用而已。故貞觀之治，雖有志於三王，迄未能大異於五伯。魏公正君之功，雖秦、漢以下所難及，而揆之伊、傅、周、召，則猶可憾焉。若眉山蘇氏論公以爲出於縱横之學，則又有未然者。蓋戰國策士多邪諂之言，而魏公所陳皆正大之論，是豈可同日語哉！叔玠以王、魏並稱，考觀本末，蓋亦其流亞云。

# 乙下之十五

貞觀四年二月，御史大夫温彦博爲中書令。是時，玄齡爲左僕射。本傳：「温大雅與弟彦博、大有皆知名，薛道衡見之，嘆曰：『三人皆卿相才也。』高祖受禪，大雅與竇威等討定儀典【一】，遷黄門侍郎，彦博亦爲中書侍郎，對管華近。帝嘗從容謂曰：『我起晉陽，爲卿一門耳。』」高麗貢方物，高祖欲讓而不臣，彦博執不可，曰：「遼東本周箕子國，漢玄菟郡，不使北面，則四夷何所瞻仰？」帝納而止。後遷中書令。突厥降，詔議所以安邊者，彦博請如漢置降匈奴五原塞，以爲捍蔽，與魏徵廷爭，天子從之。其後突利可汗弟結社謀反，帝始悔云。彦博性周慎，既掌機務，謝賓客不通，進見必陳政事利害。卒後，帝歎曰：「彦博以憂國故，耗思殫神，我見其不逮兩朞矣，恨不許少閑以究其壽。」家貧無正寢，帝命有司爲構寢。十一年薨。

四年二月，民部尚書戴胄檢校吏部尚書，參預朝政。胄性堅正，幹局明彊，爲隋越王侗給事郎。王世充謀篡，胄説曰：「君臣大分均父子，休戚同之。公當社稷之任，與存與亡，正在今日。願尊輔王室，擬伊、周以幸天下。」俄脅九錫，胄又切諫，不納。出爲鄭州長史，守虎牢。秦王攻拔之，引爲士曹參軍。大理少卿缺，太宗曰：「大理，人命所繫，胄清直，其人哉！」即日命胄。長孫無忌被召，不解佩刀入東上閤。封德彝論監門校尉不

## 校勘記

【一】儀典　原作「容典」，據《新唐書》卷九十一改。

覺，罪當死【二】，無忌贖。胄曰：「校尉與無忌罪均，臣子於尊極不稱誤。法著御湯劑、飲食、舟船誤，皆死。陛下録無忌功，原之可也。若罰無忌，殺校尉，不可謂刑。」帝曰：「法爲天下公，朕安得私？」詔復議，德彝固執，帝將可。胄曰：「不然。校尉緣無忌以致罪，法當輕。若皆誤，不得獨死。」由是皆免。時選者盛集，有詭資蔭冒牒取調者，詔許自首，不首罪當死【三】。俄有詐得者，獄具。胄以法當流。帝曰：「朕詔不首者死，而今當流，是示天下以不信。」胄曰：「陛下登殺之，非臣所及。既屬臣，敢虧法乎？」帝曰：「卿守法，而使我失信，奈何？」胄曰：「法者，布大信於人。言乃一時喜怒所發，陛下以一朝忿，將殺之，既知不可而寘於法，此忍小忿、存大信也。」帝感悟，從其言。胄犯顔據正，參處法意，至析秋豪，隨類指擿，言若泉涌，帝益重之。遷尚書左丞。會僕射蕭瑀免，帝謂胄曰：「尚書揔國綱維，失一事，天下有受其弊者。今以令、僕委卿，宜副朕舉【四】。」胄敏于操決，無宿疑。議者美其振職，謂武德以來殆無其輩。進民部尚書。杜如晦遺言，請以選舉委胄，由是檢校吏部尚書。然好抑文雅，奬法吏，時以寡學爲呰。四年，參豫朝政。帝將脩洛陽宮，胄上疏諫，帝爲罷役。胄所敷内，緣政得失，咸有可觀。奏已即削稾，祕外莫知。帝嘗謂左右曰：「胄於我非肺腑親，然事之機切無不聞者，惟其忠概所激耳。」七年，卒。房玄齡、魏徵與胄善，每至生平故處，輒流涕。

十三年十一月，尚書左丞劉洎爲黄門侍郎，參知政事。是時玄齡爲左僕射。太宗好持論，

【二】罪當死　「當死」原作「死當」，據《新唐書》卷九十九乙正。

【三】不首罪當死　「不首」原脱，據《新唐書》卷九十九補。

【四】宜副朕舉　「舉」原作「譽」，據《新唐書》卷九十九改。

與公卿言古今事，必往復難詰。洎諫曰：「帝王之與臣庶，聖哲之與庸愚，等級遼絶，勢不倫擬。故課愚對聖，持卑抗尊，雖思自彊，不可得已。陛下降慈旨，假柔顔，虚心聽納，猶恐羣臣惴縮不敢進，況以神機天辯，飾辭援古而迮其議哉？夫天以無言爲尊，聖以不言爲德，且多記損心，多語耗氣，心氣内損，形神外勞，初雖無覺，後必爲弊。」手詔答曰：「非慮無以臨下，非言無以述慮。雖然，驕人輕物，恐由搉論致之。若形神心氣，不爲勞也。」皇太子初立，洎謂宜尊師重道，上書曰：「太子宗祧是繫，善惡之習，興亡在焉。陛下多才多藝，尚垂精厲志，以博異聞，而太子優游，坐棄白日。陛下每退朝，引見羣臣，訪以今古，咨以得失。而太子處内，不接正人，不聞正論，臣所未諭。古者，問安而退，以廣敬也；異宫而處，以遠嫌也。間者，太子一入侍，逾旬不出，師傅寮寀，具員而已，非所謂愛之也。臣愚以爲授以良書，娱以佳賓，使耳所未聞，睹所未見，儲德愈光，羣臣之福也。」帝於是敕洎與岑文本、馬周遞日直東宫。帝嘗怒苑西監穆裕，有詔斬朝堂，皇太子驟諫。帝喜曰：「朕始得魏徵，朝夕進諫。徵亡，劉洎、岑文本、馬周、褚遂良繼之。兒在吾膝前，見朕悦諫熟矣，故有今日言也，誠習以性成哉！」稍遷侍中。帝謂羣臣曰：「朕今欲聞己過，卿等爲朕言之。」洎曰：「頃上書有不稱旨，或面窮詰，無不羞汗，恐非所以進言者路。」帝曰：「卿言善，朕能改之。」及征遼東，詔兼左庶子、輔太子監國。帝曰：「以卿輔太子，社稷安危在焉，宜識朕意。」洎曰：「願無憂。即大臣有罪，臣謹按法誅之。」帝怪其語謬，戒曰：「君不密則失臣，臣不密則失身。卿性疏而果，恐以此敗。」與諸遂良不相中。帝還，不豫，洎與馬周入候，出，見遂良，泣曰：「上體患癰，殊可懼！」遂良即誣奏：「洎曰：『國家不足慮，正當輔少主【五】，行伊、霍事，大臣有異者，誅之。』」帝愈，召洎問狀，洎引馬周爲左。遂良執不已，帝惑之，乃賜死。方死時，索筆牘欲自言【六】，有司不敢與。帝後知之，有司皆得罪。顯慶中，其子弘業詣闕訴遂良譖死狀，李義府右之。高宗問近臣，給事中樂彦瑋曰：「辨之，是暴先帝過刑。」事寢。史臣贊曰：「劉洎之才之烈，《易》所謂『王臣蹇蹇』者。然性剛疏，輔太子，欲身任安危，以言掩其衆，爲媢疾所乘，卒陷罪誅。嗚呼！以太宗之明，蔽於所忿，洎之忠不能自申於上，況其下哉！古人以言爲戒，可不慎歟！」孫氏《唐論》以爲洎之死非遂良所譖。蓋洎初有誅大臣之對，帝已責之；後人見，必又有此説，故太宗疊前怒殺之。遂良後諫廢立皇后事，以忠直被讒，姦人從而誣之。《貞觀實録》本敬播所修，號爲詳正，後許敬宗專修史之任，頗以愛憎改易舊文，則遂良譖洎之事，安可信乎？眉山蘇氏以之翰言爲是，當更詳之。　洎死在十九年十二月。

十六年正月，中書舍人岑文本爲中書侍郎，專典機密。是時，玄齡以左僕射領度支。文本性沈敏，善文辭，多所貫綜。貞觀元年，除祕書郎，兼直中書省。李靖薦于帝，擢中書舍人。時顔師古爲侍郎，自武德以來，詔誥或大事皆所草定。及得文本，號善職，而敏速過之。或策令叢遽，敕吏六七人泚筆待，分口占授，成無遺意。師古以譴罷，温彦博爲請曰：

【五】正當輔少主　「主」，原作「王」，據《新唐書》卷九十九改。

【六】索筆　「索」原作「槖」，據《新唐書》卷九十九改。

「師古練時事，長於文誥，人少逮者，幸得復用。」帝曰：「朕自舉一人，公毋憂。」乃授文本侍郎，專典機要。是時，魏王泰有寵，侈第舍，冠諸王。文本上疏，勸崇節儉，陳嫡庶分，宜有抑損。帝善之。踰年爲令，十八年八月，是時玄齡爲司空。從伐遼東，事一委倚【七】，至糧漕最目、甲兵凡要、科配差序【八】，籌不廢手，由是神明頓耗，容止不常。帝憂曰：「文本今與我同行，恐不與同返矣。」至幽州暴病，帝臨視流涕。十九年四月薨。始，文本貴，常自以興孤生，居處卑，室無茵褥幃帟。帝每稱其忠謹，「吾親之信之」。晉王爲太子，大臣多兼宫官，帝欲文本兼攝，辭曰：「臣守一職，猶懼其盈，不願希恩東宫，請一心以事陛下。」帝乃止。但詔五日一參東宫，每進見，太子爲拜【九】。始爲中書令，有憂色，母問之，答曰：「非勳非舊，責重位高，所以憂也。」有來慶者，輒曰：「今日受弔不受賀。」或勸其營産業，文本歎曰：「吾漢南一布衣，徒步入關，所望不過祕書郎、縣令耳。今無汗馬勞，以文墨位宰相，奉稍已重，尚何殖産業邪！」

十八年八月，太子左庶子中書侍郎馬周守中書令。时玄齡爲司空。周少嗜學，善《詩》、《春秋》。武德中，入關，舍中郎將常何家。貞觀五年，詔百官言得失。何武人，不涉學，周爲條二十餘事，皆當世所切。太宗怪問何，何曰：「此非臣所能，家客馬周教臣言之。客，忠孝人也。」帝即召之，間未至，遣使者四輩敦趣。及謁見，與語，帝大悦，詔直門下省。明年，拜監察御史，奉使稱職。帝以何得人，賜帛三百匹。周上疏曰：「臣每讀前

【七】事一委倚　「事」原脱，據《新唐書》卷一百二補。

【八】至糧漕最目甲兵凡要科配差序　「目」原作「自」，據《新唐書》卷一百二改。「科」，《新唐書》作「料」。

【九】太子爲拜　「爲」，《新唐書》卷一百二作「答」。

【一〇】歸于陛下　「于」原無，據《新唐書》卷九十八補。

【一一】温清之道　「清」原作「清」，據《新唐書》卷九十八改。

史，見賢者忠孝事，未嘗不廢卷長想，思履其迹。臣不幸早失父母，犬馬之養，已無所施，事可爲者，惟忠義而已。是以徒步二千里，歸于陛下【一〇】。陛下不以臣愚，擢臣不次，竊自惟念，無以論報，輒竭區區，惟陛下所擇。臣伏見大安宫在宫城右，墻宇門闕，方紫極爲卑小。東宫，皇太子居之，而在内；大安，至尊居之，反在外。太上皇雖志清儉，愛惜人力，陛下不敢違，而蕃夷朝見，四方觀聽，有不足焉。臣願營雉堞門觀，務從高顯，以稱萬方之望，則大孝昭矣。臣伏讀明詔，以二月幸九成宫。竊惟太上皇春秋高，陛下宜朝夕視膳。今所幸宫去京三百里而遠，非能旦發暮至也。萬一有太上皇思感，欲即見陛下，何以逮之？今兹本爲避暑行也，太上皇留熱處，而陛下走凉處，温清之道【一一】，臣所未安。然詔書既下，業不中止，願示還期，以開衆惑。臣伏見詔宗室功臣悉就藩國，遂貽子孫，世守其政。竊惟陛下之意，誠愛之重之，欲其裔緒承守，與國無疆也。臣謂必如詔書者，陛下宜思所以安存之，富貴之，何必使世官也？且堯、舜之父，有朱、均之子。若令有不肖子襲封嗣職，兆庶被殃，國家蒙患。正欲絶之，則子文之治猶在也；正欲存之，則欒黶之惡已暴也。必曰與毒害於見存之人，寧割恩於已亡之臣，則向所謂愛之重之者，適所以傷之也。臣謂宜賦以茅土，疇以户邑，必有材行，隨器而授。雖幹翮非彊，亦可以免累。漢光武不任功臣以吏事，所以終全其世者，良得其術也。願陛下深思其事，使得奉大恩，而子孫終其福禄也。臣聞聖人之化天下，莫不以孝爲本，故曰『孝莫大於嚴父，嚴父莫大於配天』，『國之大事，在祀與戎』，孔子亦言『吾不與祭，如不祭』，是聖人之重祭祀也。自陛下踐祚，宗廟之享，未嘗親事。竊惟聖情，以乘輿一出，所費無藝，故忍孝思以便百姓。而一代史官不書皇帝入廟，將何以貽厥孫謀、示來葉邪？臣知大孝誠不在俎豆之間，然聖人訓人，必以己先之，示不忘本也。臣聞致化之道，在求賢審官。孔子曰：『惟名與器，不可以假人。』是言慎舉之爲重也。臣伏見王長通、白明達本樂工輿皁雜類；韋槃提、斛斯正無他材，獨解調馬。雖術踰等夷，可厚賜金帛以富其家，今超授高爵，與外廷朝會，騶暨倡子，鳴玉曳履，臣竊恥之。若朝命不可追改，尚宜不使在列，與士大夫爲伍。」帝善其言，除侍御史。又言：「臣歷觀夏、商、周、漢之有天下，傳祚相繼，多者八百餘年，少者猶四五百年，皆積德累業，恩結於人，豈無僻王，賴先哲以免。自魏、晉逮周、隋，多者五六十年，少者三二十年而亡。良由創業之君不務仁化，當時僅能自守，後無遺德可思，故傳嗣之主，其政少衰，一夫大呼，天下土崩矣。今陛下雖以人功定天下，而積德日淺，固當隆禹、湯、文、武之道，使恩有餘地，爲子孫立萬世之基，豈特恃當年而已？然自古明王聖主，雖因人設教，而大要節儉於身，恩加於人，故其下愛之如父母，仰之如日月，畏之如雷霆，卜祚遐長，而禍亂不作也。今百姓承喪亂之後，比於隋時纔十分一，而徭役相望，兄去弟還，往來遠者五六千里，春秋冬夏，略無休時。陛下雖詔減省，而有司不得廢作，徒行文書，役之如故。四五年來，百姓頗嗟怨，以爲陛下不存養之。京師及益州諸處，營造供奉器物，并諸王妃主服飾，皆過靡麗。臣聞昧旦丕顯，後世猶怠，作法於治，其弊猶亂。陛下少處人間，知百姓辛苦，前代成敗，目所親見，尚猶如此，而皇太子生長深宫，不更外事，即萬歲後，聖慮之所當憂也。臣竊尋自古黎庶怨叛，聚爲盗賊，其國無不即滅，人主雖悔，未有重能安全者。凡脩政教，當脩之於可脩之時，若事變一起而後悔之，無益也。故人主每見前代之亡，則知其政教之所由喪，而不知其身之失。故紂笑桀之亡，而幽、厲笑紂之亡，隋煬帝又笑齊、魏之失國也。今之視煬帝，猶煬帝之視齊、魏也。往貞觀初，率土荒險，一匹絹纔易斗米，而天下帖然者，百姓知陛下憂憐之，故人人自安，無謗讟也。五六年，頻歲豐稔，一匹絹易粟十餘斛，而百姓咸怨，以爲陛下不憂憐之。何則？今營爲者多不急之務故也。自古以來，國之興亡，不由積畜多少，在百姓苦樂也。且以近事驗之，隋貯洛口倉而李密因之，積布帛東都而王世充據之，西京府庫亦爲國家之用。向使洛口、東都無粟帛，王世充、李密未能必聚大衆。但貯積者，固有國之常，要當人有餘力而後收之，豈人勞而强斂之以資寇邪？夫儉以息人，貞觀初，陛下已躬爲之，今行之不難也。爲之一日，則天下知之，式歌且舞矣。若人既勞，而用之不息，萬一中國水旱，而邊方有風塵之警，狂狡竊發，非徒旰食晏寢而已。古語云『動人以行不以言，應天以實不以文』，以陛下之明，誠欲厲精爲政，不煩遠采上古，但及貞觀初，則天下幸甚。臣竊觀今諸將功臣，陛下所與定天下，無威略振主如韓、彭者，而諸王年並幼少，縱其長大，陛下在日，必無他心，然則萬代之後，不可不慮。漢、晉以來，亂天下者，何嘗不在諸王？皆由樹置失宜，不豫爲節制，以至滅亡【一二】，人主豈不知其然，溺於私愛爾。故前車既覆，而後車不改轍也。今天下百姓尚少，而諸王已多，其寵遇過厚者【一三】，臣愚慮之，非特恃恩驕矜也。昔魏武帝寵陳思王，文帝即位，防守禁閉同獄囚焉，何則？先帝加恩太多，故嗣主疑而畏之也。此武帝寵陳思王，適所以苦之也。且帝子身食大國，何患不富，而歲別優賜，曾無限極。里語曰：『貧不學儉，富不學奢』，言自然也。今大聖創業，豈唯處置見子弟而已，當制長久之法，使萬代奉行。臣聞天下者以人爲本，必也使百姓安樂，在刺史、縣令爾。縣令既衆，不可皆賢，但州得良刺史可矣。天下刺史得人，陛下端拱巖廊之上，夫復何爲？古者郡守、縣令皆選賢德，欲有所用，必先試以臨人，或由二千石高第入爲宰相。今獨重内官，縣令、刺史頗輕其選。又刺史多武夫勳人，或京官不稱職始進補外。折衝、果毅身力彊者入爲中郎將，其次乃補邊州。而以德行才術擢者，十不能一。所以百姓未安，殆在于此。」疏奏，帝稱善。擢拜給事中，轉中書舍人。周善敷奏，機辯明鋭，動中事會，裁處周密，時譽歸之。帝每曰：「我暫不見周即思之。」岑文本謂所親曰：「馬君論事，會文切理，無一言可損益，聽之灑灑，令人忘倦。蘇、張、終、賈正應此耳。」拜中書侍郎，兼太子右庶子。十八年，遷中書令，猶兼庶子。時置太子司議郎，帝高其除。周歎曰：「恨吾資品妄高，不得歷此官。」帝征遼，留輔太子定州。及還，攝吏部尚書。帝嘗以飛帛書賜周曰：「鸞鳳冲霄，

【一二】以至滅亡　「亡」原作「士」，據《新唐書》卷九十八改。

【一三】寵遇過厚　「遇」原無，據《新唐書》卷九十八補。

必假羽翼，股肱之寄，要在忠力。」周病消渴連年，帝幸翠微宮，求勝地爲構第，每詔尚食具膳，上醫使者視護，躬爲調藥，太子問疾。疾甚，周取所上章奏悉焚之，曰：「管、晏暴君之過，取身後名，吾不爲也。」二十二年卒。周亡，帝思之甚，將假方士術求見其儀。愚聞前輩言周論事常開人主一綫路，如論巡幸曰：「詔書既下，業不中止，願示還期，以開衆惑。」論樂工封爵曰：「若朝命不可追改，尚宜不使在列，與士大夫爲伍。」其視魏徵之直，不逮遠矣。

十八年九月，諫議大夫褚遂良爲黃門侍郎，參預朝政。時玄齡爲司空。亮子，貞觀中累遷起居郎，博涉文史，工隸楷。太宗嘗歎曰：「虞世南死，無與論書者。」魏徵白見遂良，帝令侍書。十五年，帝將有事太山，至洛陽，星孛太微，犯郎位。遂良諫曰：「陛下撥亂反正，功超古初，方告成岱宗，而彗輒見，此天意有所未合。昔漢武帝行岱禮，優柔者數十年。臣愚願加詳慮。」帝寤，詔罷封禪。遷諫議大夫，兼知起居事。帝曰：「卿記起居，大抵人君得觀之否？」對曰：「今之起居，古左右史也，善惡必記，戒人主不爲非法。未聞天子自觀史也。」帝曰：「朕有不善，卿必記邪？」對曰：「守道不如守官，臣職載筆，君舉必書。」劉洎曰：「使遂良不記，天下之人亦記之矣。」帝曰：「朕行有三：一監前代成敗，以爲元龜；二進善人，共成政道；三斥遠羣小，不受讒言。朕能守而勿失，亦欲史氏不能書吾惡也。」是時，魏王泰禮秩如嫡，羣臣未敢諫。帝從容訪左右曰：「方今何事尤急？」岑文本汎言禮義爲急，帝以不切，未領可。遂良曰：「今四方仰德，誰弗率者？唯太子、諸王，宜有定分。」帝曰：「有是哉！朕年五十，日以衰怠，雖長子守器，而弟、支子尚五十人，心常念焉。自古宗姓無良，則傾敗相仍，公等爲我柬賢者保傅之。夫事人久，情媚熟，則非意自生，其令王府官不得過四考，著爲令。」帝嘗怪：「舜造漆器，禹雕其俎，諫者十餘不止，小物何必爾邪？」遂良曰：「雕琢害力農，纂繡傷女工，奢靡之始，危亡之漸也。漆器不止，必金爲之，金又不止，必玉爲之，故諫者救其源，不使得開。及夫横流，則無復事矣。」帝咨美之。于時皇子雖幼，皆外任都督、刺史，遂良諫曰：「昔二漢以郡國參治，雜用周制。今州縣率倣秦法，而皇子孺年，並任刺史，陛下誠以至親扞四方。雖然，刺史，民之師帥也，得人則下安措，失人則家勞勩。故漢宣帝曰：與我共治，惟良二千石乎！臣謂皇子未冠者，可且留京師，教以經學，畏仰天威，不敢犯禁，養成德器，審堪臨州，然後敦遣。昔東漢明、章諸帝，友愛子弟，雖各有國，幼者率留京師，訓飭以禮，訖其世，諸王數十百，惟二人以惡敗，自餘渝和染教，皆爲善良。此前事已驗，惟陛下省察！」帝嘉納。太子承乾廢，魏王泰間侍，帝許立爲嗣，因謂大臣曰：「泰昨自投我懷中云：臣今日始得爲陛下子，更生之日也。臣惟有一子，百年後，當殺之，傳國晉王。朕甚憐之。」遂良曰：「陛下失言。安有爲天下主而殺其愛子，授國晉王乎？陛下昔以承乾爲嗣，復寵愛泰，嫡庶不明，紛紛至今。若必立泰，非别置晉王不可。」帝泣曰：「我不能。」即詔長孫無忌、房玄齡、李勣與遂良等定策立晉王爲皇太子。時飛雉數集宫中，帝問：「是何祥也？」遂良曰：「昔秦文公時，有侲子化爲雉，雌鳴陳倉，雄鳴南陽。侲子曰：『得雄者王，得雌者霸。』文公遂雄諸侯，始爲寶雞祠。漢光武得其雄，起南陽，有四海。陛下本封秦，故雄雌並見，以告明德。」帝悦曰：「人之立身，不可以無學，遂良所謂多識君子哉！」薛延陀請婚，帝已納其聘，復絶之。遂良曰：「信爲萬事本，百姓所歸。故文王許枯骨而不違，仲尼去食存信，貴之也。延陀遣使請婚於朝，陛下既開許，爲御北門受獻食。今一朝自爲進退，所惜少，所失多，虧信夷狄，方生嫌恨，殆不可以訓戎兵、勵軍事也。惟陛下裁幸。」不納。帝欲自討遼東，遂良固勸無行：「一不勝，師必再興。再興，爲忿兵。兵忿者，勝負不可必。」帝然可。會李勣詆其計，帝意遂决東。遂良懼，上言：「臣請譬諸身。兩京，腹心也；四境，手足也；殊裔絶域，殆非支體所屬。高麗王陛下所立，莫離支殺之。討其逆，夷其地，固不可失，但遣一二愼將，付鋭兵十萬，翔旝雲輣，唾手可取。昔侯君集、李靖皆庸人爾，猶能擫高昌，纓突厥，陛下止發蹤指示，得歸功聖明。前日從陛下平天下，虓士爪臣，氣力未衰，可驅策，惟陛下所使。臣聞涉遼而左，或水潦，平地淖三尺，帶方、玄菟，海壤荒漫，决非萬乘六師所宜行。」是時，帝鋭意蕩平，不見省。進黄門侍郎，參綜朝政。莫離支遣使貢金，遂良曰：「古者討殺君之罪，不受其賂。魯納郜鼎太廟，《春秋》譏之。今莫離支所貢不臣之篚，不容受。」詔可，以其使屬吏。帝既平高昌，歲調兵千人往屯，遂良誦諍不可，帝志取西域，寘其言不用。西突厥寇西州，帝曰：「往魏徵、褚遂良勸我立麴文泰子弟，不用其計，乃今悔之。」帝於寢宮側别置院居太子，遂良諫，以爲：「朋友深交者易怨，父子滯愛者多愆。宜許太子間還東宫，近師傅，專學藝，以廣懿德。」帝從其言。會父喪免，起復，拜中書令。帝寢疾，召遂良、長孫無忌曰：「漢武帝寄霍光，劉備託諸葛亮，朕今委卿矣。太子仁孝，其盡誠輔之！」謂太子曰：「無忌、遂良在，而毋憂。」因命遂良草詔。高宗即位，坐事出爲同州刺史。再歲，召拜吏部尚書、同中書門下三品，進拜尚書右僕射。帝將立武昭儀，召長孫無忌、李勣、于志寧及遂良入。或謂無忌當先諫，遂良曰：「太尉，國元舅，有不如意，使上有棄親之譏。」又謂勣上所重，當進，無曰：「不可。司空，國元勳，有不如意，上有斥功臣之嫌。」曰：「吾奉遺詔，若不盡愚，無以下見先帝。」既入，帝曰：「罪莫大於絶嗣，皇后無子，今欲立昭儀，謂何？」遂良曰：「皇后本名家，奉事先帝。先帝疾，執陛下手語臣曰：『我兒與婦今付卿。』且德音在陛下耳，可遽忘之？皇后無它過，不可廢。」帝不悦。翌日，復言，對曰：「陛下必欲改立后者，請更擇貴姓。昭儀昔事先帝，身接帷第，今立之，奈天下耳目何？」帝羞默。遂良因致笏殿階，叩頭流血，曰：「還陛下此笏，丐歸田里。」帝大怒，命引出。武氏從幄後呼曰：「何不撲殺此獠？」無忌曰：「遂良受顧命，有罪不加刑。」會李勣議異，武氏立，乃左遷遂良潭州都督。顯慶二年，徙桂州，未幾，貶愛州刺史。遂良内憂禍，恐死不能自明，乃上表曰：「往者承乾廢，岑文本、劉洎奏東宫不可少曠，宜遣濮王居之，臣引義固爭。明

【一四】手抱臣頸　「抱」原作「指」，據《新唐書》卷一百五改。

【一五】發哀　此二字原脱，據《新唐書》卷一百五補。

日仗入，先帝留無忌、玄齡、勣及臣定策立陛下。當受遺詔，獨臣與無忌二人在，陛下方草土號慟，臣即奏請即位大行柩前。當時陛下手抱臣頸【一四】，臣及無忌請即還京，發哀大告【一五】，内外寧謐。臣力小任重，動貽伊戚，螻螘餘齒，乞陛下哀憐！」帝昏懦，牽於武后，訖不省。歲餘，卒。後二歲，許敬宗、李義府奏長孫無忌逆謀皆遂良驅煽，乃削官爵。

十九年三月，開府儀同三司、同三品高士廉攝太子太傅，與侍中劉洎、中書令馬周、太子左庶子許敬宗、右庶子高季輔、少詹事張行成同掌機務，輔太子於定州。時上征高麗，玄齡爲司空居守。季輔，貞觀初拜監察御史，彈治不避權要。累轉中書舍人，列上五事，以爲：「今天下大定，而刑未措，何哉？蓋謀猷之臣、臺閣之吏不崇簡易而昧經遠，故執憲者以深刻爲奉公，當官者以侵下爲益國。如尚書八坐，人主所責成者也，宜擇温厚脩絜者任之，敦樸素，革浮僞，使家識慈孝，人知廉恥，過行者被嗤於鄉，不昵者蒙擯於親，自然禮節興矣。陛下身帥節儉，而營繕未息，丁匠不能給驅使，又和雇以重勞費，人主所欲，何求而不得？願愛其財，毋使殫；惜其力，毋使弊。畿内數州，京師之本，土狹人庶，儲蓄少而科役多，宜蒙優貸，令得休息，彊本弱支之義也。至江南、河北，人頗舒閑，宜爲差等，均量勞逸。公侯勳戚之家邑，入俸稍足以奉養，而貸息出舉，爭求什一，下民化之，競爲錐刀，宜加懲革。今外官卑品，皆未得禄，故饑寒之切，夷、惠不能全其行。爲政之道，期於易從，不恤其匱，而須其廉正，恐巡察歲出，輶軒继軌，而侵漁不息也。宜及户口之繁，倉庾且實，稍加稟賜，使得事父母、養妻子，然後督責其效，則官人畢力矣。密王元曉等俱陛下懿親，當正其禮。比見帝子拜諸叔，諸叔答拜，爵封既同，當明昭穆，願垂訓正，以爲彝法。」書奏，太宗稱善，進授太子右庶子。數上書言得失，辭誠切至，帝賜鐘乳一劑，曰：「而進藥石之言，朕以藥石相報。」後爲吏部侍郎，善銓叙人物，帝賜金背鏡一，況其清鑒焉。張行成調富平主簿，有能名。召補殿中侍御史，糾劾嚴正，太宗以爲能，謂房玄齡曰：「古今用人未嘗不因介紹，若行成者，朕自舉之，無先容也。」嘗侍宴，帝語山東及關中人物，意有同異。行成曰：「天子四海爲家，不容以東西爲限，是示人以隘矣。」帝稱善，賜名馬一、錢十萬、衣一稱。自是有大政事，令與議焉，累遷給事中。帝嘗謂羣臣：「朕爲人主，兼行將相事，豈不是奪公等名？舜、禹、湯、武得稷、契、伊、吕而四海安，漢高祖有蕭、曹、韓、彭而天下寧，兹事朕皆兼之。」行成退，上疏曰：「有隋失道，天下沸騰，陛下撥亂反正，拯人塗炭，何周、漢君臣所能比數？雖然，盛德含光，規模宏遠，左右文武誠無將相材，奚用大庭廣衆與之量校，損萬乘之尊，與臣下爭功哉？」帝嘉納之。轉刑部侍郎、太子少詹事。帝幸靈州，詔皇太子從，行成諫曰：「皇太子宜留監國，對百寮日決庶務，既爲京師重，且示四方盛德。」帝以爲忠。遷侍中、兼刑部尚書。高宗即位，時晉州地震不息，帝問之，對曰：「天，陽也，君象；地，陰也，臣象。君宜動，臣宜靜。今靜者顧動，恐女謁用事，大臣陰謀。又諸王公主參承起居，或伺間隙，宜明設防閑。且晉，陛下本封，應不虛發，伏願深思以杜未萌。」帝然之。

二十二年正月，中書舍人崔仁師爲中書侍郎，參知機務。時玄齡爲司空。仁師，貞觀初改殿中侍御史，時青州有男子謀逆，有司捕支黨，纍係填獄。詔仁師按覆，始至，悉去囚械，爲具食飲、湯沐，以情訊之，坐止魁惡十餘人，它悉原縱。大理少卿孫伏伽謂曰：「原雪者衆，誰肯讓死就決，而事變奈何？」仁師曰：「治獄主仁恕，故該稱殺人刖足，亦皆有禮。豈有知枉不申，爲身謀哉？使吾以一介易十囚命，固吾願也。」及敕使覆訊，諸囚咸叩頭，曰：「崔公仁恕，必無枉者。」舉無異辭，由是知名，遷度支郎中。嘗口陳移用費數千緡，太宗怪之，詔黄門侍郎杜正倫持簿，使仁師對唱，無一謬。帝奇之。遷給事中。時有司以律「反逆者緣坐兄弟没官」爲輕，詔八坐議，咸言漢、魏、晉謀反夷三族，請改從死。仁師曰：「父子天屬，足累其心，此而不卹，何愛兄弟？」房玄齡曰：「祖有蔭孫義，則祖親重，而兄弟屬輕。令應重者流而輕者死，非用刑意。」遂不改。後二十二年，遷中書侍郎，參知機務，被遇尤渥。會有伏閤訴者，仁師不時上，帝大怒，流連州。按：彦博以才辨，洎、周、文本、遂良、季輔、行成以論諫，崔仁師以政事，皆爲時所稱。玄齡以一老提綱於上，而衆俊各效其所長，貞觀之治蓋由於此。惜其間或以小人參之，若裴寂、宇文士及、封德彝用於貞觀之初，已爲盛世累，至許敬宗相於季年，遂爲宗社大禍。《易》曰：「小人勿用，必亂邦也。」寧不信然！永徽初，政輔以遂良輩則治，易以敬宗輩則亂，蓋太宗貽謀之未善也。今附見于左。

貞觀二十三年，夏四月丁卯，上在翠微宫，疾篤，召長孫無忌、褚遂良入卧内，謂之曰：「朕今悉以後事付公輩。太子仁孝，公輩所知，善輔導之。」謂太子曰：「無忌、遂良在，汝勿憂天下。」又謂遂良曰：「無忌盡忠於我，我有天下，多其力也。我死，勿令讒人間之。」仍令遂良草遺詔。有頃，上崩。太子號慟將絶，無忌攬涕，請處分衆事以安内外。太子哀號不已，無忌曰：「主上以宗廟社稷付陛下，豈得效匹夫唯哭泣乎？」乃祕不發喪。庚午，無忌等請太子先還，飛騎勁兵及舊將皆從。辛未，太子入京城。大行御馬輿，侍衛如平日，繼太子而至，頓於兩儀殿。以太子左庶子于志寧爲侍中，少詹事張行成兼侍中，右庶子高季輔兼中書令。壬申，發喪於太極殿，宣遺詔，太子即位。軍國大事，不可停闕，平常細務，委之有司。六月，以無忌爲太尉，李勣爲開府儀同三司，並同中書門下三品。

永徽元年，春正月，有洛陽人李泰弘誣告長孫無忌謀反，上立命斬之。

九月，監察御史韋思謙劾奏中書令褚遂良抑買中書譯語人地，左遷同州刺史。

三年八月，以于志寧爲左僕射，張行成爲右僕射，高季輔爲侍中，志寧、行成仍同中書門下三品。

上謂宰相曰：「聞所在官司，行事猶互觀顔面，多不盡公。」長孫無忌對曰：「此豈敢言無？然肆情曲法，實亦不敢。至於小小收取人情，恐陛下尚不能免。」無忌以元舅輔政，凡有所言，上無不嘉納。胡氏曰：「高宗以官司不盡公問無忌，無忌宜將順美意，勸其君以身率臣下，其有徇私曲法者，刑責加焉，是則宰相之職而朝廷正矣，無忌乃導以收取人情。夫人君以天下爲家，惟至公則人情服，何以收取爲？無忌失言而遂良棄外，彼張行成輩備位輔弼，固常才也。不能格而正之，使其君以收取人情爲是，而官司不避徇私之嫌，其爲蠹政【一六】，豈有既耶！」

三年，春正月，以同州刺史褚遂良爲吏部尚書、同中書門下三品。三月，兵部侍郎韓瑗守黄門侍郎、同中書門下三品。九月，守中書侍郎來濟同中書門下三品。冬十一月，房遺愛與高陽公主謀反，上令長孫無忌鞫之，得反狀。吴王恪有文武才，太宗常以爲類己，欲立爲太子，無忌固争而止，由是與無忌相惡。恪名望素高，爲物情所向，無忌深忌之，欲因事誅恪。遺愛知之，因言與恪同謀，冀得免死。

四年，春二月，遺愛等伏誅，恪且死，駡曰：「長孫無忌，竊弄威權，構害良善，宗社有靈，當族滅不久。」江夏王道宗坐與遺愛交通，流嶺表，道宗素與無忌、遂良不協，故皆得罪。按：二人陪輔初政，當以至公先天下，而用私意陷二賢王，死一竄，以若所爲，其能免乎？秋九月，張行成薨，以褚遂良爲右僕射。十二月，高季輔薨。

五年初，王皇后無子，蕭淑妃有寵，王后嫉之。上之爲太子也，入侍太宗，見才人武氏而悦之。太宗崩，武氏隨衆感業寺爲尼。忌日，上詣寺行香見之，武氏泣，上亦泣。王后聞之，陰令武氏長髮，勸上納之後宫，欲以間淑妃之寵。武氏巧慧，多權數，初入宫，卑辭

【一六】其爲蠹政　「爲」原脱，據《資治通鑑綱目》卷四十補。

屈體以事后。后愛之，數稱其美於上。未幾大幸，拜爲昭儀，后及淑妃寵皆衰，更相譖毀，上皆不納。

王皇后與武昭儀更相譖訴，上獨信昭儀，有廢立之意，畏大臣不從，乃與昭儀幸太尉無忌第，酣飲極歡而罷。席上拜無忌寵姬子三人皆爲朝散大夫，仍載金寶繒錦十車以賜無忌。上因從容言皇后無子以諷，無忌對以它語，竟不順旨。上及昭儀又令母楊氏詣無忌第，屢有祈請，無忌終不許。禮部尚書許敬宗亦數勸無忌，無忌厲色折之。范氏曰：「高宗欲廢后而立妾，故官無忌妾子，又重賂以悦之，誘之以利，非德賞也。而無忌受其官與賜，豈未之思乎？夫大臣欲以義正君，而先没於利，則不足以爲重矣。無忌苟辭其官，反其賜而不受，使其君知大臣之不可誘以利，亦足以格其非心，而益見憚矣。無忌不知出此，卒使武后怨其受賜而不助己，姦臣得以入其謀。高宗無足譏焉，惜乎，無忌之不學也！」

六月，武昭儀誣王后與母柳氏爲厭勝，敕禁母柳氏不得入宮。唐因隋制，後宮有貴妃、德妃、賢妃，皆視一品。上欲特置宸妃，以武昭儀爲之，韓瑗、來濟諫，以爲故事無之，乃止。

中書舍人李義府爲長孫無忌所惡，左遷壁州司馬。敕未至門下，義府密知之，問計於中書舍人王德儉，德儉曰：「上欲立武昭儀爲后，猶豫未決者，直恐宰臣異議耳。君能建策立之，則轉禍爲福矣。」義府然之，叩閤上表，請廢皇后土氏，立武昭儀，以厭兆庶之心。上説，召見，與語，賜珠一斗，留居舊職。昭儀又密遣人勞勉之，尋超拜中書侍郎。於是許敬宗等皆潛布腹心於昭儀矣。

六年九月戊辰，以許敬宗爲禮部尚書。上一日退朝，召無忌、勣、志寧、遂良入内殿。遂良曰：「今日之召，多爲中宫，上意既決，逆之必死。太尉元舅，司空功臣，不可使上有殺元舅及功臣之名。遂良起於草茅，無汗馬之勞，致位至此，且受顧託，不以死爭之，何以下見先帝？」勣稱疾不入。無忌等至内殿，上顧謂無忌曰：「皇后無子，武昭儀有子，今欲立昭儀爲后，何如？」遂良對曰：「皇后名家，先帝爲陛下所娶。先帝臨崩，執陛下手謂臣曰：『朕佳兒佳婦，今以付卿。』此陛下所聞，言猶在耳。皇后未聞有過，豈可輕廢？臣不敢曲從陛下，上違先帝之命！」上不悦而罷。明日又言之，遂良曰：「陛下必欲易皇后，伏請妙選天下令族，何必武氏？武氏經事先帝，衆所共知，天下耳目何可蔽也？萬世之後，謂陛下爲如何？願留三思。臣今忤陛下，意罪當死。」因置笏殿階，叩頭流血，曰：「還陛下笏，乞放歸田里。」上大怒，命引出。昭儀在簾中大言曰：「何不撲殺此獠？」無忌曰：「遂良受先朝顧命，有罪不可加刑。」于志寧不敢言。韓瑗因間奏事，涕泣極諫，上不納。明日又諫，悲不自勝，上引出。瑗又上疏諫曰：「匹夫匹婦，猶相選擇，況天子乎？皇后母儀萬國，善惡由之，願陛下詳之，無爲後人所笑。」來濟上表諫曰：「王者立后，上法乾坤，必擇禮教名家，幽閑令淑，副四海之望，稱神祇之意。是故周文造舟以迎大姒，而興《關雎》之化，百姓蒙祚；孝成縱欲，以婢爲后，使皇統亡絶。惟陛下詳察！」上皆不納。它日，李勣入見，上問之曰：「朕欲立武昭儀爲后，遂良固執以爲不可。」對曰：「此陛下家事，何必更問外人？」上意遂決。許敬宗宣言於朝曰：「田舍翁多收十斛麥，尚欲易婦，況天子立一后，何豫外人事而妄生異議乎？」昭儀令左右以聞，貶遂良爲潭州都督。范氏曰：「高宗欲廢立，而猶難於顧命大臣，取決於李勣之一言，勣若以爲不可，則武氏必不立矣。勣不惟不諫，又勸成之，孽后之立，无忌、遂良之死，唐室中絶，皆勣之由。太宗以勣爲忠，託以幼孤，而其大節如此！《書》曰『知人則哲，惟帝其難之。』信矣！」胡氏曰：「褚遂良忠矣，然昧於消息盈虚之理，《姤》「壯勿取」之義，毫釐不伐，至用斧柯而無所及。兹人謀有未盡，不可歸之天數也。自太宗在御，李淳風奏占文，而民間有祕記，正使太宗愛有所忘，而疑有所不及，遂良豈得不聞，而逆爲國家長慮乎？又況古記之讖已有其人，則當率協羣公，上書皇后，沮止長髮之命，深諫高宗，割制邪慾，勿于先帝之私，悉意竭忠，不遺餘力，其勢必可遏也。當其時而不治，及事既成，雖叩首出血，繼之以死，亦何益矣！故《易》以見幾爲吉，而《姤》以攸往見凶，大臣不可不學也。」又曰：「爲天子者以家事爲言，隋文帝、唐德宗是也。而以陛下家事爲言，李勣、林甫是也。嗚呼！此孔子所謂喪邦之言也。李泌論之詳矣。後雖不聞爲此言，而此意常在。事涉宮禁之内，父子夫婦之間，君不以謀于臣，臣不以復于君，得失存亡，秦、越相視，此家事之餘訓也。惟明君以天下爲一家，賢相以天下爲己任，然後無此意矣。」

十月，詔王皇后、蕭淑妃謀行鴆毒，廢爲庶人。百官上表請立中宮，遂下詔：「先帝以武氏賜朕，事同政君，可立爲皇后。」

顯慶元年十二月，韓瑗上疏爲褚遂良訟冤。上曰：「遂良之情，朕亦知之。然其悖戾好犯上，故以此責之，卿何言之深也！」對曰：「遂良社稷忠臣，爲讒諛所毁。昔微子去而殷國以亡，張華存而紀綱不亂。陛下無故棄逐舊臣，恐非社稷之福。」上不納。瑗以言不用，乞歸田里，上不許。

三月，以褚遂良爲桂州都督，李義府兼中書令。秋七月，許敬宗、李義府希皇后旨，誣奏侍中韓瑗、中書令來濟與褚遂良潛謀不軌，以桂州用武之地，授遂良都督欲爲外援。八月，瑗貶振州刺史，遂良上表自陳，不省。

四年，武后以太尉無忌受重賜而不助己，深忌之。及議立王后，于志寧中立不言，武后亦不悦。武后既立，無忌内不自安，后令許敬宗伺其隙而陷之。會李奉節告太子洗馬韋季方等朋黨事，敕敬宗鞫之。敬宗因誣奏季方欲與無忌謀反，下詔削封邑，黔州安置。敬宗又奏無忌謀反，由褚遂良、柳奭、韓瑗構扇而成，于志寧亦黨附無忌。於是追削遂良官爵，除奭、瑗名，免志寧官。秋七月，又遣使詣黔州，再鞫無忌反狀，逼令自殺，并決奭瑗。瑗已死，發驗而還。

龍朔二年，突厥入寇，庭州刺史來濟摠兵拒之，謂其衆曰：「吾嘗絓刑罔，蒙赦死，今當以身塞責。」遂不介冑馳賊，没焉。胡氏曰：「遂良至愛州，上表自陳定策之功、受遺之寄，曰：『螻蟻餘生，乞陛下哀憐。』君子悲之，而亦嫌其氣衰而志挫也。來濟赴敵而死，可謂善處死矣，人孰不死，處死之爲難，使遂良而知此，則能待盡無言矣。」

初，無忌與遂良悉心奉國，以天下安危自任，故永徽之政有貞觀風。帝亦賓禮老臣，拱己以聽，綱紀設張，此兩人維持之也。既二后廢立計不合，姦臣陰圖，帝暗於聽受，卒以屠覆，自是政歸武氏，幾至亡國。按：无忌等死後，敢與武后忤者，其後有上官儀、李義琰、郝處俊，其事有可書者，今附見。

龍朔二年十月，西臺侍郎上官儀同三品。麟德元年，初，武后能屈身忍辱，奉順上意，故上排羣議而立之。及得志，專作威福，上欲有所爲，動爲所制，上不勝其忿。有道士郭行真，出入禁中，厭勝之術，宦者王伏勝發之。上大怒，密召上官儀議之，儀因言：「皇后專恣，海内所不與，請廢之。」上意亦以爲然，即命儀草詔。左右奔告于后，后遽詣上自訴，詔草猶在上所，上羞縮不忍，復待之如初，猶恐后怨怒，因紿之曰：「我初無此心，皆上官儀教我。」后於是使敬宗誣奏儀謀逆，下獄死。自是上每視事，則后垂簾於後，政無大小，皆預聞之。天下大權，悉歸中宫，黜陟、生殺，决於其口，天子拱手而已，中外謂之二聖。自后立至此十年。

總章二年三月，東臺侍郎郝處俊同三品。上元二年，上苦風眩甚，議使天后攝知國政，處俊曰：「天子理外，后理内，天之道也。昔魏文帝著令，雖有幼主，不許皇后臨朝，所以杜禍亂之萌也。奈何以高祖、太宗之天下，不傳之子孫而委之天后乎？」中書侍郎李義琰曰：「處俊之言至忠，陛下宜聽之。」乃止。孫氏曰：「處俊諫高宗不令武后攝政，可謂社稷之臣也。自上官儀被殺，高宗爲后所制，奪其威權，内外畏之，無敢忤其意者，高宗雖因疾欲令攝政，亦勢迫而然。處俊不顧禍患，懇諫其事，至引魏文帝不許皇后臨朝爲證，是時處俊之心止知有社稷計，不知有身計也，言既激切，又得義琰爲助，雖昏主悍后，義不能違。夫人臣事君，見大過而不敢言，臨大節而不敢當者，正欲保位避禍也。處俊當后擅權、上下危逼之際，忠言確論，力救其事，義琰協心助爲之言，二公終保大位，不罹其禍。如于志寧輩，預廢立皇后之議，顧望不言，乃保位避禍之意也，然後不免譴黜，一刺史而歿，但得畏懦不忠之名，爲世所罪，又豈能保位避禍乎？然則臨事者固不可自計利害也，邪正在於所守，禍福繫於所值。所守者節也，不可不固；所值者時也，此不可必。惟能不失忠義大節，付窮通死生於自然□賢矣。」　按本傳云：「處俊臨事敢言，自秉政，在帝前議論諄諄，必傳經義，凡所規獻，得大臣体。武后雖忌之，以其操履無玷，不能害。」然□處俊所以得免者，以其身正故也。霍氏之不能害魏相，竇憲之不能害袁安，其事略同。□□□大臣，而欲正君者，其可不自正身始乎？□□□□□□干罷，在相位二年，迄免武氏之言，□□知□□□也歟！

史臣贊曰：「高宗之不君，可與爲治耶？內牽嬖陰，外劫讒言，以無忌之親、遂良之忠，皆顧命大臣，一旦誅斥，忍而不省。反天之剛，撓陽之明，卒使牝咮鳴辰，祚移后家，可不哀哉！天以女戎間唐而興，雖義士仁人抗之以死，決不可支。然瑗、濟、義琰、儀四子，可謂知所守矣。」

武后天授二年，洛州司馬狄仁傑守地官侍郎、同平章事。按：元年太后改唐爲周。仁傑在高宗時爲大理丞【一七】，歲中斷久獄萬七千人，時稱平恕。左威衛大將軍權善才等坐誤斧昭陵柏，罪當死，高宗詔誅之。仁傑奏不應死，帝怒曰：「是使我爲不孝子，必殺之。」仁傑曰：「漢有盜高廟玉環，文帝欲致之族，張釋之廷諍曰：『假有取長陵一抔土【一八】，何以加其法？』於是罪止棄市。陛下之法在象魏，固有差等，犯不至死而致之死，何哉？今誤伐一柏，殺二臣，後世謂陛下爲如何主？」帝意解，遂免死。授侍御史。左司郎中王本立怙寵自肆，仁傑劾奏其惡，詔原之。仁傑曰：「朝廷縱乏賢，如本立者不尠。陛下惜有罪，虧成法，奈何？臣願先斥，爲羣臣戒。」本立抵罪。由是朝

【一七】仁傑在高宗時爲大理丞　此句開頭原有「明年」二字，當爲誤植，今據《新唐書》卷一百一十五删。

【一八】長陵一抔土　「土」原作「十」，據《新唐書》卷一百十五改。

廷肅然。使岐州，亡卒數百剽行人，道不通，官捕繫盜黨窮訊，而餘曹紛紛不能制。仁傑曰：「是其計窮，且爲患。」乃明開首原格，出繫者，稟而縱之，使相曉，皆自縛歸。帝嘉其達權宜。遷度支郎中。出爲寧州刺史，撫和戎落，得其歡心，勒碑以頌。二年冬，拜冬官侍郎。四年，持節江南巡撫使。吳、楚俗多淫祠，仁傑一切禁止，凡毀千七百，止留夏禹、吳太伯、季札、伍員四祠而已。轉文昌右丞，出爲豫州刺史。時太后潛謀革命，稍除宗室。韓王元嘉等皆以才行有美名，太后尤忌之，元嘉等內不自安，密有匡復之志。八月，諸王起兵，越王貞亦舉兵於豫州。已而貞等敗，大治黨與，當坐者六七百家，籍没者五千口，司刑趣使行刑，仁傑密奏：「彼皆良民【一九】，臣欲顯奏，似爲逆人申理；知而不言，恐乖陛下仁恤之旨。」太后特原之，皆流豐州，道過寧州，寧州父老迎勞之曰：「我狄使君活汝邪！」相攜哭於德政碑下。時張光輔尚在豫州，將士恃功，多所求取，仁傑不之應，光輔怒曰：「州將輕元帥邪？」仁傑曰：「亂河南者，一越王耳。公董士三十萬以平亂，縱使暴横，使無辜之人咸墜塗炭，是一越王死，百越王生也。且王師之至，民歸順以萬計，自縋而下，四面成蹊。奈何縱邀賞之人殺降以爲功，冤痛徹天？如得上方斬馬劍加君頸，雖死不恨！」光輔還，奏仁傑不遜，左授復州刺史，徙洛州司馬。至是入□，太后謂仁傑曰：「卿在汝南，甚有善政，卿欲知譖者名乎？」仁傑謝曰：「陛下以臣爲過，臣當改之；知臣無過，臣之幸也。不願知譖者名。」太后深歎美之。長壽元年，來俊臣羅告仁傑謀反，仁傑對曰：「大周革命，萬物維新，唐室舊臣，甘從誅戮。反是實。」守者浸弛，即丐筆書帛，置褚衣中【二〇】，好謂吏曰：「方暑，請付家徹絮。」仁傑子光遠得書上變。后召見，謂曰：「承反何耶？」對曰：「不承反，死笞掠矣。」免死，貶彭澤尉。　胡氏曰：「狄公在武后世第一等人也，而不恥於事女主，何也？曰：將以復唐也。故寧受屈辱，濱於危窘而不悔。又善藏其用，不先事而言，必待時而發，其誠意懇篤，又足以感動之，故雖武后之暴悍，亦爲之易意，而廢主得還，其功大矣。古人有不羞汙君者，狄公必以是自處。當其時，武氏年垂七十，以人生常數期之，反正之日，蓋可待也，是以不計其身之危辱，而冀唐室之復興，雖未及如志，而廬陵來歸，魄兆見矣。然使其初不能自免於俊臣之獄，則此志不遂，將何以自白於天下後世邪？故孔子曰『君子藏器於身，待時而動』云云。」　愚按：狄公之不去，志在於復唐，亦猶平、勃

【一九】彼皆良民　「良民」，《資治通鑑》卷二百四作「詿誤」。

【二〇】褚衣　「褚」，《資治通鑑》卷二百四作「綿」。

之不爭，志在於安漢，然亦可謂危也矣。先儒謂使平、勃若吕后而死，其事將奈何？胡氏之論狄公亦猶是也，然狄公不此之慮，何哉？至誠大忠，一意家國，固以必濟自期。而此念之烈，天地鬼神寔臨之，縱未遽成，後當有繼吾之志。若正使一無所就，而死於羅織之獄，不過此身蒙垢而已；幸而獲濟，則三才賴吾以立，八極由我以安，豈細事邪？此蓋狄公了然於胸中者。夫人之力量，要在審於自知，有伊、周之才，然後可爲人臣未爲之事，無狄公之忠誠，而事所不當事之主，鮮不自陷於失節悖義之域者。彼平、勃者，自度不能强諫，故一切順從，後日安劉之功，亦偶然尔。若狄公者，有悟主之純識，而濟以知人之明鑒，後日之功皆其素所籌畫，而非倖成者也，豈平、勃之可匹邪？愚故表而出之。

神功元年閏十月，幽州都督狄仁傑爲鸞臺侍郎，同平章事。仁傑貶彭澤令，萬歲通天中，契丹陷冀州，河北震動，擢仁傑爲魏州刺史，虜引去，俄轉幽州都督，至是召入。前爲相，半年而貶，貶六年而復相云。

聖曆元年，張易之嘗從容問狄仁傑以自安計，仁傑曰：「惟勸迎廬陵王可以免禍。」會后欲以武三思爲太子，以問宰相，衆莫敢對。仁傑曰：「臣觀天人之心，未厭唐德。比匈奴犯邊，陛下使梁王三思募勇士，踰月不及千人。廬陵王代之，不浹日輒五萬。今欲繼統，非廬陵王不可。」后怒，罷議。久之，召謂曰：「朕數夢雙陸不勝【二一】，何也？」於是，仁傑與王方慶二人同在，二人同辭對曰：「雙陸不勝，無子也。天其意者以儆陛下乎？且太子，天下本，本一摇，天下危矣。文皇帝身蹈鋒鏑，勤勞而有天下，傳之子孫。先帝寢疾，詔陛下監國。陛下掩神器而取之，十有餘年，又欲以三思爲後。且姑姪與母子孰親？陛下立廬陵王，則千秋萬歲後常享宗廟。三思立，廟不祔姑。」后感悟。三月，遣徐彦伯迎廬陵王於房州。《通鑑》云：「託言廬陵王有疾，遣職方員外郎徐彦伯召王及其妃、諸子詣行在療疾【二二】。

【二一】夢雙陸不勝　「不」原作「下」，據《新唐書》卷一百十五改。

【二二】詣行在療疾　「詣」原作「請」，據《資治通鑑》卷二百六改。

戊子，廬陵王至神都。」王至，后匿帳中，召見仁傑，語廬陵王事，仁傑敷請切至，涕下不能止，后乃使王出，曰：「還爾太子。」仁傑降拜頓首，曰：「太子歸，未有知者，人言紛紛，何所信？」后然之。更令舍龍門，具禮迎還，中外大悅。初，吉頊、李昭德數請還太子，而后意不回，唯仁傑每以母子天性爲言，后雖忮忍，不能無感，故卒復唐嗣。按《通鑑》云：「武承嗣、三思營求爲太子，數使人説太后曰：『自古天子，未有以異姓爲嗣者。』太后意未決。狄仁傑每從容言於后曰：『文皇帝櫛風沐雨，親冒鋒鏑，以定天下，傳之子孫。大帝以二子託陛下。今乃欲移之它族，無乃非天意乎？且姑姪之與母子孰親？陛下立子，則千秋萬歲後，配食太廟，承繼無窮。立姪，則未聞姪爲天子而祔姑於廟也。』太后曰：『此朕家事，卿勿預知。』仁傑曰：『王者以四海爲家，四海之内，孰非臣妾，何者不爲陛下家事？君爲元首，臣爲股肱，義同一體，況臣備位宰相，豈得不豫知乎？』又勸太后召還廬陵王，王方慶、王及善亦勸之。太后意稍寤，它日，又謂仁傑曰：『朕夢大鸚鵡兩翼皆折，何也？』對曰：『武者，陛下之姓，兩翼，二子也。陛下起二子，則兩翼張矣。』太后由是無立承嗣、三思之意。」又云：「孫萬榮之圍幽州也，移檄朝廷曰【一二三】：『何不歸廬陵王？』吉頊與張易之、昌宗皆爲控鶴監供奉，易之兄弟親狎之，頊從容説二人曰：『公兄弟貴寵如此，非以德業取之也，天下側目切齒多矣，不有大功於天下，將何以自全？竊爲公憂之。』二人懼，涕泣問計。頊曰：『天下士庶未忘唐德，咸思復廬陵王。主上春秋高，大業須有所付，武氏諸王非所屬意，公何不從容勸主上立廬陵王，以繫蒼生之望？如此，豈徒免禍，亦可以長保富貴矣。』二人以爲然，承間屢爲太后言之。太后知謀出於頊，乃召問之，頊復爲太后具陳利害，太后意乃定。」胡氏曰：「歸廬陵王，狄仁傑雖首言之，太后未許也，及頊爲二張謀，后意乃定。然則頊功爲多，而當時及後世稱復唐之功者，特歸仁傑而不歸之頊，何也？人臣建策立計，當原其心。誠爲國耶，策雖不就，君子予之；心不在國，假善以濟其私功，雖幸成，君子不與也。狄公精忠，惟復唐室是念，其請歸廬陵也，太后雖未之許，然心已開悟矣。吉頊之計，太后雖即行之，然其心，乃本教二

【一二三】移檄朝廷　「檄」原脱，據《資治通鑑》卷二百六補。

張以保富貴之術，又况狄公之請已在前乎！」　愚按：《通鑑》歸功於吉頊，而胡氏因之，考其事理，新史爲長，今取之。然其稱廬陵王爲太子，則或可疑，蓋中宗是時未爲太子也。李昭德事，見天授二年，鳳閣舍人張嘉福使洛陽人王慶之等數百人上表，請立武承嗣爲皇太子。文昌右相岑長倩以皇嗣在東宫，不宜有此議，奏請切責上書者，告示令散。太后又問地官尚書、同平章事格輔元，輔元固稱不可。由是大忤諸武意，故斥長倩令西征吐蕃，未至，徵還，下制獄。承嗣又譖輔元，來俊臣又脅長倩子，引歐陽通等數十人，皆云同反。冬十月，長倩、輔元、通等皆坐誅。王慶之見太后，太后曰：「皇嗣我子，奈何廢之？」對曰：「神不歆非類，民不祀非族。今誰有天下，而以李氏爲嗣乎？」自是慶之屢求見，太后頗怒之，命鳳閣侍郎李昭德賜慶之杖，昭德引出光政門外，以示朝士曰：「此賊欲廢我皇嗣，立武承嗣。」命撲之，耳目皆血出，然後杖殺之，其黨乃散。昭德因言於太后曰：「天皇，陛下之夫。皇嗣，陛下之子。陛下身有天下，當傳之子孫爲萬代業，豈得以姪爲嗣乎？且未聞姪爲天子，而爲姑立廟者也。且陛下受天皇付託，若以天下與承嗣，則天皇不血食矣。」太后亦以爲然。昭德又嘗請罷武承嗣相事，見長壽元年。又《新傳》：王綝方慶爲武后同平章事，嘗言：「東宫殿名多觸嫌，請一改之，以協舊典。」贊曰：李德裕著書稱：「王方慶爲相時，子爲眉州司士參軍。武后曰：『君在相位，何子之遠？』對曰：『廬陵是陛下愛子，今尚在遠，臣之子庸敢相近？』」以比倉唐悟文侯事。嗟乎，君子哉！雖造次不忘悟君於善；及建言不斥太子名，以動羣臣，示中興之漸，所謂人難言者，於方慶難乎哉？德裕之稱，爲不誣矣。王及善爲内史，廬陵王之還，密贊其謀，既爲皇太子，又請出外朝以安羣臣。愚按：方慶、及善於復唐與有功焉，故附此。

九月，皇嗣固請遜位於廬陵王，太后許之。立廬陵王哲爲皇太子，復名顯，赦天下。

按：中宗即位，嗣聖元年，太后廢帝爲廬陵王，幽之，立豫王旦爲皇帝。未幾遷廬陵王於房州，既又以皇帝爲皇嗣，自稱帝號。自房陵之還今十五年矣。　是月，命太子爲河北道元帥以討突厥，以仁傑爲河北道行軍副元帥。時太子不行【二四】，命仁傑知元帥事。　藍田令薛訥，仁貴之子也，太后擢爲安東道經略，將行，言於

【二四】時太子不行　「時」原作「事時」，「事」字因下文而衍，據《資治通鑑》卷二百六刪。

太后曰：「太子雖立，外議猶疑未定，苟此命不易，醜虜不足平也。」太后深然之。突厥退師，仁傑追之不及。冬十月，以狄仁傑爲河北道安撫大使。時河北人爲突厥所驅逼者，虜退，懼誅，往往亡匿。仁傑上疏，以爲：「夫人猶水也，壅之則爲泉，疏之則爲川，通塞隨流，豈有常性？今負罪之伍，必不在家，露宿草行，潛竄山澤，赦之則出，不赦則狂，山東羣盗，緣兹結聚。臣以邊塵暫起，不足爲憂，中土不安，此爲大事。罪之則衆情恐懼，恕之則反側自安。伏願曲赦河北諸州，一無所問。」制從之。仁傑於是撫慰百姓，得突厥所驅掠者，悉遞還本貫；散糧運以賑貧乏，修郵驛以濟旋師；恐諸將及使者妄求供頓，乃自食疏糲，禁其下無得騷擾百姓，犯者必斬。河北遂安。胡氏曰：「狄公以此諫武氏，何也？曰：武氏已老，太子已在東宮，天下必復歸唐，狄公所爲懇懇者，爲唐計爾。」

二年正月，賜太子姓武氏。二月，太后春秋高，慮身後太子與諸武不相容，命太子、相王與武攸暨等爲誓文，告天地於明堂，銘之鐵券，藏于史館。

久視元年，太后信重梁文惠公狄仁傑，羣臣莫及，常謂之國老而不名。仁傑好面折廷諍，太后每屈意從之。九月，薨。太后泣曰：「朝廷空矣！」自是朝廷有大事，衆或不能決，太后輒歎曰：「天奪吾國老何太早邪！」仁傑再相至是四年。太后嘗問仁傑：「朕欲得一佳士用之，誰可者？」仁傑曰：「未審陛下欲何以用之？」太后曰：「欲用爲將相。」仁傑對曰：「文學藴藉，則蘇味道、李嶠固其選矣。必欲卓犖奇才，則有荆州長史張柬之，其人雖老，宰相才也。」太后擢柬之爲洛州司馬。數日，又問仁傑，對曰：「前薦柬之，尚未用也。」太后曰：「已遷矣。」對曰：「臣所薦者，可爲宰相，非司馬也。」乃遷秋官侍郎。久之，卒用爲相。仁傑又嘗薦夏官侍郎姚元崇、監察御史桓彦範、太州刺史敬暉等數十人，率爲名臣。或謂仁傑曰：「天下桃李，悉在公門矣。」仁傑曰：「薦賢爲國，非爲私也。」愚按：梁公所薦，皆才略之士，亦荀爽之意歟？中宗即位，追贈司空，睿宗又封梁國公。史臣贊曰：武后乘唐中衰，操殺生柄，劫制天下而攘神器，仁傑蒙耻奮忠，以權大謀，引張柬之等，卒復唐室，功蓋一時，人不及知。故唐吕温贊之曰：「取日虞淵，洗光咸池。潛授五龍，夾之以飛。」世以爲名言。文正范公亦曰：「商有三仁，弗救其滅。漢有四皓，正於未奪。嗚呼！武暴如火，李寒如灰，何心不隨，何力不回？我公哀傷，拯天之亡，逆長風而孤騫，遡大川而獨航。朝感通，羣陰披攘，天子既臣而皇，天下既周而唐。噫，非天下之至誠，其孰能當？」南軒張氏曰：「人臣之義，當以干陵爲正；濟大事者，當以仁傑爲法。」詳見王陵事中。

狄仁傑之入相也，婁師德實薦之，而仁傑不知，意頗輕師德，數擠之於外。按：師德當仁傑爲相日，自納言爲隴右諸軍大使。明年，又自納言爲天兵軍大摠管，仍充隴右諸軍大使。太后覺之，嘗問仁傑曰：「師德賢乎？」對曰：「爲將能謹守邊鄙，賢則臣不知。」又曰：「師德知人乎？」對曰：「臣嘗同僚，未聞其知人也。」太后曰：「朕之知卿，乃師德所薦也，亦可謂知人矣。」仁傑既出，歎曰：「婁公盛德，我乃爲其所容，吾不得窺其際也。」石氏曰：「武后意在革命，聽嬖臣之奇譖，縱酷吏之苛法。當時之士，共以摧嬖臣、沮酷吏爲名節，爭鼎鑊而赴之。師德此時，未嘗一語及之也，含垢耐辱，至於可笑，諸武、二張兒曹耳，度量疑然，殊不芥蔕，使后猜間不生，尊敬瞻仰之不暇，而狄公之薦行矣。師德平生所爲，薦梁公一事耳。太子復位，張柬之爲相，而唐祚再興，梁公力也。然則師德之功，豈少哉？議者徒見其無嘵嘵之辯，顯顯之迹，指爲醇謹善辟咎者，曷知夫大君子所爲不在流俗之耳目耶？」愚按：武后之世，所謂天地閉、賢人隱之秋也，而一時忠臣良士，志存宗社，維持正救者，殆非一人。其論詔獄之害，引隋煬殺人以致亡者，正字陳子昂也。凡酷吏所誣陷，皆爲直之，前後所活數十百家者，司刑丞徐有功也。論酷吏縱横，以爲告事紛紜，虚多實少，恐有凶慝陰間君臣者，御史中丞李嗣真也。按問告密，引虚伏罪者八百五十餘人，羅織爲之少衰者，監察御史嚴善思也。請去萋斐之牙角【二五】，頓姦險之鋒錯，窒羅織之源，掃朋黨之迹，使天下蒼生坦然大悦者，右補闕朱敬則也。論推劾之吏相矜以毒，被告者不勝楚毒，而自誣願緩刑尚仁者，侍御史周矩也。論酷吏殺人求進，自周丘三來，相繼誅殛，朝賢相慶，願廣雷雨之施；自垂拱以來，罪無輕重一皆昭洗，死者追復官爵，生者聽還鄉里者，鳳閣舍人韋嗣立也。魏元忠之貶，太子僕崔貞慎等八人餞于郊外，告者稱其謀反，使鞫之而明其罪，卒解后意者，監察御史馬懷素也。論酷吏之誣枉，願以身保羣臣，自今無復反者，宰臣姚元之也。薛懷義之寵幸也，則有宰臣蘇良嗣敢挫之，諫官王求禮敢言之。武承嗣、三思之寵幸也，同三品韋方質不爲之禮，夏官侍郎李昭德請奪其權。張易之、昌宗之寵幸也，宰臣魏元忠論其必爲亂階，内史王及善奏其侍宴無禮，右丞韋安石數面折之，且劾其罪，中丞宋璟鞫其反狀，請考竟之。以上數十人，皆所謂沮酷吏而排倖臣也。其坐是以死者有人，而後來者曾不少懾，至若存唐祀，復嗣主，則有宰臣劉仁軌、陳呂后禍敗於前，而吉頊、李昭德、蘇安恒交論於中，而狄公五王卒成於後。以武氏之無道立於朝者，宜皆姦邪、傅會之徒，而嘉言正論不絶於耳，與前世亂亡之朝絶異者，其殆太宗之功格于天，澤流於後，故使忠賢輩出，以扶其宗祀耶？若張柬之進由狄公，狄公之進由師德，推本而論，皆唐室之元功。然狄公之事顯，故人皆誦之；婁公之迹隱，故世罕能道之者。石氏之論，蓋得微顯闡幽之義，故取之。

【二五】萋斐之牙角　「萋」原作「妻」，「斐」字跡不清，據《資治通鑑》卷二百五改補。

長安四年六月，天官侍郎崔玄暐爲鸞臺侍郎，同平章事。本傳：玄暐少以學行稱，母盧，有賢操，常戒玄暐曰：「吾聞姨兄辛玄馭云：『子姓仕官，有言其貧窶不自存，此善也；若貲貨盈衍，惡也。』吾嘗以爲確論。比見親表仕者務多財以奉親，而親不究其所從來，必出于禄稟則善，如其不然，何異盜乎？若識吾意。」故玄暐所守以清白名。母亡，哀毁，甘露降庭樹。長安元年，爲天官侍郎，當公介然，不受私謁，執政忌之，改文昌左丞。不踰月，武后曰：「卿向改職，乃聞令史設齋相慶，此欲肆其貪耳，卿爲朕還舊官。」乃復拜天官侍郎，至是遂相。先是，酷吏誣籍數百家，玄暐開陳其枉，后感悟，皆爲原洗。宋璟劾張昌宗不軌事，玄暐頗助璟；及有司正昌宗罪，而玄暐弟昪爲司刑少卿，執論大辟，兄弟守正如此。后久疾【二六】，宰相不召見者累月，及少間，玄暐奏言：「皇太子、相王皆仁明孝友，宜侍醫藥，不宜引異姓出入禁闥。」后慰納。

十月，判秋官侍郎張柬之同平章事。十一月，守鳳閣侍郎。本傳：柬之少涉經史，補太學生，祭酒令狐德棻異其材，便以王佐期之。中進士第。永昌元年，以賢良召，時年七十餘矣，對策者千餘，柬之爲第一，授監察御史，遷鳳閣舍人。時突厥默啜有女請和親，武后欲令武延秀娶之。柬之奏：「自古未聞天子娶夷狄女者。」忤旨，出爲合、蜀二州刺史。故事，歲以兵五百戍姚州，地險瘴，到屯輒死。柬之論其弊，以爲：「朝廷無絲髮利，而百姓蒙終身之酷，宜罷姚州，隸巂府。」疏奏，不納。俄爲荆州大都督府長史。狄仁傑薦之。後姚崇爲靈武軍使，將行，后詔舉外司可爲相者，崇曰：「張柬之沈厚有謀，能斷大事，其人老，惟亟用之。」即日召見，拜同平章事。

神龍元年，即長安四年之次年。春正月，太后疾甚，麟臺監張易之、春官侍郎張昌宗居中用事。易之以門蔭仕，美姿容，通音技。武后時，太平公主薦其弟昌宗，得侍，昌宗白進易之，即召見，悦之。兄弟皆幸，出入禁中，傅朱粉，衣錦繡，盛飾自喜。不旬日，貴震天下，諸武兄弟及宗楚客等爭造門，伺望顔色，親執鞭轡，號易之爲「五郎」，昌宗爲「六郎」。聖曆二年，始置控鶴府，拜易之爲監，久之，更號奉宸府，以易之爲令。后每燕集，則二

【二六】后久疾　「久」原作「一」，據《新唐書》卷一百二十改。

張、諸武雜侍，樗博爭道爲笑，淫蠱顯行，無復羞畏。后知醜聲甚，思有以掩覆之，乃詔昌宗即禁中論著，引李嶠、張説等二十有六人譔《三教珠英》。加昌宗司僕卿、易之麟臺監，權勢震赫。皇太子、相王請封昌宗爲王，后不許，遷春官侍郎。后既春秋高，易之兄弟顓政，邵王重潤與永泰郡主竊議，皆得罪縊死。御史大夫魏元忠嘗劾奏易之等罪，易之訴於后，反誣元忠與司禮丞高戩約曰：「天子老，當挾太子爲耐久朋。」后問：「孰爲證佐？」易之曰：「鳳閣舍人張説。」翌日庭辯，皆不讎，然元忠、説猶皆被逐。其後易之等益自肆，姦贓狼藉。已而后久疾，居長生院，宰相不得進見，惟昌宗等侍側。昌宗恐后不諱，禍且及，乃引支黨日夜與謀爲不軌事，小人疏險，道路皆知。御史中丞宋璟請按攝，后陽許璟。詳見璟事中。張柬之、崔玄暐與中臺右丞敬暉、司刑少卿桓彦範、相王府司馬袁恕己謀誅之。暉舉明經，聖曆初，爲衛州刺史。是時，河北經突厥所騷，方秋而城，暉曰：「金湯非粟不守，豈有棄農畝，事池隍哉？」縱民歸斂，闔部賴安。長安二年，授中臺右丞。彦範以門蔭調右翊衛，遷司衛主簿。狄仁傑曰：「君之才，當自光大，毋卹于初。」厚爲禮。尋擢監察御史，遷累中丞。長安中，爲司刑少卿。張昌宗引妖人迎占，言計不軌，宋璟請窮治其姦，武后以昌宗嘗自歸，不許，彦範請付三司考治，不納。時内史李嶠等屢奏：「往爲酷吏破家者【一七】，請皆宥雪。」依違未從。彦範復上言：「自文明後得罪，惟揚、豫、博三州不免，它可悉赦。」疏十上，卒見聽。嘗曰：「大理，人命所繫，不可便辭詭合以自免。」云云。」恕己仕累司刑少卿，知相王府司馬。柬之謂右羽林大將軍李多祚曰：「將軍今日富貴，誰所致也？」多祚泣曰：「大帝也。」高宗。柬之曰：「大帝之子爲二豎所危，將軍不思報大帝德乎？」多祚曰：「苟利國家，惟相公處分，不敢顧身及妻子。」因指天地以自誓，遂與定謀。本傳：多祚其先靺鞨酋長，後入中國。多祚驍勇善射，以軍功累遷右羽林大將軍，遂領北門衛兵。張柬之將誅二張，以多祚素感槩，可動以義，乃從容謂曰：「將軍居北門幾何？」曰：「三十年矣。」「將軍

【一七】往爲酷吏破家者　「破」原脱，據《新唐書》卷一百二十補。

擊鐘鼎食，貴重當世，非大帝恩乎？」多祚泣數行下，曰：「死不敢忘！」柬之曰：「將軍知感恩，則知所以報，今在東宮乃大帝子，而孽豎擅朝，危逼宗社。國家廢興在將軍，將軍誠有意乎？捨今日尚何在？」答曰：「苟緣王室，惟公所使。」乃引天地以自誓，辭氣毅然，柬之遂定謀，云云。按：《新史》所載差詳，今附于此。　初，柬之與荊府長史楊玄琰相代，同泛江，至中流，語及太后革命事，玄琰慨然有匡復之志。及柬之爲相，引玄琰爲右羽林將軍，謂曰：「君頗記江中之言乎？今日非輕授也。」本傳：玄琰居父喪，七日不食，補梓州參軍，平棘令，課第一。載初中，爲安南副都護，三徙爲荊府長史，五遷州刺史，咸有風績。　柬之又用彥範、暉及右散騎侍郎李湛，皆爲左、右羽林將軍，委以禁兵。易之等疑懼，乃更以其黨武攸宜爲右羽林將軍，易之等乃安。按：柬之等先收兵權，付之忠賢，又雜用其黨，使之自安，可謂得圖事之要矣。蓋彥範、暉、玄琰，既與吾協心，而多祚、湛復爲我用，一武攸宜直庸人耳，雖廁其列，一旦去之，如拉朽耳，而可使羣小不疑，此策之至善者也。　俄而姚元之自靈武至都，柬之、彥範相謂曰「事濟矣」，遂以其謀告之。按：元之文武全材，柬之等與之同其謀，善矣。竇武、陳蕃失一張奐，故敗事；張、桓得一姚崇，遂以成功。兵權既收，人才又合，其濟宜矣。　彥範以事白其母，母曰：「忠孝不兩全，先國後家可也。」按：曾子有言「事君不忠，非孝也」，蓋忠孝非二道，能忠即孝矣，豈有不兩全者哉？然桓母以此勵其子，可謂賢矣。　時太子於北門起居，彥範、暉謁見，密陳其策，太子許之。　癸卯，柬之、玄暉、彥範與左威衛將軍薛思行等，帥左右羽林兵五百餘人至玄武門，遣多祚、湛及內直郎駙馬都尉王同皎詣東宮迎太子。太子疑，不出，同皎曰：「先帝以神器付殿下，橫遭幽廢，人神同憤，二十三年矣。今天誘其衷，北門、南牙，同心協力，以今日誅凶豎，復李氏社稷，願殿下暫至玄武門，以副衆望。」太子曰：「凶豎誠當夷滅，然上體不安，得無驚怛？諸公更爲後圖。」李湛曰：「諸將相不顧家族以徇社稷，殿下奈何欲納之鼎鑊乎？請殿下自出止之。」太子乃出。同皎扶抱太子上馬，從至玄武門，斬關而入。太后在迎仙宫，柬之等斬易之、昌宗於廡下，進至太后所寢長生殿，環繞侍衛。太后驚起，問曰：「亂者誰邪？」對曰：「張易之、昌宗謀反，臣等奉太子令誅之，恐有漏泄，故不敢以聞。稱兵宫禁，罪當萬死。」太后見太子曰：「乃汝邪？小子既誅，可還東宫。」彦範進曰：「太子安得更歸？昔天皇以愛子託陛下，今年齒已長，久居東宫，天意人心，久思李氏。羣臣不忘太宗、天皇之德，故奉太子誅賊臣。願陛下傳位太子，以順天人之心。」李湛，義府之子也，太后見之，謂曰：「汝亦爲誅易之將軍邪？我於汝父子不薄，乃有今日！」湛慚不能對。又謂崔玄暐曰：「它人皆因人以進，惟卿朕所自擢，亦在此邪？」對曰：「此乃所以報陛下之大德。」於是收張昌期、同休、昌儀等，皆斬之，與易之、昌宗梟首天津南。是日，袁恕己從相王統南牙兵以備非常，收韋承慶、房融及司禮卿崔神慶繫獄，皆易之之黨也。初，二張權寵盛，朱敬則密謂敬暉曰：「公若假太子令，舉北軍誅易之兄弟，兩飛騎力耳。」暉卒用其策。此據《敬則傳》，不見歲月，必爲同平章事時也。敬則事武后，屢有讜言，張易之構魏元忠、張説，欲誅之，無敢言者，敬則獨奏曰：「元忠、説秉心忠一，而所坐無名，殺之失天下望。」乃得不死。以老疾還政事。張易之等集諸儒撰《三教珠英》，又繪武三思等十八人像以爲圖，欲引敬則，固辭不與，世絜其爲人。出爲鄭州刺史，遂致仕。冉祖雍誣奏與王同皎善，貶涪州刺史，既明其非罪，改廬州。代還，無淮南一物，所乘止一馬，子曹步從以歸，卒。敬則之立朝，進退可觀如此，使其未死，必與柬之輩同功矣。

甲辰，制太子監國，赦天下。以袁恕己爲鳳閣侍郎、同平章事，分遣十使齎璽書宣慰諸州。乙巳，太后傳位於太子。丙午，中宗即位，赦天下，惟張易之黨不原。其爲周興等所枉者，咸令清雪，子女配没者皆免之；皇族先配没者，皆復屬籍，仍量叙官爵。丁未，后徙居上陽宮，李湛留宿衛。戊申，帝帥百官詣上陽宮，上太后尊號曰則天大聖皇帝。胡氏曰：「武氏之禍，古所未有也。張柬之諸人第知反正廢主，而不能以大義處非常之變者，不爲唐室討罪人是也。武后以太宗才人，蠱惑嗣帝，一罪也；戕殺主母、皇后，二罪也；黜中宗，幽而奪之，三罪也；殺君之子三人，四罪也；自立爲帝，五罪也；廢唐宗廟，六罪也；誅鋤宗室殆盡，七罪也；穢德彰聞，八罪也；尊用酷吏，毒痛四海，九罪也。兵既入宮，當先奉太子復位，即以武氏至唐太廟，數其九罪，稱高祖、太宗之命，廢爲庶人，而賜之死，中宗不得與焉。又取武姓王侯嘗用事肆虐于唐之人者盡戮之，然後足以慰在天之靈，雪臣民之憤，而天地之常經立矣。或曰：此大事也，於古有稽乎？曰：有。昔者文姜預弒魯桓，哀姜預弒二君，聖人例以孫書。若其去而不返，以深絶之，所以著恩輕而義重也。宋桓公之夫人，衛女也，生襄公而出。襄公既立，其母思之，而義不可往，乃作《河廣》之詩以自抑。襄公尊爲國君，號令自己，莫或干之者，欲迎其母，又何難焉？終不敢徇私恩以廢大義也。聖人録《河廣》于《國風》，豈獨見衛女之以禮制心，正欲明襄公之重本，其義與《春秋》所書一也。夫知母而不知父，走獸是也；人則知父矣，學士大夫則知尊祖矣。桀、紂爲天下主，及其失道，聖人猶存湯、武之事，況於太宗親平四海，功隆業大。而故時宮嬪已髠首爲尼，乃干天位，負九大罪，此於高祖、太宗，豈有婦禮？於中宗，豈有母道？而乃膠常守故，不能討治，使得傳位，又受顯册，仍皇帝之稱，以是見五王雖能反正舊主，苟非因武后之疾，其勢可乘，亦未敢動，則其平日處心積慮，欲戡此難者，志氣忠果，而智謀淺近，使禍本不除，諸武遺燼燄然再熾。然則中、睿之間，有功者未有大於五王者也，而有罪者亦未有大於五王者也。爲大臣斷大事而無學，其不能善始善終，決矣。或曰：使狄公而在，當有以異乎此耶？曰：狄公亦如是而已矣。何以知之？觀其説武氏之言，曰『立廬陵王則陛下萬歲享唐之血食，立三思則宗廟無祔姑之禮』，狄公固不肯紿以血食於先而以罪討之於後也，故知其亦如是而已耳。或曰：文姜與聞乎弑君，是以絶母子之恩；武氏未嘗弑也，比而同之，不亦過乎？曰：弑君立君，宗廟猶未亡也，其罪已當絶，况移其宗廟，改其國姓，是滅之矣，豈不重於弑君者耶？夫惟如是，故不旋踵韋后肆行，無所忌憚，意可以爲常也。爲大臣斷大事，欲善始而善終，豈不在於有學乎？」　南軒張氏與朱子書：「垂諭胡致堂所論五王不誅武后事，武氏誠當誅，畢竟既立其子，難誅其母，如來教所云。至於予奪輕重之間，不過告于唐家宗廟，廢置幽處之耳。然以中宗之昏庸，其復之如反手耳，亦豈是長策？以某愚見，五王若有伊、周之見，則當時復唐家社稷，何必復立中宗？中宗雖嘗爲武后所廢，然嘗欲傳位與后父，是其得罪宗廟，不可負荷，已自著見。五王若正大義，於唐家見存子孫中公選一人，以承天序，告于宗廟，誅此老媪，則義正理順，唐祚有太山之安矣。」　朱子答書曰：「承諭五王之事，以爲但復唐祚而不立中宗，則武曌可誅，後患亦絶，此誠至論。但中宗雖不肖，而當時幽廢，特以一言之失，罪狀未著，人望未絶。觀一時忠賢之心，及後來諸公説李多祚之語，則是亦未遽爲獨夫也。乃欲逆探未形之禍，一旦舍之而更立宗室，恐反爲計校利害之私，非所以順人心、承天理，而事亦未必可成也。愚慮如此，然而此外又未見别策，不知高明以爲如何？」　愚按：二先生論難反覆，可謂詳矣。自今觀之，胡氏之説雖至當不可易，然立子殺母，誠有未順。若黜其帝號，處之别宫，武三思輩悉從誅殛，不使遺育，則武氏雖存，大權□去，老病幽廢，亦何能爲？雖篡竊之戮不及其身，而赤族之誅，亦足以少懲其罪矣。後來之禍何由作哉？今並列三先生之説，且附以管穴之見，與友朋共講焉。

庚戌，以張柬之爲夏官尚書、同鳳閣鸞臺三品，崔玄暐爲內史，袁恕己同鳳閣鸞臺三品，敬暉、桓彦範皆爲納言，並賜爵郡公，李多祚賜爵遼陽郡王，王同皎爲右千牛將軍、琅邪郡公，李湛爲右羽林大將軍、趙國公。自餘官賞有差。

二月甲寅，復國號曰唐。郊廟、社稷、陵寢，百官旗幟、服色、文字皆如永淳以前故事。乙卯，韋承慶貶高要尉，房融除名，流高州，崔神慶流欽州。皆易之黨。太后之遷上陽宫也，姚元之獨嗚咽流涕，桓彦範、張柬之謂曰：「今日豈公涕泣時邪？恐公禍由此始。」元之曰：「元之事則天久，乍此辭違，悲不能忍。且元之前日從諸公誅姦逆，人臣之義也。今日别舊君，亦人臣之義也。雖獲罪，亦所甘心。」是日，出爲亳州刺史。按：此乃姚元之以術自免也。

甲子，立妃韋氏爲皇后，上在房陵與后同幽閉，備嘗艱危，情愛甚篤，嘗與后私誓曰：「異時幸復見天日，當惟卿所欲，不相禁禦。」及再爲皇后，遂干預朝政，如武后在高宗之世。桓彦範上表，以爲：「《易》『無攸遂，在中饋，貞吉』；《書》稱『牝雞之晨，惟家之索』。伏見陛下每臨朝，皇后必施帷幔坐殿上，預聞政事。臣竊觀自古帝王，未有與婦人共政而不破國亡身者也。且以陰乘陽，違天也；以婦陵夫，違人也。伏願覽古今之戒，以社稷蒼生爲念，令皇后專居中宫，治陰教，勿出外朝干國政。」先是，胡僧慧範以妖妄遊權貴之門，與張易之兄弟善，韋后亦重之，及是出入宫掖，上數微行幸其舍。彦範復表言慧範執左道以亂政，請誅之。上皆不聽。

初，武后誅唐宗室，有才德者先死，惟吴王恪子鬱林侯千里褊躁無才，又數獻符瑞，故得獨免，上即位，立爲成王。武后所誅唐諸王、妃、主、駙馬等，皆無人葬埋，子孫流竄嶺表，或拘囚歷年，或逃匿民間，爲人傭保。至是，制州縣求訪其柩，以禮改葬，追復官爵，召其子孫，使之承襲，無子孫者爲擇後置之。既而宗室子孫相繼而至，皆召見，涕泣舞蹈，各以親疎襲爵拜官有差。按：此復位第一事也，舉之當矣。

二張之誅也，洛州刺史薛季昶謂張柬之、敬暉曰：「二凶雖除，産、禄猶在，去草不去根，終當復生。」二人曰：「大事已定，彼猶机上肉耳，夫何能爲？所誅已多，不可復益也。」季昶歎曰：「吾不知死所矣。」朝邑尉劉幽求亦謂桓彦範、敬暉曰：「武三思尚存，公輩終無葬地。若不早圖，噬臍無及。」不從。上女安樂公主適三思子崇訓。上官婉兒者，儀之女孫也，儀死，没入掖廷，辨慧善屬文，明習吏事，則天愛之，自聖曆以後，百司表奏多令參決。及上即位，又使專掌制命，益委任之，拜爲婕妤，用事於中。三思通焉，故黨於武氏，又薦三思於韋后，引入禁中，上遂與三思圖議政事，張柬之等皆受制於三思矣。上使韋后與三思雙陸，而自居旁爲之點籌，三思遂與后通，由是武氏之勢復振。張柬之等數勸上誅諸武，上不聽。柬之等曰：「革命之際，宗室諸李，誅夷略盡，今賴天地之靈，陛下返正，而武氏濫官僭爵，按堵如故，豈遠近所望邪？願頗抑損其禄位以慰天下。」又不聽。柬之等或撫牀歎憤，或彈指出血，曰：「主上昔爲英王，時稱勇烈，吾所以不誅諸武者，欲使上自誅之，以張天子之威耳。今反如此，事勢已去，知復奈何！」丙寅，以太子賓客武三思爲司空，同中書門下三品。程子《易傳》解九二「田獲三狐，得黃矢，貞吉」：「羣邪不去，君心一入，則中直之道無由行。」桓、敬之不去武三思是也。　胡氏曰：「刑賞當與事類，五王討亂所殺者，張易之五人而武氏不預焉，於是失先後重輕之類矣。易之等嬖人也，非唐室所以存亡者。武三思親則爲王，尊則爲相，誠不易圖。反正之初，宜亟誅之，若奉漏甕沃焦釜，若斬蛇虺刺虎豹，不足以喻其急也。乃置而不問，是棄遺燼於槁葦之中，可謂智乎？《易》曰：『其亡其亡，擊于苞桑。』孔子曰：『危者安其位者也，亡者保其存者也，亂者有其治者也。君子安而不忘危，存而不忘亡，治而不忘亂，是以身安而國家可保也。』夫桑之爲物，深固難拔，苞桑則叢生者，尤難拔也。難拔如此，加之維係焉，則雖否而有休息之道，無危亡之患。張柬之、桓彥範智昧於此，故未及治而復亂，未及安而復危，國既傾顛，身亦隨之。聖人設戒，豈虛言哉？」　按：武三思既相，於是武攸暨亦爲司徒、定王，雖然，三思實用事於中，不待居廟堂而後爲相也。

二月，以袁恕己爲中書令。術士鄭普思、尚衣奉御葉靜能皆以妖妄爲上所信重。夏四月，墨敕以普思爲祕書監，靜能爲國子祭酒，桓彥範、崔玄暐固執不可，上曰：「已用之，無容遽改。」彥範曰：「陛下初即位，下制云：『政令皆依貞觀故事。』貞觀中，魏徵、虞世南、顏師古爲秘書監，孔穎達爲國子祭酒，豈普思、靜能比乎？」上不聽。上即位之日，驛召魏元忠於高要，及至都，拜衛尉卿，同平章事。甲戌，以元忠爲兵部尚書，唐休璟爲輔國大將軍，並同門下三品。按：元忠以易之等所譖得罪，今復之是也。同日，又拜韋安石、楊再思、祝欽明爲相，正邪並用，禍端見矣。而柬之等不知引退，宜其及也。唐休璟之爲安東都護，曾語太子以防察二張，是亦有功於匡復者。以張柬之爲中書令。

五月，以張柬之等及武攸暨、武三思、鄭普思等十六人皆爲立功之人，賜以鐵券，自非反逆，各恕十死。按，鐵券所以安反側之徒，柬之等自不當受賜，況又與攸暨輩伍乎？受之而不辭，何也？

敬暉等帥百官上表，以爲：「五運迭興，事不兩大，天授革命之際，宗室誅竄殆盡，豈得與諸武並封？今天命惟新，而諸武封建如舊，並居京師，開闢以來未有斯理。願陛下爲社稷計，順遐邇心，降其王爵，以安内外。」上不許。敬暉等畏三思之讒，以考功員外郎崔湜爲耳目，伺其動静。湜見上親三思而忌暉等，乃悉以暉謀告三思，反爲三思用，三思引爲中書舍人。先是，殿中侍御史鄭愔諂事二張，貶宣州司士參軍，坐贓，亡入東都，私謁三思，初見哭甚哀，既而大笑。三思甚怪之，愔曰：「始見大王而哭，哀大王將戮死而滅族也。復乃大笑，喜大王之得愔也。大王雖得天子之意，彼五人皆據將相之權，膽略過人，廢太后如反掌。大王自視勢位與太后孰重？彼五人日夜切齒，欲噬大王之肉，非盡大王之族不足以快其志。大王不去此五人，危如朝露，而晏然尚自以爲太山之安，此愔之所以爲大王寒心也。」三思大悦，與之登樓，問自安之策，引爲中書舍人，與崔湜皆爲三思謀主。三思與韋后日夜譖暉等，云「恃功專權，將不利於社稷」，上信之。三思等因爲上書策：「不若封暉等爲王，罷其政事，外不失尊寵功臣，内是奪之權。」上以爲然。甲午，以暉爲平陽王，彦範爲扶陽王，柬之爲漢陽王，恕己爲南陽王，玄暐爲博陵王，罷知政事，賜金帛鞍馬，令朝朔望。仍賜彦範姓韋氏，與皇后同籍。尋又以玄暐檢校益州長史、知都督事，又改梁州刺史。三思令百官復脩則天之政，不附武氏者斥之，爲五王所逐者復之，大權盡歸三思矣。胡氏曰：「讀史者往往忿崔湜之爲人，彼小人何往不然？無足罪者。獨五王不知人，可恨耳。上則不知中宗，次則不知三思，其爲崔湜所賣也，固宜。夫三思之惡，布在天下，何用更伺其動靜？是時建義諸人分柄文武，若合謀同志，再匡王室，討除三思，猶未晚也。必若中宗與韋后復脩則天政事，斷以大義，廢昏立明，奉睿宗以主社稷，雖爲法受惡，豈不賢於爲三思所葅醢乎？而五王智不及此，其受禍也，宜哉！」

易州刺史趙履温，桓彦範之妻兄也。彦範之誅二張，稱履温預其謀，召爲司農少卿，履温以二婢遺彦範，及彦範罷政事，履温復奪其婢。按：彦範新立大功，正當以至公先天下，而乃私其親戚，受其婢媵，安能使小人心服乎？豈以功大而過小，故略之耶？履温狗鼠輩，無足言，所可惜者，彦範之舉措也。以楊元琰爲衛尉卿。先是，元琰知三思浸用事，請棄官爲僧，上不許。敬暉戲笑之，元琰曰：「功成名遂，不退將危。此由衷之請，非徒然也。」暉知其意，瞿然不悦。及暉等得罪，元琰獨免。按：姚崇而下，惟有元琰爲能以智自免，五王皆不及也。

秋七月，特進漢陽王表請歸襄州養疾，以柬之爲襄州刺史，不知州事。

十一月，則天崩於上陽宫，遺制去帝號。

二年春，閏正月，武三思以敬暉、桓彦範、袁恕己尚在京師，忌之，出爲滑、洛、豫三州刺史。按：柬之以元年七月去，而暉等復遲回數月，果何俟耶？去就之間，不勇如此，惜哉！

五月，武三思使鄭愔告朗州刺史敬暉、亳州刺史韋彦範、襄州刺史張柬之、郢州刺史袁恕己、均州刺史崔玄暐與王同皎通謀。六月，貶暉崖州，彥範瀧州，柬之新州，恕己竇州，玄暐白州，並員外司馬，削其勳封。復彥範姓桓氏。按：是年二月，駙馬都尉王同皎疾武三思及韋后所爲，每與所親言之，輒切齒。宋之遜坐附會張易之，貶嶺南，逃歸匿同皎家，聞之，密遣人告三思。三思使人告同皎謀勒兵廢后，同皎坐誅。

秋七月，武三思令人疏皇后穢行於天津橋。上大怒，令御史大夫李承嘉窮覈其事。承嘉奏言：「敬暉等使人爲，請族誅。」上命法司結竟。大理丞李朝隱稱：「暉等未經推鞫，不可遽就誅夷。」大理丞裴談稱：「暉等宜據制書處斬籍沒，不應更加推鞫。」上以暉等嘗賜鐵券，許以不死，乃長流暉等於瓊、瀼等州，子弟年十六以上皆流嶺外。三思又諷太子上表，請夷暉等三族，上不許。中書舍人崔湜説三思曰：「暉等異日北歸，終爲後患，不如遣使矯制殺之。」且薦大理正周利用攝右臺侍御史，奉使嶺外。比至，柬之、玄暐已死，彥範等皆爲所殺。薛季昶貶儋州司馬，飲藥死。三思既殺五王，權傾人主，利用還，拜御史中丞。

睿宗景雲元年秋七月，雪暉、彥範、玄暉、柬之、恕己等罪，復其官爵，謚彥範忠烈，暉肅愍，玄暉文獻，柬之文貞，恕己貞烈。

開元六年，詔彥範、暉、玄暐、柬之、恕己勤勞王家，皆配享中宗廟庭，建中三年，加贈司徒等官。彥範工屬文，然不甚喜觀書，所志惟忠孝大略；若不能言，及議論帝前，雖被詰讓，而安辭定色，辨爭愈切。按：彥範於忠孝大略則無愧矣；若受趙履溫之私與違薛季昶之策，其處身應事，皆不能無失，其殆不喜觀書之驗歟？是故善學者必窮理，理窮則天下無難處之事矣。此當以爲戒也。玄暐三世不異居，家人怡怡如也。貧寓郊墅，羣從皆自遠會食，無它爨，與弟昇尤友愛。族人貧孤者，撫養教勵，後雖秉權，而子弟仕進不使踰常資，當時稱重。少頗屬辭，晚以非己長，不復構思，專意經術。柬之剛直不傅會，然邃於學，論次書數十篇。史臣贊曰：「五王提衛兵，誅嬖臣，中興唐室，不淹辰，天下晏然，其謀深矣。至謂中宗爲英王，不盡誅諸武，使天子藉以爲威，何其淺耶！釁牙一啓，爲豔后、豎兒所乘，劫持戮辱，若放豚然，何哉？無亦神奪其明，厚韋氏毒，以與先天之業乎？先天者，玄宗始即位之年也。不然，安李之功，賢於漢平、勃遠矣！」按：五王死之明年，是爲景龍元年。節愍太子重俊與李多祚等發羽林千騎兵三百餘人，殺武三思、崇訓于其第，少伸忠義之冤。又三年，而韋氏弑中宗，立少主，韋后臨朝，遵武氏故事。玄宗時爲臨淄王，舉兵誅之，暴其尸於市，追廢爲庶人。武韋一族，或死或竄，無苟免者，而宗楚客、趙履溫、韋巨源、紀處訥、張嘉福、崔湜、竇懷貞之徒，皆嬰大戮，鄭愔亦以謀反伏誅。於是前日之附二思而擠五王者，不數年間皆還自及。五王雖不幸罹禍，而愍册卹章，光賁泉壤，千載而下，猶凜凜有生氣。彼崔湜、鄭愔輩，生而狐兔，死而狗鼠，腥臊穢腐，至今汙人齒頰。《詩》曰：「既克有定，靡人不勝。」天道於是乎不僭矣。